Filmgenres · Horrorfilm

Filmgenres

Herausgegeben von
Thomas Koebner

Abenteuerfilm
Animationsfilm
Fantasy- und Märchenfilm
Horrorfilm
Komödie
Kriegsfilm
Kriminalfilm
Liebesfilm und Melodram
Musical und Tanzfilm
Science Fiction
Western

Philipp Reclam jun. Stuttgart

Filmgenres

Horrorfilm

Herausgegeben von
Ursula Vossen

Philipp Reclam jun. Stuttgart

RECLAMS UNIVERSAL-BIBLIOTHEK Nr. 18406
Alle Rechte vorbehalten
© 2004 Philipp Reclam jun. GmbH & Co., Stuttgart
Umschlagabbildung: Szenenfoto aus *Psycho* von Alfred Hitchcock
(mit Genehmigung des Film Museums Berlin / Stiftung
Deutsche Kinemathek, Berlin)
Gesamtherstellung: Reclam, Ditzingen. Printed in Germany 2004
RECLAM, UNIVERSAL-BIBLIOTHEK und
RECLAMS UNIVERSAL-BIBLIOTHEK sind eingetragene Marken
der Philipp Reclam jun. GmbH & Co., Stuttgart
ISBN 3-15-018406-1

www.reclam.de

Inhalt

Einleitung

Die Lust am filmischen Horror ist ein Massenphänomen, das auf allgemeinmenschlichen Urängsten beruht, aber auch entscheidend in der Geisteswelt des 19. Jahrhunderts verwurzelt ist: Marx stellte die gegebene Ordnung in Frage und attackierte die gesellschaftliche Entfremdung des Individuums; Darwin begründete die Theorie vom »survival of the fittest« als antichristliches Motto des kreatürlichen Lebenskampfes; Nietzsche verkündete mit Gottes Tod den Zusammenbruch von religiösen und spirituellen Werten; Freud schließlich blickte ins Unterbewusste und fokussierte den Schrecken, der wir selbst sind. Diese vier Reiter der neuzeitlichen Apokalypse nahmen unserer Existenz die Sicherheit und führten sie so in die Moderne. In Wechselwirkung dazu griffen Literaten und Romanciers wie John Polidori, Charles Maturin, Mary Shelley, Bram Stoker, Edgar Allan Poe, Robert Louis Stevenson, H. P. Lovecraft oder Charles Brockden Brown in der Nachfolge der ›Gothic Literature‹ von Horace Walpole, William Beckford, Ann Radcliff und Matthew Lewis die Zeitströmungen und ihre jeweiligen zentralen Ängste auf und überhöhten sie literarisch auf der Grundlage alter Mythen, Legenden und Erzählungen aus aller Herren Länder. Damit legten sie den Grundstein für einen Großteil des Figuren- und Motivinventars und der Erzählmuster des Horrorfilms, denn obwohl dieser immer noch abfällig betrachtet wird, ist er doch im Grunde (hoch)literarisch geprägt. Vielleicht ist in dieser literarischen Tradition auch – neben den Produktionsgegebenheiten – ein Grund dafür zu sehen, dass der filmische Horror stark angelsächsisch geprägt ist, ohne hervorragende und erfolgreiche Filme anderer Provenienz damit in Abrede zu stellen. Die deutsche Schauerromantik beispielsweise hat keine vergleichbaren kinematographischen Folgen gezeitigt, wie auch der deutsche Horrorfilm

immer vergleichsweise unbedeutend geblieben ist. Das
Kino und seine Horrorvorlagen gingen eine enge Liaison
ein – manchmal durch Bühnenadaptationen vermittelt –,
auch weil sie verbindet, dass beide Kinder des 19. Jahrhunderts sind. Schon Filmpioniere wie Georges Méliès (*Dracula* und *Le Manoir du diable*, beide 1896), William N. Se-
lig (*Dr. Jekyll and Mr. Hyde*, 1908), J. Searle Dawley
(*Frankenstein*, 1910) und der große D. W. Griffith (*The
Avenging Conscience*, 1914, nach Werken Poes) ließen sich
von den literarischen Stoffen inspirieren.

In einem weiten, wirkästhetischen Verständnis meint
Horrorfilm alles, was im Kino und auf dem Bildschirm
beim Zuschauer gezielt Angst, Panik, Schrecken, Gruseln,
Schauer, Ekel, Abscheu hervorrufen soll – negative Gefühle in all ihren Schattierungen. Während Suspense und
Spannung dem Psychothriller eigen sind, ist diese Ge-
fühlsskala – bei aller Relativität des Genrebegriffs (vgl.
Jancovich) – konstitutiv für das Horrorgenre und schlägt
die Brücke zwischen seinen beiden grundlegenden Ten-
denzen: den phantastischen oder übersinnlichen Erzählungen um Untote wie Vampire und Zombies, um Werwölfe und Katzenmenschen, Geister und Dämonen auf
der einen Seite und auf der anderen Seite den in der Wirklichkeit fundierten Geschichten, die sich so zugetragen haben könnten, mit ihren menschlichen Monstern wie *Peeping Tom* Mark Lewis oder *Psycho* Norman Bates (beide
1960), Miss Giddens (*The Innocents*, 1961) oder tierischen
Ungeheuern wie *Der weiße Hai* (*Jaws*, 1975). Gemeinsam
demonstrieren sie, dass der Horrorfilm sich letztlich immer um den ewigen Kampf zwischen Gut und Böse dreht
und die denkbar radikalste Negation einer heilen Welt ist.
»Das Heimliche wird unheimlich, das Natürliche unna-
türlich, das Menschliche unnormal, die Idylle gerät zum
Chaos« (Heinzlmeier/Menningen/Schulz). Stephen King,
der als meistverfilmter zeitgenössischer Horrorautor das
literarische Erbe des 19. Jahrhunderts angetreten hat, ver-

suchte sich an einer dreistufigen Nomenklatur des Horrorfilms: Der *Schrecken* existiert in der Imagination des Zuschauers, der Film selbst deutet nur an und suggeriert; *Horror* präsentiert sich visuell und konkret erfahrbar, wahrt aber Grenzen des guten Geschmacks, welche die Ebene des *Ekels* nicht mehr kennt, die stattdessen bis in die Extreme der Gewalt geht und die Auflösung des Körpers zelebriert.

Im Grunde hat King damit zugleich eine Kurzcharakteristik essentieller Etappen der Horrorfilmgeschichte skizziert, von heute auf viele Zuschauer harmlos wirkenden Schreckensfilmen wie *Nosferatu – eine Symphonie des Grauens* (1922) und *I walked with a Zombie* (*Ich folgte einem Zombie*, 1943) über Filme wie *The Exorcist* (*Der Exorzist*, 1973) hin zu den Splatter- und Gorefilmen mit hohem ›Body Count‹ und den Slasherfilmen und Fun-Splattern à la *Braindead* (1991). Letztere eint, dass sie die Auflösung und Destruktion des Körpers thematisieren oder zelebrieren. Die extreme Körperlichkeit dieser Filme spiegelt sich auch in ihrer Begrifflichkeit, die auf *blood and guts*, ›Blut und Eingeweide‹, geronnenes Blut (engl. *gore*), herumspritzende (engl. *to splatter*) Körpersäfte und Innereien sowie auf aufgeschlitzte (engl. *to slash*) Leiber verweist.

Eine Ausnahme von dieser Angsterzeugung bilden die Genreparodien, die mit genau den Ängsten und Genre-Topoi spielen, sie aber, wenn sie ihren Gegenstand ernst nehmen, zugleich auch unterschwellig bedienen. Das unterscheidet beispielsweise Polanski gelungenen *Dance of the Vampires* (*Tanz der Vampire*, 1967) von Mel Brooks' unterhaltsamem Klamauk *Dracula: Dead and Loving It* (*Dracula – Tot aber glücklich*, 1996): Nach vermeintlicher Rettung trägt der schrullige Professor Abronsius das Böse, das er eigentlich vernichten wollte, in Gestalt der Neu-Vampirin Sarah und seines von ihr gebissenen Assistenten Alfred erst in die Welt hinaus. Dasselbe gilt für den Kinder-Horrorfilm, der sich in *Der kleine Vampir* nach

den berühmten Kinderbüchern von Angela Sommer-Bo-
denburg komödiantisch des Subgenres Vampirfilm ohne
Altersbeschränkung bedient, während in den bislang drei
Harry Potter-Verfilmungen (2001, 2002 und 2004) die
Horrorelemente wie in den Romanen mit zunehmendem
Alter des Protagonisten verstärkt zu Tage treten. Der von
Tim Burton produzierte poetische Horrorfilm *Nightmare
Before Christmas* (1993) wurde nur auf Grund seiner
Eigenschaft als Puppentrickfilm als vermeintlich kinder-
tauglich eingeschätzt. Wie die Kurzfilme *Frankenweenie*
(1984) und *Frankenstein Punk* (1986), der Anime *Chôjin
densetsu Urotsukidôji* (*Legend of the Overfiend*, 1989)
oder *¡Vampiros en la Habana!* (1985) beweist er, dass
Horrorgenre und Animationsfilm kompatibel sind, auch
wenn dies eher die Ausnahme darstellt.

Wie die schwarzen (Skelett-)Männer aus Burtons Weih-
nachts-Nachtmahr verweisen die im Horrorfilm themati-
sierten Ängste auf Urängste und negative Erfahrungen der
Kindheit, auf Dinge, die auch dem Erwachsenen noch Alpträume bescheren. Über die Identifikation mit den erlei-
denden Figuren werden sie gezielt angesprochen und aus-
gelöst. »Understandig fear is part of us, and must be em-
braced«, so Horrorspezialist Clive Barker. Immer wieder
zeigt der Horrorfilm, der Halbnah- und Naheinstellungen
bevorzugt, deshalb ein Gesicht voller Furcht und Entsetzen
in Großaufnahme, manchmal sogar in extremer Vergröße-
rung. Charakteristisch ist, dass es sich um das Gesicht einer
jungen Frau handelt. Diese Tatsache hat das dem Horrorfilm genuine Rollenfach der ›Scream Queen‹ hervorgebracht, in dem die im August 2004 verstorbene Fay Wray
(*King Kong*, 1933), Barbara Steele (*La maschera del demonio / Die Stunde, wenn Dracula kommt*, 1960), Jamie Lee
Curtis (*Halloween*, 1978) und Neve Campbell (*Scream*,
1996), jede zu ihrer Zeit, berühmt wurden, ihm aber auch
harte Anfeindungen seitens der feministischen Filmkritik
und der Frauenbewegung als misogyn eingetragen.

Doch anders als im wirklichen Leben können wir uns im Film ganz dem Schrecken hingeben, ihn in seinen extremen Darstellungen regelrecht lustvoll genießen, sitzen wir doch sicher im Kino- oder Fernsehsessel und müssen keine negativen Auswirkungen auf unser Leben befürchten. Es herrscht ein heimliches Einverständnis zwischen Machern und Publikum, fernab wirklicher Gefahren und Bedrohungen Schauergefühle und Gänsehaut, Schrecken und Angst miteinander zu zelebrieren, den eigenen dunklen Seiten, unausgelebten Begierden, uneingestandenen Neigungen, größten Ängsten zu begegnen. Genau mit dieser Sicherheit spielt *Scream 2* (1997), wenn ein Zuschauer, der sich die verfilmten tödlichen Ereignisse des ersten Teils im Kino anschaut, zwischen Popcorn und Cola von einem Killer in der berühmt gewordenen, zu einem Schrei verzerrten Maske ermordet wird.

Obwohl ihm immer wieder Ernsthaftigkeit und Tiefgang abgesprochen wird, verhandelt der Horrorfilm letztlich existenzielle Fragen über das Gute und das Böse, den Tod und ein Leben danach. Letztlich geht es immer um den ewigen Kampf zwischen Gut und Böse, um Gewalt, die Rache der Natur und ihrer Kreaturen. Er dringt an die ungeahnten Grenzen der Realität, des Menschlichen, des Erträglichen vor. Stets geht es um nichts weniger als um eine letale Bedrohung, um Leben und Tod. Zugleich ist dem Genre aber auch ein wichtiges reflexives Moment eigen, das den Betrachter immer wieder auf sich selbst zurückverweist und ihn mit dem Bösen in sich konfrontiert, auch wenn dies nur mittelbar über die filmische Repräsentation geschieht. Wichtig dafür ist, dass im Gegensatz zu der immer komplexer werdenden Realität eines jeden Einzelnen die Welt des Horrorfilms ein überschaubarer Mikrokosmos ist, sei es die kleine Stadt Wisborg in *Nosferatu*, das unwirtliche Bates-Motel aus *Psycho* oder die doppelte Abgeschlossenheit des düsteren Herrenhauses auf der britischen Kanalinsel Jersey in *The Others* (2001), die idyllischen Kleinstädte in *The Fog* (1980) und *A Nightmare on Elm Street* (*Nightmare – Mörderische Träume*, 1984), das insulare Urlaubsparadies in *Jaws*, die experimentierfreudige Jungärzte-WG in *Re-Animator* (1985), der Wald des *Blair Witch Projects* (1999) oder im Extremfall der Mensch an sich, während der Makrokosmos unendlicher Sphären hingegen typisch ist für die Science Fiction. In dem überschaubaren Rahmen des Horrorfilms und der verabredeten geschützten Rezeptionssituation kann man sich dem hingeben, was sonst nur zu gerne verdrängt wird, und die kathartische Wirkung erfahren, die schon Aristoteles in seiner Katharsis-Theorie beschrieb. Denn Horrorfilm ist eine rituelle Entäußerung grundlegender Ängste, mit dem Ziel, diese zu distanzieren, zu kontrollieren und schließlich zu überwinden. Nicht zuletzt darin bestehen der Reiz und der Erfolg dieses Genres, das so überaus lebendig und vital ist, gerade weil es so viel mit uns selbst, den eigenen Ängsten und Abgründen zu tun hat. Eine Faszination, die regelrecht süchtig machen kann. Denn die Wirkung hält so lange an, wie der Film läuft, im besten Falle auch noch ein wenig darüber hinaus, aber dann ist der Zuschauer wieder auf seine eigene Verfassung zurückgeworfen. Bis zum Kauf der nächsten Kinokarte, bis zum Griff zu einer weiteren Videokassette oder DVD, schließlich hat kein Genre außer dem Sexfilm so viele Direct-to-Video-Produktionen hervorgebracht. Sie sind Teil des gänzlich eigenen und eigentümlichen Universums, das sich der Horrorfilm geschaffen hat wie sonst vielleicht nur das Erotikkino – schließlich ist mit beiden auch eine Menge Geld zu verdienen. Anders als beim Sciene-Fiction-Genre gelang es dem Horrorfilm, sich flächendeckend auszubreiten, sowohl auf der Produktions- und Distributions- als auch auf der Rezeptionsebene. Bis heute bedient er unterschiedlichste Qualitäts- und Kommerzstufen: Auf dem Jahrmarkt der Leinwandattraktionen tummeln sich sowohl Hollywood-Großproduktionen, Mainstream-Streifen und

Independents als auch Low- und No-Budget-Filme, produzieren in Ehren ergraute internationale Zeremonienmeister wie John Carpenter und Wes Craven neben Shootingstars wie Robert Rodriguez und unermüdlichen Szene- und Undergroundfilmern wie Olaf Ittenbach und Andreas Schnaas, entstehen Filme mit höchster Bild- und Tonqualität neben verwackelten und schlecht ausgeleuchteten Feierabendproduktionen auf Video oder digitalen Trägern, bei denen nur die Leidenschaft ihrer Macher größer ist als der bei jeder Einstellung ins Auge springende Mangel an Geld. Nur der Sexfilm kennt eine ähnlich reiche Sub- und Amateurkultur.

Die Gefühle, die das Horrorkino beim Betrachter auslöst, sind aber ebenso extrem individuell, wie das, was sie hervorruft, äußerst zeitabhängig ist. Horrorfilme laufen daher stärker noch als andere Genrefilme Gefahr, schnell altmodisch zu wirken, weil beispielsweise Bela Lugosi als Graf Dracula heute keine Alpträume mehr hervorruft, King Kong die Zuschauer nicht wie einst aus dem Kino rennen lässt oder der berühmte Duschmord in *Psycho* keinen Schock mehr auslöst. Auf diese kritischen Halbwertzeiten reagiert das Genre fast zyklisch mit zahlreichen Remakes, Bearbeitungen klassischer Protagonisten und Themen sowie Fortsetzungen, Prequels, Ripp-offs und Spin-offs, die im Idealfall versuchen, qualitativ einen genuinen Schrecken für ihre Zeit zu erzeugen, im schlechtesten und leider häufigsten Fall jedoch rein quantitativ auf mehr Blut und Eingeweide sowie einen höheren ›Bodycount‹ setzen. Gelungene Neuverfilmungen der Universal-Klassiker wurden in den fünfziger und sechziger Jahren zum Grundstein des britischen Hammer Studios, bevor John Badham und Francis Ford Coppola mit ihren Interpretationen von 1979 und 1992 das Genre bereicherten; Karl Freunds *The Mummy* (*Die Mumie*, 1932) wurde nach Terence Fishers Verfilmung für die Hammer Studios (*Die Rache der Pharaonen*, 1959) Ende der neunziger Jahre digital zu multiplem Leben erweckt, George A. Romeros Klassiker *Dawn of the Dead* (1977) kam 2003 unter der Regie des Videoclip- und Werbefilmregisseurs Zack Snyder in neuem Gewand daher, das Remake von Tobe Hoopers Skandalfilm *The Texas Chainsaw Massacre* (*Blutgericht in Texas*, 1974) ließ Ende 2003 die Hollywood-Kassen klingeln, vom Siebziger-Jahre-Erfolgsfilm *The Exorcist* steht ein Prequel ins Haus. Die Beispiele ließen sich fortsetzen. Damit erreicht das Horrorkino im Gegensatz zu anderen Genres eine so starke generische Geschlossenheit, Moden und Trends eingeschlossen, dass es wie ein Perpetuum mobile wirkt und – angetrieben von unseren Ängsten und Befürchtungen sowie einem alten Stoff-, Figuren- und Motivinventar – sich dreht und dreht. Und dabei nicht verkennt, dass letztlich jede Zeit ihren eigenen Schrecken hat, der sich in neuen Motiven oder Aktualisierungen niederschlägt. Diesem als Autor und Regisseur nachzuspüren und filmisch Ausdruck zu verleihen, nicht zuletzt das macht einen guten Horrorfilm aus. Im besten Fall reagiert das Genre höchst sensibel auf gesellschaftliche und kulturelle Prozesse und Veränderungen. Ergänzend dazu gibt es Figuren wie das Horror-Baby aus *It's Alive* (*Die Wiege des Bösen*, 1973) oder Amando de Ossorios reitende Templer aus *La noche del terror ciego* (*Die Nacht der reitenden Leichen*, 1971), die ihrer Zeit verhaftet bleiben und keine eigenen Subgenres zu begründen vermochten, aber trotzdem ihren festen Platz in der Ikonografie des Genres einnehmen, wie beispielsweise in beiden Fällen die Anspielungen des Horrorfans Peter Jackson in *Braindead* und der *Lord of the Rings*-Trilogie (2001–03) demonstrieren.

Der Horrorfilm gilt wie Science Fiction und Fantasy als Teil des phantastischen Kinos. Neben den mehr oder weniger reinen Horrorwerken adaptieren andere Genres, vor allem der Thriller und Science-Fiction-Film, seit Jahren verstärkt Elemente des Horrorkinos, wie dieses sich ohne Hemmungen bei ihnen bedient, exemplarisch beim Western in John Carpenters *Vampires* (1998), bis hin zur Genre-Mischung wie in *From Dusk till Dawn* (1996) und zu einer grenzwertigen Nähe zum Thriller, Science-Fiction- und Märchenfilm – dass Grimms Märchen die ersten Horrorgeschichten sind, die wir als Kinder erzählt bekommen, schlägt sich in konsequenten Märchenverfilmungen wie *Snow White: A Tale of Terror* (*Schneewittchen*, 1997) oder in Motivanleihen wie bei *Carrie* (1976) nieder – und nicht zuletzt zum Sexfilm. Denn neben dem Tod stehen Sexualität, erotische Verdrängung, Fehlentwicklung geschlechtlicher Identität bis hin zur Sexualpathologie oft im Fokus, sei es in Murnaus *Nosferatu*, in Hitchcocks *Psycho* oder in den Teen-Horrorfilmen, die voreheliche Sexualität so gerne abstrafen. Die Fotografin Diane Arbus versteht Horrorfilm gar als Zusammenhang von Sex und Tod.

Charakteristisch für den Horrorfilm ist, dass das Böse, der eigentliche Antagonist im Mittelpunkt steht und oft Kultcharakter erwirbt: Ungeachtet des Titels geht es bei Frankenstein nicht um den ›Mad Scientist‹, sondern um das von ihm geschaffene Monster. Ganz ähnlich Dracula, die Mumie, Jekyll/Hyde, das Phantom der Oper, Michael Myers, Jason Voorhees, Freddy Krueger, die Liste ließe sich endlos fortsetzen. »Horrorfilm, das ist immer auch ein Kino der Außenseiter, ein Kino auf Seiten der Vergessenen, der Seltsamen, der Dubiosen« (Hans Schifferle). Sie verkörpern das schlechthin Andere, Fremde und damit Unheimliche, weshalb sie auch oft ausländische Namen wie Caligari und Cesare (*Das Cabinet des Dr. Caligari*, 1919), Dracula, Nosferatu, Hjalmar Poelzig (*The Black Cat / Die schwarze Katze*, 1934), Irena Dubrovna (*Cat People / Katzenmenschen*, 1942) oder überdeutlich Murder Legendre (*White Zombie*, 1932) tragen. Eine Tradition, die von den seriellen Bösewichtern Jason Voorhees (*Friday the 13th / Freitag der 13.*, 1980) und Freddy Krueger (*A Nightmare on Elm Street*) wieder aufgegriffen wurde. Schauspieler wie Boris Karloff, Bela Lugosi, Vincent Price,

Christopher Lee sind als Bösewichter zu Kult-Stars mit einer großen Fan-Gemeinde geworden. Der positive Held und Retter fällt dagegen ab, bleibt bis auf wenige Ausnahmen blass und vermag sich nicht in unsere Phantasie einzuschreiben. Keiner erinnert sich an Sam Loomis, jeder jedoch an Norman Bates. Ein Sonderfall sind die ›Scream Queens‹ als Opfer mit Starqualitäten. Eine Ausnahme von der Regel, die sich in den neunziger Jahren zum Trend verstärkte, als in einem Paradigmenwechsel nicht mehr wie einst die – männlichen – Monster- und Täterdarsteller in der Nachfolge von Karloff, Lugosi und Lee zum Star wurden, sondern die – weiblichen – Opfer, Verfolgten und ›Final Girls‹ wie Neve Campell, Sarah Michelle Gellar, Courtney Cox, Jennifer Love Hewitt und Asia Argento.

In der Filmkritik, auf wissenschaftlicher Ebene und vor allem gesellschaftlich hat das Horrorgenre den denkbar schwersten Stand. Seine Werke werden nach verschiedensten Theorien und Methoden analysiert, immer wieder gerne psychoanalytisch und feministisch, bösen Verrissen sowie moralischen Verdikten ausgesetzt und zensiert, verstümmelt, verboten, denn unentrinnbar haftet ihnen der Ruf an, ästhetisch minderwertig und moralisch verderblich zu sein. Ersteres Urteil manifestiert sich darin, dass der Horrorfilm in klassischen Filmgeschichten im Vergleich zu anderen Genres deutlich unterrepräsentiert ist. Der Ausgleich erfolgt durch eine Unzahl von spezialisierten Festivals, Fanzines, Genrepublikationen und -zeitschriften wie *Fangoria* oder *Splatting Image*, wie sie kein anderes Genre kennt. Der zweite Vorwurf führt dazu, dass der Horrorfilm immer wieder auf dem gesellschaftlichen Prüfstand steht und sich mit Klischees und Vorurteilen konfrontiert sieht, sein Umgang mit Gewalt fördere die Gewaltbereitschaft seiner Zuschauer und inspiriere Jugendliche zu Nachahmertaten. Traurige Berühmtheit erlangte der ›Zombie-Prozess‹ um einen 15-Jährigen, der nach dem wiederholten Ansehen von *Friday the 13th* maskiert wie Jason Voorhees seine kleine Cousine und eine Nachbarin mit einer Axt und einem Buschmesser schwer verletzte. Die Debatte über die Wechselbeziehung zwischen Horrorfilm und realer Gewalt erreichte einen neuen Höhepunkt, dem aus konservativer Sicht unbequemen Filmgenre wurde eine Mitverantwortung zugeschrieben, die sich schuldmindernd für den Täter auswirkte. Das Genre reagierte auf das heikle Thema offensiv, bezog aber deutlich Stellung: In *Scream 2* gibt Wes Craven dem Mörder das Tatmotiv, Film und Fernsehen öffentlich dafür verantwortlich machen zu wollen, dass er zu einem Monster geworden ist, lässt aber zugleich keinen Zweifel an der Verantwortung eines jeden Einzelnen für sein Tun.

Dieser hartnäckigen Ablehnung und Ächtung des Horrors steht die umso größere Liebe seiner Anhänger gegenüber. Die Geschichte dieses Genres ist immer auch die Geschichte seiner Fans, die kaum einem Genre so treu sind. Zugleich sind sie es leid, sich immer wieder für ihre Genrevorliebe neu legitimieren und gegen Vorverurteilungen als besonders gewalt-affin und asozial wehren zu müssen. Es ist immer noch nicht genügend akzeptiert, »dass in einer Person sowohl ein eigenes, nicht weiter zu rechtfertigendes Interesse an Bildern der Gewalt, als auch die Überzeugung Platz finden kann, dass ›Grausamkeit das Schlimmste ist, was wir tun‹ (Richard Rorty)« (Lau). Auch wenn Horrorfans in der großen Mehrzahl männlich sind, gibt es – entgegen früherer Positionen der feministischen Filmkritik – auch eine selten wahrgenommene weibliche Anhängerschaft, die eine »›subversive affinity‹ with the monster« (Cherry in Jancovich) auszeichnet. Ihre Vorliebe gilt zumeist dem Vampirfilm, während der Slasher das am wenigsten gemochte Subgenre ist.

Die für diesen Band herausgestellten Filme repräsentieren – bei aller unvermeidbaren Subjektivität und Reduktion der Auswahl – das Genre Horrorfilm in seinen

Entwicklungen und verweisen wieder auf andere Genre-werke. Renommierte und Nachwuchs-Autoren gehen der Frage nach, worin bei dem jeweiligen Film das Spezifische des Horrors liegt. So wird *Das Cabinet des Dr. Caligari* explizit als – höchst einflussreicher – Horrorfilm rezipiert, da seine filmhistorische Bedeutung als Meisterwerk des Expressionismus lange Zeit genau diesen Blick verstellte. Der Film ist beispielhaft dafür, wie sehr nach den frühen Horrorwerken der Filmpioniere der deutsche Expressio-nismus das Genre inhaltlich und visuell grundlegend präg-te und durch Emigranten wie Paul Leni, Karl Freund und Fritz Lang auch Hollywood beeinflusste. Mit *Nosferatu* gestaltete F. W. Murnau die erste bedeutende »Dracu-la«-Verfilmung, der Anfang der dreißiger Jahre Tod Brown-ings *Dracula* folgte und bis in die heutige Zeit unzählige weitere Bearbeitungen des Stoffes, die den Vampirfilm zu einem der vitalsten und facettenreichsten Subgenres ma-chen. Überhaupt zählen die frühen dreißiger Jahre zu den produktivsten Phasen des Horrorfilms, als vor allem in Hollywood und den Universal Studios eine Vielzahl der stilbildenden Klassiker und Prototypen entstanden, neben *Dracula Frankenstein* und *Dr. Jekyll and Mr. Hyde* (beide 1931), *White Zombie* und *King Kong*. Obwohl sie heute teilweise veraltet und wenig beängstigend wirken, haben sie immer noch großen Einfluss auf die weitere Entwick-lung des Genres, denn oft stellen sie als aus heutiger Sicht kindertaugliche Gruselfilme den ersten Kontakt mit dem Genre dar. Peter Jacksons Faszination für Merian C. Coo-pers und Ernest B. Schoedsacks *King Kong* führte bei-spielsweise dazu, dass er überhaupt Regisseur werden wollte. Dank des überragenden Erfolgs seiner Trilogie *The Lord of the Rings* ist er nun finanziell dazu in der Lage, sein lang gehegtes Traumprojekt einer opulenten Neuver-filmung von *King Kong* in die Tat umzusetzen.

Während des Zweiten Weltkriegs erlebte der Horror-film einen deutlichen Einbruch, galt er doch angesichts des realen Schreckens und Leides als unangemessen. In Großbritannien wurde er durch das British Board of Film Censors sogar regelrecht verboten. Der Produzent Val Lewton vermochte dem Genre jedoch neue Impulse und eine poetische Dimension zu geben: In seinem heute legendären elfteiligen Horrorzyklus für RKO mit Werken wie *Cat People* und *I Walked with a Zombie* ist das Schreckliche nicht vordergründig visuell präsent, sondern der psychologische Horror zwischen Mythen und Aberglaube kommt dank geschickter Verkürzungen und einer effektvollen Lichtdramaturgie in der Phantasie der Zuschauer zum Tragen.

Neben deutlich auf ein jugendliches Publikum spekulierenden Filmen wie *I Was a Teenage Werewolf* (*Der Tod hat schwarze Krallen*, 1957) sorgten in den fünfziger Jahren hingegen die tierischen Monster der ›Creature Features‹ für Furore und waren als Melange aus Horror und Science Fiction Ausdruck der Angst vor einer nicht mehr beherrschbaren Realität, die durch atomare Bedrohung, wissenschaftliche Experimente, Kalten Krieg und kommunistische Unterwanderung geprägt war. Der durch Strahlen mutierte Riesenaffe *Godzilla* (1955), wissenschaftlich manipulierte Wesen wie die giftige Riesenspinne *Tarantula* (1955) oder die urzeitliche *Creature from the Black Lagoon* (*Der Schrecken vom Amazonas*, 1954) reüssierten im B-Picture. Zeitgleich setzte Roger Corman auf als Farb- und Breitwandfilm opulent in Szene gesetzte Edgar-Allan-Poe-Verfilmungen wie *House of Usher* (*Die Verfluchten*, 1960), obwohl die beste Adaption immer noch Jean Epsteins Stummfilm *La chute de la maison Usher* (*Der Untergang des Hauses Usher*, 1928) ist. Die britischen Hammer Studios propagierten seit Ende der fünfziger Jahre den *gothic horror* und schufen mit zahlreichen Neuverfilmungen wie *Dracula* eine eigene Marke, deren Wiederbelebung in Zuge der anhaltenden Horror-Renaissance angestrebt wurde, jedoch ohne an die früheren Erfolge an-

knüpfen zu können. *Peeping Tom* und *Psycho* setzten zu
Beginn der sechziger Jahre neue Maßstäbe für die Ausrichtung des Genres. Der Horror wurde psycho-sexuell
und in der Alltagsrealität verankert, das Böse ist keine außerhalb des Menschen existierende Kraft mehr und damit
besiegbar, sondern der Mensch selbst ist das Monster. Das
›Stalker‹-Motiv sollte zudem den Horrorfilm der siebziger
und achtziger Jahre entscheidend beeinflussen. Nicht zuletzt auf Grund großzügigerer Zensurbestimmungen hielten Ende der sechziger Jahre graphisch explizitere und ex-
tremere Gewaltdarstellungen aus dem Undergroundbe-
reich Einzug in die populären Genrefilme. Dazu trugen
auch der italienische und spanische Horror bei, denn der
europäische Film hatte das Genrekino wie den (Spaghet-
ti-)Western für sich entdeckt. Neben einer Vorliebe für
Kannibalenfilme reüssierte der italienische Horror mit
Werken von Mario Bava, Lucio Fulci, Riccardo Freda
sowie ihren Nachfolgern Dario Argento, Pupi Avati, Mi-
chele Soavi und Mariano Baino, während aus Spanien der
unermüdliche Vielfilmer Jesús Franco eine mittlerweile re-
kordverdächtige Anzahl von Filmen ablieferte. Das Subgenre des Splatterfilms prägte sich aus und wurde so do-
minant, dass nur noch wenige Horrorfilme ohne explizite
Splatterelemente auskamen. Oft als gedankenlose Gewalt-
orgien abqualifiziert, fokussieren Splatterfilme eine traumatisierte Körperlichkeit und sind »in erster Linie Doku-
mente über das Unbehagen am eigenen Körper, weniger
Ausdruck von Aggressionen als vielmehr von Traumen.
[...] Es sind die *Opfer*, um die es sich in diesen Filmen
dreht. Mit ihnen soll sich der Zuschauer identifizieren und
Angst haben« (Harzheim). Paradebeispiele dafür sind
Horrorfilme wie *The Texas Chainsaw Massacre*, *Halloween* und *Evil Dead* (*Tanz der Teufel*, 1982). Wie *Night of
the Living Dead* (*Die Nacht der lebenden Toten*, 1968),
der Auftakt von George A. Romeros einflussreicher Zombie-Trilogie, die dem Bild vom Untoten eine neue Prä-

gung gab, stehen sie für einen unabhängigen Horrorfilm, der jenseits des großen Studiobetriebes mit auffallend kleinem Budget entstand und Kino von Fans für Fans sein wollte. Erst nach dem Erfolg hielten mit den Fortsetzungen die Kommerzialisierung und damit größere Budgets Einzug. Als einflussreich erwiesen sich die US-amerikanischen E. C. Comics (so genannt nach ihrem Verlag Educational Comics, nachfolgend Entertainment Comics, der später die MAD-Hefte herausbrachte) mit ihrem grell überzeichneten Stil, skurrilen Figuren und Schockeffekten. Zu ihren Fans gehören Romero und Stephen King, die mit dem Episodenfilm *Creepshow* (*Creepshow – Die unheimlich verrückte Geisterstunde*) 1982 eine Hommage an die Welt der E. C. Comics in die Kinos brachten.

Diesen Filmen gegenüber standen teure Mainstream-Produktionen mit aufwändigen Spezialeffekten wie *The Exorcist* oder *Jaws*, die den Horrorfilm auch für ein großes Publikum jenseits der Aficionados gesellschaftsfähig machten. In der Tradition von Literaturfilmen nach Stoker, Shelley oder Poe wurden auch Gegenwartsautoren ins Kino gebracht, allen voran Stephen King, mit so unterschiedlichen Ansätzen wie in *Carrie* und *The Shining* (1980). Neben der Vormachtstellung der USA in den siebziger Jahren mit Regisseuren wie Tobe Hooper, Wes Craven und John Carpenter, die oft Autodidakten waren, machte in Kanada David Cronenberg mit seinen Körperobsessionen um Krankheit, Verfall und Mutation auf sich aufmerksam und schuf mit Filmen wie *Rabid* (*Rabid – Der brüllende Tod*, 1976) den Inbegriff des *body horror*.

Die achtziger Jahre läuteten die Krise ein, was auch daran lag, dass sich das Genre zu sehr auf die serielle Ausbeutung von Serienmördern und bis an die Schmerzensgrenze fortgesetzten ›Stalker‹-Erfolgen wie *Friday the 13th* oder *A Nightmare on Elm Street* verließ und sich damit selbst ausblutete. Trotzdem haben sich in der Rückschau eine Vielzahl von Filmen wie *Re-Animator, Evil Dead, Near*

Dark (1987) oder *Hellraiser* (1987) mit der ikonographischen Figur des Cenobiten Pinhead oder Peter Jacksons wirkmächtige Fun-Splatter-Movies aus dem fernen Neuseeland wie *Bad Taste* (1987) und *Braindead* in die Geschichte des Horrorfilms eingeschrieben.

Der deutsche Horrorfilm blieb nach den Erfolgen der Stummfilmzeit bis heute marginal, auch wenn sich Hans W. Geißendörfer mit *Jonathan* (1970) an einem Vampirfilm versuchte oder Andreas Schnaas und Olaf Ittenbach Ekelgrenzen als persönliche Herausforderung betrachten. Als Einziger spielte Jörg Buttgereit mit seinen beiden *Nekromantik*-Filmen (1987, 1992) oder dem *Todesking* (1990) auf dem internationalen Underground-Parkett mit, bis er sich von der Regie zurückzog.

In den neunziger Jahren modernisierte sich das Genre nach einer langen Agonie und entfaltete sich selbstbewusst zwischen Tradition und neuen Wegen, zwischen Parodie und Selbstreflexion. Neben ›Urban Myth‹-Filmen wie *Candyman* (1992) und *Urban Legends* (*Düstere Legenden*, 1998) war es vor allem Wes Cravens Erfolgstrilogie *Scream*, die ihm neues Leben einhauchte und es um eine längst überfällige und nicht immer ernst gemeinte Selbstreflexivität bereicherte. Den *Scream*-Filmen gelingt es, das Genre zu demontieren und im gleichen Atemzug neu zu erschaffen. Der Drehbuchautor Kevin Williamson wurde zum Shootingstar der Dekade, und vergleichbar mit Quentin Tarantino verpasste er dem Horrorfilm mit dem kreativen Output seines exzessiven Fernseh- und Videokonsums eine Frischzellenkur.

Der neue Selbstbezug spiegelte sich auch in Filmen über seine Macher. So ist Tim Burtons Biopic *Ed Wood* (1994) eine schräge Hommage an den so titulierten schlechtesten Regisseur aller Zeiten mit Johnny Depp in der Titelrolle, und E. Elias Merhige klärt in *Shadow of the Vampire* (2000) über die vermeintlich wahren Hintergründe der Dreharbeiten von *Nosferatu* auf, mit John Malkovich als

Murnau und Willem Dafoe als seinem Hauptdarsteller Max Schreck. Bill Condon wagte sich in *Gods and Monsters* (1998) an die letzten Tage des alternden, homosexuellen James Whale bis zu dessen Selbstmord. Nach einer Begegnung mit seinen früheren Stars Boris Karloff und Elsa Lancaster erkennt der *Frankenstein*-Regisseur auf seinen Kopf zeigend: »The only monsters I have are here.«

Nach dem Erfolg von *Scream* wurde der Markt mit einer Flut von Teen-Horrorfilmen wie *I Know What You Did Last Summer* (*Ich weiß, was du letzten Sommer getan hast*, 1997), oder *The Faculty* (1998) überschwemmt, ohne dass diese jedoch die Qualitäten von Cravens Trilogie erreichten. Auch der deutsche Film hängte sich mit *Anatomie* (1999) an den Erfolgstrend und lockte damit immerhin zwei Millionen Zuschauer in die Kinos. Daneben besann sich das Genre der alten Zugpferde Dracula und Frankenstein, auf die sich mit *Bram Stoker's Dracula* (1992) und *Mary Shelley's Frankenstein* (1994) zwei genrefremde Regisseure, der *Pate*-Macher Francis Ford Coppola und der Shakespeare-Experte Kenneth Brannagh, mit Blick auf das große Publikum schwangen. ›Zeitgenössisch-authentisch‹, ›Werktreue‹, ›definitive Verfilmung‹ lauteten die Schlagwörter für die programmatische Nähe zur Vorlage, auf die auch die Autorennennung im Titel hinweisen sollte. Dieses Ansinnen machte auch vor einstigen Underground-Klassikern nicht halt, wie Tom Savinis farbige Version von George A. Romeros *Night of the Living Dead* aus dem Jahr 1990 illustrierte. Doch während Savini den pessimistischen Ton der Vorlage verstärkte, wollten Coppola und Brannagh die Tradition des *gothic horror* aus einer neuen und ungewöhnlichen Perspektive heraus erzählen und dabei wie Stephen Frears mit seiner Jekyll/Hyde-Adaption *Mary Reilly* (1995) das menschliche Drama ihrer Geschichte fokussieren.

Zum Ausgang des Jahrhunderts brachten die jungen Filmemacher Daniel Myrick und Eduardo Sanchez das Genre mit ihrem spektakulären Coup *The Blair Witch Project* wieder in aller Munde. Wie der Spanier Alejandro Amenábar in *The Others* setzten sie bei ihrem ›Mockumentary‹ in der Tradition Val Lewtons darauf, dass das wirklich Unheimliche das ist, was wir nicht sehen und was sich nur in unserer Phantasie abspielt, und schufen den wohl profitabelsten Horrorfilm aller Zeiten. Gleichzeitig wurde er zum Vorbild für neue Vermarktungsstrategien, denn erstmals war das Internet maßgeblich am kommerziellen Erfolg beteiligt.

Für die Gegenwart des Horrorfilms ist das asiatische Filmschaffen immer einflussreicher geworden. Bereits Ende der achtziger Jahre brach die hongkong-chinesische Geistergeschichte *A Chinese Ghost Story* (1987) eine Lanze für den Horror aus Fernost. Und der japanische Horrorfilm *Ringu* (1997) avancierte zum Horror-Mythos des zu Ende gehenden Millenniums, wurde einem größeren westlichen Publikum jedoch bezeichnenderweise erst durch sein US-amerikanisches Remake *The Ring* (2002) bekannt. *Ringu* ist zugleich exemplarisch für eine neue Einfachheit im Horrorfilm und setzt wie *Blair Witch Project* und *The Others* fern von exzessiver Gewalt und Splattereffekten auf imaginativen Horror. *Ringu* läutete zudem im ewig stoffhungrigen Hollywood den Trend ein, erfolgreiche Horrorfilme aus Fernost wie *Kuya* (*Cure*, 1997), *Pulse* (*Kairo*, 2001) und *Ju-on: The Grudge* (2003) auf ihre Remake-Tauglichkeit zu überprüfen und umgehend für die USA zu adaptieren, wie es zuvor beispielsweise mit europäischen Erfolgsproduktionen, z. B. *Nikita* (1989), geschehen war.

Wie sich schon beim *Blair Witch Project* andeutete, wird die Zukunft des Horrorfilms entsprechend dem Medienkonsum nachwachsender Fan-Generationen sich immer mehr in den Neuen Medien abspielen. Beispielsweise ist H. P. Lovecraft nach der Erfahrung des französischen Skandalautors Michel Houellebecq den jungen Horrorfans nicht mehr durch ihre Lektüre, sondern aus Computerspielen bekannt, mit denen der Horror eine enge kommerzielle Verbindung eingegangen ist. Und auch darauf reagiert das Genre schnell, wie David Cronenbergs *eXistenZ* (1998) beweist. Nicht zuletzt in dieser Sensibilität, Zeitströmungen filmisch aufzugreifen, liegt die Lebendigkeit und Stärke des Horrorfilms.

Mein Dank gilt Harald Harzheim, Carlos Aguilar und Thomas Koebner für ihre Unterstützung sowie Rudolf Worschech für seinen Beistand und sein Verständnis.

Herbst 2004 *Ursula Vossen*

Literatur: Adolf Heinzlmeier / Jürgen Menningen / Berndt Schulz: Kultfilme. Hamburg 1983. – Norbert Stresau: Der Horror-Film. Von Dracula zum Zombie-Schocker. München 1987. – Hans Schifferle: Die 100 besten Horror-Filme. München 1994. – Jörg Lau: Mit dem Monster dealen. In: die tageszeitung. 22. 8. 1996. – Harald Harzheim: Das Gute durch das Böse beweisen. Der geschundene Körper im Splatter-Movie. In: Nachtblende. Nr. 2 (1997). – Paul Wells: The Horror Genre. From Beelzebub to Blair Witch. London 2000. – Marc Jancovich (Hrsg.): Horror. The Film Reader. London / New York 2002.

Folgende Abkürzungen wurden verwendet: R = Regie; B = Buch; K = Kamera; M = Musik; D = Darsteller; s/w = schwarzweiß; f = farbig; min = Minuten; AUS = Australien; CAN = Kanada; D = Deutschland; E = Spanien; F = Frankreich; GB = Großbritannien; HK = Hongkong; I = Italien; JAP = Japan; NZ = Neuseeland; P = Portugal; S = Schweden; USA = Vereinigte Staaten von Amerika.

Das Cabinet des Dr. Caligari

D 1919   s/w 56 min

R: Robert Wiene
B: Hans Janowitz, Carl Mayer
K: Willy Hameister
M: Peter Schirmann (Neufassung)
D: Conrad Veidt (Cesare), Werner Krauss (Dr. Caligari), Lil Dagover (Jane), Friedrich Fehér (Francis)

Francis, Insasse eines Irrenhauses, erzählt einem Mitpatienten seine Geschichte: In der Kleinstadt Holstenwall will der obskure Dr. Caligari auf dem Jahrmarkt den Somnambulen Cesare ausstellen. Der Gemeindesekretär weist ihn zurück – und wird in der darauf folgenden Nacht ermordet. Jetzt ist der Weg für Caligari frei. Unter den Massen, die in die Schaubude des unheimlichen Doktors strömen, befinden sich auch Francis und sein Freund Alan, die beide in die schöne Jane verliebt sind. Alan fragt Cesare provokativ, wie lange er noch zu leben habe. »Bis zum Morgengrauen«, lautet dessen Antwort. Und wirklich: In derselben Nacht wird Alan getötet. Die Polizei verhaftet einen Verdächtigen, Francis aber sieht in Caligari den wahren Täter. Während er ihn beobachtet, merkt er nicht, dass dessen somnambuler Mordvollstrecker Cesare bei der schlafenden Jane einbricht. Sie töten, wie ihm von Caligari befohlen, kann er jedoch nicht – die Sinnlichkeit des Opfers hemmt seinen Antrieb – und entführt sie stattdessen auf die Dächer der Stadt. Zur gleichen Zeit hat Francis Caligari bis zu seinem Domizil, einer Irrenanstalt, verfolgt. Hier endet sein Bericht. Kurz darauf macht der Direktor der Anstalt die Visite und wird von Francis lautstark als Dr. Caligari attackiert. Der junge Mann wird in eine Zwangsjacke gesteckt, während der Direktor dessen Wahn begreift: »Er hält mich für jenen mystischen Caligari. Und nun kenne ich auch den Weg zu seiner Gesundung.«

Das Cabinet des Dr. Caligari ist als erster expressionistischer Film weltberühmt und zum Gegenstand endloser Analysen geworden. Dabei bezieht sich sein Expressionismus weitestgehend auf den Dekor. Auch wenn es Bezüge zum literarischen Expressionismus gibt, wie das Vorkommen von Wahnsinnigen, Irrenanstalten und ›Tyrannenfiguren‹, so kommt Wienes Stummfilm inhaltlich wie motivisch aus der schwarzen Romantik, beruft er sich – wie sein Produzent Erich Pommer selber zugab – auf das Pariser ›Grand Guignol‹, jenes berühmte Splatter-Theater, das während des Ersten Weltkrieges seinen künstlerischen wie kommerziellen Höhepunkt erreichte. Dort war nämlich nicht allein der Wahnsinn das vorherrschende Thema, sondern Anstalten und Psychiatrien gehörten zu den bevorzugten Schauplätzen, z. B. in der berühmten Poe-Adaption *Le système du Docteur Goudron et du Professeur Plume* (1909, Maurice Tourneur). Mit dieser Verfilmung sowie mit dem Hypnotisierspektakel *Trilby* (1915) brachte Tourneur die ›Grand Guignol‹-Ästhetik in der Filmwelt zur Wirkung und hatte damit auch direkten Einfluss auf *Das Cabinet des Dr. Caligari*. Nachdem Wienes Film in die Kinos gekommen war, erkannte das ›Grand Guignol‹-Theater dessen Stoff sofort als seinesgleichen und revanchierte sich 1925 mit der blutigen Bühnenadaption »Le Cabinet de Docteur Caligari«, für die André de Lorde, der Starautor des Hauses, höchstpersönlich verantwortlich zeichnete.

Aber *Das Cabinet des Dr. Caligari* ist nicht nur ästhetisch von Wahn und zerstörter Seele beeinflusst, sondern auch biographisch, liegt ihm doch ein reales psychisches Leiden zugrunde. Die direkte Idee zu diesem Film wurzelt keineswegs allein in der – so oft beschriebenen – Intention, Macht und Autorität in der Weimarer Republik zu denunzieren, sondern nicht minder in einem Trauma des Co-Drehbuchautors Hans Janowitz, das selbst die schlimmste ›Grand Guignol‹-Präsentation hinter sich

Der obskure Dr. Caligari (Werner Krauss, r.) stellt auf dem Jahrmarkt den Somnambulen Cesare (Conrad Veidt, l.) aus und macht
das willenlose Medium zum Vollstrecker seiner düsteren Vorhersa-
gen. *Das Cabinet des Dr. Caligari* wurde weltberühmt als Aushängeschild des deutschen Expressionismus, ist aber zugleich einer der
wegweisenden Begründer des klassischen Horrorfilms. In ihm gehen Expressionismus im Dekor und in inhaltlichen Bezügen eine
einzigartige Verbindung mit der schwarzen Romantik und dem
›Grand Guignol‹ ein. Während im Irrenhaus Melancholie, Ausweglosigkeit und Asexualität herrschen, pulsieren in den expressiv
verschobenen, schrägen Orten geisteskranker Phantasie die vitalen
Triebe. Die Wahrheit des Wahns steht gegen die Depressivität der
naturalistischen Realwelt.

lässt: Janowitz war überzeugt, in der Hamburger Holsten-
wall-Anlage Zeuge eines nächtlichen Sexualmordes gewesen zu sein. Holstenwall heißt deshalb auch die Stadt
im Film. Und ein Höhepunkt der dortigen Vorkommnisse ist
Cesares Attacke auf die schlafende Jane, die einen eindeu-

tig auf Vergewaltigung weisenden Subtext enthält. In seiner fiktionalen Drehbuch-Verarbeitung versucht Janowitz, das real erlebte Schreckliche imaginär ungeschehen
zu machen: Denn der Somnambule wird von Skrupeln ge-
bremst, Jane zu töten, während in der späteren ›Grand
Guignol‹-Adaption die weibliche Hauptfigur tatsächlich
umgebracht wird.

Die weltweite ungebrochene Rezeption des Film als
Aushängeschild des deutschen Expressionismus haben
den Blick für seine Bedeutung als einer der Begründer des
klassischen Horrorfilms der späten zwanziger und der
frühen dreißiger Jahre verstellt. Durch Wienes Meisterwerk fanden die Motive romantischer Horrorstoffe eine
neue Form. Wie *Das Cabinet des Dr. Caligari* spielen die
Horrorfilme der späten Stumm- und frühen Tonfilmära
meist in bühnenhaften Dekors, die durch schatten- und
silhouettenbetonte Ausleuchtung verfremdet sind. Auch
wenn die Rückkehr in die Filmateliers durch die Anforde-
rungen der neuen Tontechnik bedingt waren, empfanden
sich diese Horrorfilme noch als theatralisch, was auch die
Wahl ihrer Vorlagen beweist, bei denen es sich meist um
Bühnenstücke handelte. Intelligente Regisseure wussten
jedoch frühzeitig mit dieser Bühnendramatik zu spielen.
James Whale beispielsweise ließ in seinem besonders deutlich an *Das Cabinet des Dr. Caligari* orientierten *Frankenstein – The Man Who Made a Monster* (*Frankenstein*,
1931) die Kamera wiederholt durch die Dekoration fahren, um zu zeigen, »dass hier nichts real ist, sondern alles
eine Fingerübung in Bühnendramaturgie« (Everson).
Oder Karl Freund, der seinen Horrorfilm *Mad Love*
(1935) mit einer Folterszene im Pariser ›Grand Guignol‹
beginnen lässt: Hier wird die theatralische Abstammung
des Horrorgenres unmittelbar beschworen.

Aber auch Robert Wiene selbst experimentierte weiterhin mit dem *Caligari*-Stil. Hier ist vor allem *Orlacs Hände* (1924) zu erwähnen, den Freund mit *Mad Love* neu

verfilmte. Der Film setzt die Errungenschaften des expressionistischen Kinos derart subtil und differenziert ein, dass er alle Behauptungen widerlegt, Wiene sei ein zweitklassiger Regisseur gewesen, der den expressionistischen Stil seines *Caligari* nicht selber intendiert, sondern nur aufgeschwatzt bekommen habe. Bis an sein Lebensende plante Wiene ein Tonfilm-Remake seines berühmtesten und erfolgreichsten Films, Jean Cocteau hatte bereits für die Rolle des Cesare zugesagt. Als die Realisation zum Greifen nah war, starb Wiene. Ob er mit diesem Remake, dessen Drehbuch sich erhalten hat, sein Original unterboten oder eine originelle Weiterentwicklung vorgelegt hätte, muss offen bleiben.

In der Nachfolge von Wienes Film fand das caligareske Drama des besessenen ›Mad Scientist‹, des mit hypnotischen Kräften begabten Unholds, endlose Varianten. Dieser Schurkentypus war vor Dr. Caligari eine eindimensional-dämonische Randfigur, wie beispielsweise der ihm in der Erscheinung ähnliche Scapinelli in *Der Student von Prag* (1913, Stellan Rye). Erst *Das Cabinet des Dr. Caligari* gab der Dämonie des Bösewichts soviel Plastizität, dass das Publikum dessen Machtbesessenheit identifizierend miterleben konnte. Gleiches gilt für die Gegenüberstellung des guten Liebhabers Francis und des bösen Verehrers Cesare, die im Grunde als zwei Seiten einer Figur zu verstehen sind, denn Letzterer repräsentiert als Somnambuler überdeutlich das schlafende Unbewusste Francis' – auch dies eine Konstellation, die den Horrorfilm nachhaltig prägte. Bei de Lordes Bühnenadaption wurde dies noch deutlicher, denn niemand anders als der hypnotisierte Francis entpuppt sich als somnambuler Mörder. Selbst einzelne Bildmotive wurden zum Standard, beispielsweise die Entführung der bewusstlosen Heldin auf die Dächer der Stadt durch das Monster wie z. B. in *King Kong* (1933, Merian C. Cooper, Ernest B. Schoedsack) oder der an Alan verübte Messermord, der noch über vierzig Jahre später in der zweiten Mordsequenz von *Psycho* (1969, Alfred Hitchcock) nachwirkt. Unnötig zu sagen, dass Hitchcock zeit seines Lebens ein Fan des *Cabinets des Dr. Caligari* war.

Für den tiefgreifenden Einfluss des *Caligari*-Stils auf den klassischen Horrorfilm spielt Paul Leni eine entscheidende Rolle, der nach seiner Arbeit als Szenenbildner bereits in Deutschland mit seinem *Wachsfigurenkabinett* (1924) einen expressionistischen Gruselklassiker abgeliefert hatte. Er und andere Emigranten transportierten das caligareske Erbe nach Hollywood. Dort suchte Leni »nach populären Ausdrucksformen und war daher geradezu prädestiniert, die Errungenschaften des filmischen Expressionismus in ein populäres, der Unterhaltung dienendes Genre, den Horror-Film, zu überführen« (Everson). Dies tat er mit *The Cat and the Canary* (*Spuk im Schloss*, 1928) und *The Man Who Laughs* (*Der Mann, der lacht*, 1928). Nicht minder wichtig ist Karl Freund, der Kameramann von Wiene, Fritz Lang und F. W. Murnau, der später Tod Brownings *Dracula* (1931) fotografierte und selbst die beiden Horrorklassiker *The Mummy* (*Die Mumie*, 1932) und *Mad Love* (1935) inszenierte. Auch Edgar Ulmer lieferte mit *The Black Cat* (*Die schwarze Katze*, 1934) eine originelle, einflussreiche Adaption des *Caligari*-Stils. Und last but not least der französische Emigrant Robert Florey, der für James Whales *Frankenstein* das Treatment nach Mary Shelleys Roman verfasste und dessen Experimental- und Horrorfilme wie die Poe-Adaption *Murder in the Rue Morgue* (*Mord in der Rue Morgue*, 1932) dem *Caligari*-Stil am getreuesten folgen. Denn vor allem für die Wahnsinns-Welt eines Edgar Allan Poe war die *Caligari*-Ästhetik wie geschaffen. So spielen neben Floreys Film Charles Kleins *The Tell-Tale Heart* (1928) und James S. Watsons *The Fall of the House of Usher* (1928) in caligaresken Kulissen. Letzterer, ein Kurzfilm, versuchte zudem, den Dekorstil mit filmtechnischen Mitteln umzusetzen: durch

Zerrlinsen, Prismengläser, Mehrfachbelichtungen, die die Protagonisten regelrecht zerteilen, fragmentieren. Das Spiel der Akteure ist wahrlich expressiv, wie der Verzweiflungsschrei der wiederauferstandenen Madeline Usher. Es ist übrigens ein schweres Versäumnis der Filmgeschichte, Watsons Poe-Adaption ausschließlich als Avantgarde- und nicht auch als Horrorklassiker rezipiert zu haben.

Doch die Entwicklung der Ästhetik des klassischen Horrorfilms beruht keineswegs nur auf der Beeinflussung durch die formale Radikaliät von Wienes Klassiker, auch inhaltlich ist kaum ein Film mehr so weit gegangen. So wagte es z. B. fast kein Horrorfilm in den darauf folgenden fünfzig Jahren, den Helden, den guten Liebhaber als wahnsinnig und zuletzt in einer Pose völliger Hilflosigkeit darzustellen. Ebenso wenig riskierte es kaum ein Regisseur oder Autor mehr, die Liebe dieses Helden als pure Projektion eines Geisteskranken auf eine kommunikationsunfähige Mitinsassin zu entlarven. Diese Radikalität ist untrennbar mit der lange Zeit geschmähten Rahmenhandlung verbunden, die später hinzugefügt wurde und in vergleichsweise zurückhaltendem expressionistischen Dekor spielt. Im Mikrokosmos des Irrenhauses herrscht Melancholie, Ausweglosigkeit und Asexualität unter der Aufsicht eines zweifelhaften Direktors. Dagegen in den expressiv verschobenen, schrägen Orten geisteskranker Phantasie, da sind sie plötzlich, die vitalen Triebe: Geilheit, Hass, Mordgier, Machtwille. Die Wahrheit des Wahns steht gegen die Depressivität der naturalistischen Realwelt. Deshalb wirkt das Ende so beängstigend, deshalb misstraut man ihm, ohne dies inhaltlich fixieren zu können: weil diese Realwelt letztlich die Welt des seelischen Todes ist.

Wie stark hier eine Kritik der wahnsinnigen Vernunft stattfand, spürte Sergej Eisenstein nur zu gut, als er *Das Cabinet des Dr. Caligari* voller Abscheu als »barbarische Orgie der Selbstvernichtung gesunden Menschentums in der Kunst«, als »Massengrab aller gesunden Prinzipien des Films« denunzierte, obwohl sein ›gesunder‹ Stalinismus kaum als Alternative zum caligaresken Wahn in Frage kommen dürfte. Die Fundamentalkritik an der ›gesunden‹ Weltwahrnehmung, das tiefe Misstrauen gegenüber Welt und Ordnung, das nietzscheanische Spiel mit der Alternative Wahnsinn ist notwendiger Bestandteil eines jeden Horrorfilms. In *Das Cabinet des Dr. Caligari* erlebt man all das in bis heute unübertroffener Konsequenz.

Harald Harzheim

Literatur: Fernan Jung / Claudius Weil / Georg Seeßlen: Enzyklopädie des populären Films. Bd. 2: Der Horror-Film. München 1977. – William K. Everson: Klassiker des Horrorfilms. München 1979. – Norbert Stresau / Claudius Weil / Georg Seeßlen: Kino des Phantastischen. Hamburg 1980. – Ronald Hahn / Volker Jansen: Lexikon des Horror-Films. Bergisch-Gladbach 1985. – Peter Weiss: Avantgarde Film. Frankfurt a. M. 1995. – Mel Gordon: The Grand Guignol – Theatre of Fear and Terror. New York 1997. – David Robinson: Das Cabinet des Dr. Caligari. London 1997.

Hexen

Häxan

S 1922   s/w 83 min

R: Benjamin Christensen
B: Benjamin Christensen
K: Johan Ankerstjerne
D: Maren Pedersen (Hexe), Clara Pontoppidan (Nonne), Elith Pio (Junger Mönch), Tora Teje (Hysterikerin), Benjamin Christensen (Satan/Modearzt)

Sieben Schritte zu Satan

Seven Footprints to Satan

USA 1929   s/w 60 min

R: Benjamin Christensen
B: Richard Bee, William Irish, nach einer Vorlage von Abraham Merritt
K: Sol Polito
D: Creighton Hale (James Kirkham), Thelma Todd (Eva), De Witt Jennings (Onkel Joe), Sheldon Lewis (Die Spinne), William V. Mong (Professor)

Zu den bemerkenswertesten und zugleich wenig bekannten Horrorfilmen aus der Stummfilmära zählen die eigenwilligen Arbeiten des dänischen Regisseurs und Schauspielers Benjamin Christensen. Wenn bei ihm der Teufel auftaucht, geht es um Erziehung und Aufklärung. Die Unterweisung nimmt er zum Anlass, es möglichst satanisch auf der Leinwand zugehen zu lassen, ganz gleich, ob es sich dabei um die Belehrung des Publikums wie in *Häxan* handelt oder um die Erziehung eines pflichtvergessenen Millionärssohnes wie in *Seven Footprints to Satan*. So unterschiedlich die zwei wichtigsten Filme Christensens auch in ihrer Ästhetik sind – auf der einen Seite der episodische Filmessay über den mittelalterlichen Hexenwahn, auf der anderen Seite die meisterhafte Horrorkomödie –, so sind sie doch zwei Seiten einer Medaille. Denn beide erweisen sich als visuelle Exzesse einer de Sade'schen Phantasie, wie sie im zeitgenössischen Stummfilm nur noch Erich von Stroheim und Cecil B. de Mille erreichten. Erst kurz vor Ende schwenken sie in nüchternen Rationalismus um.

Drei Jahre arbeitete Christensen an *Häxan* und verband, lange bevor es den Begriff der Dokufiction gab, Dokumentarisches mit Spielszenen. Mit hohem technischen Aufwand und einer an Goya, Bosch und Breughel angelehnten komplexen Bildkomposition entführt dieser Meilenstein des expressionistischen Films den Zuschauer in flackrig-düstere Hexenküchen und auf den Blocksberg zur Walpurgisnacht. Traumversunken laufen nackte Somnambule in die Klauen des dämonischen Verführers, werden Leichenteile verspeist, küssen Hexen den Hintern des Teufels. Die spektakulären Bilder sind Jahrmarkt im besten Sinne. Christensen verwendet Puppen, Masken und jede Menge Tricktechnik. Ohne seine Pionierarbeit wären weder die Bildgestaltung noch die visuellen Effekte von Friedrich Wilhelm Murnaus *Faust* (1925) möglich gewesen. Aber *Häxan* illustriert nicht bloß die Wahnvorstellungen (angeblich) des Mittelalters, sondern präsentiert auch mit aufklärerischer Absicht deren Entstehung in den finsteren Folterkammern der Inquisition mit ihrer spezifischen Dialektik von Tortur und Geständnis. Mit erzieherischem Gestus durchleuchtet er die grausame und (selbst)zerstörerische Mentalität der Mönche und zeigt Frauen, die sich aus Angst vor dem Scheiterhaufen jeden Abend bis zum Umfallen betrinken. Der Film dekuvriert die vermeintlichen Bekenntnisse von Hexen als durch Folter erpresste Lügen oder als Artikulation dessen, was seit dem 19. Jahrhundert Hysterie genannt wird. Das verdeutlicht die Sequenz über ein Nonnenkloster, dessen asketische, selbstquälerische Zucht in orgiastischen Wahn mündet. Dieser Wahn wird anschließend in einer modernen Episode mit hysterischen Halluzinationen verglichen. An anderer Stelle erläutert *Häxan* die Dynamik des – im Mittelalter dämonisierten – zwanghaften Verhaltens anhand der Geschichte einer Kleptomanin. Christensen zeichnet die Welt als riesigen Neurosenkosmos voller Irrsinn, (Selbst-)Bestrafung, unerfüllter Triebe, aussichtsloser Ersatzbefriedigungen. Der Mensch ist darin der Gefangene eines Wahnsystems, in dem er sich schon lange verloren hat.

Enthielt *Häxan* trotz seines ernsten Anliegens komödiantische Elemente, so ist der in den USA gedrehte *Seven*

Footprints to Satan eine Horrorkomödie. Christensen, der später für Hollywood mehrere Spukhauskomödien drehte, lieferte damit sein Meisterwerk ab. Lange galt der von First National Pictures produzierte Film als verschollen und war nur durch aufsehenerregende Fotos bekannt. Zum Glück ist er inzwischen wieder aufgetaucht und hat das Versprechen der Standfotos eingelöst: Er gleicht einer Geisterbahn, in der sämtliche Motive und Figuren des Horrorfilms temporeich zum Einsatz kommen, auch wenn Christensen im prüden Hollywood bei der Umsetzung seiner opulenten Phantasien vorsichtiger sein musste als in Schweden, wo er *Häxan* drehte. Der gelangweilte Millionärssohn James, der mit Kerzenschießen den Tag totschlägt, wird während einer Feier samt Freundin Eva entführt. Sie finden sich wieder in einem riesigen, alten Haus voller Geheimgänge, unterirdischer Verliese, verwinkelter Korridore, auf deren Wände bizarre Schatten fallen und Entsetzliches andeuten. Bewohnt wird es von Zwergen, die aus Geheimtüren hervortreten und wieder verschwinden, einem riesigen Mann auf Krücken, genannt »die Spinne«, sowie einem wilden Gorilla, wolfsartig behaarten Dienern und einer Femme fatale im hautengen schwarzen Kleid. Von überall dringen Hilfeschreie, Erschießungen finden statt, Nackte werden in dunklen Zimmern ausgepeitscht, Hände lebendig Begrabener greifen verzweifelt aus ihren Marmorsärgen, in einem großen Saal zelebrieren Maskierte eine Orgie. Zuletzt gelangt James in eine riesige Halle in modernem Design: den Tempelraum. In ihm befindet sich eine mit Leuchtziffern versehene Treppe, die die titelgebenden sieben Fußabdrücke aufweist. In letzter Sekunde entpuppt sich das ganze Horrorszenario als vom besorgten Onkel Joe inszeniert, der zusammen mit Eva den jungen Müßiggänger mit dieser Schocktherapie zu einem verantwortungsvollen Leben erziehen will.

Diese ernüchternde Auflösung mag den Film zwar – wie ein zeitgenössischer Kritiker anmerkte – vor der Zensur bewahrt haben, ist aber derart unbefriedigend, dass man sich wünscht, die letzten zehn Minuten des Films wären verschollen geblieben. Insgesamt wirkt *Seven Footprints to Satan* so, als habe Christensen seine Konzeption von *Häxan* nachträglich parodieren wollen: Das episodische Szenario aus dämonischen gefolterten Frauen, Freaks und Monstern, in dessen Mittelpunkt Satan persönlich steht, erweist sich als Kunstgriff eines engagierten Aufklärers. Der besorgte Onkel, der diese Hölle zwecks Therapierung seines Neffen inszeniert, ist letztlich ein verspieltes Selbstporträt des pädagogischen Regisseurs Christensen, der es sich in *Häxan* nicht nehmen ließ, Oberlehrer und Teufel zugleich selbst zu spielen. Bei ihm bedarf die Rationalität des Irrationalen, um ihr Ziel zu erreichen.

Harald Harzheim

Literatur: Fernand Jung / Claudius Weil / Georg Seeßlen: Der Horrorfilm. München 1977. – Hans Schifferle: Die 100 besten Horrorfilme. München 1994.

Nosferatu – eine Symphonie des Grauens

D 1922   s/w 84 min

R: Friedrich Wilhelm Murnau
B: Henrik Galeen, nach dem Roman *Dracula* von Bram Stoker
K: Fritz Arno Wagner, Günther Krampf
M: Hans Erdmann
D: Max Schreck (Graf Orlok / Nosferatu), Gustav von Wangenheim (Hutter), Greta Schröder (Ellen Hutter), Alexander Granach (Knock)

Es könnte harmloser nicht beginnen, was im Horror kulminiert: Die Biedermeier-Schönheit Ellen Hutter spielt mit einer kleinen Katze am blumenbestückten Fenster: ein Bildnis innigen Friedens, der Idylle abseits der Gefahren, die vom Eisgang der Geschichte drohen, scheinbar auch abseits des drohenden Verderbens, das aus einer tieferen Dimension hervorsteigt – und das schon die an der Aufklärung zweifelnde Romantik als das schauerlich Unheimliche bezeichnet hat, dessen man mit allen Erklärungsversuchen der Naturforscher nicht Herr wird. Der Gatte der verinnerlichten Nonnenseele ist das genaue Gegenteil: ein fröhlich derber Draufgänger und Naturbursche, geeignet fürs große Abenteuer. Ein solches erlebt er dann auch im Auftrag seines Chefs, des Häusermaklers Knock.

Nosferatu ist die erste bedeutende Adaption von Bram Stokers viktorianischem Schauerroman *Dracula* und etablierte das filmische Subgenre des Vampirfilms. Murnaus Film bevorzugt die Dämmerstunde, die der Wahrnehmung Grenzen setzt. Anders als die meisten Filme der Stummfilmära entstand er nicht im Studio, ist die bizarre Vampirburg in den Karpaten ebenso wenig ein Werk der Ausstattungskunst wie die Backsteinfassaden der Ostseestadt, die im Film dem Wisborg des Jahres 1843 zugeschrieben werden: Schon deshalb, weil Murnau sich die Buchrechte nicht gesichert hatte und Drehbuchautor Henrik Galeen angewiesen war, Stokers in London spielende Vorlage umzumodeln. So heißt Jonathan hier Hutter und Nina Ellen, der titelgebende Vampir Graf Orlok bzw. Nosferatu, rumänisch für ›der Untote‹. Renfield und Jonathans Chef verschmelzen zur Figur des Maklers Knock. Auffallend: der unerbittliche Vampirjäger van Helsing wird ausgeklammert, das Prinzip der Gegenwehr kommt zu kurz. Nosferatu wirkt dadurch ungleich mächtiger und unbesiegbarer, es scheint nur eine Möglichkeit zu geben, ihn zu vernichten, nämlich ihn in der Verschmelzung zu überwältigen.

Trotz dieser Veränderungen ging Bram Stokers Witwe gerichtlich erfolgreich gegen den Film vor, sämtliche Kopien mussten vernichtet werden. Zum Glück blieben Exportkopien erhalten, zudem war das Negativ bereits ins Ausland verkauft worden.

Ein gar seltsamer Galan kommt aus dem fernen Transsylvanien
übers Meer gefahren. Ein Ritter von schauriger Gestalt, ein todbleicher Geselle mit kahlköpfiger Gespensterfratze wie von Alfred
Kubin ersonnen, eine Schreckfigur mit einem riesigen Tierschädel
auf gebeugtem, hagerem, merkwürdig verformtem Rumpf, ausgestattet mit langfingrigen Krallenhänden. Begierde, Liebe, die Sehnsucht nach dem Hals der schönen Ellen treiben diesen Grafen Orlok alias *Nosferatu* (Max Schreck) in das beschauliche Ostseestädt-
chen Wisborg. Die Perspektive aus dem Bauch des Schiffs hält ihn
als Gräuel in verzerrter Dimension fest. Vier Jahre nach Ende des
Ersten Weltkriegs inszenierte Friedrich Wilhelm Murnau den Einbruch des Grauens in eine Friedenswelt, indem er über weite Strecken wie von einem schweren Traum erzählte.

Unverändert bleibt der (Seelen-)Handel, den der ah-
nungslose Hutter in Knocks Auftrag betreibt, als er dem
reichlich entfernt in Transsylvanien wohnenden Graf Orlok eine Ruine in Wisborg genau gegenüber seinem eigenen Haus verkauft. Die Mühsal der weiten Reise um ganz

Europa herum nimmt der Vampir aus einem ganz anderen Grund auf sich: Ihn treibt Begierde, Liebe, beides in einem, die Sehnsucht nach Ellens schönem Hals, den er auf Hutters Medaillon mit ihrem Abbild erspäht hat. Da kommt Bewegung in den starren Sonderling, er ist auf einmal, für seine Verhältnisse jedenfalls, Feuer und Flamme und unterschreibt alsogleich den Kaufvertrag für die Wisborger Ruine.

Nosferatu erzählt aus changierenden Perspektiven – der eines beteiligten Zeugen oder eines Akten vorlegenden Archivars; sogar ein Buch über Vampire erweist sich als verlässliche Quelle –, um auf jeden Fall glaubwürdig zu erscheinen. Diese ironische Versicherung, die Wahrheit und nichts als die Wahrheit zu berichten, ist ein alter erzählerischer Trick bei Fabeleien von unerhörten Begebenheiten. Bei Nahsicht ist sogar eine doppelte Geschichte zu unterscheiden: ein melodramatisches privates Drama zum einen und eine Schreckenschronik zum anderen. Die melodramatische Handlung: Hutter hat zu seiner jungen Frau zwar ein zärtliches Verhältnis, aber als leidenschaftlich Liebende nimmt man dieses kinderlose Paar, das einander keusch auf die Stirn küsst, nicht wahr. Da sie sich am Ende als unschuldige Frau erweist, die den Vampir den ersten Hahnenschrei vergessen macht, scheint sie ungeachtet ihrer Ehe sogar noch Jungfrau zu sein. Ellens Gefühle wirken seltsam zweideutig, es entwickelt sich eine merkwürdige, nur halb verschlüsselte Dreiecksgeschichte, verbindet sie doch mit Orlok eine eigentümliche telepathische Beziehung: So ruft Ellen den Namen ihres Mannes aus, als sich Nosferatu in seinem Schloss auf den in einen Schreckensbann versunkenen Hutter ›vergewaltigend‹ werfen will, um aus seinem Hals Blut zu saugen. Die Gier des Vampirs kennt keine Unterschiede zwischen Männern und Frauen, will man seinen Blutdurst als puritanische Verschlüsselung sexuellen Appetits verstehen, muss man ihm hemmungslose Bisexualität, Hetero- und Homoerotik zugleich zugestehen. Doch der Zwischenruf Ellens hat zur Folge – die Montage macht dies glauben –, dass der drohend aufgerichtete Schatten Orloks von Hutter ablässt. Oder: Ellen erwartet ihren Mann am Meeresstrand, auf einem vom Dünensand verwehten Seemannsfriedhof, obwohl sie weiß, dass er zu Pferde unterwegs ist. Über See indes kommt Nosferatu. Wartet Ellen in Wahrheit auf ihn, den seltsamen Liebhaber?

Die Schlusssequenz des privaten Dramas lässt immer deutlicher erkennen, dass sich Ellen zwischen zwei Mächten oder Männern gefangen sieht und die magische Anziehungskraft des Übersinnlichen ihr irdisches Treuegelöbnis überwindet. Das tragische Gesicht der Schauspielerin Greta Schröder mit seinen tiefliegenden Augen und ihre pathetisch jähen Gebärden charakterisieren die hochempfindsame Frau als Gezeichnete, als fromm-inbrünstige Heroine, doch als Braut des Bösen öffnet sie das Fenster mit dem ›expressionistischen‹ Ausdruck sich hingebender Ekstase, der weit geöffnete Körper mit hochgerissenen Armen, gleichsam ein Signal dafür, dass der Vampir bei ihr eintreten dürfe. Das Kalkül geht auf, Nosferatu bleibt zu lange bei der Geliebten, verbissen in ihren Hals, und vergeht zu Rauch im Morgenschein der Sonne, Ellen hingegen kostet ihre Heldentat das Leben. Handelt sie im Film schlafwandlerisch, wirkt sie im Drehbuch viel aktiver: Im 172. Bild – es wird erst gar nicht gedreht (in Murnaus Handschrift ist auf dem Blatt zu lesen »fällt weg«) – feiert Galeens Skript Ellens ›Martyrium‹ als perverse Liebesnacht. Murnau empfand diesen starken, unzweideutigen Orgiasmus aus Schmerz und Lust anscheinend als zu drastisch, zu offenkundig. Er dämpft, verschleiert die sexuellen Indizien, verschiebt den Vorgang ins Halbdunkle der Andeutungen, nimmt Nosferatu den im Drehbuch öfter beschworenen Charakter des Raubtiers, eignet sich poetische Metaphern für die visuelle Erzählung an – lässt etwa den Schatten der Greifhand des

Ungeheuers auf Ellens Herzgegend fallen und sich dort zusammenkrampfen. So entzieht Murnau seinem Film die Zeichen der Herkunft von Bram Stokers viktorianischer Einbildung eines Überlibertins Dracula, dem die Frauen nicht widerstehen können, dem sie vielmehr verfallen. Bei Murnau ist Nosferatus Verglühen auch ein Liebestod. Wie er hinter dem Fenstergitter des »öden Hauses« (so heißt es im Drehbuch), von einem kalkbleichen Seitenlicht beschienen, auf ein Zeichen Ellens wartet, ist er nicht von einem irdischen Liebhaber zu unterscheiden, der in der Nacht zum Haus der Geliebten hinüberstarrt, um einen Wink zu erhaschen, der ihn dazu ermutigt, sich zu nähern. Nur ist der beharrliche Galan von erschreckender Gestalt, ein Monstrum, kein Gentleman wie Dracula bei Bram Stoker, vielmehr ein todbleicher Geselle mit kahlköpfiger Gespensterfratze, wie von Alfred Kubin ersonnen, eine Schreckfigur (deren Darsteller auch noch Max Schreck hieß), ein missratener Mephisto mit zwei Nagetier-Vorderzähnen, eben ein Herr der Ratten und der Mäuse deutscher Tradition: oft elegant angezogen, feine Schuhe an den Füßen, nur mit einem greisen riesigen Kinderkopf oder Tierschädel auf gebeugter hagerer, merkwürdig verformter Gestalt, mit langfingrigen Krallenhänden ausgestattet. Diese Tendenz verstärkt Werner Herzogs Remake Nosferatu – Phantom der Nacht (1979) und macht aus der Titelfigur in der Interpretation Klaus Kinskis eine leidende tragische Kreatur, die nicht mehr Furcht, sondern Mitleid erregt.

Die Schreckenschronik, die sich in Murnaus Nosferatu entfaltet, könnte unter dramaturgischen Aspekten als Nebenhandlung gelten, obwohl auch hier die Welt Nosferatus verderblich – wie die Ehe der Hutters – das öffentliche Leben der Bürgerschaft heimsucht. Da ist der Häusermakler Knock, der von Orlok als seinem Meister spricht, da ist vor allem die enge, aber nicht zwingende Verbindung zwischen dem Vampir und der Pest. Wie es sich für seinesgleichen gehört, muss er die Erde, in der er bestattet war, mit sich übers Meer führen. Zusätzlich transportieren die Särge auch Ratten, die Überträger der Pest. Bereits während der Schiffsreise erkrankt die Mannschaft und wird dezimiert, so dass am Ende nur noch Orlok als Kapitän dieses Totenschiffs übrig bleibt. Die Pest gehört nicht notwendig zu Nosferatu, sie verstärkt, als Komponente der öffentlichen Geschichte, die Angst vor einem für die meisten unfassbar und unsichtbar bleibenden Grauen. Erst das Logbuch des Kapitäns, dann der Schluss suggerieren die Analogie zwischen Vampirismus und Pest. Als Nosferatu endlich im Sonnenlicht ›verraucht‹ ist, so wird im letzten Insert festgestellt, habe auch die Pest plötzlich zu wüten aufgehört.

Ein alter Mann im hohen Zylinder malt an fast jede zweite Wisborger Tür ein weißes Kreuz, als Signal dafür, dass auch hier der schwarze Tod geerntet hat. Eine lange, schier endlose Parade von Särgen wird durch die Gasse getragen, von Ellen aus ihrem Fenster beobachtet – eine Querstrebe ist im Bildkader, bricht den Blick, subjektiviert ihn. Dieser Anblick treibt Ellen zusätzlich dazu an, sich dem bösen Spuk hinzugeben, um alle davon zu befreien. Die Seuche selbst bleibt im Bild ausgespart, weil die ›Pest‹ für Murnau eine Chiffre ist für die Angst, die alle ergreift, vor dem unaufhaltbaren Verderben. Die Auffassung der Ratten in *Nosferatu* als ›Symbole‹ für eine jüdische Bedrohung aus dem Osten scheint daher reichlich abwegig zu sein. Eine derart plumpe antisemitische Abscheu-Metaphorik, die die störenden Anderen zu Ekelwesen und »lebensunwerten« Tieren abwertet, verbreitete sich erst während des Dritten Reichs. Es war naturwissenschaftlicher Befund, dass Ratten die Pest übertrugen. Näherliegend ist es, die Pest als Gleichnis für den gerade zu Ende geführten Krieg zu verstehen oder als Anspielung auf die Epidemie der spanischen Grippe, die sich nach dem Krieg in Europa ausbreitete und nach einigen Zählungen mehr Tote als alle Schlachten zwischen 1914 und 1918 forderte. Murnau setzte – bei der oder jener Deutung – eine allgemeine Erfahrung des Überwältigtseins als Erinnerung an Kriegs- oder Nachkriegselend voraus, des ohnmächtigen Überwältigtseins von einer unaufhaltsamen Todeswalze. Zugleich wollte er diese historische Verstörung ›derealisieren‹, auf der Zeitachse zurückschieben bis in die Epoche, in der Biedermeier und Schauerromantik zum ersten Mal als unversöhnliche Welten, als trügerische Idylle und unbegreiflicher Terror aufeinanderstießen: eine dämpfende ›Umschreibung‹ des Schocks, durch Granaten oder ebenso tückische Viren bedingt, der die bürgerliche Zivilgesellschaft des Vorkriegs durcheinanderwirbelte? Oder wollte Murnau in Anlehnung an das distanzierende *Caligari*-Modell das Rad der Zeit absichtlich in seiner Handlung zurückdrehen, in eine vor-moderne Epoche, die für das Grauen lapidarere und märchenhaftere Vorstellungen bereitstellte, wahrscheinlich auch, um dem Sog zeitgenössischer Identifikationen zu entrinnen. Murnaus Methode der ›Verfremdung‹ sollte ernst genommen werden.

Denn *Nosferatu* entbehrt der physischen Gruseleffekte. Einige cinegraphische Pointen, wie Stopptricks und Doppelbelichtungen, die Negativprojektion beim Übergang Hutters ins ›Gespensterreich‹ oder die im Zeitraffer schnell dahinzuckelnde Kutsche, sind heitere Bildwitze aus der Zeit der Laterna magica und des frühen Kinos, rufen kein Schaudern mehr hervor, weniger jedenfalls als der reale Anblick des Schlosses auf steilem Felsen. Der Film ist auch nicht konsequent und logisch an vielen Stellen, durchbricht selbst den magischen Bann: Wenn das Schloss des Vampirs tatsächlich ein von allen gemiedener Ort ist, wie kann es dann ein gelassener Reiter wagen, seelenruhig vorbeizutraben und sogar noch einen Brief von Hutter mitzunehmen? Dennoch gelingt es Murnau, den Einbruch des Grauens in eine Friedenswelt zu zeigen – indem er

über weite Strecken wie von einem schweren Traum erzählt. Traumhaft die – in der kolorierten Fassung – blauen
Nachtszenen. Im Schlaf, im Bett überfällt einen die fremde Gewalt, zuerst unsichtbar, lässt Ellen auf der Balustra-
de balancieren und visionär die Gefahr erahnen, die Hutter droht. Traumhaft langsam sind die Bewegungen des
nun sichtbaren Unholds, scheinbar unausweichlich sein
Vorrücken auf das Lager Hutters zu, mit ausgestreckten
Armen und Händen, als wolle er ihn erwürgen. Traumhaft das Irrwischartige, Sprunghafte des ›irren Gnoms‹
Knock – und zugleich Reminiszenz an die groteske Fi-
gurenwelt des Schauerromantikers E. T. A. Hoffmann.
Traumhaft das Vorbeigleiten der Kamera, wie in einem
Flug, an dem leeren Totenschiff, einem Fliegenden Holländer. Traumhaft schließlich dessen Einfahrt in den Hafen von Wisborg – als wäre der Kopf des Betrachters ei-
sern festgehalten und dürfte nicht der Ankunft der Gefahr
›entgegenschwenken‹. Ein sozusagen biologischer Reflex,
den der Überlebensinstinkt diktiert, wird gehemmt. So
sticht das Schiff mit dem Bugspriet voran unaufhaltsam
ins Bild, ist vordringlich Unheilsbote, der Tod und Verderben ankündigt.

Murnaus besondere Könnerschaft besteht darin, das
vage Unheimliche, das verschwebend Traumhafte zur
scharf umrissenen, malerisch plakativen Gestalt zu verwandeln: der Transfer aus der nebulösen Phantasie ins
prägnant Phantastische. Dieses Sichtbarwerden nimmt
den Erscheinungen der ›Zwischenwelt‹ vielleicht etwas
von dem Grauen, das sie in ihrer relativen Unbestimm-
barkeit auslösen, verleiht ihnen dagegen die Deutlichkeit
tiefer Eindrücke und ›märchenhafte‹ Plastizität. Die ex-
travagante Perspektive aus dem Bauch des Schiffs auf
Nosferatu, der oben gespenstisch bedächtig um die Luke
herumgeht, weil er sich einem wehrlosen Opfer nähert,
hält ihn als Gräuel in verzerrter Dimension fest. Wenn
Nosferatu als riesenhafter Schatten die Treppe zum

Schlafzimmer Ellens hinaufsteigt, schwerelos, unaufhaltsam, entsteht derselbe Eindruck, dass man einen heimlichen und verbotenen Blick aus irgendeinem verborgenen
Ort auf das Ungeheuerliche hat werfen können. Mit seinen Bildern vom personifizierten Schwarzen Mann dringt
Murnau zu einer früh gebildeten und inneren Schicht unserer Gefühle vor. Ihre Korrespondenz zu Vorstellungen,
die jenem frühen Alter entstammen, als zwischen Außen-
und Innenwelt noch nicht strikt differenziert wurde, lässt
diese ›visuellen Inventionen‹ unvergesslich werden. Das
gilt für die Eindrücke von Furcht und Trost, die Murnau
aus der Kindheitserinnerung, aus dem Traum, in dem
sie wiederkehren, in den Film hinüberrettet: Als der
Nachtmahr vom Tageslicht in Nichts aufgelöst wird, gerät dies zur unvergleichlichen Erlösungsszene. Das ›Dunkel‹ ist verschwunden. Doch so endet der Film nicht:
Tote und Trauernde bleiben zurück, ratlos, unwissend,
denn ihnen ist Nosferatu in Wisborg nie begegnet.

Thomas Koebner

Literatur: Lotte Eisner: Murnau. Frankfurt a. M. 1973. – Peter W.
Jansen / Wolfram Schütte (Hrsg.): Friedrich Wilhelm Murnau.
München/Wien 1990. (Hanser Reihe Film. 43.) – Thomas Koeb-
ner: Der romantische Preuße. In: Friedrich Wilhelm Murnau. Ein
Melancholiker des Films. Hrsg. von Hans Helmut Prinzler. Berlin
2003. (Stiftung Deutsche Kinemathek.)

Das Phantom der Oper

Phantom of the Opera

USA 1925   s/w 72 min

R: Rupert Julian
B: Raymond Schrock, Elliott J. Clawson, nach dem Roman von Gaston Leroux
K: Virgil Miller u. a.
D: Lon Chaney (Eric / The Phantom), Mary Philbin (Christine Daee), Norman Kerry (Raoul de Chagny), Arthur Edmund Carewe (Ledoux)

Gaston Leroux' schauerromantischer Stoff von einem Gräuel-Wesen, das unter der Pariser Oper haust und aus Liebe zu einer jungen Sängerin seine Umwelt mit Gewalt und Schrecken überzieht, ist im Lauf der Filmgeschichte gleich mehrfach adaptiert worden. Nicht zuletzt dank des gleichnamigen Bühnen-Musicals von Andrew Lloyd Webber erfreut er sich auch fast hundert Jahre nach seiner Entstehung einer medienübergreifenden Popularität. Brian de Palma setzte ihn in dem Filmmusical *Phantom of the Paradise* (*Das Phantom im Paradies*, 1974) als Satire auf das korrupte Showbusiness in Szene und griff dafür auf das Motiv des faustischen Teufelspakts sowie auf Schauerelemente in Stil der *Rocky Horror Show* zurück, während es Dario Argentos *Il fantasma dell' opera* (*Das Phantom der Oper*, 1998) an Schlüssigkeit zwischen kurioser Liebesaffäre und drastischen Splatter-Szenen mangelt. Als bislang letzte Version wird Joel Schumacher 2004 Lloyd Webbers Musical auf die Leinwand bringen.

Die erste und zugleich bedeutendste Filmversion von Rupert Julian beginnt hingegen beinahe als Gruselspaß, bestückt mit slapstickhaften Intermezzi, endet aber nach Schrecknissen und Morden aller Arten sowie einer dramatischen Verfolgungsjagd gut – wenn man die brutale Exekution des Phantoms denn als guten Schluss bezeichnen mag. Wie der *Glöckner von Notre Dame*, den der Haupt-darsteller Lon Chaney zwei Jahre zuvor gespielt hatte, oder der kleinwüchsige Hans in Tod Brownings *Freaks* (1932) ist das Phantom ein ebenso verzweifelt wie un-glücklich Liebender. Wegen der Entstellung seines Ge-sichts begegnet er der verehrten Nachwuchssopranistin Christine nur mit einer Maske, auf der die Augen aufge-rissen und starr aufgemalt sind, was alleine schon unheim-lich wirkt. Er leitet Christine über Treppen und Gänge in die suggestiv dargestellte Unterwelt der Oper, eine nicht kartographierbare Kerkerwelt wie in Eugène Sues Roman *Die Geheimnisse von Paris*, gekennzeichnet durch viele Türen, Gitter, durch irreal einfallendes Licht, aus der nur dem Kundigen ein Entkommen möglich ist. Schließlich bringt er Christine als unheimlicher Fährmann in einer Gondel über einen schwarzen unterirdischen See, der an den Fluss Styx erinnert, Assoziationen ans Totenreich aus-löst, zu seiner unterirdischen Behausung, die in der vira-gierten Fassung rot eingefärbt ist. Dann setzt sich das Phantom wie einst Kapitän Nemo in Jules Vernes Roman *20 000 Meilen unter dem Meer* an die Orgel und spielt meisterlich. Christine nähert sich von hinten und streift ihm die Maske ab – mit nur sie, auch das Publikum sieht nun sein Gesicht, das vor allem durch das leuchtende Ge-biss als hässlich zu beschreiben ist, als wären die Lippen um den Mund herum weggeätzt. Dass die Augen schwarz gerändert und weit geöffnet sind, gehört zu den typischen Zeichen des im Stummfilm üblichen Schreckensantlitzes. Das Phantom stellt eine Bedingung, die einem Pakt mit dem Teufel gleicht: Christine darf noch einmal singen, dann aber gehört sie ganz ihm und muss alle weltlichen Dinge für ihn aufgeben, auch Raoul, ihren Geliebten seit Kindertagen.

Das psychologische Drama des Phantoms: Jemand, der wegen seines Äußeren Schrecken und Abscheu erzeugt, wird zum einsamen Außenseiter. Einen Sarg nutzt er als

In den Katakomben der Pariser Oper haust ein verunstaltetes
Gräuel-Wesen (Lon Chaney), dessen Anblick Ekel hervorruft, das
aber über hohe Sensibilität und künstlerisches Verständnis verfügt. Aus Liebe zu der jungen Nachwuchssopranistin Christine
(Mary Philbin) überzieht dieses Phantom seine Umwelt mit Gewalt und Schrecken und entführt die Sängerin in seine suggestiv
dargestellte Unterwelt. Das Phantom der Oper ist ein ebenso ver-

Bett: Ausdruck dafür, dass sich sein Bewusstsein an das außergewöhnliche Sein anpasst, das ihn konditioniert. Die völlige Isolation, verbunden mit der schöpferischen Fähigkeit, sich eine eigene Welt zu schaffen in der Dunkelzone der repräsentativen Institution Oper, die Treffpunkt der glanzvollen Gesellschaft ist und zugleich »Kraftwerk der Gefühle« (Alexander Kluge), lassen beide Komponenten im Phantom lebendig werden: die inbrünstige Liebe, die besitzergreifend Christine gilt, und die antisoziale Moral eines radikal ausgegrenzten Wesens, das keine Rücksicht auf das Leben anderer Menschen nimmt. Natürlich ist dieser Charakterentwurf in vielem an Mary Shelleys Konzept des Monsters angelehnt, das sie in ihrem Roman *Frankenstein or the Modern Prometheus* (1819) entwickelte: ein Wesen, das den Ekel der Menschen hervorruft, aber ausgestattet ist mit hoher Sensibilität. Erst die gesellschaftliche Ächtung seiner physischen Deformation führt zur psychischen Deformation, zu Wut und Hass und schließlich zu Gewalt und verbrecherischen Reaktionen.

Zweifellos fehlt dem Film im Vergleich zu Murnaus *Nosferatu* (1922) die tragische Vertiefung, der Doppelsinn. Auch gelingt es Julian und seinen verschiedenen Kameraleuten nicht, ›Originalbilder‹ des Unheimlichen zu erfinden. Die blau viragierten Gefängnisphantasien, die das Reich unter der Oper in diesem Film bestimmen, gibt es

zweifelt wie unglücklich Liebender. Doch die gesellschaftliche Ächtung seiner physischen Deformation führt zur psychischen Deformation, zu Wut und Hass und schließlich zu Gewalt und verbrecherischen Reaktionen. In simpler Schwarzweißmalerei mutiert der hässliche Mensch zum hässlichen Charakter. Das ist das psychologische Drama des Phantoms: Jemand, der wegen seines Äußeren Schrecken und Abscheu erzeugt, wird zum gesellschaftlichen Außenseiter.

beispielsweise ähnlich in zeitgenössischen Spionagefilmen, zugleich drängen sich Erinnerungen an manche unterirdische Bauten in Filmen Fritz Langs auf.

Das Ungeheuer wird am Ende bei seiner Flucht auf nächtlicher Straße vom Mob umzingelt und gelyncht – die Masse exekutiert einen Menschen, den sie nicht als ihresgleichen versteht, der – zugegeben – durch Morde eine Blutspur gezogen hat. Kein irdisches Gericht erhält die Zeit, Beweggründe und Umstände seiner Verbrechen näher zu beurteilen und ein angemessenes Strafmaß festzulegen. Immerhin ist das Phantom der Oper aus Liebe zum Missetäter geworden – davor hat es sich offensichtlich nicht weiter aggressiv in die Geschicke der Oberwelt eingemischt, solange diese ihn in Ruhe gelassen und Loge 5 für ihn reserviert hat. Doch die Leidenschaft des Ausgegrenzten berührt wie in *Freaks* den Tatbestand des Verbotenen. Welches Recht soll das Monstrum haben, die Liebe einer schönen jungen Frau einzufordern? Keines, das bestätigt der Film von 1925. In dem Augenblick, in dem das Schreckensgesicht sichtbar wird, gleicht sich die Wesensart des Phantoms seiner äußeren Erscheinung an: In simpler Schwarzweißmalerei mutiert der hässliche Mensch zum hässlichen Charakter. So scheint die Wut der Masse berechtigt. Dass ihr dennoch die Legitimität fehlt, diesen Gedanken kann auch dieser Film nicht verscheuchen, genauso wenig wie James Whales *Frankenstein* (1930), an dessen Ende die zornige Meute den Abweichler in der flammenden Mühle vernichten will. Es mag die Erfahrung des 20. Jahrhunderts sein, dass man solchen Szenen vom Aufstand der Massen mit unüberwindlicher Skepsis gegenübersteht. Die Sympathie mit dem Ausgestoßenen führt wie bei Mary Shelley dazu, der »kochenden Volksseele« zu misstrauen, die sich zum Henkersdienst treiben lässt.

In einer seiner letzten Arbeiten bettet der englische Regisseur Tony Richardson seine für das Fernsehen produ-

zierte Version des *Phantom*-Stoffes (1990) in ein Familien-
drama ein. Der von den neuen Opernbesitzern entlassene
Direktor entpuppt sich als Vater des entstellten jungen
Mannes in den unterirdischen Räumen. Richardson betont
die künstlerische Kompetenz des Phantoms, das als großer Kenner des Musiktheaters über Jahre hinweg aus dem
Verborgenen den Spielplan und die Auswahl der Sänger
mitbestimmt hat. Trotz seiner Entstellung ist er eine statt-
liche und elegante Erscheinung, empfindsam und unterhaltsam, so dass in dieser Version erstmals Christines Zuneigung für ihn plausibel wird. Seine Liebe zu ihr löst bei
ihm tiefste Verstörung aus – und leitet das Ende des Status
quo, des Gleichgewichts zwischen Ober- und Unterwelt
ein. Auch Richardsons Film ist reich an Anspielungen:
Die Welt des Phantoms ist so ausgestaltet, als herrsche
hier ein Ludwig II. in den unterirdischen Grotten seiner
Schlösser, bewohne sein ›Paradis artificiel‹ und gebe sich
einer ganz persönlichen Kunstreligion hin. Richardson
sublimiert den horrorphantastischen Stoff zum psychologisch raffinierten und melodramatischen Kammerspiel.
Die Humanität seines Phantoms will der Film dadurch
begreiflich machen, dass man es als den Einsamen außerhalb der menschlichen Gemeinschaft erkennt, der sich nur
in der Anwandlung größten Schmerzes auch innerlich
dem Schreckbild anpasst, als das ihn die anderen wahrnehmen.   *Thomas Koebner*

Der Untergang des Hauses Usher

La chute de la maison Usher

F 1928   f 55 min

R: Jean Epstein
B: Jean Epstein, nach Erzählungen von Edgar Allan Poe
K: Georges Lucas, Jean Lucas
M: Gerhard Gregor (Neubearbeitung)
D: Marguerite Denis Gance (Madeline), Jean Debucourt (Roderick Usher), Charles Lamy (Freund)

Von Anfang an wurde der Horrorfilm entscheidend von literarischen Stoffen geprägt. Neben Mary Shelleys *Frankenstein*, Robert Louis Stevensons Erzählung *Dr. Jekyll und Mr. Hyde*, Bram Stokers *Dracula* und den Erzählungen H. P. Lovecrafts ist vor allem das Œuvre Edgar Allan Poes auf die große Leinwand gelangt: Die Geschichte des Horrorfilms ist durchzogen von Adaptionen seiner Werke, wobei die meiste Aufmerksamkeit der Kurzgeschichte *Der Untergang des Hauses Usher* (*The Fall of the House of Usher*, 1839) zuteil wurde. Deren erste Adaption durch den französischen Regisseur Jean Epstein ist bislang unübertroffen: In diesem Stummfilm bewohnt Roderick Usher zusammen mit seiner Frau Madeline das alte Stammschloss seiner Familie, das als verflucht gilt. In der großen Halle arbeitet Roderick an einem Gemälde, für das ihm Madeline Modell steht. Während das Gemälde der jungen Frau immer lebensähnlicher wird, verlassen Madeline ihre Lebenskräfte mehr und mehr, bis sie beim letzten Pinselstrich leblos zu Boden sinkt. Sie wird in der Familiengruft beigesetzt, doch Roderick weigert sich, die Grabkammer zu verschließen, weil er fest davon überzeugt ist, dass Madeline noch lebt. Einige Tage später tobt ein Sturm und bei Roderick machen sich Anzeichen extremer nervöser Anspannung sichtbar. Plötzlich erscheint Madeline, die wirklich nur scheintot war und sich unter Aufbietung all ihrer Kräfte aus dem Sarg befreien konnte. Das Schloss gerät durch das Unwetter in Brand. Roderick und Madeline retten sich ins Freie, bevor das Gebäude hinter ihnen zusammenstürzt.

Epstein übernimmt aus der Vorlage nur den äußeren Handlungsumriss und einige zentrale Motive und verknüpft sie mit einer Vielzahl von Anlehnungen aus Poes übrigem Werk. Die Bezüge reichen von kurzen Zitaten – etwa aus *Die Maske des Roten Todes* (*The Mask of the Red Death*, 1842), *Berenice* (1835) und *Ligeia* (1839) – bis zur vollständigen Integration einer weiteren Poe-Geschichte, der Künstlererzählung *Das ovale Porträt* (*The Oval Portrait*, 1850). Er führt überdies eine Reihe von Nebenfiguren ein und bricht die Fixierung der Handlung auf das Innere des Schlosses durch verschiedene Außenaufnahmen. Infolge dieser Eingriffe löst sich die dramatische Geschlossenheit der Erzählung auf und weicht einer lyrischen Grundstimmung. Schon Béla Balázs lobte Epsteins freien Umgang mit der berühmten Vorlage als eine wesentliche Voraussetzung dafür, Poes literarischen Imaginationen auf genuin filmische Weise gerecht zu werden: »Es ist wie die Bildessenz der dunklen Ballade. Unverständlich, aber unheimlich wirkend. Nicht die Begebenheit erscheint, sondern die Reaktion einer Psyche. Nicht das Gedicht, sondern die Flut der Vorstellungen, die es entfesselt.«

Epstein ging es – im Gegensatz zu Baudelaires Poe-Interpretation – darum, das Werk des amerikanischen Schriftstellers sowohl vom Geruch des Makabren und Morbiden als auch von der Bindung an das Thema des schuldigen Bewusstseins zu befreien. Anders als in der Kurzgeschichte sind die beiden Ushers deshalb keine Geschwister, sondern Gatten. Nicht die Andeutung einer schuldbeladenen inzestuösen Beziehung, sondern die innere Verbundenheit zweier Liebender und die Intensität ihrer romantischen Empfindung füreinander bilden das

zentrale Thema des Films. Das Geschehen spielt sich in
bewusster Abgrenzung zur literarischen Vorlage in großen, ausladenden, kaum möblierten Räumen ab, eine
klaustrophobische Atmosphäre, wie sie die Kurzgeschichte bestimmt, stellt sich nicht ein. Auf die furchteinflößen-
den Requisiten klassischer Schauergeschichten wird überdies ganz verzichtet.

Der Schrecken der von Epstein gezeichneten Welt der
Ushers liegt nicht wie bei Poe im Phantastischen und in
dem Einbruch des Übernatürlichen in eine intakte Welt-
ordnung, sondern in der Organisation der physischen
Realität, die dem Individuum keinen Halt mehr bietet.
Zeit und Raum erweisen sich als trügerische Kategorien.
Der unvermittelte Wechsel von Slow Motion und Nor-
malzeit signalisiert die Unverfügbarkeit der Zeit, das
durchgängige Motiv der abbrennenden Kerzen und das
wiederholt gezeigte Pendel einer Standuhr ihr unerbitt-
liches Fortschreiten. Eine bewegte Kamera sorgt für be-
ständige räumliche Desorientierung. Die langen Schwenks
und Fahrten, der häufige Wechsel der Perspektive sowie
die zahlreichen Überblendungen und Mehrfachbelichtungen entziehen dem Betrachter den Fluchtpunkt und erzeugen so eine tiefer greifende Verunsicherung. In dieser
orientierungslos gewordenen Welt können auch die Schönen Künste und die Wissenschaften keinen Rückhalt
mehr geben: In einer Laute, deren Saiten gerissen sind, in
Büchern, die aus dem Schrank fallen, und in dem Vergrö-
ßerungsglas, mit dem Roderick einem Buch seine Geheimnisse abzutrotzen versucht, manifestiert sich eine aus
den Fugen geratene, nicht dechiffrierbare Welt, in der alles, was Halt versprechen könnte, instabil geworden ist.
Der hochphilosophische Horror von *La chute de la maison Usher* liegt in dem isolierten Dasein des Einzelnen,
der mit der ihn umgebenden Objektwelt keine Beziehung
mehr eingehen kann. Demgegenüber hat das Übernatürliche erlösende Kraft, da es die Möglichkeit einer Befreiung

von den Schrecken des Alltäglichen ermöglicht. Madelines Auferstehung – in der Vorlage ein Höhepunkt des Grauens – wird bei Epstein zu einer positiven emotionalen Klimax, zu einem Zeichen für die Intensität des romantischen Bewusstseins, das der Realität zu widerstehen vermag.

Nach *La chute de la maison Usher* diente Poes Erzählung noch sechs Mal als Grundlage für Filme, die sich allesamt enger an ihre Vorlage anlehnten, aber die poetische Kraft von Epsteins Meisterwerk nicht erreichten. Von ihnen verdient Roger Cormans *House of Usher* (*Die Verfluchten*, 1960) als bemerkenswerter Genrefilm besondere Beachtung. Er bildete den Auftakt zu einem siebenteiligen Poe-Zyklus des Exploitation-Filmers, zu dem auch *The Pit and the Pendulum* (*Das Pendel des Todes*, 1961), *Tales of Terror* (*Der grauenvolle Mr. X*, 1962) und *The Raven* (*Der Rabe – Duell der Zauberer*, 1963) gehören. Cormans Version, die die Handlung in die USA verlegt, markiert einen Einschnitt in der Geschichte des amerikanischen Horrorfilms, nicht nur weil er in Farbe und dem genreunüblichen Scope-Format gedreht wurde, sondern auch weil er auf ein Monster als Zentralfigur verzichtet. Das damals ungewöhnliche Konzept eines monsterlosen Horrorfilms wird allerdings dadurch aufgeweicht, dass Madeline sich am Ende zu einer verrückt gewordenen Rächerin wandelt und Roderick von Beginn an mit dämonischen Zügen ausgestattet ist: Anders als in der Vorlage begräbt er seine Schwester mit voller Absicht bei lebendigem Leib. Er und seine Ahnenreihe entpuppen sich als eine Bande pathologischer Verbrecher und Irrer. Überdies wird ihm mit Madelines Verlobtem Philip Winthrop ein positiver Held gegenübergestellt, der als junger Rebell mit Traditionen brechen und Madeline aus dem Schloss holen will. Dass Roderick dennoch nicht vollends zu einem Monster gerät, ist dem überzeugenden und ungewohnt zurückhaltenden Spiel von Vincent Price zuzuschreiben, der ihn mit einer tragischen Aura und mit leichenblassem Antlitz als fatalistischen Sachwalter des Untergangs seines eigenen Geschlechts darstellt.

Cormans Film verdankt seine atmosphärische Dichte vor allem einer ausgefeilten und sehr dynamischen Kameraführung. Floyd Crosbys Kamera begleitet Winthrops Expeditionen durch das alte Gemäuer mit weich gleitenden Fahrten und vielen subjektiven Einstellungen und unterstreicht unvermittelte Schockmomente durch eine Kombination von schnellen Schwenks und Zooms. Den Eindruck stilistischer Geschlossenheit erzielt der Film durch eine differenzierte Farbdramaturgie: Roderick ist die Farbe Rot zugeordnet, Winthrop die Blautöne, auf Grün verzichtet Corman fast ganz. Die Nähe der intensiven Farbgebung zur Pop Art und zum psychedelischen Film wie auch die auffällige Kontrastierung der beiden männlichen Protagonisten zeigt Corman einmal mehr als Seismographen der US-amerikanischen Jugendkultur der frühen sechziger Jahre. Das imposante Domizil der Ushers wurde aus England herübergebracht und Stein für Stein jenseits des Atlantiks wieder aufgebaut. Die Botschaft ist eindeutig: Das Böse kommt aus der Alten Welt, der gegenüber Poes Vorlage deutlich gealterte Roderick Usher ist ihr letzter Repräsentant, während Philip Winthrop als positiver Gegenentwurf das junge Amerika vertritt, das den Niedergang des überkommenen Gestrigen in die Wege leitet.   *Guido Bee*

Literatur: David Pirie: Roger Corman's Descent Into the Maelstrom. In: Paul Willemen [u. a.] (Hrsg.): Roger Corman. Edinburgh 1970. – Jean Epstein: Quelques notes sur Edgar A. Poe et les images douées de vie (1928). In: Jean Epstein: Écrits sur le cinéma 1921–1953. Bd. 1. Paris 1974. – Béla Balázs: Schriften zum Film. Bd. 2. Budapest 1984. – Eva-Maria Warth: The Haunted Palace. Edgar Allan Poe und der amerikanische Horrorfilm (1909–1969). Trier 1990.

Dracula

USA 1931   s/w 75 min

R: Tod Browning
B: Garrett Fort, Dudley Murphy, nach einem Bühnenstück von
   Hamilton Deane und John Balderstone und dem Roman von
   Bram Stoker
K: Karl Freund
M: Peter Tschaikowsky, Richard Wagner
D: Bela Lugosi (Graf Dracula), Helen Chandler (Mina Seward),
   David Manners (Jonathan Harker), Edward van Sloane (Prof.
   van Helsing), Dwight Frye (Renfield),

»Die ältesten Vampyre, wovon wir Nachricht haben, waren bei den Griechen zu Hause«, schrieb 1791 im *Taschen-
buch für Aufklärer und Nichtaufklärer* Carl von Knoblauch zu Hatzbach. Die neueste Kunde vom Treiben der
Wiedergänger, die Bram Stokers 1895 entstandener Roman *Dracula* berühmt und gesellschaftsfähig machte,
stammt bis heute aus dem Kino. Mehr als vierhundert Filme haben bislang die Sage aufgegriffen, der zufolge sich in
einen Vampir verwandelt, wer zu Lebzeiten als Ehebre-
cher, Sodomit, Blutschänder und Tyrann gegen Gottes
Gesetze verstieß. Nach F. W. Murnaus Stummfilmvariante
Nosferatu (1922) legte vor allem Tod Brownings *Dracula*
den Grundstein dafür, dass der Vampirfilm bis hin zu aktuellen Produktionen wie *Blade* (1998, Stephen Norrington), *The Wisdom of Crocodiles* (*Die Weisheit der Krokodile*, 1998; Po-Chih Leong) und *Van Helsing* (2004,
Stephen Sommers) zu einem der vitalsten und facettenreichsten Subgenres des Horrorfilms wurde.

Was aber macht die Ausgeburt der Finsternis so unwi-
derstehlich fürs Kino, dass sich schon Georges Méliès ein
Jahr nach Erfindung der Siebten Kunst 1896 an einer
Vampirgeschichte versuchte? Wenn man will, ein Paradox,
das dem Dasein der zu ewiger Wiederholung verdammten
Kreatur zugrunde liegt wie den Gesetzen des Kinos. Im

Kino, das den Körper zur Erscheinung zwingt, ist der unstoffliche Wiedergänger die Idealbesetzung eines medienimmanenten Horrors: Als »Rückkehr der Geister« hat Jacques Derrida die Kunst des 20. Jahrhunderts beschrieben, die den Körper zum Leinwand-Gespenst dekonstruiert und die Grenzen zwischen Wahn und Wirklichkeit verwischt. Das Dunkel, in dem alle Geschöpfe des Kinos erst zu sich und zu uns kommen, ist das Element des Vampirs, das Licht seine Nemesis. So konnte das Kino seine Verwandtschaft mit dem Unheimlichen pflegen und sich zugleich der selbsterzeugten Schatten in den grellen Lichtblitzen des Expressionismus entledigen. Als erste Stoker-Verfilmung fiel *Nosferatu* 1922 nicht umsonst in die Hoch-Zeit des expressionistischen Stummfilms.

Inspiriert von literarischen Vampir-Geschichten wie John William Polidoris *Der Vampyr* (1819) oder der klassischen ›Gothic Novel‹ *Melmoth der Wanderer* (1820) von Charles Robert Maturin fand und überhöhte der Ire Stoker Ende des 19. Jahrhunderts die Figur, die zum Inbegriff des Vampirismus werden sollte. *Dracula* nimmt nicht nur die in ganz Europa, vor allem aber in Serbien weit verbreitete Überlieferung von blutsaugenden Untoten auf, sondern verwebt damit das historisch verbürgte Leben des in der zweiten Hälfte des 15. Jahrhunderts in der rumänischen Walachei herrschenden Fürsten Vlad Ţepeş (gesprochen ›Zepesch‹). Dessen Vater Vlad war seit 1431 Ritter des christlichen Drachenordens, dem Kaiser Sigismund vorstand; sein Beiname »Dracul« geht auf das rumänische Wort für den Drachen zurück, das aber auch ›Teufel‹ bedeutet. Als »Dracula« ging die zusätzliche Bezeichnung auch auf seinen Sohn Vlad junior über. Dieser verdiente sich seinen Beinamen »Ţepeş« (›der Pfähler‹) als grausamer Kriegsherr im Winter 1461, im Kampf gegen den Eroberer von Konstantinopel Sultan Mehmed II. Die Verstümmelung von Sexualorganen, die puritanische Abstrafung junger Frauen, die vorehelichen Geschlechtsverkehr

Der Vampir ist der mit Abstand am stärksten sexuell konnotierte Protagonist des Horrorkinos. In mehr als vierhundert Filmen des vitalen und facettenreichen Subgenres um den Blutsauger aus Leidenschaft spiegelt sein Image als gefürchteter Liebhaber die jeweiligen Zeiten und Gesellschaften. Unter der Herrschaft viktorianischer Prüderie hatte er den Ruf eines verbrecherischen Don Juans, in Tod Brownings *Dracula* ebenso elegant wie stilbildend als Casanova-Vampir verkörpert von dem gebürtigen Ungarn Bela Lugosi (r.). Ein Unhold, ein Europäer eben. Aber auch ein Aristokrat und Gentleman, der aus heutiger Sicht jedoch wenig gruselig im Frack daherkommt. Seine Freigeisterei und Libertinage rufen die reaktionären Kräfte auf den Plan. Das bürgerlich-christliche Imperium schlägt in Gestalt des Vampirjägers Van Helsing (Edward van Sloane, l.) zurück mit Kruzifix, Weihwasser und Pfahl, denn der uralte adelige Untote will nicht sterben und bedroht die (erotischen) Besitzverhältnisse der Moderne.

hatten, fügen sich ebenso ins Bild eines impotenten Sadisten, der den Körper als prinzipiell strafwürdig und den Menschen als Folterbank wahrnimmt, wie seine Vorliebe, die Mahlzeiten zwischen den von ihm Gefolterten einzunehmen.

Viele der Motivstränge, die Stoker mit den balkanischen Sagen über blutrünstige Untote verband, finden sich im narrativen Fundus des Kinos: beispielsweise ›Boy meets Girl‹, nur dass der Junge hier »ein besonders unreifes Wesen« (Seeßlen) aufweist. Zwei grundlegende Merkmale sind dem Subgenre eigen und kommen in den verschiedenen Verfilmungen und Bearbeitungen in unterschiedlicher Ausprägung und Stärke zum Tragen: Erlösungsbedürftigkeit und der Thrill einer angstbesetzten, einer tabuisierten Sexualität. Das Blut, das ihm gegeben wird, erlöst den Vampir, der verdammt ist, ewig zu nehmen – die Anklänge ans christliche Abendmahl sind nicht zu übersehen. Nicht umsonst steht in einem Buch über Vampire, das in *Nosferatu* die Runde macht, »es bedürfe einer Frau reinen Herzens, um den Vampir bis zum Morgengrauen festzuhalten«. Und eben dieses Buch ist Murnaus Mina-Figur Ellen verboten wie für Eva die Frucht vom Baum der Erkenntnis. Natürlich liest sie es dennoch. Ohne Sündenfall keine Erlösung, Blut und Leib gibt sie fort. Bei Browning erfüllt dieses Selbstopfer »in seiner doppeldeutigen Zuwendung zum Tiermann zugleich die dem Vampirmythos eingeschriebene Formel von der todbringenden, dem Tode ähnelnden Sexualität« (Seeßlen). Der Horror manifestiert sich in der Erkenntnis, dass man auf Lust oder Leben verzichten muss, wo der Vampir als Verkörperung uneingestandener Begierden umgeht.

Minas Opfer steht in der Tradition des »Anti-Vampirs Christus« (Seeßlen). In seinem Gothic-Western *Vampires* (*John Carpenters Vampire*, 1998) erzählt John Carpenter, berüchtigt dafür, seine Gangster- und Horrorfilme wie Western aussehen zu lassen, aber noch nie einen Western gedreht zu haben, den Ex-Priester und Vampir Valek als stark sexuell konnotierte Christusfigur unter umgekehrten Vorzeichen: Begleitet von zwölf Vampir-Aposteln, verspricht diese charismatische Gestalt, der selbst Kardinäle erliegen, ihren Anhängern im Namen des Kreuzes Unsterblichkeit und das Anbrechen eines neuen Reiches. Der Film ist eine Bagatellisierung aller Genres, aber aufschlussreich in seiner antifreudianischen Fremden-, Lust- und Frauenfeindlichkeit und zelebriert im Breitwandformat Jagdszenen aus John-Wayne-Country in einer von Vampiren buchstäblich unterminierten Wüste. Die Vampire ersetzen dabei die Indianer. Carpenters Film ist der peinliche Versuch, einem von europäischen Spitzfindigkeiten ausgelaugten Kino den Mann als Helden zurückzugeben. Unter der homophoben Kraftmeierei des obersten Vampirjägers Crow kommt jedoch die Angst vor der tabuisierten Sexualität ans Licht: *Vampires* krankt an der unfreiwilligen Komik eines unterdrückten Coming-out.

Im Horrorgenre ist der Vampir der mit Abstand am stärksten sexuell konnotierte Protagonist, wie es ja auch bei Carpenter der Fall ist. Seine Angriffe sind ins Negative, ins Zerstörerische gewendete Zärtlichkeiten – Bisse wie Küsse. Sein Image als gefürchteter Liebhaber wurde den Zeiten und Gesellschaften angepasst, in denen es wiederbelebt wurde. Unter der Herrschaft viktorianischer Prüderie hatte der Blutsauger aus Leidenschaft beispielsweise den Ruf eines verbrecherischen Don Juans, ebenso elegant wie stilbildend verkörpert von Bela Lugosi in *Dracula*. Ein Unhold, ein Europäer eben. Aber auch ein Gentleman. Bei aller Lust und Gier verschmäht der Vampir die Geschlechtsteile der Frau – von denen die Sexualwissenschaftlerin Marielouise Janssen-Jureit in ihrem Buch *Sexismus* notiert, sie seien in der Menschheitsgeschichte so gefährlich besetzt wie ein offenes Grab – und schafft sich am Hals den Durchbruch zu verbotenen Gefühlen. Das weibliche Geschlecht, das Männerphantasien zur Wunde verunglimpft haben, ist selbst dem Vampir unheimlich. Im Vampirismus ist nicht das Geschlecht die Wunde, sondern die Wunde das Geschlecht. Um ein Publikum zu erreichen, das mit viktorianischen Tabuisierungen nichts zu tun haben wollte, entstaubte die englische Hammer Production, die sich seit Ende der fünfziger Jahre um die Verjüngung des Vampirfilms bemühte, den Nimbus des Gentleman-Monsters und präsentierte mit Christopher Lee eine deutlich stärker triebgeleitete Variante des tödlichen Liebhabers. Nach Terence Fishers *Dracula* (1958), der für sich genommen nichts Besonderes darstellte, aber als Auftakt der Hammer-Serie berühmt wurde, arbeitete sich Hammer Production bis in die siebziger Jahre daran ab, den blutsaugenden Grafen jeglicher Subtilität zu entkleiden. Der Mythos tritt in den Hintergrund und wird bis zur Unkenntlichkeit verzerrt. Sex & Crime, Blut und Gewalt füllen die Leinwand mit den Vorboten eines Horrors, der keinen Mut hat, Pornographie zu sein, und es darum bei feuchtfröhlichen Anspielungen der schlichteren Art belässt. *Dracula jagt Minimädchen* (*Dracula A. D.*, 1972) lautet der deutsche Filmtitel, der diese dröge Mischung aus Verklemmtheit und im Gefolge der ›sexuellen Revolution‹ verordnetem Selbstenthüllungszwang auf den Punkt bringt. Der letzte Film aus der Produktionsreihe *Dracula braucht frisches Blut* (*The Satanic Rites of Dracula*, 1973) benannte unfreiwillig das Problem der Serie und verlagerte Draculas persönliche Obsession auf die Ebene der globalen Weltvernichtung. Korrupte Politiker und die Pest, die Dracula verbreitet, drohen der Welt den ultimativen Aderlass zu bereiten. Als Opfer blieb das Vampir-Genre geschändet und geplündert zurück. Wie der Western, der den Italo-Western hervorbrachte, verfiel das Genre in eine Phase der Dekadenz. Die Persiflage hatte es bereits 1967 mit Polanskis unschlagbar komischem Film *Dance of the Vampires* (*Tanz der Vampire*) unterwandert. Edouard Molinaris *Dracula Père et Fils* (*Die Herren Dracula*, 1976) knüpfte an die Figur des zum lachhaften Stehaufmännchen und Quartalssäufer verkommenen Untoten an. Der Sohn des erneut von Cristopher Lee gespielten Vampirs weigert sich, die Tradition fortzusetzen, arbeitet lieber als Nachtwächter und ernährt sich von Schweineblut. Die Komik des zeitgemäßen Generationskonflikts, hier gedämpft durch eine Liebesgeschichte, die den Sohn des Vampirs in einen Menschen zurückverwandelt, wird in späteren Filmen wie *Blade* für drastische Kriegsszenen zwischen den Vampiren des Ursprungs und ihren Sonnenbrillen tragenden, mit hohem Lichtschutzfaktor eingecremten Nachkömmlingen sorgen.

Stets ruft die Freigeisterei des Vampirs, die den spirituellen wie den menschlichen Zeugungsakt pervertiert, reaktionäre Kräfte auf den Plan. Das bürgerlich-christliche Imperium schlägt zurück, denn das Uralte – schließlich ist Dracula ein adeliger Ruinenbesitzer – will nicht sterben und bedroht die (erotischen) Besitzverhältnisse der Moderne. Die Waffen der selbsternannten Erlöser sind Phallus-Attribute der zurückschlagenden ›guten‹ Macht, der Macht der Männer über die gebissene Frau. Nicht umsonst müssen Vampire gepfählt werden, und zwar von Männern, die mit dem Vampir den Konkurrenten wie zugleich die homosexuelle Versuchung erschlagen. Der verquälte Sexus sollte vom Kino der Aids-Ära wieder ausgegraben werden. In vielen neueren Vampirfilmen finden sich Anklänge an die Verbreitung von Aids. Coppola lässt in *Bram Stoker's Dracula* (1992) während der zersetzenden Liebesräusche des Vampirs mikroskopische Blutblasen aufsteigen, in denen eine höchst ungesunde Zellteilung stattfindet. Den Vampir verklärt er zum unerlöst Liebenden, der nicht das Eine, sondern dem ›Safer Sex‹ gemäß die Eine sucht. Robert Rodriguez und sein Drehbuchautor Quentin Tarantino bestrafen in *From Dusk till Dawn*

(1996) die Geilheit, die Trucker in die Falle des Bums- und
Amüsierlokals »Titty Twister« lockt, mit tödlichen Bissen.
Blade trieb die Racheorgien des halb menschlichen, halb
draculesken Vampirjägers und ›Daywalkers‹ Blade in einer
Begegnung mit seiner verstorbenen, aber als Konsumentin
fremder Säfte ansehnlich konservierten Mutter auf die
Spitze. Der zwittrige Exterminator muss vor dem Sieg
über die dunklen Mächte erst einmal seine ödipalen Begierden bekämpfen.

Zu den Grundregeln des Vampirismus gehört eine dem
Unbewussten angelastete Übereinkunft zwischen Blutsauger und Opfer. In der Einverleibung durch den Vampir
durfte die Dame von Stand gewiss sein, die quälende Unschuld loszuwerden, ohne schuldig gesprochen zu werden. Bei Stoker ist es die wohlhabende Lucy Westenra,
Minas wissensdurstige Freundin, an der sich das exemplarisch nachvollziehen lässt. Nicht alle Dracula-Verfilmun-
gen widmen sich ihr. Spielt sie bei Murnau keine Rolle, so
ist sie bei Coppola der bloße Körper, an dem sich der
Vampir abrackert, um bis zur Vereinigung mit der begehrten Reinkarnation seiner Braut Elisabeth in Form zu bleiben. Tod Browning hat der psychohygienischen Bedeutung dieser Lucy nachgespürt, die als lasziver Alter Ego
der asexuellen Mina die heimliche Hauptrolle spielt. Der
allseits umschwärmten höheren Tochter gesteht er angesichts der Qual der Wahl eine geradezu komische Verzweiflung zu. Wen soll sie nehmen? Den Arzt, den Ban-
ker, den amerikanischen Selfmademan, den Dichterling?
Alle, ist die Antwort in Lucys blitzenden Augen, und diese Unbescheidenheit macht sie reif für den Vampir. Der
Casanova-Vampir, als der Bela Lugosi aus heutiger Sicht
wenig gruselig im Frack daherkommt, hat von allen Männern etwas. Die abgewiesenen Verehrer werden sich für
das Ius primae noctis rächen, das der Graf als adeliger
Schmarotzer wahrgenommen hat. Aus der schmollenden
Schnute der untoten Lucy rinnt Blut. Es erinnert ihren

Verlobten an die Defloration, die nach der von dem todbringenden Rivalen verpatzten Hochzeitsnacht nachge-
holt werden muss. Der Pflock, mit dem der enttäuschte
Lover Lucys Herz durchbohrt, sitzt nur aus Anstands-
gründen nicht tiefer. Die Strafe folgt der Lust, das ist gewiss. Der Horror versteht sich als Lustangst, als Phantasie
der eigenen Enthemmung.

Die sexuelle Erweckung durch den Vampir ist aber
nicht als Freiheit zu verstehen. Die Frau, die auf das Versprechen hereinfällt, die dunklen Seiten ihrer Sexualität
austoben zu können, ist letztlich eher mehr Zwängen ausgesetzt: Der unstillbare Hunger, der den Vampir zum
Blut-Junkie macht, der seine Sucht Nacht für Nacht stillen muss, zwingt Dracula und seine Bräute in einen pubertären Teufelskreislauf, der Reifeprozesse und Ruhe-
phasen nicht zulässt. Die Vampiria ist eine Gefangene, die
für ihren alterslos verführerischen Körper den höchsten
Preis bezahlt: Es gibt keine Weiterentwicklung, nur den
Überdruss der Begierde. Die Freisetzung vom Gebären-
müssen ist an den Verlust gebunden, Leben schenken zu
können. Die Vampirin ist nicht länger Frau. Ihre Ge-
schlechtsorgane sind fortan phallischer Natur. So paradox
das klingen mag: Der weibliche Vampir ist ein Mann, der
sich im Gewand verwesender Brüste anderen Männern
nähert. Selbst die lesbischen Vampirinnen kommen, so sie
von Regisseuren in Szene gesetzt sind, als Männerphantasien nicht besser weg. Und auch Sheridan Le Fanus lesbi-
scher Vampir *Carmilla* wird eher vom Hass auf das eigene
Geschlecht angetrieben als von eingestandener homosexu-
eller Sehnsucht.

Der Hybris des Vampirs, der sich gottgleich wähnt,
weil er den Tod bringt und aufhebt, ist die Verdammnis zu
ewiger Wiederholung entgegengesetzt. Besonders deutlich
wird der Fluch der Stagnation bei der altägyptischen Vampirin Miriam aus *The Hunger* (*Begierde*, 1983; Tony
Scott) oder wenn sich Kinder, vor allem kleine Mädchen,

in Vampire verwandeln. In *Interview with the Vampire* (*Interview mit einem Vampir*, 1994; Neil Jordan) wird die fünfjährige Claudia während einer Pestepidemie von dem Gutvampir Louis gefunden. Louis ist kein typischer Beißgenosse, er gehört zu der seltenen Blutgruppe der melancholischen und skrupulösen Vampire. Er erwägt, die kleine Vollwaise vor dem sicheren Tod zu retten, indem er sie zum Vampir macht, lässt aber dann davon ab: Den traurigsten aller Vampire hält eine menschliche Moral in Schach, die seinen Schöpfer und Gefährten Lestat zur Verzweiflung bringt. Also ist es Lestat, der Claudia ihr Menschsein nimmt und sie Louis als ewiges Ersatztöchterchen verehrt, das aber den Erfahrungen seines Scheinlebens nicht Rechnung tragen kann. Auf ewig gefangen im Kinderkörper, wird Claudia zur tolldreisten Mörderin, die es besonders auf junge Frauen abgesehen hat. Das Mädchen, das nicht Frau werden kann und sich an Frauen rächt, gehört zu den schrecklichsten und zugleich psychoanalytisch ergiebigsten Erfindungen der Vampir-Autorin Anne Rice. Denn obschon das vampiristische Kind niemals zur sexuellen Reife gelangt, ist es andererseits das sexualisierte Kind schlechthin: eine Ikone pädophiler Verführung, in Claudias Fall eine durch Blutschande erzeugte Vater-Tochter, die aus dem Kindchen-Schema nicht ausbrechen kann.

Mit dem philosophischsten und filmsprachlich innovativsten Vampir-Melo seit *Nosferatu* überraschte Po-Chih Leong, Mitbegründer des Neuen Hongkong-Kinos, Ende der neunziger Jahre: *The Wisdom of Crocodiles* (*Die Weisheit der Krokodile*, 1998). Der junge Arzt Steven Grlscz ist ein moderner, weder vor Kreuzen noch vor den Gesetzmäßigkeiten des Genres zurückscheuender Vampir. Anne ist die Frau, die sein Parasitentum in Frage stellt. Sie verkörpert für den Gefühlshungrigen die reine Liebe. Soll er diese einmal im Leben erleiden – und daran sterben, dass er die Geliebte schont? »It is the wisdom of crocodiles that shed tears when they would devour«, lautet der Aphorismus des Philosophen Francis Bacon, dem der Filmtitel entlehnt ist: ein Hinweis darauf, dass auch der melancholischste Gefühlstote am Ende seiner und damit der vampiristischen Natur jeder Liebe nachgibt. Der Film knüpft an den Mythos an, allerdings nur, um die Distanz zwischen Ur-Ur-Ur-Großvater Dracula und seinem Nachkommen als einen Weg zu skizzieren, der von der Verfeinerung der blutschänderischen Motive zum Verfall vampiristischer Gewissheiten führt. Mit dem charismatischen Steven hat Po-Chih Leong einen Großstadtvampir geschaffen, der nur noch um Metaphern- und Fangzahnlänge von der existenziellen Krise seiner Opfer entfernt ist. Steven braucht nicht nur das Blut der einsamen und lebensmüden Frauen, sondern vor allem die Essenz ihrer Emotionen. Wenn der dekadente Held einer therapiebedürftigen Endzeit seine naturgemäß häufig wechselnden Freundinnen im Liebesakt ausbluten lässt, wird er von Krämpfen geschüttelt. Aus seinem seelenlosen Inneren würgt er gläserne Nadeln hervor: jeder Kristall die Manifestation der Gefühle, die sein Opfer beherrschten und ohne die er nicht leben kann. *Heike Kühn*

Literatur: Rudolf Kurtz: Expressionismus und Film. Berlin 1926. – Siegfried Kracauer: Von Caligari zu Hitler. Frankfurt a. M. 1984. (Engl. Orig.-Ausg. Princeton, N. J. 1947). – Lotte H. Eisner: Die dämonische Leinwand. Frankfurt a. M. 1980.

Dr. Jekyll und Mr. Hyde

Dr. Jekyll and Mr. Hyde

USA 1931 f 98 (gekürzt 91) min

R: Rouben Mamoulian
B: Samuel Hoffenstein, Percy Heath, nach der gleichnamigen Erzählung von Robert Louis Stevenson
K: Karl Struss
M: Johann Sebastian Bach, Robert Schumann
S: William Shea
D: Frederic March (Dr. Jekyll / Mr. Hyde), Miriam Hopkins (Ivy Pierson), Edgar Norton (Poole), Rose Hobart (Muriel Carew), Holmes E. Herbert (Dr. Lanyon), Halliwell Hobbes (Brigade General Sir Danvers Carew), Tempe Pigott (Mrs. Hawkins)

Die Frage nach Gut und Böse interessiert seit jeher Philosophen und Künstler. Existieren im Menschen Gut und Böse nebeneinander, als feste, eigenständige Größen? Oder sind sie zwei Seiten einer Medaille? In seiner berühmten Erzählung *Der seltsame Fall des Dr. Jekyll und Mister Hyde* schuf Robert Louis Stevenson 1886 zwei Figuren, die zum Sinnbild der menschlichen Doppelnatur und innerer Spaltung wurden, ohne Gut und Böse miteinander in Einklang bringen zu können. Es handelt sich um eine der ersten Horrorgeschichten, deren Schrecken nicht aus der Konfrontation der Zivilisation mit dem Unerklärlichen wie Vampiren, Werwölfen oder Geistern resultiert, sondern menschlichen Ursprungs ist.

Der 1850 geborene Autor entstammt einer streng protestantischen schottischen Bürgerfamilie und wurde zur Staatskonformität des viktorianischen Zeitalters erzogen. Als Schriftsteller und Journalist stellte er dieses System nicht in Frage, bis er sich in eine verheiratete Amerikanerin verliebte, die seinetwegen ihren Mann verließ – was in seinem Umfeld zu Irritationen führte und ihn die Doppelmoral der britischen Gesellschaft am eigenen Leib erfahren ließ. Denn während gerade in London, dem Zentrum des viktorianischen Weltreiches, die Prostitution wie zu keiner anderen Zeit blühte und für Tausende von Frauen die einzige Überlebenschance darstellte, wurden er und seine Frau dafür verurteilt, einander zu lieben. Gut und Böse, Doppelmoral, das sind Begrifflichkeiten, die sich wiederholt in seinen Geschichten finden, am häufigsten in *Der seltsame Fall des Dr. Jekyll und Mister Hyde*.

Während sämtliche der zahlreichen Verfilmungen Stevensons Idee der Spaltung einer Persönlichkeit in zwei Charaktere verarbeiten, wird der autobiografische Aspekt der Geschichte, der Wunsch nach ungezügelter Körperlichkeit, stets nachrangig behandelt. Eine positive Ausnahme stellt Rouben Mamoulians frühe Adaption *Dr. Jekyll and Mr. Hyde* (*Dr. Jekyll und Mr. Hyde*, 1931) dar, zugleich die erste Tonfilm-Version des Stoffes.

Dem Regisseur dient die Erzählung als Rohmaterial: Wie bei Stevenson ist Henry Jekyll ein angesehenes Mitglied der viktorianischen Gesellschaft und ein genialer Arzt, der glaubt, dass die menschliche Persönlichkeit Gut und Böse getrennt voneinander in sich birgt. Bei der Personenkonstellation nimmt Mamoulian jedoch starke Eingriffe vor. Spielt Stevensons Vorlage vorwiegend zwischen Jekyll/Hyde, seinem Freund und Kollegen Dr. Lanyon, seinem Anwalt Mr. Utterson und seinem Butler Poole, aus deren Perspektiven die Geschichte erzählt wird, so wird Letzterer in Mamoulians Film zu einer Nebenfigur, und Mr. Utterson fehlt gänzlich. Nur Lanyon bleibt Teil der Handlung, in deren Mittelpunkt der Regisseur und seine Autoren Samuel Hoffenstein und Percy Heath nunmehr zwei Frauen stellen: Jekylls Verlobte Muriel und die Prostituierte Ivy, die der Arzt zufällig kennen lernt, als er ihr während eines Überfalls zusammen mit seinem Freund Dr. Lanyon zu Hilfe kommt.

Mamoulians Film beginnt an einer Universität. Die Studenten stürmen den Hörsaal förmlich, da Dr. Jekyll einen

Vortrag hält. Im Vergleich zu den anderen Dozenten ist er
noch jung, vor allem aber unkonventionell. Sein Leben hat
er dem Innersten des Menschen verschrieben. Die Seele ist
für ihn nichts Mystisches, sondern ein Teil des Körpers,
der ebenso fassbar ist wie das Herz oder die Lunge und
den er mit seinen Forschungen sichtbar machen will. Seine
Theorie stößt bei seinem Schwiegervater in spe, dem ehemaligen Brigadegeneral Sir Danvers Carew, auf wenig Gegenliebe. Auch pikiert ihn Jekylls Auftreten, denn dieser
benimmt sich zwar wie ein Herr des britischen Bürger-
tums, doch mit kleinen, an sich harmlosen Gesten, wie einem zu leidenschaftlichen Handkuss, den er Muriel gibt,
zieht er sich den Unwillen des Generals zu. Eines Tages
glaubt Jekyll im Rahmen seiner Experimente mit bewusstseinserweiternden Drogen, seine Thesen über die Spaltung
der Seele in Gut und Böse beweisen zu können. Bei einem
Selbstversuch verwandelt sich der gutaussehende Gentleman Henry Jekyll in einen hässlichen Urmenschen mit
vorgewölbter Stirn, riesigem Mund und fürchterlicher Behaarung, dem er den Namen Hyde (von englisch to hide –
verstecken) gibt. Die Verwandlung ist jedoch nicht nur äu-
ßerlich, Hyde ist ein Körperwesen, ein Mensch, der aus
sich herausbricht. Er personifiziert nicht allein die böse
Seite Jekylls, sondern auch seine animalische, von Instinkten geleitete Identität, eben das, was Sigmund Freud einige
Jahre nach der Entstehung von Stevensons Text das Es
nennen sollte. Regisseur Mamoulian betont diesen Aspekt:
»Ich sehe Hyde nicht als Monster. Er ist primitiv, das Tier
in uns, Jekyll dagegen ist der kultivierte Mann, der Intel-
lekt.« Mamoulian zeigt Hyde als Neandertaler und stimmt
darin mit Stevensons Vorlage überein. Das hat seinem Film
jedoch in den späten sechziger Jahren den Vorwurf eingetragen, rassistisch zu sein, da die Präsentation Hydes den
diskriminierenden Darstellungen der farbigen Bevölkerung der Vereinigten Staaten um 1930 entsprächen.
    Auch wenn der Regisseur Hyde verteidigt, führt die

Verfilmung Letzteren in seiner Bösartigkeit vor. Er sucht die Prostituierte Ivy auf, um sich sexuell von ihr das zu holen, was Muriel ihm als Jekyll verweigert. Mamoulian hat sich mit dieser Darstellung Hydes 1931 weit hinausgewagt, auch wenn kein sexueller Akt zu sehen ist und das Wort »Prostitution« nicht fällt. Doch die Bilder seines Kameramanns Karl Struss und das physische Spiel des für seine Interpretation mit dem Oscar belohnten Hauptdarstellers Frederic March bauen eine derart von sexueller Energie und Spannung überschäumende Atmosphäre auf, dass es keiner Worte bedarf.

Über sich selbst schockiert, beschließt Jekyll nach seiner Rückverwandlung, in Zukunft vorsichtiger zu sein. Doch er hat Spaß an der Rolle Hydes gefunden und forscht weiter – bis es nicht einmal mehr der Drogen bedarf, um sich in Hyde zu verwandeln. Vor allem bereitet es ihm sadistische Freude, Ivy psychisch zu brechen. Bis er ihrer überdrüssig wird und sie ermordet. In diesem Augenblick verschwimmen in Mamoulians Film die Persönlichkeiten. Hyde wird sich seiner schrecklichen Tat bewusst und wünscht die Rückverwandlung in Jekyll, die schließlich vor den Augen seines entsetzten Freundes Lanyon stattfindet. An dieser Stelle offenbart Mamoulian dem Zuschauer, dass Hyde keine von Jekyll losgelöste Persönlichkeit ist und Gut und Böse eben nicht getrennt voneinander in einem Menschen existieren.

Von der Sucht zerfressen, kann Jekyll nicht mehr verhindern, sich in Hyde zurückzuverwandeln. Er versucht, Muriel zu entführen. Ihn leitet ein wildes Begehren, eine Lust, die er auch als Jekyll für Muriel empfunden hat, jedoch niemals hätte ausleben dürfen. Als ihr Vater Muriel zu Hilfe kommt, lässt Hyde den angestauten Aggressionen, die Jekyll für den alten Mann empfindet, freien Lauf und prügelt ihn zu Tode. Damit vollführt er das, was sich Jekyll insgeheim wünscht.

Von der Polizei gejagt, flieht Hyde in sein Labor, wo es

ihm mit Hilfe seiner Drogen noch einmal gelingt, Jekyll zu werden. Doch Lanyon verrät der Polizei sein Geheimnis. Für Jekyll gibt es keine Hoffnung auf Erlösung, er wird wieder zu Hyde, versucht erneut zu fliehen und wird von Lanyon erschossen. Im Sterben nimmt er wieder die Gestalt Jekylls an.

Mamoulians Film gilt heute als das Standardwerk unter den knapp fünfzig Verfilmungen von Stevensons Erzählung. Seine Inszenierung erreicht eine Dynamik, die ihrer Zeit um Jahrzehnte voraus war, auch wenn Kritiker sie in den sechziger Jahren als viel zu hastig monierten. Zu der Reputation des Films trägt nicht zuletzt Mamoulians Beherrschung der filmischen Erzählmittel bei, die für die frühen dreißiger Jahre herausragend war und viele andere Regisseure im seinerzeit ungemein populären Horrorgenre inspirierte. Sein Film enthält zum Beispiel den ersten 360-Grad-Kameraschwenk der Kinogeschichte, er arbeitet mit für die damalige Zeit erstaunlichen Toneffekten und Split Screen, zeigt viele Szenen aus der subjektiven Sicht Jekylls und setzt Überblendungen ein, welche die Verwandlung Jekylls für den Zuschauer erfahrbar machen. Vor allem etablierte Mamoulian eine stilbildende Fünf-Akt-Dramaturgie, auf die nahezu alle folgenden Filme, die sich des Jekyll/Hyde-Motives bedienen, zurückgreifen sollten:

1. Akt – die Forschung: Tagsüber führt Dr. Jekyll ein ehrenwertes, den gesellschaftlichen Regeln entsprechendes Leben. Niemand ahnt, dass er, um seine Thesen zu beweisen, mit Drogen experimentiert.

2. Akt – die Verwandlung: Die Drogen führen zu einer Verwandlung des Bewusstseins. Aus dem gesellschaftlich angepassten Jekyll wird der unmoralische, vulgäre und sexuell zügellose Hyde. Von dieser Verwandlung macht Jekyll/Hyde hemmungslos Gebrauch, bis er spürt, dass er zu weit gegangen ist.

3. Akt – Abhängigkeit: Statt das Experiment abzubrechen, hofft er durch gründlichere Forschungen die Gefah-

Bei einem Selbstversuch mit bewusstseinserweiternden Drogen verwandelt sich der kultivierte Arzt und viktorianische Gentleman Henry Jekyll in den hässlichen Ur-Menschen Mr. Hyde (Frederic March). Diese primitive Kreatur mit hervorstechender Stirn, riesigem Mund und fürchterlicher Behaarung personifiziert nicht allein die böse Seite Jekylls, sondern auch seine animalische, von Instinkten geleitete Identität. Während sämtliche der knapp fünfzig Verfilmungen von Robert Louis Stevensons berühmter Erzählung die Idee der Spaltung einer Persönlichkeit in zwei Charaktere verarbeiten, wird der autobiografische Aspekt der Geschichte, der Wunsch nach ungezügelter Körperlichkeit, stets nachrangig behandelt. Eine positive Ausnahme stellt Rouben Mamoulians frühe Adaption *Dr. Jekyll und Mr. Hyde* dar. Mamoulians dynamische Inszenierung und die Beherrschung der filmischen Erzählmittel (wie der allererste 360-Grad-Kameraschwenk) ragen aus dem Kino der frühen dreißiger Jahre heraus und inspirierten viele andere Regisseure im Horrorfilmgenre.

ren eliminieren zu können. Er verleugnet, längst in Abhängigkeit von seinen Drogen geraten zu sein.

4. Akt – Besessenheit: Ihn interessiert nicht mehr, welchen Nutzen andere Menschen aus seinen Forschungen ziehen können. Für ihn zählt nur noch die Tatsache, dass er als Hyde jede Phantasie, jede Perversion ausleben kann, was Jekyll verwehrt bleibt.

5. Akt – Wahnsinn: Jekyll erkennt die Gefahr, die er für sich und andere Menschen darstellt. Doch er ist nicht mehr in der Lage, Hyde und Jekyll zu einer Persönlichkeit zu verschmelzen. Dieser Kampf treibt ihn im Buch in den Wahnsinn, bei Mamoulian direkt in den Tod.

Trotz der herausragenden Qualität von Mamoulians Arbeit ist Victor Flemings *Dr. Jekyll and Mister Hyde* (*Arzt und Dämon*, 1941) der bekanntere Film. Denn zum einen ist er mit Spencer Tracy, Ingrid Bergman und Lana Turner prominenter besetzt. Zum anderen war Mamoulians Film nach seiner Kinoauswertung fast 35 Jahre lang nicht zu sehen, da Metro-Goldwyn-Mayer die Rechte an dem von Paramount produzierten Film erstanden hatte und ihn zu Gunsten der eigenen Verfilmung im Archiv Staub ansetzen ließ. Fleming inszenierte mit *Arzt und Dämon* zwar einen visuell schönen Film, doch fehlt ihm Mamoulians von Sexualität und Gewalt aufgeheizte, aggressive Atmosphäre. Wird bei Mamoulian klar, dass in jedem Menschen eine verborgene Seite existiert, wirkt Tracys Hyde, als sei er tatsächlich eine von Jekyll losgelöste Persönlichkeit, was der Geschichte viel von ihrer Intensität stiehlt.

Diese beiden Filme waren jedoch nicht die ersten Adaptionen von Stevensons Erzählung, denn die Mär von dem verfluchten Arzt hat seit jeher die Phantasie von Regisseuren angeregt. Allein zwischen 1908 und 1920 entstanden in den USA acht Verfilmungen des Stoffes. Die bekannteste dürfte John S. Robertsons *Dr. Jekyll and Mister Hyde* (1920) mit John Barrymore in der Titelrolle sein. Verboten wurde Friedrich Wilhelm Murnaus Interpretation der Geschichte *Der Januskopf* (1920), da Murnau keinerlei Verfilmungsrechte besaß. In seiner Version ist es der Fluch einer Janusstatue, die in dem guten Dr. Jeskyll [sic] eine böse Persönlichkeit zum Ausbruch bringt, welche schließlich die Gewalt über dessen Körper übernimmt. Der mit Conrad Veidt prominent besetzte Film musste nach einem Gerichtsstreit vernichtet werden und gilt heute als verschollen.

Eine Zäsur in der Geschichte der filmischen Bearbeitungen markiert das Jahr 1956, als das Copyright der Erzählung auslief. Hielten sich die ersten Verfilmungen relativ nah an die Vorlage, wurde die Geschichte von Dr. Jekyll und Mr. Hyde ab diesem Zeitpunkt auf sehr unterschiedliche Weise filmisch neu interpretiert. Die gelungenste Auslegung ist Jerry Lewis' Komödie *The Nutty Professor* (*Der verrückte Professor*, 1962), die Story eines tölpelhaften, verklemmten Professors, der sich dank einer Wundermixtur in einen Womanizer verwandelt. Lewis' Film ist eine humorvolle Abrechnung mit amerikanischen Schönheitsidealen. Mit Eddie Murphy in der Titelrolle entstand unter der Regie Tom Shadyacs 1995 ein gleichnamiges Remake, in dem der Professor fürchterlich dick ist und sich durch eine Wunderpille in einen schlanken, aber unsympathischen Frauenhelden verwandelt.

Eine ähnliche Interpretation der Stevenson'schen Geschichte produzierten zwei Jahre zuvor bereits die Hammer Studios mit Terence Fishers *The Two Faces of Dr. Jekyll* (*Schlag 12 in London*, 1960) im Gewand eines ernsthaften Horrorfilms und erstmals in Farbe: Paul Messie stellt einen heruntergekommenen Arzt dar, der sein Leben der Forschung widmet, jedoch jeglichen Anschluss an die Gesellschaft verloren hat. Bis er sich in den gut aussehenden Mister Hyde verwandelt. In Fishers Version ist Hyde lange Zeit die weitaus sympathischere Seite von Jekylls Persönlichkeit und befreit diesen von seinen inneren Fesseln, die ihn zu einem Workaholic und einsamen Menschen gemacht haben.

Ebenfalls aus dem Hause Hammer stammt die freie Adaption *Dr. Jekyll and Sister Hyde* (*Dr. Jekyll und Sister Hyde*, 1971), die ein völlig neues Bild von Dr. Jekyll bietet. Hier ist er niemand anderes als der skrupellose Frauenmörder Jack the Ripper, der, um ein Elixier des ewigen Lebens zu brauen, auf die Hormone junger Frauen angewiesen ist. Als er den Trank an sich selbst testet, verwandelt er sich in Mrs. Hyde. Das Ganze kommt verworren daher und entbehrt nicht eines gewissen Trash-Charakters, ist dennoch überraschend spannend inszeniert.

Den interessantesten Neuansatz brachte schließlich Stephen Frears mit *Mary Reilly* (1995) Mitte der neunziger Jahre in die Kinos. Seine Interpretation der Jekyll/Hyde-Geschichte basiert als Einzige nicht auf Stevensons Text, sondern auf einer Erzählung von Valerie Martin, in deren Mittelpunkt Jekylls Dienstmädchen Mary steht. Auch Frears Film konzentriert sich ganz auf die weibliche Perspektive. Mary verehrt ihren scheuen, liebenswerten Arbeitgeber, gleichzeitig aber entwickelt sie eine Beziehung zu seinem mysteriösen Freund Hyde. Der Brite Frears erschafft in seinem Film ein London, das dem der Vorlage weitaus am nächsten kommt. Es ist ein kalter Ort, an dem allein der gesellschaftliche Status zählt und Jekyll ein Gefangener der Konventionen, Hyde jedoch ein freier Mann ist. John Malkovich interpretiert die Doppelrolle so nuanciert wie keiner seiner Vorgänger, bei ihm ist Hyde eine bewusste Kreation Jekylls, mit der er die Abgründe seiner Seele zu ergründen versucht. Zunächst besitzt er die Kontrolle über diese dunkle Seite, bis auch er seiner Sucht verfällt und die Macht über sich verliert. In seiner heimlichen Liebe zu Mary findet er zwar am Ende Vergebung, dennoch bezahlt er seine Sucht mit dem Leben.

Dass dieser Film an den Kinokassen trotz Julia Roberts in der Titelrolle gnadenlos scheiterte, dürfte vor allem auf die Tatsache zurückzuführen sein, dass Frears die altbekannte Geschichte als eine Genre-Mischung aus Melo-

dram und Kriminalfilm in Szene setzt. Und so erfährt der
Zuschauer als Höhepunkt des Films, dass Dr. Jekyll und
Mister Hyde ein und dieselbe Person sind! Nach über
hundert Jahren Stoffgeschichte und zahlreichen Adaptionen nicht unbedingt eine überraschende Auflösung.

Christian Lukas

Literatur: A Pictorial History of The Movie Villain. Toronto 1964.
– William Everson: The Bad Guys. A Picturial History of the Movie Villain. Secaucus (N. J.) 1974. – Alan Frank: Madmen,
Demented Doctors and Psychopath Scientists. London 1975. –
Thomas G. Aylesworth: Monster and Horror Movies. London
1986. – Michael Brunas: Universal Horror. London / New York
1990. – David J. Skal: Hollywood Gothic. London / New York
1990. – John McCarty: Movie Psychos and Madmen. Secaucus
(N. J.) 1993. – Christopher Frayling: Nightmare. The Birth of
Horror. London 1996. – Jonathan Rigby: English Gothic. A Cen-
tury of Horror Cinema. Richmond 2000.

Frankenstein

Frankenstein – The Man Who Made a Monster

USA 1931   s/w 71 min

R: James Whale
B: Garrett Fort, Francis E. Faragoh, nach Mary Shelleys Roman
  Frankenstein oder Der moderne Prometheus, dem Bühnen-
  stück von Peggy Webling und einem Treatment von Robert
  Florey
K: Arthur Edeson
D: Boris Karloff (das Monster), Colin Clive (Henry [dt.: Herbert]
  Frankenstein), Mae Clarke (Elizabeth), Dwight Frye (Fritz),
  Edward van Sloan (Dr. Waldman)

Das Motiv des künstlichen Menschen durchzieht die
Filmgeschichte vom Anbeginn bis heute, von frühen deutschen Stummfilmen wie Paul Wegeners *Der Golem, wie er*

in die Welt kam (1920) oder Fritz Langs *Metropolis* (1926) bis zum Science-Fiction-Film unterschiedlichster Ausprägung wie *Blade Runner* (1982, Ridley Scott), *Edward Scissorhands* (*Edward mit den Scherenhänden*, 1990; Tim Burton) oder *A. I. – Artificial Intelligence* (2001, Steven Spielberg). Im Horrorgenre hat sich dieses Motiv mit fast fünfzig filmischen Varianten paradigmatisch im Frankenstein-Komplex niedergeschlagen, den Mary Shelley mit ihrem 1818 anonym veröffentlichten Briefroman *Frankenstein oder Der moderne Prometheus* begründete. Angefangen mit Edisons One-Reel *Frankenstein* (1910) über die klassischen *Frankenstein*-Filme der Universal Studios unter der Regie von James Whale bis zu Kenneth Branaghs *Mary Shelley's Frankenstein* (1994) ist ihnen allen gemeinsam die Auseinandersetzung mit dem ethischen Problem: Kann und darf der Mensch Leben erschaffen? In dem Zögern, diese zunehmend aktuelle und drängende Frage, die bereits im antiken Prometheus-Mythos enthalten ist, endgültig zu beantworten, wird das Schwanken zwischen lebenserhaltenden und -verbessernden Utopien einerseits und der Furcht vor den Folgen einer sich weiter und weiter entwickelnden Wissenschaft und deren Hybris andererseits deutlich.

James Whales stilbildender *Frankenstein* (1931) wird eingeleitet durch die Warnung eines Erzählers an Zuschauer mit schwachen Nerven: »It may shock you, it might even horrify you!« Der junge Wissenschaftler Dr. Henry Frankenstein setzt auf einer alten Burg aus menschlichen Leichenteilen einen Körper zusammen. Er hat die Vision, mit Hilfe galvanischen Stroms Leben zu erschaffen. Seine beunruhigte Verlobte Elizabeth will in Begleitung von Professor Waldman nach dem Rechten sehen. Sie treffen gerade im Moment der Schöpfung ein. Nachdem das zum Leben erweckte ›Monster‹ den buckligen Gehilfen Fritz getötet hat, wird es durch eine betäubende Injektion ruhiggestellt. Auf Drängen seines Vaters kehrt

Henry Frankensteins junge Braut Elizabeth (Mae Clarke) führt seinem Geschöpf (Boris Karloff) die eigene Verlassenheit und Einsamkeit, sein Bedürfnis nach Wärme und Zuneigung schmerzhaft vor Augen. James Whale zeigt in seinem *Frankenstein* die Angst einflößende, unberechenbare Kreatur mit den prometheischen Kräften auch in ihrer Menschlichkeit, doch statt Zuneigung erntet sie nur Hass und Verachtung. Das fremdartige, jedoch keineswegs bösartige Wesen, zusammengesetzt aus menschlichen Leichenteilen und mit Hilfe galvanischen Stroms zum Leben erweckt, wird in eine Gewaltspirale aus Frustration und Notwehr gedrängt. Whales Verfilmung von Mary Shelleys 1818 veröffentlichtem Briefroman entpuppt sich als gesellschaftskritische Parabel, als Tragödie eines Ausgestoßenen.

Henry Frankenstein auf das elterliche Schloss zurück, um Elizabeth endlich zu heiraten. Der Professor bleibt allein zurück, um die Kreatur einzuschläfern. Doch die wehrt sich, erdrosselt den Professor und flieht. An einem See ertränkt sie ein kleines Mädchen. Eine Hetzjagd auf das ›Monster‹ beginnt, in deren Verlauf das Geschöpf seinen

Schöpfer überwältigt und sich mit dem Bewusstlosen in einer Mühle verbarrikadiert. Als die Dorfbewohner das Gebäude zu stürmen drohen, schleudert der Verfolgte Frankensteins ohnmächtigen Körper wütend nach unten. Der Wissenschaftler überlebt den Sturz. Die aufgebrachte Menge zündet mit Fackeln die Mühle an. Das Geschöpf – so glaubt man wenigstens bis zu Whales Fortsetzung *The Bride of Frankenstein* (*Frankensteins Braut*, 1935) – kommt in den Flammen um.

Expressionistische Licht- und Schattenspiele und abgründige Schauplätze sorgen ganz in der Tradition der Gothic Novel und ihrer charakteristischen Schreckenslust für eine dichte Atmosphäre des Unheimlichen. Die fast zwölfminütige Schöpfungssequenz wird mit Blitz und Donner, mit riesenhaften, metallenen Apparaturen, deren gigantische Ausmaße außergewöhnliche Perspektiven wie Auf- oder Untersicht zusätzlich betonen, und mit pyrotechnischen Spezialeffekten (Kenneth Strickfaden) als ›technischer Tusch‹ inszeniert. Für Jack Pierces berühmt gewordene Monster-Maske musste sich der damals 45-jährige Boris Karloff regelmäßig einer dreistündigen Make-up-Tortur unterziehen: Der hohe, kantige Teil des Schädels wurde durch dünne Baumwollschichten modelliert, in mehreren Schichten aufgetragenes Wachs ließ die Augenlider schwer herunterhängen, Drahtklammern an den Lippen wölbten die Mundwinkel nach unten, die Bolzen wurden am Hals aufgeklebt. Einer der Höhepunkte dieses Klassikers des Horrorfilms ist der Moment, da man in schaudernder Erwartung die aus Leichenteilen zusammengesetzte Kreatur zum ersten Mal in ihrer Ganzheit erblickt: Zunächst sind nur schleppende Schritte zu hören, dann wird die Tür des Labors aufgestoßen und der Umriss einer übergroßen Gestalt sichtbar. Das massige Gewicht behäbig von einem Fuß auf den anderen verlagernd – spätere Zombiefilme werden auf diese seelenlose Mechanik des Körpers rekurrieren –, betritt sie rückwärts den

Raum. Langsam und steif wendet sie sich der Kamera und dem Licht zu: Ihr starres Gesicht wirkt leblos und maskenhaft. Ist dieses Wesen, das wie eine Leiche aussieht, lebendig? Und: Ist es menschlich, gut oder böse? Whales Film lebt von dieser Inszenierung des Ungewissen. Zu seinen Stärken gehört, dass er dieses Angst einflößende, unberechenbare Geschöpf mit den prometheischen Kräften immer wieder auch in seiner Menschlichkeit zeigt, etwa wenn es zum ersten Mal dem Tageslicht ausgesetzt ist. Sehnend streckt es seine Hände in die Sonne, als wolle es die Wärme verheißenden Strahlen fassen, und streckt sie dann seinem Schöpfer entgegen, die Handflächen nach oben weisend: in der christlichen Ikonographie die traditionelle Haltung des *orans*, Verkörperung des Gebets und des Bittens. Wiederholt wird sein Bedürfnis nach Wärme und Zuneigung erkennbar, doch stattdessen erleidet es Unrecht und Gemeinheiten. Noch deutlicher wird dies in dem Sequel *Frankensteins Braut*. Obwohl Whale die Horrorelemente mit einem ironischen Augenzwinkern versieht, wird zugleich die schmerzliche Abweisung noch potenziert: Die von Elsa Lanchester gespielte, eigens auf Verlangen des ›Monsters‹ geschaffene Braut weicht mit einem Aufschrei des Entsetzens vor ihm zurück. In beiden Filmen wird das von Natur aus gutmütige, fremdartige Geschöpf allmählich in eine Gewaltspirale aus Frustration und Notwehr gedrängt. Der Horrorfilm entpuppt sich als gesellschaftskritische Parabel, als Tragödie eines Ausgestoßenen. Nur ein blinder Mann, der das ›Monster‹ nicht nach seinem Äußeren beurteilen kann, stellt in anrührenden Szenen dessen Menschenwürde nicht in Frage.

Augenfällig bei der Rezeption der *Frankenstein*-Verfilmungen ist, dass der Schwerpunkt eher auf dem ›Monster‹ und weniger auf dem namensgebenden Forscher liegt. Denn sowohl die Faszination für das personifizierte Deviante als auch die grundlegende Frage nach der Definition dessen, was menschliches Leben ausmacht, lassen sich am künstlich erschaffenen Körper eindrücklich visualisieren und emotionalisieren.

Der Forscher selbst steht – gemeinsam mit der Titelfigur aus Rouben Mamoulians Filmversion *Dr. Jekyll and Mr. Hyde* nach Robert L. Stevenson, die nicht zufällig im gleichen Jahr entstand – in der Ahnenkette ›verrückter Wissenschaftler‹, die sich seit dem Ende des 18. Jahrhunderts in das literarische Gruselkabinett eingereiht haben, im selben Maße, wie sich im Zuge der industriellen Revolution Fortschrittsutopien entwickelten. Mit ihnen wird der Prototyp des ›Mad Scientist‹, der in seinem fanatischen Glauben an den Fortschritt nicht erkennt, welches Unheil er anrichtet, auch im Film etabliert.

Inzwischen haben sich das *Frankenstein*-Motiv und mit ihm das Monster als dessen ikonographischer Ausdruck zu einem Populärmythos entwickelt. Karloffs legendäre Verkörperung verselbständigte sich als Typus in etlichen nachfolgenden Filmen von Remakes über Parodien bis hin zu Werbespots für PKWs. Als Halloween-Verkleidung, Comicstrip oder Werbeträger geistern die Reinkarnationen des künstlich erschaffenen Wesens durch unsere Alltagskultur, geradezu eine ironische Wendung der Überwindung des Todes, die Frankenstein mit seiner Schöpfung anstrebte. Immer neue Varianten werden kreiert für immer neue Verfilmungen. Meist bleibt dabei die differenzierte Sichtweise von Whales Filmen auf der Strecke, wie schon bei der letzten Version mit Karloff *Son of Frankenstein* (*Frankensteins Sohn,* 1939; Rowland V. Lee) oder in der erfolgreichen Hammer-Produktion *The Curse of Frankenstein* (*Frankensteins Fluch*, 1957; Terence Fisher) mit Christopher Lee als Ungeheuer und Peter Cushing als Baron. Im Unterschied zur Universal-Fassung dient das Monster mit seinen säureverbrannten Hautfetzen und dicken Narben nur der Erzeugung von Schockmomenten und stellt eine unzähmbare Bedrohung dar, seine Gewaltausbrüche sind unmotiviert, überraschend und inkonsequent.

Seit den sechziger Jahren finden auch parodistische Ansätze Verbreitung: In der Fernsehserie *The Munsters*, 1964–66 wöchentlich ausgestrahlt, ähneln die Mitglieder einer Familie verschiedenen Horrorfiguren, und der Vater Herrmann gleicht Karloffs Monster, was die alltäglichen Probleme verstärkt und ins Komische verschiebt, nicht zuletzt weil die Familie sich und ihr Verhalten selbst als völlig normal empfindet. Mel Brooks' Schwarzweiß-Parodie *Frankenstein junior* (1974) bezieht sich nicht nur atmosphärisch auf die beiden Whale-Filme. Kenneth Strickfaden ist wie schon im ›Ur-Frankenstein‹ für die Effekte zuständig, wiederholt sie zum Teil sogar mit Original-Requisiten. Den Gegensatz des schmächtigen Schöpfers zu seinem kräftigen Geschöpf persifliert Brooks als erotischen Wunschtraum.

Diese freudianisch überspitze Deutung griff 1975 die *Rocky Horror Picture Show* unter der Regie von Jim Sharman wieder auf. Auf der Grundlage des von Richard O'Brien geschriebenen Bühnenstücks *The Rocky Horror Show*, das 1973 als erfolgreichstes Musical des Jahres gefeiert wurde, demaskiert der Kultfilm alle humanistischen Interpretationen spielerisch als Vermeidungsstrategien. An ihre Stelle tritt eine hedonistisch-rebellische Haltung. Die Utopie von der Erschaffung des Lebens entlarvt sich als männliche Allmachtsphantasie von der Überwindung der ödipalen Struktur, darauf ausgerichtet, die Gebärfähigkeit der Frau zu übertrumpfen. In der *Rocky Horror Picture Show* wird die erotische Beziehung Frankensteins zu seinem Geschöpf nicht länger nur angedeutet wie im ›Ur-Frankenstein‹: Der bisexuelle Transvestit Frank N. Furter erschafft sich einen Gespielen. Er ruft die Idee des neuen, der polymorphen Lust offenen Menschen aus und stellt mit seinem Geschöpf den Prototyp vor, dessen stilisierter Körperlichkeit nichts Beängstigendes mehr anhaftet: Das furchterregende Monster wird zum allseits begehrten Lustobjekt, der Schöpfungsakt zum Happening. Den in

Whales Verfilmung präsenten Vorwurf der Vermessenheit
deutet der Schöpfer in selbstbewusstem Stolz um: »In just
seven days I can make you a man!«, ganz im Sinne des
camp, der »Erlebnisweise, die das Ernste ins Frivole verwandelt« (Susan Sontag).

Nicht ins Komische, sondern ins Körperliche über-
zeichnet wird das Frankenstein-Thema in einem der ersten
Splattermovies der Filmgeschichte: Paul Morrisseys *Flesh
for Frankenstein,* 1973 unter der Trademark ›Andy War-
hol‹ produziert, gipfelt in einer Schlusssequenz voller *body
horror,* die die Entleiblichung des Leibes, das Zerlegen des
Körpers in seine Bestandteile in all seiner blutigen Drastik
zeigt. Statt in ein unabhängiges Leben zu fliehen, öffnet
das Geschöpf mit bloßen Händen seinen eigenen Körper
und reißt sich die Eingeweide heraus. In diesem brutalen
Ausgang zeigt sich eine anthropologische Dimension des
Frankenstein-Mythos, die den Leib des Menschen als die
Hülle seiner Leiden begreift und ihn deshalb für unteilbar
hält. Der Wunsch nach der Zeugung einer ›reinen Rasse‹,
wie er auch in Mary Shelleys Roman als Allmachtsphantasie schon angelegt ist, wird in seiner faschistoiden Bedenk-
lichkeit thematisiert. So findet das grausame Ende in einem
Keller statt, der in seinem geradlinigen Monumentalismus
an faschistische Architektur erinnert. Im Hintergrund
streckt eine Skulptur die Hand wie zum Hitlergruß empor.
Auch der unverkennbar deutsche Akzent Udo Kiers als
Frankenstein ist als klarer Hinweis auf die ideologische
Bedeutung seiner eugenischen Experimente zu verstehen.
Als er seine Objekte zerstört vorfindet, ruft er wie eine
schaurige Drohung aus: »But my work will live on!«

Das Endduell zwischen Schöpfer und Geschöpf aus der
Literaturvorlage unterschlagen alle *Frankenstein*-Filme –
bis sich Kenneth Branagh 1994 mit dem Vorsatz besonderer
Werktreue des Romans annahm. In seinem *Mary Shelley's
Frankenstein* mit ihm selbst als Dr. Frankenstein und Ro-
bert de Niro als dessen Geschöpf in prothetischem Ganz-

körper-Make-up inszeniert er die ultimative Konfrontation, in der sich Kreatur und Schöpfer am Nordpol fernab
jeglicher Zivilisation gegenüberstehen, um ihre Kräfte zu
messen. Umgeben vom unendlichen Eis, von einer ewig un-
kontrollierbaren Naturgewalt wird der vermessene Mensch
nun gemessen an Gottes Schöpfung und auf seine Bedeu-
tungslosigkeit verwiesen. Obgleich er sich am genauesten
an die Vorlage hält, wurde an Branagh viel Kritik geübt.
Tatsächlich ist der Regisseur stets bemüht, jede Aktion seiner Figuren zu rechtfertigen, jegliche Stellungnahme immer
rasch zu relativieren. Doch gerade in dieser Haltung der
›Political Correctness‹ liegt die Deutung des *Frankenstein*-
Komplexes für die neunziger Jahre: In Branaghs ›postmo-
derner‹ Prometheus-Fabel werden alle Fragen noch einmal
gestellt, aber keine mehr beantwortet.   *Stefanie Weinsheimer*

Literatur: George Levine / Ulrich C. Knoepflmacher (Hrsg.): The
Endurance of Frankenstein. Essays on Mary Shelley's Novel.
Berkeley (Cal.) 1979. – Günther Blaicher (Hrsg.): Mary Shelleys
Frankenstein: Text, Kontext, Wirkung. Essen 1994. – Mary Shelley: Frankenstein oder Der moderne Prometheus. Stuttgart 1995. –
Judith Halberstam: Skin Shows. Gothic Horror and the Technolo-
gy of Monsters. Durham/London 1995. – Thomas Koebner: Wo-
von träumen die Geschöpfe des Prometheus? Künstliche Men-
schen im Film. In: Th. K.: Halbnah. Schriften zum Film. Zweite
Folge. St. Augustin 1999. – Rudolf Drux (Hrsg.): Der Frankenstein-Komplex. Kulturgeschichtliche Aspekte des Traums vom
künstlichen Menschen. Frankfurt a. M. 1999. – Rolf Aurich /
Wolfgang Jacobsen / Gabriele Jatho (Hrsg.): Künstliche Menschen.
Berlin 2000. – Norbert Grob: Am Vertrag mit den Göttern rühren.
In: N. G.: Zwischen Licht und Schatten. Essays zum Kino. St. Augustin 2001.

Freaks / Monstren

Freaks

USA 1932   s/w 61 Minuten

R: Tod Browning
B: Willis Goldbeck, Leon Gordon, Edgar Allan Woolf, Al Boas-
    berg, nach der Erzählung *Sporen* von Tod Robbins
K: Merritt B. Gerstad
M: Gavin Barns
D: Harry Earles (Hans), Wallace Ford (Phroso), Leila Hyams
    (Venus), Olga Baclanova (Cleopatra), Daisy Earles (Frieda),
    Rose Dione (Madame Tetrallini)

Ein Standardthema klassischer Horrorliteratur und -filme
ist die unerfüllte Erotik auf Grund der Hässlichkeit des
Begehrenden, die Gegenliebe gleichsam unmöglich macht.
»Die Schöne und das Tier« heißt die Formel für diesen
Konflikt, dessen sich der Horrorfilm vielfach angenom-
men hat. Der unglücklich Liebende ist entweder ein Un-
tier wie King Kong oder ein physisch Deformierter wie
der Glöckner von Notre Dame oder das Phantom der
Oper. Wobei das Monstrum Angst und Schrecken auslöst,
der Missgebildete dagegen, vielleicht noch schlimmer, lä-
cherlich wirkt und verspottet wird. In diesem Spannungsfeld bewegt sich auch Tod Brownings *Freaks*.

Wie so viele seiner Werke lässt der amerikanische Regisseur *Freaks* in dem Zirkusmilieu spielen, dem er selbst
entstammt: Die attraktive Trapezkünstlerin Cleopatra hei-
ratet aus Habgier den wohlhabenden Liliputaner Hans.
Sie will ihn langsam vergiften, um sich nach seinem Tod
mit seinem Geld und ihrem Geliebten Hercules ein schö-
nes Leben zu machen. Aber die Freaks kommen hinter
diesen sinistren Plan und rächen sich erbarmungslos an ihnen in einer stürmischen Gewitternacht.

Mit *Freaks* wollte Browning nach seinem großen *Dracula*-Erfolg den ultimativen Horrorfilm schaffen. Die ti-

telgebenden Protagonisten ließ er von tatsächlich Missgebildeten spielen, die er sorgfältig auf Jahrmärkten castete,
beispielsweise die siamesischen Zwillinge Daisy und Violet Hilton, den Mann ohne Unterleib Johnny Eck, den
Torsomann Randian, das lebende Skelett Pete Robinson
und den Hermaphroditen Josephine/Joseph. Aber anstatt
ihre Körper für Horroreffekte auszuschlachten, zeigt er
sie als leidende Menschen, die nicht nur schwer an ihren
deformierten Körpern tragen, sondern auch daran, dass
diese hemmungslos zur Schau gestellt und kommerziell
ausgebeutet werden. Seine Authentizität unterscheidet den
Film bis heute grundlegend von thematisch ähnlichen
Werken wie David Lynchs *The Elephant Man* (*Der Ele-
fantenmensch*, 1980) und Brownings eigenem *The Un-
known* (1927), die auf perfektes Special-Effects-Make-up
setzen. In Letzterem war vor allem die absichtsvoll mit-
leiderregende Mimik des (unversehrten) Hauptdarstellers
Lon Chaney verantwortlich für den stark melodramatischen Touch.

Im Gegensatz dazu verzichtet Browning in *Freaks* auf
jegliche Mitleidsposen, vielmehr zeigt er seine Hauptfiguren als perfekt funktionierende Solidargemeinschaft gegen
die Diskriminierung durch die ›Normalen‹ und als be-
wundernswerte Überlebenskämpfer. Dies demonstriert
auf beeindruckende Weise der Torsomensch, der sich in
einer berühmten Szene allein mit Hilfe seines Mundes eine
Zigarette nimmt und anzündet. Damit distanziert sich
Freaks in seiner Darstellung der Missgebildeten aufs
Schärfste von der althergebrachten Schwarzweißmalerei,
die die Schönen gut und die Hässlichen böse sein lässt,
ohne diese aber ins simple Gegenteil zu verkehren. Trotzdem werden die Freaks zu Projektionsflächen für das
Gute und Reine erhöht, indem man sie immer wieder mit
Kindern assoziiert: So spielen sie zu Beginn lachend und
singend miteinander auf einer Waldlichtung. Browning
steigert dies bis ins Religiöse, wenn er Madame Tetrallini

wie eine Madonna mit den Kindern in Szene setzt und
beim Hochzeitsbankett sogar das Letzte Abendmahl zitiert. Darin steht der Film letztlich konträr zu seiner Vorlage, der Erzählung *Sporen* (*Spurs*) von Tod Robbins, in
der es keine Solidargemeinschaft der Paria, sondern einen
heftigen Konkurrenzkampf unter ihnen gibt und Hans
seine Rache allein ausüben muss: Bei Browning nehmen
die Freaks hingegen als Gemeinschaft unerbittliche Rache:
Mit Messern verstümmeln sie die eitle Cleopatra, die es
hochmütig abgelehnt hat, als Hans' Ehefrau Teil ihrer Gemeinschaft zu werden, und machen sie so doch zu einer
von ihnen. Dies ist der einzig wirkliche Horrormoment
des Films und auch der einzige, in dem die Freaks eine bedrohliche Wirkung haben. Sie weisen die Femme fatale in
ihre Schranken und berauben sie bis zur Lächerlichkeit ihrer Schönheit, die sie zuvor gegen die Männer, insbesondere gegen Hans, als Waffe eingesetzt hatte. Genau betrachtet wird damit der grundlegende Konflikt des Miss-
gestalteten, der vergebens begehrt, entscheidend variiert,
denn Hans wird wegen seines Reichtums aktiv von Cleopatra verführt. Sein Liebesdilemma ist nicht wie z. B. im
Glöckner von Notre Dame einfach tragisch, sondern es
gibt eine eindeutige Schuldige, die den Mann zum seine
Herkunft transzendierenden erotischen Begehren verleitet. Dies illustriert als Gegenfigur zu Cleopatra die nicht
minder schöne Venus, die anders als die Trapezkünstlerin
jedoch nicht aktiv mit den Freaks kokettiert und deshalb
bei keinem von ihnen Verlangen weckt.

Dank seiner Freunde durchschaut Hans Cleopatras
Spiel, überwindet sein erotisches Begehren für die großge-
wachsene Frau und erkennt den Wert der Solidargemeinschaft. Hinter dieser schöngefärbten ›Schuster, bleib bei
deinen Leisten‹-Moral verbirgt sich im Grunde eine Ase-
xualisierung, die bei den berechtigten Elogen auf die
Menschlichkeit von Brownings Film übersehen wurde.
Die Zeichnung der Freaks als Kinder weist bereits in diese

Richtung. Wenn Hans, der auf Grund seiner Kleinwüchsigkeit und seiner hohen Stimme eine besonders kindhafte Ausstrahlung besitzt, Cleopatra umwirbt, während sie mit dem gutgebauten Athleten Herkules flirtet, dann wirkt das wie ein ödipaler Aufstand. Bei der Hochzeitsfeier verspottet ihn Cleopatra konsequenterweise: »Bist du ein Mann oder ein Baby? Muss ich was mit dir spielen? Muss Mama dich huckepack tragen?« In diesem ödipalen Dreieck muss Hans zwangsläufig verlieren, denn sein Begehren ist ein Tabubruch.

Wie gezielt die Entsexualisierung von Hans durchgehalten wird, zeigt sich in seiner von tiefer Freundschaft, aber keineswegs von Leidenschaft geprägten Beziehung zur ebenfalls kleinwüchsigen Frieda, zu der er zuletzt reumütig zurückkehrt. Das Bild vom Freak, der nicht sexuell zu sein hat, wird in Brownings Film am deutlichsten symbolisiert durch den Mann ohne Unterleib. Andere, die sich wie das lebende Skelett und die Dame mit Bart zumindest größenmäßig der Norm annähern, wird immerhin eine fortpflanzungsorientierte Sexualität untereinander zugestanden. Bei dem schönen siamesischen Zwillingspaar Violet und Daisy werden sogar sexuelle Konventionen der Zeit unter Vorwand der physiologischen Notwendigkeit in Frage gestellt und eine Ménage à trois angedeutet: Wenn Violet ihren Liebhaber küsst, wird Daisy durch die Hormonausschüttung in die gemeinsame Blutbahn ebenfalls erregt, legt ihr Buch beiseite und schließt die Augen: »Do Siamese Twins make love?«, hieß es damals spekulativ auf dem Werbeplakat.

Trotz oder vielleicht auch wegen der Sympathie, die der Film den Freaks entgegenbringt, war die ebenso ausgiebige wie unbefangene Darstellung ihrer Körper für das damalige Publikum ein Schock. Das Vorhaben der Produktionsfirma MGM, mit *Freaks* einen Film herauszubringen, »that will horror out *Dracula* and *Frankenstein*«, die beide von der Konkurrenzfirma Universal stammten, wurde

zum Eigentor. Die Besucher blieben fern. In England war
Freaks sogar dreißig Jahre lang verboten. Zudem wurde er
von ursprünglich 90 auf 60 Minuten gekürzt. Die Möglichkeit einer Restauration ist dabei so gut wie ausgeschlossen. Erst einer Vorführung auf den Filmfestspielen
in Venedig in Brownings Todesjahr 1962 ist seine Wieder-
entdeckung als ›humaner‹ Film zu verdanken. Ein neuerer
Film, in dem die ›Freaks‹ sich nicht nur defensiv verteidigen und von der Regie auch keiner kastrierenden ›Ideali-
sierung‹ unterworfen werden ist Alex de la Iglesias *Acción
Mutante* (1993). Der Titel bezeichnet eine Terrorgruppe
aus Freaks, die ihre Verachtung gegenüber den Normalen
in aggressiven Anschlägen auf Fitnessstudios oder Partys
von Reichen entladen. »Die Gesellschaft hat uns lange genug wie Dreck behandelt. Aber jetzt werdet ihr dafür bezahlen«, lautet die Devise. Hier wird den Freaks das
Recht auf Sex und Hass zugestanden, auch wenn der spanische Regisseur klug genug ist, aus diesen Terroristen
keine ehrenwerten Kämpfer à la Robin Hood zu machen.
Dadurch, dass sie ihre Anschläge stets medienwirksam
präsentieren, werden sie unfreiwillig wieder zu dem, was
ihre Vorgänger im Zirkus bereits waren: Unterhaltung für
die Masse.   *Harald Harzheim*

Literatur: Hans Schifferle: Die 100 besten Horrorfilme. München
1994. – David J. Skal / Elias Savada: El carnaval de las tinieblas. El
mundo secreto de Tod Browning, maestro de lo macabro en el cine
de Hollywood. San Sebastián / Madrid 1996. – Jack Stevenson:
Tod Brownings Freaks. München 1997 [mit Nachdruck der Erzählung *Sporen*].

Die Mumie

The Mummy

USA 1932   s/w 74 min

R: Karl Freund
B: John L. Balderstone, nach einer Kurzgeschichte von Nina Wilcox Putnam und Richard Schayer
K: Charles Stumar
D: Boris Karloff (Ardath Bey / Imhotep), Zita Johann (Helen Grosvenor), David Manners (Frank Whemple), Edward van Sloan (Doctor Muller)

Die Mumie

The Mummy

USA 1999   f 120 min

R: Stephen Sommers
B: Stephen Sommers, Lloyd Fonvielle, Kevin Jarre
K: Michael Chapman
M: Alan Silvestri
D: Brendan Fraser (Rick O'Connell), Rachel Weisz (Evelyn), John Hannah (Jonathan), Arnold Vosloo (Imhotep), Oded Fehr (Ardeth Bay)

Als der Archäologe Howard Carter im November 1922 die Grabstätte des ägyptischen Pharaos Tutanchamun entdeckte, erregte dieser Fund weltweites Aufsehen. Wenige Jahre später waren einige Teilnehmer der Carter-Expedition tot. Heute mutmaßt man, dass sie beim Öffnen der Grabkammer giftigen Substanzen ausgesetzt waren. Damals jedoch verbreitete sich schnell das Gerücht vom Fluch des Pharaos, der sich für die Entweihung seiner letzten Ruhestätte räche. Eine solch abenteuerliche und unheimliche Geschichte fiel in Hollywood schnell auf

Nach seinem großen Erfolg als Frankensteins Monster schlüpfte Boris Karloff für das Universal Studio in die Rolle des ägyptischen Hohepriesters Imhotep und verlieh ihm unter Karl Freunds Regie durch konsequentes Underacting eine Aura des Mysteriösen und Bedrohlichen, die bis heute anhält. Unbeabsichtigt wird Imhoteps Mumie durch eine archäologische Expedition wieder zum Leben erweckt. Er setzt nun alles daran, sich endlich mit seiner großen Liebe Ankh-es-en-Amon vereinigen zu können. *Die Mumie* orientiert sich deutlich an dem Erfolgsmuster von Brownings *Dracula*, entfaltet aber im direkten Vergleich immer noch eine suggestiv-beklemmende Wirkung, vor allem dank einer dynamischeren Inszenierung, einer sehr beweglichen Kamera und des expressionistischen Spiels mit Licht und Schatten.

fruchtbaren Boden. Der Theater- und Drehbuchautor John Balderston, dessen Bühnenstück bereits eine der Vorlagen zu Tod Brownings *Dracula* (1931) geliefert hatte, verknüpfte im Auftrag der Universal Studios die Idee des Fluches mit Elementen der Kurzgeschichte *Cagliostro* über einen mordlüsternen ägyptischen Magier zum Drehbuch für *The Mummy*: Eine Expedition des British Mu-

seum unternimmt 1921 Ausgrabungen in der ägyptischen
Wüste. Der Archäologe Sir Joseph Whemple, sein junger
Assistent Norton und der Okkultismusforscher Dr. Muller katalogisieren abends im Camp die Funde des Tages,
darunter die Mumie des Hohepriesters Imhotep, der offenbar lebendig einbalsamiert wurde, sowie eine Kiste aus
Gold, die Norton umgehend öffnen möchte. Doch Dr.
Muller warnt vor einem auf ihr lastenden Fluch, der dem-
jenigen, der sie öffnet, Tod und ewige Bestrafung durch
den Gott Amon-Ra androht. Nachdem Whemple und
Muller den Raum verlassen haben, kann Norton seine
Neugier nicht länger zügeln und macht die Kiste auf. Er
findet darin eine Schriftrolle. Während er ihre Worte laut
vorliest, erwacht in seinem Rücken die Mumie Imhoteps
zum Leben und entwendet den Papyrus. Norton verliert
durch dieses Erlebnis den Verstand.

Zehn Jahre später will Whemples Sohn Frank gerade
eine weitere Expedition erfolglos abbrechen, als er durch
die Unterstützung des mysteriösen Ägypters Ardath Bey
auf die unversehrte Grabstätte der Prinzessin Ankh-es-en-
Amon stößt. Die Mumie der Prinzessin wird nach Kairo
ins Antike Museum gebracht, wo Ardath Bey – in Wahrheit der untote Imhotep – die junge Helen Grosvenor
mittels einer Beschwörungsformel dazu bringt, wie unter
Hypnose zu ihm zu eilen. Vor den verschlossenen Türen
des Museums findet sie Frank Whemple und bringt sie in
das Haus seines Vaters. Unterdessen tötet Imhotep einen
Wachmann, lässt dabei aber den damals gestohlenen Papyrus zurück. Sir Joseph und der inzwischen alarmierte Dr.
Muller identifizieren diesen als die Schriftrolle von Thoth,
mit deren Hilfe Isis einst Osiris von den Toten erweckte.
Sie finden heraus, dass Helen eine Reinkarnation der Prinzessin ist und dass Imhotep die junge Frau opfern will,
um seine große Liebe Ankh-es-en-Amon wieder zu erwecken und für immer mit ihr vereint zu sein.

Daraufhin will Sir Joseph die Schriftrolle verbrennen,

doch Imhotep tötet ihn aus der Distanz durch seine paranormale Geisteskraft. Gleiches versucht die Mumie auch bei Frank, in den sich Helen verliebt hat. Während Frank durch den Schutz eines Isis-Amuletts überlebt, kehrt Helen unter Imhoteps Einfluss ins Museum zurück, wo er das Opferritual vollziehen will. In letzter Sekunde wendet sich Helen an Isis, deren Priesterin sie in ihrem früheren Leben als Ankh-es-en-Amon war. Die Göttin erhört sie und lässt Imhotep zu Staub zerfallen. Die Schriftrolle von Thoth verbrennt, und Helen sinkt gerettet in Franks Arme.

Mit dem Film wollten die Universal Studios an ihre großen Erfolge von Tod Brownings *Dracula* und James Whales *Frankenstein* (1931) anknüpfen, die sie zur ersten Adresse für stimmungs- und effektvolle Horrorfilme gemacht hatten, und griffen deshalb auf bewährte Mitstreiter zurück: Den titelgebenden Part des Bösewichts übernahm Boris Karloff, der als Frankensteins Monster berühmt geworden war, Jack Pierce entwarf nach *Frankenstein* erneut eine beeindruckende Maske für ihn, die Regie legte man in die Hände des renommierten *Dracula*-Kameramanns Karl Freund, der nach seiner Zusammenarbeit mit Paul Wegener (*Der Golem, wie er in die Welt kam*, 1920), Fritz Lang (*Metropolis*, 1927) und vor allem Friedrich Wilhelm Murnau (*Der letzte Mann*, 1924) zum ersten Mal selbst inszenierte. Auch die Dramaturgie lehnt sich deutlich an das Erfolgsmuster von *Dracula* an: In beiden Filmen bricht ein geheimnisvoller, mit übernatürlichen Kräften ausgestatteter Untoter in die puritanische Gesellschaft ein und bringt eine junge Frau unter seinen Einfluss. Deren Geliebter und sein älterer Mentor versuchen, dies zu verhindern, wobei auch schützende magische Objekte (das Amulett hier, das Kreuz dort) zum Einsatz kommen. Die Frauen befinden sich dabei keineswegs in einer reinen Opferrolle. Sie fühlen sich zu den exotischen Schurken hingezogen, wodurch diese für ihre Widersacher nicht zuletzt zu einer erotischen Bedrohung werden. Der Kampf gegen das Böse trägt somit unterschwellig auch xenophobische Züge, und die ›Guten‹ Dr. Muller und van Helsing – bezeichnenderweise beide von Edward van Sloane dargestellt – werden zu Bewahrern des Status quo, der ›weißen‹, puritanischen Gesellschaftsordnung. In *The Mummy* wird dies allerdings zum Teil untergraben, da Helen selbst halb ägyptischer Abstammung ist.

Dass *The Mummy* im Gegensatz zu *Dracula* heute kaum angestaubt wirkt und immer noch seine suggestiv-beklemmende Wirkung entfaltet, liegt vor allem an der weitaus weniger statischen Inszenierung. Die Kamera ist sehr beweglich, das expressionistische Spiel mit Licht und Schatten effektvoll. Zudem verleiht der exzellente Boris Karloff Imhotep durch konsequentes Underacting tatsächlich eine Aura des Mysteriösen und Bedrohlichen, die bis heute anhält. Mit seinem ersten Auftreten entfaltet sich eine elegische Atmosphäre, die in der schönsten Sequenz des Films ihren Höhepunkt erreicht, als Imhotep Helen in einem Spiegel aus Wasser die Qualen vorführt, die er einst für sie bzw. für Ankh-es-en-Amon erlitten hat. Solchen Szenen und dem Verzicht auf vordergründige Schockeffekte ist es zu verdanken, dass *The Mummy* zwar ins Horrorgenre gehört, aber zugleich ein episches Liebesgedicht ist.

Die Titelfigur, die anders als zum Beispiel Frankenstein, Dracula oder der Werwolf aus *The Wolf Man* (*Der Wolfsmensch*, 1941; George Waggner) nicht auf einem literarischen oder tradierten Mythos basiert, verkam in einigen Fortsetzungen zu einer eindimensionalen, meist komplett bandagierten und damit gesichtslosen Schreckgestalt. Nach einer kurzen Wiederbelebung in den sechziger Jahren durch die Filme der britischen Hammer Studios geriet sie völlig in Vergessenheit, ehe sie von Universal selbst wieder ausgegraben wurde. Die Neuauflage von 1999 greift unter der Regie von Stephen Sommers einige zentra-

le Handlungsstränge und Charaktere des Originals wieder
auf. Auch diesmal versucht Imhotep, seine große Liebe
von den Toten zu erwecken. Seine Gegenspieler sind dabei
der ehemalige Fremdenlegionär Rick O'Connell, die junge
Archäologin Evelyn und ihr Bruder Jonathan sowie der
Anführer eines ägyptischen Geheimbundes. Das Remake
setzt jedoch völlig neue Akzente und enthält nur wenige
Horrorelemente, auch die zunächst gänzlich computerani-
mierte, später dann von Arnold Vosloo dargestellte Mumie ist trotz ihrer schier unendlichen Vervielfachung alles
andere als wirklich gruselig. Letztlich verschiebt das Remake die Genrezugehörigkeit hin zum Abenteuerfilm,
setzt es doch ganz auf hohen Produktionsstandard, aufwändige Actionsequenzen und Spezialeffekt-Orgien, untermalt vom stimmungsvollen Soundtrack Alan Silvestris,
sowie auf eine ordentliche Prise Situationskomik. Diese
Mixtur kam beim Publikum so gut an, dass *The Mummy
Returns* (*Die Mumie kehrt zurück*, 2001) nicht lange auf
sich warten ließ, um das Erfolgsrezept seines Vorgängers
in weiten Teilen zu kopieren. Die Nähe zu Freunds Original gibt dieses ebenfalls von Stephen Sommers inszenierte
Sequel jedoch endgültig auf, indem es das zentrale Thema
einer Liebe, die die Jahrhunderte überdauert, verrät. Am
Schluss lässt die einstige Geliebte, die hier Anck-Su-Na-
mun heißt, Imhotep im Stich, um sich selbst zu retten.
Trotzdem scheint sich, wie bereits bei den klassischen
Universal-Horrorfilmen, ein eigener filmischer Kosmos
um diese neue Mumie zu bilden: Die Figur des Skorpion-
Königs, die in der Fortsetzung eine wichtige Rolle spielt,
erhielt mit *The Scorpion King* (2002) ein eigenes Spin-off.

Andreas Friedrich

Literatur: William K. Everson: Klassiker des Horrorfilms. München 1980. – David J. Hogan: Dark Romance: Sexuality in the
Horror Film. Jefferson 1986. – Dennis Fischer: Horror Film Directors: 1931–1990. Jefferson 1991.

White Zombie

White Zombie

USA 1932   s/w 73 min

R: Victor Halperin
B: Garnett Weston
K: Arthur Martinelli
M: Abe Meyer
D: Bela Lugosi (Murder Legendre), Madge Bellamy (Madeline
   Short), John Harron (Neil Parker), Joseph Cawthorn (Dr.
   Bruner), Robert Frazer (Charles Beaumont)

Sind die Zombies der sechziger und siebziger Jahre anar-
chistische Mutationen radioaktiver Strahlungen und fress-
wütige, autistische Kreaturen, so repräsentieren ihre filmischen Vorfahren den traditionellen Mythos vom willenlosen Sklaven, der auf Befehl eines skrupellosen
Machtmenschen tötet. Dass Parallelen zum Kadaverge-
horsam des Ersten Weltkriegs beabsichtigt sind, beweist
in *White Zombie*, dem ersten aller Zombiefilme, eine
Nahaufnahme des Eisernen Kreuzes auf der Brust eines
lebenden Toten. In dem Sequel *Revolt of the Zombies*
(1935) setzt Halperin diese Spezies konsequenterweise
sogar als kugelsichere Armee ein. Anders als in den meisten Voodoo-Filmen, in denen wie bei Roy William Neills
Black Moon (*Schwarzer Mond*, 1934) eine christlich-wei-
ße Minderheit von Eingeborenen und deren finsteren
Kulten bedroht wird, terrorisiert in *White Zombie* ein
Weißer mit dem vielsagenden Namen Murder Legendre
die Urbevölkerung mit Voodoo. Der von Bela Lugosi gespielte Voodoo-Zauberer erhält Besuch von dem reichen
Plantagenbesitzer Beaumont, der verzweifelt ist, weil die
von ihm begehrte Madeline am nächsten Tag den smarten
Neil heiraten will. Legendre weiß Rat: Am Tage der
Hochzeit versetzt Beaumont die Braut mit Hilfe eines
Giftes, das er von Legendre erhält, in den Zustand des

Scheintodes. Nach ihrem Begräbnis befreien Legendre
und seine Knechte sie aus der Gruft, um ihre Zombifizierung zur titelgebenden »weißen Zombie« zu vollenden.
Aber Madelines Leblosigkeit ist für Beaumont unerträglich. Legendre tötet ihn, denn zum einen kann ihm dieser
Mitwisser gefährlich werden, zum anderen ist sein eigenes sexuelles Interesse an Madeline erwacht. Zuletzt wird
die junge Frau von Neil und dem Zombiejäger Dr. Bruner aus ihrem Scheintod befreit, während sich die einst
willenlosen Zombies gegen ihren Meister wenden.

Murder Legendre reiht sich als Herrscher der Zombies
in die Schar der großen, verbrecherischen Hypnotiseure
der Filmgeschichte wie Svengali oder die Doktoren Caligari und Mabuse ein. Denn trotz des Einsatzes von Voodoo-
Puppen sind es Lugosis Augen, die – eine fast übermenschliche Willenskraft repräsentierend – den Film leitmotivisch
durchziehen. Schon in einer der ersten Einstellungen, wenn
die Kutsche mit den beiden Verlobten über den dunklen
Pfad rollt, sind seine stechenden Augen riesengroß ins Bild
kopiert. Diesen Effekt zitiert Francis Ford Coppola sechzig Jahre später in seinem *Bram Stoker's Dracula* (1992).
Überhaupt ist *White Zombie* ein Film der Blicke und der
Augen. In ihnen liegt die Seele, an ihnen erkennt der Zuschauer mehr noch als an den ungelenken Körperbewegungen die Zombifizierung der betroffenen Person. Die Nahaufnahmen der bleichen Zombiegesichter mit ihren leeren,
fast pupillenlosen Augen bestimmen die Schreckensatmosphäre des Films. Denn das Angstmoment liegt in *White
Zombie* weit weniger in einer drohenden Zerstörung des
Körpers als in der Destruktion der Seele. So sind es letztlich die toten Augen Madelines, die Beaumont in die Verzweiflung treiben.

Die Zombies sind bei Halperin keine grundsätzlich bösen Killer aus Eigenantrieb. Sie töten nur, wenn Murder
Legendre den Befehl dazu erteilt. Aber ihre ständige Präsenz, wenn sie z. B. nachts als Silhouetten den Berg hinun

terschleichen, mahnt an die ständige Gefahr des seelischen Todes und wird dadurch zum universellen Alptraum: die Zombies als kollektives Memento mori. Die Insel Haiti, historischer Entstehungsort des Voodoo-Kultes und oft verwendete Kulisse von Filmen über dieses Thema, gerät Halperin vollends zu Transsylvanien, wo Kutschen durch dunkle Wälder fahren und der vornehme Herr der Untoten in einem alten Schloss hoch in den Bergen residiert. Das liegt nicht zuletzt daran, dass für diese in zwei Wochen gedrehte Independent-Produktion alte Kulissen von *Dracula* (1931, Tod Browning), aber auch von *Franken-stein* (1931, James Whale) und *King Kong* (1933, Merian C. Cooper, Ernest B. Schoedsack) verwendet wurden. Diese produktionstechnische Besonderheit erweist sich aber keineswegs als Nachteil für *White Zombie*, sondern ist seiner bizarren Optik nur förderlich.

Seine dunkel-morbide Atmosphäre und erzählerische Langsamkeit, der weitgehend ans 19. Jahrhundert erinnernde Dekor, die Thematisierung von Schuld und Sühne und vor allem das Motiv der zart-bleichen Heldin, die lebendig begraben wird, stellen den Film unweigerlich in die Erzähltradition eines Edgar Allan Poe. Und so dürfte es auch kein Zufall sein, dass der Vorname von Halperins Femme fragile eindeutig auf Poes Madeline Usher verweist, die sich ebenfalls als Scheintote in der Gruft wiederfindet, um zuletzt ihre makabere ›Wiederauferstehung‹ zu feiern.

Auch die Schuld-und-Sühne-Dimension Beaumonts wäre Poes würdig gewesen: Als der Plantagenbesitzer zu Beginn des Films mit Zombies konfrontiert wird, ist er sichtlich entsetzt über deren Leblosigkeit. Dennoch ist er bereit, Madeline in eben diesen Zustand zu versetzen, da sie ihm als Zombie wehrlos ausgeliefert ist. Rücksichtslos bis in die Nekrophilie opfert er ihre Seele, um seine Begierde an ihrem Leib stillen zu können. Die Ironie besteht darin, dass die totale Willenslosigkeit eines Zombies zwar einem Machtbesessenen wie Legendre durchaus behagt, für einen Leidenschaft suchenden Verliebten wie Beaumont jedoch völlig unbefriedigend ist. Schon nach kurzer Zeit fleht er deshalb Legendre an, Madelines Zombifizierung rückgängig zu machen, denn er kann ihre leeren, starren Augen nicht mehr länger ertragen. Letztlich ist Beaumont, bei aller Scheußlichkeit seines Tuns, die tragische Figur des Films, für die kein anderer Ausweg bleibt als der Tod.

In keiner Weise ambivalent ist dagegen Murder Legendres Begehren. Für ihn gibt es nur Unterwerfung oder Feindschaft, wie er zu Beginn des Films erklärt. Sein Vorhaben, Madeline zu seiner Sexsklavin zu machen, krönt er damit, dass er ihr befiehlt, ihren Verlobten Neil umzubringen. Eine Demonstration absoluter Herrschaft, weil diese Tat Madelines eigene authentische Liebesgefühle für Neil zu zerstören sucht. Anders als in Archie L. Mayos in vieler Hinsicht ähnlichem *Svengali* (1931) mit John Barrymore in der Titelrolle erhält Madeline indes durch den Tod Legendres ihr normales Leben zurück.

Die Ästhetik von *White Zombie* zeugt von Halperins hohem Bewusstsein für die erzählerischen Möglichkeiten des jungen Mediums Film – von sorgfältig komponierten Bildarrangements über Spiegeltrick-Aufnahmen und ausgefeilte optische Wischblenden hin zur Verwendung von Splitscreen und Mehrfachbelichtungen. In seiner Machart stark am Stummfilm orientiert, verwendet er die Dimension des Tons fast ausschließlich als Musik und Geräuscheffekte sowie für relativ wenige Dialogszenen. Lediglich im dramatischen Finale auf dem Felsen vor dem Schloss, das viel zu lange aus der distanzierten Totale gefilmt ist, gleitet der Film in die Pseudo-Theatralik früher Tonfilme ab. Auch unmittelbare Zitate fehlen nicht. So verweist die nächtliche Szene, in der Lugosi zu Beginn mit langem schwarzen Mantel und breitem Hut an einer Wegkreuzung auf die Kutsche mit dem jungen Paar wartet, unmit-

telbar auf die Eröffnung von Fritz Langs *Der müde Tod*
(1921). Zum Erbe des Stummfilms gehört auch die extreme kosmetische Betonung der Augen. Die Heldin Madeline wurde mit dem ehemaligen Stummfilmstar Madge
Bellamy besetzt, deren Karriere dieses Meisterwerk des
Horrorfilms jedoch nicht neu belebte. Und so konnte Tim
Burton in einer liebevollen Reverenz an Halperins Film
die TV-Entertainerin Vampyra in seinem *Ed Wood* (1995)
leider zu Recht sagen lassen: »Und nun zurück zu unserem Halloween-Film *Der weiße Zombie*. Sie sehen Bela
Lugosi, John Harron, Madge Bellamy und eine Menge
anderer Schauspieler, die keiner kennt.«

Harald Harzheim

King Kong und die weiße Frau

King Kong

USA 1933   s/w 100 min

R: Merian C. Cooper, Ernest B. Schoedsack
B: James A. Creelman, Ruth Rose, nach einer Story von Merian
   C. Cooper und Edgar Wallace
K: Edwin G. Linden, Vernon L. Walker, J. O. Taylor (Trick: Wil-
   lis O'Brien)
M: Max Steiner
D: Fay Wray (Ann Darrow), Robert Armstrong (Carl Denham),
   Bruce Cabot (John Driscoll), Frank Reicher (Kapitän Engle-
   horn)

King Kong versetzte das zeitgenössische Publikum in
Angst und Schrecken, was die lange Zensurgeschichte des
Films vor allem nach der Verschärfung des ›Hays Codes‹,
der Selbstzensur Hollywoods, in Gang setzte. Bereits vor
seiner Uraufführung 1933 im Grauman's Chinese Theatre
in Hollywood fiel eine komplette Szene der Schere zum

Opfer, da entsetzte Zuschauer bei Test-Screenings angesichts des riesigen Gorillas, der Eingeborene zerkaut oder mit seinen riesigen Füßen zertritt, aus dem Kino gerannt waren. Dieses verstörende Potenzial lässt sich heute nicht mehr ohne weiteres nachvollziehen. Doch nicht nur mit der 2004 verstorbenen Protagonistin Fay Wray als erster ›Scream Queen‹ war der »amerikanische Trick- und Sensationsfilm« – so die Ankündigung des zeitgenössischen deutschen Europa-Filmverleihs – seiner Zeit weit voraus: Der Plot um den draufgängerischen ›Natural Drama‹-Regisseur Carl Denham, der seinen nächsten hochgeheimen Expeditionsfilm durch eine hübsche Hauptdarstellerin attraktiver machen will, kokettiert unverhohlen mit den Biographien der Regisseure Merian C. Cooper und Ernest B. Schoedsack und schlägt einen überraschend selbstreflexiven Ton an, der umso mehr erstaunt, als sich die amerikanische Variante des Horrorgenres mit Tod Brownings *Dracula* (1931) und James Whales *Frankenstein* (1931) Anfang der dreißiger Jahre eben erst auszubilden begann.

Von New York aus bricht im Winter 1932 ein Schiff Richtung Indischer Ozean auf, wo Denham einen neuen, spektakulären Film drehen will. Mit an Bord ist Ann Darrow, eine junge blonde Frau, die Denham von der Straße weg verpflichtete. Während der langen Fahrt macht er Probeaufnahmen mit ihr, bei der sie – im hauchdünnen Kleid – etwas Riesiges vor sich sehen und in kreischende Angstschreie ausbrechen soll. Ziel der Schifffahrt ist eine unbekannte Insel westlich von Sumatra, auf der die Eingeborenen eine Gottheit namens Kong verehren, ein gewaltiges Urzeitwesen, gegen das sie sich durch eine riesige Steinmauer und rituelle Opfer schützen. Die Wilden entführen Ann und werfen sie dem Gorillagott vor, der die schreiende Blondine jedoch nicht verschlingt, sondern neugierig beäugt und mit sich in den Dschungel nimmt. Dort wittern zahlreiche andere Ungetüme, Echsen,

Mit der angebeteten Ann Darrow (Fay Wray) in der riesigen Pranke flieht King Kong aus einer entwürdigenden öffentlichen Zurschaustellung auf die Dächer des nächtlichen New Yorks. Doch das evolutionäre Missing Link zwischen Mensch und Tier trotzt vergeblich der Moderne. Flugzeuge greifen Kong auf dem Empire State Building an und töten ihn im Kugelhagel. Mit dem Riesengorilla schuf das Regieduo Merian C. Cooper und Ernest B. Schoedsack das wichtigste Tiermonster des Horrorfilms, das seinen Nachhall in verschiedenen Sequels und anderen Bestien wie *Godzilla* (1954 und 1998) und *Der weiße Hai* fand. *King Kong* begründete die Tradition des Einbruchs eines Tiermonsters in die moderne Welt, seine eigentliche filmgeschichtliche Bedeutung liegt jedoch in seiner wegweisenden tricktechnischen Perfektion, die dank der Kombination von Stop-Motion-Animation und Rückprojektion erstmals eine nahtlose Verbindung von Trick- und Realszenen möglich machte.

Schlangen und diverse Dinosaurier, die ungewöhnliche Beute, die von Kong in erbitterten Zweikämpfen blutig und erfolgreich verteidigt wird. Auch die menschlichen Verfolger, die Ann aus seinen Klauen befreien wollen, erledigt Kong, bis Denham ihn schließlich mit einer Gasbombe betäuben kann und als Attraktion nach New York schaffen lässt. Bei seiner ersten öffentlichen Präsentation – ausgerechnet in einem Kino – wird Kong vom Blitzlichtgewitter so irritiert, dass er seine Ketten sprengt, sich erneut die zierliche Ann greift und mit ihr durch die nächtliche Stadt flieht. Am höchsten Gebäude, dem Empire State Building, klettert er mit der jungen Frau in einer seiner riesigen Pranken bis zur Spitze hoch, wo er von Flugzeugen angegriffen wird. Um Ann zu schützen und sich besser verteidigen zu können, setzt er sie vorsichtig ab, ehe er im Kugelhagel zusammensinkt und in die Tiefe stürzt.

»It was beauty that killed the beast«, konstatiert Denham wenig später neben dem zerschmetterten Koloss, von der deutschen Synchronisation vergröbert zu »Der hat das Mädel zu sehr geliebt«. Ganze Heerscharen von Interpreten haben Denhams Äußerung begierig aufgegriffen und das Verhältnis zwischen Ann und Kong nach dem klassischen Muster ›Die Schöne und das Biest‹ analysiert. Vor allem die Szene, in der Kong ihr zwei Kleidungsstücke vom Körper streift und dabei einen Teil ihres Büstenhalters zum Vorschein bringt, beflügelte die erotische Phantasie, obgleich das Tier mehr am Effekt seiner Untersuchung – Ann muss lachen, weil Kongs Finger sie offensichtlich kitzeln – als an der nackten Schulter interessiert ist. Die hohe sexuelle Konnotation des Riesenaffen als gewaltige Inkarnation ungehemmter Virilität erscheint im historischen Abstand als aufschlussreiche Projektion, da offensichtlich der vermeintliche Zusammenhang von Sexualität und Animalität die Gemüter beschäftigte, nicht der filmimmanente ›Sex sells‹-Diskurs. Die sexuelle Aufla-

dung des Films aber ist das fast postmodern ausgestellte
Resultat einer filmischen Inszenierung, die in den Probeaufnahmen während der Überfahrt modellhaft vorgebildet
ist und die die Manipulationsmöglichkeiten des Mediums
zeigt. Die Zensur arbeitete der sexuellen Konnotation un-
bewusst sogar zu, indem die immer umfangreicheren
Schnittauflagen gerade das Tiersein des Gorillas zurück-
nahmen, was die archetypischen Züge des Monsters ins
Triviale verkehrte und es in gewisser Weise ›humanisierte‹.
Diese Tendenz führten die Sequels unter Schoedsacks Regie weiter: Das urzeitliche Riesenwesen mit der dunklen,
verstörenden Aura, das außerhalb des natürlichen Arten-
gefüges steht, wurde in *Son of Kong* (1933) und *Mighty
Joe Young* (*Panik um King Kong*, 1949) zu einem bloßen
Menschenaffen, bis er in dem Remake *King Kong* (1976,
John Guillermin) schließlich nur noch ein haariger Rivale
um die Gunst von Jessica Lange ist. Im Original hingegen
verkörpert Kong ein evolutionäres Missing Link zwischen
Mensch und Tier, da er sich durch Gestalt, Mimik und
Verhalten deutlich von den anderen Kreaturen der Insel
unterscheidet.

Historisch am wirkmächtigsten wurde *King Kong*
trotzdem nicht als Bedrohung der weißen Frau bzw. als
Konkurrent des weißen Mannes, sondern als wichtigstes
Tiermonster des Horrorfilms und als Symbol der Angst.
Mit ihm beginnt eine Reihe von amerikanischen und japanischen Filmen über urzeitliche Monster, die sich gegen
die Zivilisation erheben, z. B. *The Beast from 20 000 Fathoms* (*Panik in New York*, 1953; Eugene Lourie) und *Goji-
ra* (*Godzilla*, 1954; Inoshiro Honda) samt seinen vielen
Sequels. Obwohl Kong im Gegensatz zu den – meist ato-
mar zum Leben erweckten – Echsen- oder Insektenmons-
tern nichts Apokalyptisch-Endzeitliches an sich hat und
auch nicht das Resultat wissenschaftlicher Experimente
ist, sondern einer naturnahen Vorzeit verhaftet bleibt, begründet er die Tradition des Einbruchs der Tiermonster in

die moderne Welt, die es im amerikanischen Kino vorzugsweise nach New York zieht. Dass dieses Muster bis heute nichts an kommerzieller Wirkkraft verloren hat, beweisen beispielsweise die Erfolge von Steven Spielbergs *Jaws* (*Der weiße Hai*, 1974) und *Jurassic Park* (1993) samt ihren Fortsetzungen sowie Roland Emmerichs *Godzilla*-Remake (1998).

Die eigentliche filmgeschichtliche Bedeutung von *King Kong* liegt jedoch in seiner wegweisenden tricktechnischen Perfektion, die in Details noch immer verblüfft und hauptsächlich Willis O'Brien zu verdanken ist, dem Erfinder des Stop-Motion-Verfahrens. Nachdem O'Brien diese Technik für The *Lost World* (*Die verlorene* Welt, 1923; Harry O. Hoyt) entwickelt hatte, erprobte er in *King Kong* eine Kombination von Stop Motion und Rückprojektion, die erstmals eine nahtlose Verbindung von Trick- und Realszenen ermöglichte. Fay Wray und Bruce Cabot sind deshalb auch in jenen Szenen zu sehen, in denen King Kong auf einer Klippe mit einem Pterodaktylos kämpft. Stilistisch orientieren sich die Urwaldszenen stark an Gustave Dorés Radierungen für John Miltons *Paradise Lost* aus dem 19. Jahrhundert, weil der Regisseur dem Dschungel eine unberührt-unwirkliche Aura verleihen wollte, die dem urzeitlich-phantastischen Charakter der ausgesperrten Welt zusätzliche Plausibilität verlieh. Neu war auch ein Verfahren, mit dem der Filmkomponist Max Steiner erstmals Dialoge und Musik auf der Tonspur parallel nebeneinander montieren und damit verbinden konnte. *King Kong* war der erste Film, der mit mehreren Kopien startete, und er enttäuschte die in ihn gesetzten hohen Erwartungen nicht: Sein Erfolg trug maßgeblich zur Rettung des angeschlagenen RKO-Studios bei. Die Popularität der Figur King Kong ist bis heute ungebrochen, was nicht zuletzt der Umstand signalisiert, dass Peter Jackson nach dem Erfolg seiner Trilogie *The Lord of the Rings* (*Der Herr der Ringe*, 2001–03) sein lang gehegtes Traumprojekt eines Remakes im Zeitalter der digitalen Bildbearbeitung wieder aufgegriffen und den Film für das Jahr 2005 angekündigt hat.   *Josef Lederle*

Literatur: Orville Goldner / George E. Turner: The Making of *King Kong.* Cranbury (N. J.) / London 1975. – Harald Pusch: *King Kong und die weiße Frau.* In: Heinrich Wimmer / Norbert Stresau: Enzyklopädie des phantastischen Films. Meitingen 1986. – Rolf Giesen: Alles über *King Kong.* Ismaning 1993.

Die schwarze Katze

The Black Cat

USA 1934   s/w 65 min

R: Edgar G. Ulmer
B: Peter Ruric, Edgar G. Ulmer
K: John Mescall
M: Heinz Roemheld
D: Boris Karloff (Hjalmar Poelzig), Bela Lugosi (Dr. Vitus Werdegast), David Manners (Peter Alison), Jacqueline Wells (Joan Alison)

Amos Vogel beklagt in seinem Buch *Film als subversive Kunst,* dass in den USA der siebziger Jahre infolge des Vietnamkrieges der Glaube an die Verkörperung des Bösen in Gestalt des Teufels eine starke Renaissance erfahren habe, die nicht zuletzt in reaktionären Machwerken wie William Friedkins *The Exorcist* (*Der Exorzist,* 1973) ihren filmischen Ausdruck fand. Interessanterweise gab es bereits 1934 einen Film aus dem Hause Universal, der die Verarbeitung psychischer Kriegsfolgen explizit im rituellen Satanskult thematisierte: *The Black Cat.* Alles in dieser häufig als B-Picture unterschätzten seltenen Verbindung zwischen Horror- und Antikriegsfilm dreht sich um Neurose, um seelischen Tod als Auswirkung des Krieges und dessen Bewältigung im Kult des Bösen.

Der von Boris Karloff dargestellte österreichische Ingenieur Hjalmar Poelzig hat während des Ersten Weltkriegs die ihm unterstellte Besatzung des ungarischen Forts Marmorus an den Gegner verraten. Nach dem Krieg erbaute er sein Schloss auf dem alten Fundament des Forts, in dem seine Truppe auf Grund des Verrats vernichtend geschlagen wurde. In diesem seltsamen Prachtbau über den Gebeinen der toten Soldaten hält Poelzig seine Teufelsmessen ab.

Schon in dem zwei Jahre zuvor entstandenen *White Zombie* von Victor Halperin und erst recht in dessen *Revolt of the Zombies* (1935) repräsentieren Zombies die seelisch getöteten Soldaten, jedoch eindeutig als übernatürliches Phänomen. *The Black Cat* führt eine säkularisierte Version vor: Kalkweiß geschminkte Gesichter, die mit den schwarz umrandeten Augen und Lippen kontrastieren, lassen Poelzig und seine Anhänger wie lebende Tote wirken. In der Mitte des Films spricht der Satanist es unmissverständlich aus: »Sind wir nicht ebenso Opfer des Krieges wie die, deren Leiber zerfetzt wurden? Sind wir nicht die lebenden Toten?« Dieser Status ist in allen Reaktionen Poelzigs gegenwärtig. Beispielsweise scheint er nie wirklich Angst zu haben, selbst wenn er mit Tod und Marter bedroht wird. Auch auf die, neben den Zombies, andere Gattung der Untoten, die Vampire, verweist Ulmer. Poelzig und seine Frau liegen zum Beispiel bewegungslos wie nebeneinander aufgebahrt, wie emotional Tote in ihrem Bett. Wenn er sich bei seinem ersten Auftritt als Silhouette aus dem Bett erhebt, tut er das wie Dracula aus dem Sarg. Obwohl Poelzig Bücher über die Opferung von Jungfrauen liest, enthält die von ihm zelebrierte schwarze Messe keinerlei libertine Ausschweifung. Alle Beteiligten stehen bei der Jungfrauenopferung vielmehr steif und starr, denn hier ist die Tötung der Frau ein ritueller Ausdruck sexueller Unfähigkeit. Die pure Lust am Tod bzw. am Töten um seiner selbst willen liegt dieser Zeremonie zugrunde. Mag der Handlungsverlauf von Ulmers Film so gut wie nichts mit Edgar Allan Poes gleichnamiger literarischer Vorlage zu tun haben, in seiner gespenstischen Atmosphäre und seiner düsteren Psychologie kommt *The Black Cat* dem Poe'schen Universum näher als alle Leinwand-Adaptionen seiner Werke.

Das irrationale Element der rituellen Satansmesse ist umso irritierender, als die Architektur von Poelzigs Schloss stark durch die Neue Sachlichkeit geprägt ist. Der Familienname kommt dabei nicht von ungefähr, sondern verweist auf den berühmten Architekten Hans Poelzig, dessen Assistent Ulmer Anfang der zwanziger Jahre beim Szenenbild von Paul Wegeners *Der Golem, wie er in die Welt kam* (1920) war. Poelzigs Namen und – in gewisser Weise – auch das, wofür er steht, mit der Welt des Satanismus zu verbinden dekuvriert die moderne Rationalität als Fassade, hinter der sich nichts außer der Unberechenbarkeit zerstörter Seelen verbirgt. Das andere Vorbild für Hjalmar Poelzig ist der berühmte Magier Aleister Crowley.

Poelzigs Gegenpart in *The Black Cat* ist der ungarische Psychiater Dr. Vitus Werdegast, dargestellt von Bela Lugosi, der hier zum ersten von insgesamt sieben Malen gemeinsam mit Karloff vor der Kamera stand. Werdegast ist ein Opfer von Poelzigs Verrat, den er zwar überlebte, der ihn jedoch für fünfzehn Jahre in russische Kriegsgefangenschaft brachte. Aber das ist bei weitem nicht alles: In dieser Zeit hat Poelzig zuerst Werdegasts Frau und nach ihrem Tod dessen Tochter geehelicht. Wie sein Kontrahent ist Werdegast beruflich ein Vertreter der Moderne, hinter dem sich jedoch eine irrationale Neurosensphäre verbirgt, denn auch er ist durch den Krieg und die lange Gefangenschaft innerlich zerstört. Er, der als Psychiater die menschliche Psyche rational zu erfassen sucht, wird gequält von einer maßlosen Katzenphobie. Seine Angst vor schwarzen Katzen macht ihn machtlos gegenüber dem vampirhaften, schwarz gekleideten Poelzig. Eine Hilflosigkeit, die zuletzt in wilde Aggression umschlägt, wenn er sich auf Poelzig stürzt und ihn lebendig häutet, als würde er einer Katze das Fell abziehen. Nach dieser brutalen Auflösung seiner Phobie jagt er Poelzigs Schloss und sich selbst in die Luft. Nicht zufällig wirkt diese Explosion wie ein Feuergewitter aus dem Ersten Weltkrieg. Poelzigs Bauwerk und sein Satanskult versinken damit wieder in dem Inferno, aus dem sie entstanden sind. Nur das frisch verheiratete Ehepaar Peter und Joan Alison, das wegen eines Unfalls Werdegast notgedrungen zu Poelzig begleitet hat, entgeht der Vernichtung.

The Black Cat wird von einer düsteren Melancholie durchzogen. Auf allem Gegenwärtigen lastet die Vergangenheit, deren Konsequenzen keiner entkommen kann und die immer neue Opfer fordert. Überall scheint noch Verwesungsgeruch in der Luft zu liegen. Poelzigs Burg ist ein Endzeitschloss im Bauhaus-Stil, dessen glänzende Sterilität nicht den Leichenmoder zu verdrängen vermag, auf dem es errichtet wurde. In einer der eindrucksvollsten Szenen des Films erläutert Poelzig Werdegast im dunklen Schlosskeller, untermalt von Beethovens Siebter, seinen seelischen Tod, wobei die Kamera Poelzigs Subjektive einnimmt. Schließlich gelangen sie zu Werdegasts Frau Karen, die Poelzig in einem Glas-Sarkophag einbalsamiert hat. Wenn Werdegast mit Poelzig Schach um das Leben der im Schloss gefangenen Alison spielt, gelingt Ulmer eine denkwürdige metaphorische Szene, an die Ingmar Bergman 23 Jahre später in *Det sjunde inseglet* (*Das siebte Siegel*) anknüpft.

Dass *The Black Cat* an manchen Stellen sprunghaft oder ungereimt wirkt, ist nicht Ulmer und seinem Koautor Peter Ruric anzulasten, sondern darauf zurückzuführen, dass der Film zwar vor der Verschärfung des berüchtigten ›Hays Code‹ geplant, aber erst danach fertiggestellt wurde. Dem Schneide-Massaker, das der Hays Code an ihm verübte, fielen tragende Szenen unrestaurierbar zum Opfer, z. B. Joan Alisons Besessenheit durch die Seele einer dämonischen Katze (was dem Titel noch eine weitere

Dimension gegeben hätte). Seit Erich von Stroheims *Foolish Wives* (*Närrische Weiber*, 1922) wurde kein Film der Universal Studios durch die Zensur derart brutal verstümmelt wie *The Black Cat*. Als er in die Kinos kam, war er nur noch eine 65-minütige Ruine. Es spricht für ihn, dass er dennoch seine Suggestionskraft bis heute nicht verloren hat. *Harald Harzheim*

Literatur: Hans Schifferle: Die 100 besten Horrorfilme. München 1994. – George E. Turner / Michael H. Price: Human Monsters: The Bizarre Psychology of Movie Villains. Northampton 1995. – Stefan Grissemann: Mann im Schatten. Der Filmemacher Edgar G. Ulmer. Wien 2003.

Katzenmenschen

Cat People

USA 1942   s/w 73 min

R: Jacques Tourneur
B: DeWitt Bodeen
K: Nicholas Musuraca
M: Roy Webb
D: Simone Simon (Irena Dubrovna), Kent Smith (Oliver Reed), Tom Conway (Dr. Judd), Jane Randolph (Alice Moore)

Unter den Tiermenschen sind der Werwolf, der Affenmensch und die Katzenfrau die bekanntesten Halbwesen des Horrorfilms. Allen drei fehlt die lustvolle Dimension des Vampirs oder die Hybris des experimentierenden Wissenschaftlers Dr. Jekyll, der sich durch einen Selbstversuch in den triebhaften Mr. Hyde verwandelt. Ihnen eigen ist vielmehr eine tragische Aura und das existenzielle Leiden am eigenen Anderssein, das durch eine genetische Veränderung, einen Blutaustausch oder eine Verwünschung verursacht ist.

Die aus Serbien stammende Modezeichnerin Irena weigert sich, ihre Ehe mit dem New Yorker ›All-American
Boy‹ Oliver zu vollziehen oder ihn auch nur zu küssen,
denn sie glaubt an eine alte Legende ihres Volkes, nach der
sie sich bei emotionaler Erregung in eine Raubkatze verwandeln und den Geliebten töten wird. Der verständnis-
volle Ehemann hält diese Geschichte für ein Märchen,
hinter dem sich die Angst seiner jungen Frau vor Sexualität verbirgt, und schickt Irena auf Vermittlung seiner Kollegin Alice zu dem Psychiater Dr. Judd. Doch auch der
Arzt glaubt ihr nicht, sondern diagnostiziert eine Neurose. Als Oliver viel Zeit mit Alice verbringt, erwacht Irenas
Eifersucht. Auf dem Nachhauseweg fühlt Alice sich verfolgt, im Schwimmbad wähnt sie sich von einem Panther
bedroht. Und sieht ihre schlimmsten Befürchtungen bestätigt, als sie am Beckenrand ihren Bademantel in Fetzen
gerissen findet. Die Situation eskaliert, als Oliver sich wegen Alice von seiner Frau trennt. Irena verwandelt sich in
einen Panther, bedroht die Liebenden und tötet Dr. Judd,
als dieser sie durch ein Schäferstündchen von ihrem vermeintlichen Wahn zu befreien versucht. Sie flieht dorthin,
wo alles begann: zum Pantherkäfig im Zoo des Central
Park. Sie befreit die Raubkatze und wird von ihr tödlich
verwundet.

Cat People bildete den Auftakt für den heute legendären elfteiligen Horrorzyklus, den Val Lewton von 1942
bis 1946 für RKO produzierte und dessen herausragende
Werke wie *Cat People* und *I Walked with a Zombie* (*Ich
folgte einem Zombie*, 1943) in Zusammenarbeit mit dem
Regisseur Jacques Tourneur entstanden. Diese Low-Bud-
get-Filme zeichnen sich dadurch aus, dass sie die Be-
schränktheit ihrer ökonomischen Mittel zum ästhetischen
Programm machten: So zeigt *Cat People* den Schrecken in
geschickten Verkürzungen und mittels einer effektvollen
Lichtdramaturgie, die ihn nur noch stärker in der Phantasie der Zuschauer zum Tragen kommen ließen. Subtile

Stimmungsbilder voller latenter Bedrohung verleihen dem Horror eine poetische Dimension, die ihn umso nachhaltiger und auch heute noch modern wirken lässt. Man kann *Cat People* als ›Horror Noir‹ bezeichnen, so sehr erinnert seine Bildgestaltung an die Schattenspiele des Film Noir, den Tourneur beispielsweise mit *Out of the Past* (*Goldenes Gift*, 1947) um ein Meisterwerk bereicherte. Mit ihrer Protagonistin Irena verschafften der Regisseur und sein Produzent Lewton dem einzigen explizit femininen Horrortopos Popularität. Die Katzenfrau symbolisiert die verdrängte animalische weibliche Sexualität, die in anderen Genres im Typus des Vamps ihre Ausprägung gefunden hat. Ihrer Inszenierung wohnt ein reaktionäres Moment inne, wird doch die Libido der Frau als monströs charakterisiert und diese letztlich dafür bestraft. Die enge Verschränkung aus Horror, Sex und Gewalt machen das Katzenfrau-Motiv interessant für das B-Picture und den Exploitationfilm, was sich in kruden Sexfilmen wie *Curse of the Catwoman* (*Die Rache der Katzenfrauen*, 1990; John Leslie) niederschlug. Als sexy Wildkatze, die ihre erotische Bestimmung gelernt hat zu akzeptieren, kehrte die Katzenfrau in der Comicverfilmung *Catwoman* (R: Pitof) in Gestalt Halle Berrys 2004 ins Kino zurück.

Wie alle Tiermenschen verkörpert die serbische Immigrantin Irena den Außenseiter und das Andere schlechthin. Ihre besondere Tragik besteht darin, dass sie von Beginn an die Wahrheit über sich sagt und alle vor dem in ihr wohnenden Übel warnt. Aber niemand schenkt ihr Glauben, obwohl es deutliche Signale gibt: Bei der Hochzeit wird sie von einer katzenhaft aussehenden Frau in fremder Sprache als Schwester gegrüßt; eine kleine Siamkatze flüchtet vor ihr; ein Vogel, nach dem sie greift, fällt aus Furcht tot um; als sie mit Oliver eine Zoohandlung betritt, spielen sämtliche Tiere verrückt – eine Szene, die Hitchcock später in *The Birds* (*Die Vögel*, 1963) zitieren wird. Werden diese Anzeichen von ihrer Umwelt auch ignoriert, lassen sie Irena doch nur verzweifelter werden. Eine Besonderheit an Tourneurs Film ist das intensive Mitgefühl, das er für seine unglückliche Protagonistin erzeugt und das bis zu einer identifikatorischen Nähe geht. Irena wird mehr als Opfer denn als Täter gezeichnet, weshalb *Cat People* in der ersten Hälfte vor allem ein Melodram über ihren Kampf um Glück und Liebe ist. Dank seiner atmosphärischen Dichte kann er es sich leisten, erst nach 45 Minuten mit Irenas erster Verwandlung wirklich zum Horrorfilm zu werden und mit ebenso genuin filmischen wie sparsamsten Mitteln größtmögliche Wirkung zu erzielen. Die eifersüchtige Serbin folgt Alice durch eine dunkle Straße, man sieht ihre Beine, die sich schneller und schneller bewegen, die Rivalin hört Irenas Schritte, die urplötzlich verstummen. Alice wird die Situation immer unheimlicher, sie rettet sich in einen von rechts heranfahrenden Bus, während sich über ihr das Buschwerk zweimal seltsam bewegt. In dieser Einstellungsfolge macht das jähe Fehlen der Absatzgeräusche die Bedrohung aus, markiert es doch den Moment der nicht gezeigten Verwandlung Irenas zum Panther. Tourneur verlegt den Horror regelrecht ins Off und damit in die Phantasie des Zuschauers, die zusätzlich durch assoziative Bilder von dem eingesperrten Panther im Zoo und gerissenen Schafen angeregt wird. Diesem Horrorverständnis wollte Tourneur auch in seinem Horrorfilm *Night of the Demon* (*Der Fluch des Dämonen*, 1958) treu bleiben, musste aber nach eigenen Aussagen gegen seinen Willen und auf Veranlassung des Produzenten gleich in den ersten Minuten das furchtbare Ungeheuer überdeutlich zeigen.

In *Cat People* ist man im Grunde fast mehr um Irenas denn um Alices Willen froh, dass der Angriff in letzter Sekunde vereitelt wird, denn die weinende Protagonistin im Bad und ihr schrecklicher Alptraum verstärken auch nach der ersten Verwandlung nur noch die Empathie ihr gegenüber. Zu ihrer Tragik gehört, dass der Film von An-

fang an keinen Zweifel offen lässt, dass ihr Versuch, in
der Neuen Welt den Fluch der Ahnen loszuwerden, zum
Scheitern verurteilt ist: Als sie in der ersten Sequenz ihre
Skizze von dem im Zoo eingesperrten Panther zerreißt
und wegwirft, setzt der Wind diese wieder zusammen
und enthüllt sie dem Betrachter zur Gänze: Von ihrem
Unterbewusstsein getrieben, hat Irena das Tier von einem
Schwert durchbohrt gezeichnet und damit ihr eigenes Los
abgebildet, das sie nicht wird bannen können. Obwohl
sie absichtsvoll ein zurückgezogenes Leben führt, lässt sie
sich aus ihrer tiefen Sehnsucht nach Nähe fast unschick-
lich schnell auf die Liaison mit Oliver ein und nimmt ihn
gleich nach der ersten Begegnung mit in ihre Wohnung,
die in Hörweite des Zoos liegt. Die Schatten ihres Trep-
penhauses versehen ihre Wohnungstür mit symbolischen
Gitterstäben und machen die dahinter liegenden düsteren
Räume zu ihrem Käfig. Das Gittermuster kehrt mehrfach
wieder, beispielsweise wenn Irena sich hinter einer Gardi-
ne oder einer Palme verbirgt oder auch in der Praxis des
Psychiaters, wo Irenas hell ausgeleuchtetes Gesicht von
Dunkelheit verschluckt wird. Die Botschaft ist eindeutig:
Auch hier kann sie keine Hilfe erwarten, der auf ihr las-
tende Schatten wird nicht erhellt werden können. Wie der
Panther im Zoo ist Irena eingesperrt und in ihrem
Schicksal gefangen. Wenn sie als letzte Handlung dessen
Käfig öffnet, drückt sich darin ihre verzweifelte Sehnsucht nach einer Selbstbefreiung aus. Doch wie sie zuvor
den Psychiater angefallen hat, attackiert der reale Panther
nun sie und flüchtet dann über eine Mauer, wo er sogleich von einem Auto überfahren wird – pessimistischer
kann das Ende für das Animalische kaum sein. Ausgesprochen masochistisch mutet es auch an, dass die Katzenfrau nicht nur den durchbohrten Panther zeichnet,
sondern auch ihre Wohnung von künstlerischen Darstellungen dieser brutalen Todesart als eine Art Memento
mori geprägt ist, sei es in Form einer spanischen Wand,

die bereits während des Vorspanns auf die Thematik einstimmt, oder der Statue des serbischen Königs Georg. In Irenas Erzählung rottete der christliche Herrscher nach seinem Sieg über die Mamelucken die Satanisten und Hexen ihres Volkes mit seinem Schwert aus, doch ihre Anführer konnten in die Berge flüchten, wo sie zu Katzenmenschen wurden. Vor einem Panther-Bild wird sich Irenas letzte Verwandlung abspielen: Als Dr. Judd sie küsst, wird ihr Gesichts ausdruckslos, zugleich dunkler und unschärfer. Als er die Gefahr erkennt und nach einem Messer greift, stößt der Psychiater eine Lampe um: Seinen Kampf mit der Katzenfrau präsentiert Tourneur als tödliches Schattenspiel.

Cat People erzählt auch vom Aufeinanderprallen zweier Welten, was nicht zuletzt durch die Biographie seiner Macher geprägt ist: Der aus Russland stammende Lewton kam schon als Kind mit seiner Tante, der Schauspielerin Alla Nazimova, nach Amerika; Tourneur, der Sohn des großen Stummfilmregisseurs Maurice Tourneur, übersiedelte 1935, nachdem er bereits in Frankreich Regie geführt hatte. Wie sie ist die Immigrantin Irena als Vertreterin der Alten Welt der Kunst und dem Schönen zugeneigt. Als die junge Modezeichnerin den Panther im Zoo malt, spricht Oliver sie damit an, dass er noch nie eine Künstlerin persönlich kennen gelernt habe. Ihre dämmrige, mit Kunstwerken und Plüschmöbeln reich ausgestattete Wohnung ist mitten im modernen New York ein Hort des europäischen 19. Jahrhunderts, in den Oliver nach der Eheschließung sogar einzieht. Auch das Treppenhaus wirkt wie aus einer anderen Welt, war es doch Teil von Orson Welles' Familiensaga *The Magnificent Ambersons* (*Der Glanz des Hauses Amberson*, 1942), der im Jahre 1870 spielt. Tourneurs Landsmännin Simone Simon gibt der Irena mit ihrem leichten Akzent eine authentische europäische Dimension. Oliver repräsentiert hingegen die Neue Welt mit ihrer technischen Orientierung und Präzision: Er arbeitet bei einem Schiffskonstrukteur als technischer Zeichner, sein Büro besticht durch Helligkeit und klare Linien. Er ist Rationalist, Irenas Geschichte hält er für ein Märchen ihrer Kindheit, das im modernen Amerika keinen Platz mehr hat. Dennoch faszinieren ihn gerade ihr Anderssein und ihre melancholische Aura. Er läuft Gefahr, sich in der Alten Welt zu verlieren, wie das Licht des Films in einem Meer aus zunehmenden Schatten. Mit Irenas Attacke auf Oliver und Alice hält ein alles dominierendes Schwarz Einzug in sein Büro, dem nur ein erleuchteter Zeichentisch noch Paroli bietet. Olivers Begeisterung für die Alte Welt ist nicht von Dauer, schnell wendet er sich der angemessenen Gefährtin aus den eigenen Reihen zu. Am Ende ist die Alte Welt an ihrer Dekadenz zugrunde gegangen, während die Neue Welt sich weiter fortpflanzen wird, wie das enttäuschende Sequel *The Curse of the Cat People* (*Der Fluch der Katzenmenschen*, 1944; Robert Wise) demonstriert. Obwohl wieder mit denselben Schauspielern und von Val Lewton produziert, handelt es sich um keine Fortsetzung im engeren Sinne, sondern um eine Geistergeschichte: Die unter Einsamkeit leidende kleine Tochter von Oliver und Alice geht eine übersinnliche Freundschaft mit dem Geist Irenas ein, der nun jede animalische Dimension abgeht und die zu einer guten Fee mutiert ist.

In seinem Remake *Cat People* (*Katzenmenschen*, 1981) weitete Paul Schrader die Thematik von Tourneurs Film auf beide Geschlechter aus und versah sie mit dem mythologischen Hintergrund einer Kreuzung von Mensch und Panther in grauer Vorzeit. In seiner blutigen Drastik und dem deutlichen Zeigen der Verwandlung zum Panther offenbart er sich als Kind seiner Zeit, erweist aber auch in der detailgetreuen Nachstellung der berühmten Verfolgungs- und Schwimmbadszenen dem Original die Reverenz. Ideologisch übertrumpft Schrader den Konservatismus des Films von 1942 sogar noch: Anstatt ihre animali-

sche Erotik auszuleben und dies wie ihr Bruder mit dem
Leben zu bezahlen, opfert Irena ihre Sinnenlust und lässt
sich in Panthergestalt im Käfig einsperren, um so dem geliebten Zoodirektor Oliver für immer nah sein zu können.

Ursula Vossen

Ich folgte einem Zombie

I Walked with a Zombie

USA 1943   s/w 68 min

R: Jacques Tourneur
B: Curt Siodmak, Ardel Wray nach einer Story von Inez Wallace
K: J. Roy Hunt
M: Roy Webb
D: Frances Dee (Betsy), Tom Conway (Paul Holland), James Elli-
    son (Wesley Rand), Christine Gordon (Jessica Holland)

Eine Reise aus dem Schnee in die Sonne, von Ottawa auf
eine westindische Insel, »einen wirklich schönen Ort«.
Doch schon auf der letzten Wegstrecke ins Paradies, auf
einem großen Segelschiff, erschreckt eine erste Warnung:
der Hinweis auf die Tatsachen hinter der Schönheit. Die
fliegenden Fische sprängen nur aus Todesangst, und das
Glitzern auf dem Wasser sei Resultat tausender toter Le-
bewesen, der Glanz der Fäulnis, belehrt der Plantagenbesitzer Paul Holland die junge Krankenschwester Betsy:
»All good things are dying here – violently.«

   Von Beginn an strahlt *I Walked with a Zombie* eine
seltsam schicksalsergebene, düstere Stimmung aus. Die
Figuren scheinen es zu genießen, im Vergangenen zu verharren, untergangs- und todesverliebt. Der aristokratische
Pflanzer Holland im Mittelpunkt ist »tough, silent and
very sad« – ohne jegliche Neugierde, ohne Interesse für
Spontanes und Augenblickliches. Er ist ein Mann der Me-

lancholie, der dunklen Alpträume, des Lebensunmuts, verheiratet mit einer Frau, die weder emotional noch mental zu reagieren vermag: mit einem Zombie. Mit Betsy, die die lebende Tote Jessica pflegen soll, kommt Leben zurück auf die Plantage, Fürsorge, Gefühl und Dignität. Plötzlich wird das Unmögliche denkbar, das Undenkbare möglich. Aus Liebe zu ihrem Dienstherrn sucht sie nach einem Weg, Jessica zu heilen: ein Versuch mit Insulinschocks, dann sogar die esoterische Beschwörung beim Voodoo-Priester. Am Ende aber muss sie akzeptieren, dass es Kräfte gibt, die sich menschlicher Kontrolle entziehen.

Horror entsteht bei Tourneur niemals durch Spielerei mit Gefahr, Furcht, Schock, eher durch Andeutungen auf eine parallele Welt, die zutiefst einwirkt auf die Ereignisse des Alltags. Nicht nur in *I Walked with a Zombie*, auch zuvor in *Cat People* (1942) oder später in *Curse of the Demon* (*Der Fluch des Dämonen*, 1958), sehen sich die Menschen einer Bedrohung ausgesetzt, die sie weder durchschauen noch begreifen. Sie suchen sich gegen das Andere zu wehren, aber sie finden ihren Ausweg erst, wenn sie als Tatsache akzeptieren, was sie zuvor nur als Hirngespinst nehmen konnten. Tourneur selbst hat mehrfach erklärt, wie sehr ihn Filme über das Übernatürliche fasziniert hätten. Er glaube an die Existenz dieser Zwischenwelt, »an die Macht der Toten, an Hexen«, an »andere Wesen als die unsrigen«. Deshalb verstand er seine Filme auch nicht als Horrorkino, sondern als »Phantasien über das Übersinnliche«.

Der Voodoo-Zauber in *I Walked with a Zombie* ist von daher ernst zu nehmen: als magische Quelle einer fremden, zwischenweltlichen Energie, beschworen durch die Trommeln, die locken und verführen, durch die Gesänge und Tänze der Priester, die bannen, erflehen, bezaubern, und durch die Zeichen an den Puppen, die – ganz konkret – Ziel und Wirkung des Zaubers anzeigen. So erscheint es plötzlich als ganz selbstverständlich, dass ein Pfeil durch den Arm keinerlei Schmerz hervorruft. »Die Filme von Jacques Tourneur entstehen nicht nur aus der Phantasie, sie handeln auch von Phantasie. Dies ist es, was ihn von anderen Filmemachern trennt. Seine Domäne ist das Land zwischen Licht und Schatten, wo das Übernatürliche und das Rationale kollidieren, wo sich Illusion und Wirklichkeit überschneiden. Wenn seine Filme auf ein zentrales Thema reduziert werden können, dann darauf: Um im Dunkeln zu sehen, muss man zuerst das Licht ausmachen« (John McCarty).

Curse of the Demon formuliert die erzählerische Strategie so vieler Tourneur-Filme direkt im Dialog: »Niemand ist gefeit gegen Angst.« Tourneur sah seine Aufgabe als Regisseur darin, die Ungewissheit seiner Zuschauer (und auch ihre Furcht) zu nutzen, ihre Vermutungen auszuschmücken und alle Klarheiten zu vermeiden. Ein wichtiges Stilelement dabei: die bewegliche Kamera. In *I Walked with a Zombie* öffnet einmal eine lange, langsame Kamerafahrt zurück den gesamten (dramatischen) Raum innerhalb einer Bar – vom Sänger über die Gäste an der Theke bis zu den Helden, Betsy, Pauls Stiefbruder Wesley Rand und ihre gemeinsame Mutter. Der Sänger, der gerade über die angesehene Familie singt, hört sofort auf, als er sie bemerkt, und entschuldigt sich. Später, als er sieht, dass Wesley inzwischen stark betrunken ist, beginnt er sein Lied noch einmal von vorne, ganz direkt für Betsy. Tourneur lässt diese Szene sehr dunkel fotografieren, von J. Roy Hunt, so dass der Effekt entsteht, als komme der Sänger direkt aus der Nacht – hinter sich nur die dunklen Wolken und das Schimmern des Mondes. Weitere stilistische Merkmale, die Tourneur wieder und wieder einsetzte: irritierende Licht- und Schattenspiele, die Vorliebe, eher in Andeutungen zu erzählen, die Betonung auf stimmungsvolle Szenen im Zwielicht, und der Hang dazu, so oft wie nur möglich im Freien zu filmen.

Aus selbstloser Liebe zu ihrem Dienstherrn, dem reichen Plantagenbesitzer Paul Holland, führt die junge Krankenschwester Betsy (Frances Dee, r.) dessen Ehefrau Jessica (Christine Gordon, l.) zu einer nächtlichen Voodoo-Beschwörung. Es ist ihre letzte Hoffnung, die willenlose Zombie-Frau, Opfer des Voodoo-Zaubers auf einer westindischen Insel, wieder ins Leben zurückzubringen und Paul damit glücklich zu machen. In *Ich folgte einem Zombie* ist ihr titelgebender Gang zu den Voodoo-Priestern wie ein endlos langer Irrweg durch die hohen Zuckerrohrpflanzungen fotografiert, erhellt nur durch den fahlen Schein einer kleinen Taschenlampe, vorbei an Tierkadavern, Totenschädeln und einer so geheimnisvollen wie erschreckenden schwarzen Männergestalt. Regisseur Jacques Tourneur ist ein Visionär der reinen Form und beherrscht wie in *Katzenmenschen* das kunstvolle Spiel zwischen Andeutung und Vermutung, das das Wesentliche der Fantasie, nicht der visuellen Darstellung überlässt. Irritierende Licht- und Schattenspiele sowie die Betonung auf stimmungsvolle Szenen im Zwielicht zeichnen seine Horrorfilme aus, die eine seltsam schicksalergebene, düstere Aura umgibt.

Tourneurs Arbeiten umgibt deshalb so oft eine wundersame Aura. Sie strahlen eine Offenheit aus, die das Erzählkino sonst nur selten erreicht. Wie Skizzen wirken sie, die auszumalen und zu vollenden dem Blick des Zuschauers überlassen bleibt.

Die Spielerei mit den bedrohlichen Schatten sind dabei oft auf die Spitze getrieben: über jede Jalousie ein Zwielicht, über jeden wolkenverhangenen Himmel eine Düsternis. Als Betsy und Paul Holland sich erstmals im Haus begegnen, auf der großen Treppe im Turm, verschwindet die junge Pflegerin völlig im Schwarz. Später, als sie sich selbst gesteht, wie sehr sie den Mann ihrer Patientin inzwischen liebt, befindet sie sich hoch oben auf den Klippen, vom Meer umgeben, das sie von allen Seiten anzugreifen scheint, so, als dränge es danach, sie von allen Irrtümern, Skrupeln, Zweifeln zu reinigen.

Tourneur ist ein Visionär der reinen Form. Er arbeitete stets nach der Maxime: Je weniger ein Filmemacher erklärt, desto mehr lässt er seine Zuschauer fühlen und verstehen. Filme mussten für ihn »aus dem Instinkt kommen«. Deshalb übernehmen die konkreten Dinge im Tourneur-Kino auch so oft den vorwärts treibenden Part. Sie sorgen für die Attraktionen am Rande, die das Narrative der Geschichten unterhöhlen. Betsys und Jessicas erster Gang zu den Voodoo-Priestern etwa ist wie ein endlos langer Irrweg durch die hohen Zuckerrohrpflanzungen fotografiert: aus dem dunklen Haus in die nächtliche Wildnis, erhellt nur durch den fahlen Schein einer kleinen Taschenlampe – vorbei an Tierkadavern, Totenschädeln und einer so geheimnisvollen wie erschreckenden Männergestalt, übergroß, hager, schwarz, stumm. Wobei das kunstvolle Spiel zwischen Andeutung und Vermutung als Spannungsmoment perfektioniert ist und Wesentliches der Phantasie, nicht der visuellen Darstellung überlässt. So wird am Schluss zwar einiges, aber nicht alles aufgelöst. *I Walked with a Zombie* ist wie ein Spiel mit Ab-, Seiten-

und Umwegen, das stets nur den Ausgangspunkt vor-
gibt – und danach nur ein verwirrendes Geflecht aus offenen Linien und brüchigen Flächen. Die untote Jessica
wird erlöst, die Überlebenden müssen sich neu zurecht-
finden. Eine anonyme Erzählerstimme deutet Hoffnung
an. Das letzte Bild aber zeigt Betsy und Holland, die starr
nebeneinander stehen, sich anschauen, sich sogar berühren, aber ohne Kraft zu wirklicher Nähe. Eine dramaturgische Verknappung offensichtlich, aber auch eine radikale
Variation von Tourneurs immer wiederkehrender rhetori-
scher Figur: dem sehnsüchtigen Blick am Ende, wenn die
Kamera ihren Protagonisten nachschaut – Ereignisse und
Abenteuer andeutend, von denen nicht mehr erzählt wird.

Norbert Grob

Literatur: Jacques Lourcelles: Note sur Jacques Tourneur. In: Pré-
sence du Cinéma. Nr. 22/23 (1966). – Woods, Robin: The Shadow
Worlds of Jacques Tourneur. In: Film Comment. Nr. 2 (1972). –
Joel E. Siegel: Val Lewton. The Reality of Terror. London 1972. –
John McCarty: The Parallel Worlds of Jacques Tourneur. In: Ci-
nefantastique. Nr. 2–4 (1973). – Claire Johnston / Paul Willemen
(Hrsg.): Jacques Tourneur. Edinburgh 1975. – Wolf-Eckart Bühler:
In einem Geisterhaus mit Direktton. In: Filmkritik. Nr. 3 (1977). –
J. P. Telotte: Dreams of Darkness. Fantasy in the Films of Val
Lewton. Chicago 1985. – Norbert Grob: Wenn man ein ehrlicher
Regisseur sein will ... Notizen zu Jacques Tourneur. In: epd film.
Nr. 7 (1990).

Traum ohne Ende

Dead of Night

GB 1945   s/w 95 min

R: Alberto Cavalcanti (*Weihnachtsfeier* und *Des Bauchredners Puppe*), Charles Crichton (*Die Golfgeschichte*), Basil Dearden (*Leichenwagenfahrer* und Rahmenhandlung), Robert Hamer (*Der Spuk-Spiegel*)

B: John Baines, Angus MacPhail, nach Erzählungen von John Baines, Angus MacPhail, E. F. Benson, T. E. B. Clarke und H. G. Wells

K: Jack Parker, Stanley Pawey, Douglas Slocombe

M: Georges Auric

D: Mervyn Johns (Walter Craig), Roland Culver (Eliot Foley), Googie Withers (Joan Cortland), Frederick Valk (Dr. van Straaten), Sally Ann Howes (Sally O'Hara)

Gerade erst vor etwas mehr als hundert Jahren hat das Kino begonnen, Horror und Phantastik in populäre Formen zu bringen, nicht zuletzt beeinflusst von der Spuk- und Schauerliteratur, die sich im 18. Jahrhundert ausbildete. Kulturgeschichtlich steht diesen vergleichsweise modernen Medien die undenklich weit zurückreichende Tradition der mündlichen Überlieferung gegenüber: Mythen, Sagen und Legenden, die von Generation zu Generation weitergegeben werden und das Weltwissen transportieren – Wissen über Erklärbares ebenso wie über das Unbegreifliche. Es sind jene Stoffkreise von Halbwesen, Verwandlungen, Erscheinungen oder übernatürlichen Wesenheiten, die bis heute den Nährboden des Horrors bilden und die mit dem Aufeinandertreffen von Erzähler und Zuhörer ihren Urtyp der Präsentation fanden. *Dead of Night* führt zu diesem Grundmuster der mündlichen Erzählung zurück. Und indem er die Rahmenhandlung und die fünf erzählten Episoden in einer Debatte über die Beschaffenheit der Realität aufeinander bezieht, liefert dieser erste große britische Horrorfilm nach dem Zweiten Weltkrieg, in dem das Genre in England unerwünscht war, auch einen Beitrag zur Tradition und Funktion des Horrors.

Der Architekt Walter Craig wird für ein Wochenende in das Landhaus der Familie Foley eingeladen, um einen Umbau zu besprechen. Doch sowie er eingetroffen ist und der versammelten Gesellschaft vorgestellt wird, überkommen ihn Angstzustände: Denn eben jenes Szenario begegnet ihm fast jede Nacht in einem immer wiederkehrenden Alptraum. Unter den Gästen entspinnt sich sogleich eine angeregte Diskussion über Träume und Übersinnliches, zu dem jeder eine Anekdote beisteuert. So berichtet der Rennfahrer Grainger, dass er einst nur deshalb nicht in einen Omnibus eingestiegen ist, weil ihm der Fahrkartenkontrolleur kurz zuvor in einem Tagtraum als Leichenwagenfahrer erschien; der Bus stürzte dann vor seinen Augen in einen Abgrund. Die junge Sally erzählt von einem Versteckspiel auf einer Weihnachtsfeier, bei dem sie auf dem Dachboden einen kleinen Jungen in einem verborgenen Kinderzimmer entdeckte; später erfuhr sie, dass der Junge schon vor vielen Jahren von seiner Schwester ermordet worden war. Joan Cortland berichtet von einem Spiegel, den sie als Geburtstagsgeschenk für ihren Verlobten bei einem Trödler kaufte. Rätselhafterweise reflektierte er das Zimmer samt flackerndem Kaminfeuer, in dem er ursprünglich hing und in dem ein eifersüchtiger Ehemann seine Frau und sich selbst tötete. Nach der Hochzeit verfällt der junge Ehemann immer mehr dem bösen Einfluss des Spiegels, bis auch er seine Frau umzubringen versucht. In letzter Sekunde kann sie den Spiegel zerschlagen und so den Bann brechen. Eine humoristische Geschichte handelt von zwei leidenschaftlichen Golfspielern: Nachdem der Verlierer im Kampf um eine Frau freiwillig aus dem Leben schied, kehrt er als Geist zu seinem Freund zurück und macht ihm das Leben schwer. Der anwesende Psychologe Dr. van Straaten ist verzweifelt bemüht, der Do-

Immer wieder träumt der Architekt Walter Craig (Mervyn Johns,
M.), dass er sich in dem Landhaus der Familie Foley mit den An-
wesenden über Übersinnliches unterhält und schließlich den skep-
tischen Psychologen Dr. van Straaten (Frederick Valk, l.) erwürgt.
Craig erwacht schweißgebadet und macht sich auf den Weg zu den
Foleys. Nachdem der Horrorfilm während des Zweiten Weltkriegs
als unangemessen galt und in Großbritannien sogar verboten war,
gestalteten Alberto Cavalcanti, Charles Crichton, Basil Dearden
und Robert Hamer in dem ersten großen britischen Nachkriegs-
Horrorfilm *Traum ohne Ende* einen endlosen Alptraum als Ausdruck tiefgreifender persönlicher Lebensängste, die unmittelbar
auf den gerade beendeten Krieg reflektieren. Weder löst der Episodenfilm die unheimliche Kreisstruktur der Rahmenhandlung auf
noch das Mysteriöse der fünf erzählten Geschichten, das mit ge-
sundem Menschenverstand oder wissenschaftlicher Rationalität
nicht zu erfassen ist. Der Zuschauer wird mit einer existenziellen
Beunruhigung und der Erfahrung einer brüchig gewordenen Realität aus dem Kino entlassen.

minanz des Übersinnlichen durch wissenschaftliche Erklärungen Einhalt zu gebieten. Aber schließlich steuert
auch er die mysteriöse Geschichte eines Bauchredners bei,
dessen Puppe zunehmend Macht über ihn gewann und
ihn schließlich zum Mord trieb – für den Arzt ein klarer
Fall von Schizophrenie. Als van Straatens Brille wie von
Craig vorhergesagt zerbricht, setzt der Alptraum zu seinem Ende an: Angetrieben von einer fremden Macht, erwürgt Craig den Psychologen. Seine Suche nach einem
Versteck führt ihn durch assoziative Fetzen der erzählten
Geschichten. Als die Puppe des Bauchredners ihn schließlich im Gefängnis würgt, wird Craig von seiner Frau geweckt. Er macht sich auf den Weg zu den Foleys, deren
Landhaus er umbauen soll ...

Sämtliche Episoden und die Rahmenhandlung eint, dass
es in ihnen um Leben und gewaltsamen Tod geht. Die
Gruselgeschichten und Craigs Alptraum sind als Ausdruck tiefgreifender persönlicher Lebensängste zu verstehen, die unmittelbar aus dem gerade beendeten Zweiten
Weltkrieg resultieren. Deshalb weisen die geschilderten
Ereignisse niemals eindeutig in den Bereich des Übernatürlichen. Vielmehr liegen sie stets an jener Grenzlinie, wo
Traum, Déjà-vu-Erlebnis, Sinnestäuschung oder auch seelische Krankheit solchen Phänomenen gegenüberstehen,
die unserem Realitätsbegriff faktisch widersprechen. Diese
Unentscheidbarkeit zwischen dem Unmöglichen und dem
Unheimlichen erinnert an die klassische Definition des
Philosophen Tzvetan Todorov, der sie zum entscheiden-
den Kriterium des Phantastischen erhob. Die ab 1993 produzierte, stilbildende TV-Serie *The X-Files* (*Akte X – die
ungelösten Fälle des FBI*) löste einen wahren Boom jenes
Genres aus, das entsprechend dieser Unentscheidbarkeit
›Mystery‹ genannt wird.

Die Anwesenheit eines Vertreters moderner Wissenschaft einerseits und andererseits das Ausbleiben monströ-
ser Gestalten, die mit ihrem Auftritt die gekannte Welt-

ordnung aus den Fugen heben, erzeugen in *Dead of Night*
eine Atmosphäre trügerischer Rationalität, die jedoch angesichts der fünf unheimlichen Geschichten deutlich Risse
zeigt. Während zur gleichen Zeit Alfred Hitchcock in
Spellbound (*Ich kämpfe um dich*, 1945) die salonfähig gewordene Psychoanalyse als Instrument der Aufklärung
pries, findet sich in *Dead of Night* die moderne Wissenschaft in Gestalt Dr. van Straatens von der Volksweisheit
seiner Gesprächspartner geradezu vorgeführt und überwältigt. Wenn sich dann am Ende des Films die Rahmenhandlung zu einer unheimlichen Kreisstruktur schließt,
festigt sich das Bild der brüchigen Realität aus den Bin-
nenerzählungen auch auf der Ebene, die deren Mysterium
eigentlich relativieren sollte. Letztlich wird dem Zuschauer die Einordnung selbst überlassen. Das aber ist der Sinn
des Horrors: Die schauervolle Erzählung erhält hier ihre
Funktion zurück, unerklärliche Phänomene kollektiv erleben und als Dimension einer im ganzen sinnhaften Welt
begreifen zu können.

Das Prinzip der Episodenerzählung ist im Horror- und
Phantastikgenre immer wieder verfolgt worden: Im deutschen Stummfilm verknüpfte Richard Oswald fünf *Unheimliche Geschichten* (1919) nach literarischen Vorlagen
mit einer Rahmenerzählung in einem Bücherladen, um
1932 diese Idee erneut in einem Tonfilmremake umzusetzen. Paul Lenis expressionistischer Klassiker *Das Wachsfigurenkabinett* (1923) beschäftigte sich in drei Episoden
mit dem Tyrannen-Thema. Große Berühmtheit erlangte in
den sechziger Jahren die amerikanischen TV-Serie *The
Twilight Zone* (ab 1959), der 1985 und 2002 Neuauflagen
fürs Fernsehen und 1982 der gleichnamige Episoden-Ki-
nofilm (*Unheimliche Schattenlichter*; J. Landis, S. Spielberg, J. Dante, G. Miller) nachfolgten.   *Eckhard Pabst*

Literatur: Tzvetan Todorov: Einführung in die fantastische Literatur. Frankfurt a. M. 1972.

Der Schrecken vom Amazonas

The Creature from the Black Lagoon

USA 1954   s/w 79 min

R: Jack Arnold (Unterwasserszenen: James C. Havens)
B: Harry Essex, Arthur Ross, nach einer Story von Maurice Zimm
K: William E. Snyder (Unterwasseraufnahmen: Charles S. Welbourne)
M: Ted J. Kent
D: Richard Carlson (David Reed), Julie Adams (Kay Lawrence), Richard Denning (Mark Williams), Antonio Moreno (Carl Maia)

Am Anfang scheint es, als hätte man sich in einen Kulturfilm über die Entstehung des Universums verirrt: Mit pathetischen Worten erläutert eine belehrende Männerstimme den Ursprung allen Lebens aus dem Meer. 15 Millionen Jahre später stößt der brasilianische Paläontologe Carl Maia am oberen Amazonas auf eine fossile Kralle mit fünf Fingern und zugleich Schwimmhäuten – die sensationelle Entdeckung eines evolutionären Missing Link zwischen dem Leben im Wasser und an Land. Für die Erforschung der bislang völlig unbekannten Spezies sichert sich Maia die Hilfe des Meeresbiologen David Reed und seines Chefs Mark Williams. Gemeinsam machen sie sich, in einer Mischung zwischen Expedition und Abenteuertrip, in den Tiefen des Regenwalds am Amazonas auf die Suche nach weiteren Resten des Fossils und stoßen dabei auf ein äußerst lebendiges Urzeitmonster, das es auf Reeds attraktive Mitarbeiterin und Freundin Kay Lawrence abgesehen hat.

Der Kiemenmann ist Jack Arnolds berühmteste Kreation, zu der er inspiriert wurde durch eine Zeitungsmeldung über einen Coelacanth, »eine Art Rückentwicklung der Natur ins Zeitalter des Devon« (Arnold, zit. nach

Schnelle), mit Kiemen, einer Lunge und Überresten von Beinen. Durch den zeittypischen 3-D-Effekt, mit dem sich die Kinoindustrie gegen den neuen Konkurrenten Fernsehen behaupten wollte, unterstrich Arnold die Gefährlichkeit dieses »Schreckens vom Amazonas«, beispielsweise wenn dessen Klaue nach Kay greift. In der Geschichte des Horrorfilms ist das eidechsenartige Halbwesen mit dem Fischkopf ein Bindeglied zwischen Filmmonstren wie *Frankenstein* (1931, James Whale) oder *King Kong* (*King Kong und die weiße Frau*, 1933; Merian C. Cooper, Ernest B. Schoedsack) und dem *Weißen Hai* (*Jaws*, 1975; Steven Spielberg), der die unheimliche Beobachterperspektive aus den Tiefen des Wassers übernommen hat. In den fünfziger Jahren gehörte dieses hybride Geschöpf zu den bekanntesten Monstern der populären phantastischen B-Pictures, die den zeitgenössischen Verunsicherungen und Ängsten der westlichen Welt vor dem Unbekannten im Allgemeinen und dem Kommunismus, den atomaren Folgen des Kalten Krieges und nicht absehbaren Konsequenzen wissenschaftlicher Forschung im Besonderen Ausdruck gaben. Dazu zählten auch das urzeitliche Saurierungetüm in *The Beast from 20 000 Fathoms* (*Panik in New* York, 1953; Eugene Lourie), die experimentell ins Gigantische gesteigerten Ameisen in *Them* (*Formicula*, 1954; Gordon Douglas) oder die Riesen-Giftspinne in Arnolds *Tarantula* (1955), die die Horrorelemente im zeitgenössischen Science-Fiction-Film betonten.

Die angestammte Amazonas-Lagune der amphibischen Kreatur ist der Inbegriff des Anderen, des Unerforschten, als »another world« wird sie einmal bezeichnet. Legenden ranken sich um diesen auf den ersten Blick paradiesisch anmutenden Ort: Noch nie sei jemand von dort zurückgekehrt. Als Gegenentwurf zu den wissenschaftlich manipulierten Kreaturen wie *Tarantula* ist der Kiemenmann selbst die Negation einer jeden Entwicklung, ein urzeitliches Geschöpf, das sich der Evolution widersetzt hat und dennoch eine auffallende Menschenähnlichkeit besitzt. Es geht aufrecht auf zwei Beinen und hat eine dem Menschen ebenbürtige Intelligenz und Lernfähigkeit: So schließt es die Lagune mit Hilfe von Baumstämmen ab, damit das Expeditionsschiff nicht wegfahren kann, und überlistet die Wissenschaftler, um Kay zu bekommen. Erst mit Hilfe des Betäubungsmittels Rotanone, das, im Wasser verspritzt, weiße Wolken wie kleine Atompilze produziert, kann es besiegt werden. Schwer verletzt erkennt es seine Niederlage und verzichtet auf den weiteren Kampf. Regelrecht edel und großherzig wirkt sein Rückzug ins Meer, wo es zu verenden scheint.

Es gehört zu der Stärke des Films, dass Arnold sein Geschöpf, das er liebevoll »das kleine Biest« nannte, lange Zeit nur als Pars pro toto präsentiert, um der Phantasie des Zuschauers Raum zu geben und die Spannung zu schüren. Als Regisseur hat er seine Lektion von Val Lewton gelernt: Schon im dokumentarartigen Prolog sehen wir im Meeresstrand Spuren des Kiemenmannes, die die Stufen der Evolution, Vorzeit und Gegenwart mühelos verbinden. Wenn die fossilen Reste gefunden werden, schwenkt die Kamera – »eine typische Arnold-Einstellung« (Schnelle) – und gibt den Blick frei auf zwei Luftblasen in der Lagune und eine furchterregende Klaue, die sich ins Wasser zurückzieht und auf dem Boden tiefe Krallenspuren hinterlässt. Beim dritten Mal sieht der Zuschauer aus der subjektiven Perspektive der Urzeitkreatur, wie sie sich dem Zelt mit Maias zurückgebliebenen einheimischen Helfern nähert; zuerst setzt ihre Kralle auf dem Boden auf, dann erscheint diese im Zelteingang, kaum zuzuordnende, tigerähnliche Laute sind zu hören. Das Monster selbst bleibt unsichtbar, seine Entsetzlichkeit spiegelt sich allein in den vor Angst verzerrten Gesichtern der Angegriffenen. Mit diesen tödlichen Attacken etabliert Arnold seinen Kiemenmenschen als böse und gefährlich, da sie ohne unmittelbare Notwendigkeit der Selbstverteidigung geschehen, auch wenn sie in den Gesetzmäßigkeiten einer Zeit, die den Begriff der »Political Correctness« noch nicht kannte, weniger ins Gewicht fallen, weil es sich bei den Opfern um Indigene handelt. Denn es war Arnolds erklärte Absicht, dass die Sympathien des Zuschauers auf der Seite des Amphibienmenschen sein sollten, der sich zur Wehr setzt, weil sein Lebensraum bedroht ist. »Jack Arnold war der liberale Moralist unter Amerikas Horrorfilmern der Fünfziger« (Schnelle). In Verkehrung vielfältiger Strategien des Horrorfilms sind die eigentlichen Aggressoren die Menschen, die in das funktionierende Biotop der Lagune eindringen: mit dem Ziel von Publicity und Ruhm Mark Williams, unter der Flagge wissenschaftlicher Forschung Maia, David und Kay. Erst nach einem Drittel des Films kommt der Kiemenmensch zum ersten Mal ganz ins Bild, auf eine seltsam unspektakuläre Weise, wie auch seine Physis selbst angenehm unspektakulär ist, ja fast enttäuschend nach der aufgebauten hohen Erwartungshaltung. Dafür wirkt diese Kinoschöpfung umso glaubwürdiger und realistischer, als mögliches »Versagen der Natur«, wie David es anhand des tatsächlich existierenden Lungenfischs erläutert.

Die poetischste und bis heute nachhaltigste Szene zeigt Kays Bad mit dem Monster: Von den Männern der Expedition unbeobachtet, dreht sie sich, sehr sexy in einen weißen Badeanzug gewandet, der ihre ausgesprochen weiblichen Konturen zusätzlich akzentuiert, in Wasserballettfiguren wie Badenixe Esther Williams und lenkt die Aufmerksamkeit des Kiemenmannes auf sich. Ihr zugewandt, schwimmt er unterhalb der Wasseroberfläche parallel zu ihr, ahmt ihre Bewegungen nach – eine Szene voller phantasiebeflügelnder Erotik, eine Art symbolischer Sex im Wasser. Die Tragik des Monsters besteht darin, dass er Kay mit seiner scharfen Krallenhand nicht liebevoll berühren kann – jede Zärtlichkeit käme einer Verletzung gleich. Seine schreckliche Klaue, die sich unbeholfen nach Kay ausstreckt, verkörpert schlechthin die Sehnsucht nach Nähe und Liebkosungen. Diesen Letzten seiner Art treibt nicht Mordlust oder Begierde, sondern Liebe. Dieser Subtext der ewigen Geschichte von »The Beauty and the Beast« macht die emotionale Stärke des Films aus. Schon unmittelbar nach der Uraufführung ließ Billy Wilder Marilyn Monroe, wie Kay ein weiß gekleidetes Objekt männlicher Begierde, in *The Seven Year Itch* (*Das verflixte siebente Jahr*, 1955) nach einem Besuch von *The Creature from the Black Lagoon* vor Mitleid zerfließen. Der Erfolg von Arnolds Film inspirierte nicht nur die beiden Fortsetzungen *Revenge of the Creature* (*Die Rache des Ungeheuers*, 1955), wieder in 3-D von Arnold inszeniert, und *The Creature Walks Among Us* (*Das Ungeheuer ist unter uns*, 1956; John Sherwood), sondern auch billige Nachahmerproduktionen wie *Attack of the Giant Leeches* (1959, Bernard L. Kowalski) oder *The Horror of Party Beach* (1963, Richard L. Hilliard). Anfang der achtziger Jahre war Arnold mit Universal im Gespräch für ein Remake in 3-D, jedoch gab das Studio einem anderen Unterwassermonster den Vorzug und produzierte *Jaws 3-D* (*Der weiße Hai III – 3-D*, 1982; Joe Alves).   *Ursula Vossen*

Literatur: Frank Schnelle (Hrsg): Hollywood Professional. Jack Arnold und seine Filme. Stuttgart 1993.

Kleiner Laden voller Schrecken / The Little Shop of Horrors

The Little Shop of Horrors

USA 1960   s/w 70 min

R: Roger Corman
B: Charles B. Griffith
K: Archie Dalzell
M: Fred Katz
D: Jonathan Haze (Seymour Krelboin), Jackie Joseph (Audrey),
Mel Welles (Gravis Mushnik), Jack Nicholson (Wilbur Force)

Seymour Krelboin ist Laufbursche in Gravis Mushniks
kleinem Blumenladen in einer Vorstadt von Los Angeles.
Als sein Chef ihn entlassen will, präsentiert Seymour ihm
eine völlig neuartige Pflanze, die er in einer alten Konser-
vendose gezüchtet und nach seiner von ihm heimlich verehrten Kollegin Audrey genannt hat. Leider zeigt seine
Kreation Audrey jr. trotz aller Fürsorge bald Verfallser-
scheinungen. Als Seymour sich an einer Pflanze verletzt,
fallen einige Blutstropfen auf das Gewächs und werden von
diesem begierig eingesogen. Audrey jr. wächst und gedeiht,
bis sie schließlich zur Begeisterung von Seymours Chef zur
verkaufsfördernden Attraktion des Blumenladens wird.
Der Druck auf Seymour wächst, weiteres Frischfutter für
sie zu finden. Nach und nach werden ein Unfallopfer, ein
sadistischer Zahnarzt, ein Einbrecher und eine Prostituierte
an die immer größer werdende Pflanze verfüttert. Für seine
Zuchtleistung erhält Seymour die Auszeichnung einer renommierten botanischen Gesellschaft. Doch bei der Preis-
verleihung im Laden öffnen die Ableger der Pflanze ihre
Blütenblätter und geben den Blick auf die Gesichter der
Verfütterten frei. Der von der Polizei gejagte Seymour will
dem Spuk ein Ende machen: Mit gezücktem Messer versucht er der mittlerweile drei Meter hohen Pflanze den
Garaus zu machen und wird ihre letzte Beute.

The Little Shop of Horrors ist ein Präzedenzfall für die geradlinige und extrem ökonomische Arbeitsweise des Genrefilmers und legendären Produzenten Roger Corman, der neben vielen Western, Gangster- und Science-Fiction-Filmen das Horrorgenre in den sechziger Jahren mit einem siebenteiligen Zyklus nach den Werken Edgar Allan Poes bereicherte. Nach seinen eigenen Angaben wurde die makabre Geschichte um die fleischfressende und sprechende Pflanze Audrey jr. mit einem Budget von 22 500 Dollar in rekordverdächtigen zwei Tagen und einer Nacht gedreht. Sie liefert ein Schulbeispiel für die Möglichkeiten gestalterischer Phantasie bei extremer ökonomischer Beschränkung, denn Corman gelingt eine einzigartige Horrorgroteske des Alltäglichen und der kleinen Leute. Er mischt den Horrorfilm mit Elementen der schwarzen Komödie und der Genreparodie, unternimmt aber auch Ausflüge in die Welt des Polizeifilms und skizziert überdies sehr genau die schäbige Vorort-Realität mit ihren kleinen Geschäften, den reizlosen Restaurants, dem Straßenstrich und den in nächster Nähe liegenden Industrieanlagen. Ernste und groteske Züge halten sich in bewundernswerter Weise die Waage und erzeugen einen beständigen Stimmungswechsel, der die Entwicklung der Geschichte unberechenbar macht und die Spannung konstant hält. Die schlichten Spezialeffekte wie die Pflanze Audrey jr., die wie ein überdimensionales behaartes Ei aussieht, und die von Dialogpartien dominierte Dramaturgie des Films erweisen sich dabei nie als störend, zumal Corman der Gefahr einer statischen Erzählweise, die die Dialoglastigkeit und das lange Verharren in derselben Hauptdekoration des Blumenladens nach sich zieht, mit häufigem Wechsel der Kameraposition gekonnt entgegensteuert.

Das den Gesamtentwurf prägende Changieren zwischen witzigen und schreckenerregenden Momenten bestimmt auch die ambivalente Gestaltung der Hauptfiguren: Der von seiner herrischen Mutter unterdrückte Seymour erinnert in Aussehen, Gang und Gehabe an die von Jerry Lewis gespielten komischen Helden, z. B. in *The Caddy* (*Der Tollpatsch*, 1953) oder *The Stooge* (*Der Prügelknabe*, 1953), ist aber zugleich mit seiner Pflanzenschöpfung eine Art ›Mad Scientist‹ und Frankenstein-Verschnitt. Als Werkzeug des Bösen bleibt ihm ein glückliches Ende verwehrt. Der jüdische Ladenbesitzer Mushnik wiederum ist in einem Konflikt zwischen Geld und Moral gefangen, denn das Geschäft mit der Monsterpflanze lässt seine Kasse klingeln. Seinen inneren Kämpfen gibt Corman erstaunlich breiten Raum, gilt der Figur doch die besondere Sympathie des für sein ökonomisches Denken ebenso berühmten wie berüchtigten Regisseurs und Produzenten.

Liebevoll gezeichnet sind auch die exzentrischen Stammkunden des Ladens: eine weinerliche alte Dame, der immer wieder Verwandte wegsterben, ein Kunde, der die von ihm erworbenen Nelken stets an Ort und Stelle gut gesalzen zu verspeisen pflegt, und der sadistische Zahnarzt samt seinem masochistischen Patienten. Die vielen kleinen Skurrilitäten am Rande überdecken leicht, mit welcher Kühnheit und Leichtigkeit Corman die etablierten Grenzen des guten Geschmacks überschreitet und zum Wegbereiter des Splatter Movies wird. Sehr deutlich zeigt er, wie Seymour abgetrennte menschliche Gliedmaße seiner Pflanze zu fressen gibt, die die Mahlzeit mit einem kräftigen Rülpsen quittiert. Bevor er sie tötet, prüft Seymour den Körper der Prostituierten auf ihren Nährwert für Audrey jr. Bei seiner Verfolgung durch die Polizei versteckt er sich in einer Toilette und blickt aus einer Schüssel heraus. Cormans kleine Horrorgroteske setzt sich letztlich über mehr Tabus hinweg als gleichzeitig entstandene Filme wie Michael Powells *Peeping Tom* (1960) oder Hitchcocks *Psycho* (1960), die in stärkerem Maße mit Zensurproblemen zu kämpfen hatten.

Nach einem mäßig erfolgreichen Start entwickelte sich *The Little Shop of Horrors* rasch zum Kultfilm und war die Grundlage für ein Musical, das 1982 als Off-Broadway-Produktion uraufgeführt und 1986 von Frank Oz verfilmt wurde. Oz siedelt das Geschehen zur Entstehungszeit des Corman-Films an. Die ironische und detaillierte Rekonstruktion der frühen sechziger Jahre bestimmt den Stil dieses Remakes, das mit einer von Lyle Conway beeindruckend gestalteten Pflanze sowie einer Reihe von sorgfältig arrangierten und choreographierten Song- und Tanzeinlagen vor bonbonfarbenen künstlichen Dekors aufwartet. Seymour wird zum ganz und gar sympathischen Helden, der nun niemanden mehr umbringt und mit einem Happy End belohnt wird. Im Gegenzug avanciert Mushnik zu einem unsympathischen Tyrannen und fällt schließlich selbst der Pflanze zum Opfer. Beim ausgebauten Komplex um den grausamen Zahnarzt und in einer großen Traumsequenz, die Seymours künftiges Eheglück mit häuslichen Fernsehabenden, Tupper-Partys und Raumspraydüften ausmalt, gelingt es Oz' Film, an die bösartige Komik der Corman-Version anzuknüpfen. Ansonsten gibt er sich harmlos-verspielt und verweisfreudig, besonders in Bezug auf Douglas Adams' Romanserie *Per Anhalter durch die Galaxis* (*Hitchhiker*) und Ridley Scotts Science-Fiction-Film *Alien* (*Alien – Das unheimliche Wesen aus einer fremden Welt*, 1979), und demonstriert dadurch unfreiwillig, dass der anarchische Geist von Cormans Film Mitte der achtziger Jahre nur noch domestiziert im Kino möglich war. *Guido Bee*

Literatur: Ed Naha: The Films of Roger Corman: Brilliance on a Budget. New York 1982. – Roger Corman: How I Made a Hundred Movies in Hollywood and Never Lost a Dime. New York 1990.

Peeping Tom / Augen der Angst

Peeping Tom

GB 1960   f 101 min

R: Michael Powell
B: Leo Marks
K: Otto Heller
M: Brian Easdale
D: Karlheinz Böhm (Mark Lewis), Anna Massey (Helen), Moira
  Shearer (Vivian), Maxine Audley (Mrs. Stephens)

1960 verschreckte ein Film die europäische Kinoland-
schaft: Nach der Premiere von *Peeping Tom* in London
wurden Regisseur Michael Powell und sein Hauptdarsteller Karlheinz Böhm durch absolute Nichtbeachtung bestraft, die englische Kritik zeigte sich zum Teil regelrecht
angewidert und verriss den Film. Für Powell, der über
dreißig Jahre zumeist zusammen mit Emmeric Pressbur-
ger anspruchsvolle, aber auch profitable Filme wie *The
Red Shoes* (*Die roten Schuhe*, 1948) gedreht hatte, waren
diese vernichtenden Reaktionen umso schmerzhafter, als
Peeping Tom sein wohl persönlichstes Projekt darstellt: »I
felt very close to the hero, who is an ›absolute‹ director,
someone who approaches life like a director, who is con-
scious of it and suffers from it. He is a technician of emo-
tion. And I am someone who is thrilled by technique«
(zit. nach Stein). Der spektakuläre Misserfolg beendete
schlagartig die Karrieren von Powell und Böhm, der mit
diesem Film seinem übermächtigen Kaiser-Franz-Joseph-
Image aus der *Sissi*-Trilogie (1955–57, Ernst Marischka)
entrinnen wollte. 1976 wurde der zwischenzeitlich vielfach geschnittene und gekürzte Film mit Unterstützung
von Martin Scorsese restauriert, in Frankreich in voller
Länge gezeigt und endlich als Meisterwerk nicht nur des
Horrorkinos gefeiert.
Aus heutiger Sicht erscheint *Peeping Tom* alles andere

als brutal und gewalttätig, sein Terror ist eher kühl und intellektuell, nicht mehr externalisiert in Form eines Monstrums oder eines Untoten, sondern allzu menschlich geworden, entstammt er doch einer deformierten Psyche. Dass der Film aber auch emotional ergreift, liegt nicht zuletzt an Böhms bewegender Darstellung der sympathisch-schüchternen Hauptfigur Mark Lewis. Powell selbst sah sein ambitioniertestes Werk als »film of compassion, of observation and of memory« (zit. nach Stein). Darüber hinaus kommentiert *Peeping Tom* sich mit seinen eigenen Mitteln: Marks 16-mm-Bell-&-Howell-Kamera wird zum zentralen Requisit vor der Kamera, die Schaulust in ihren verschiedenen Formen und Abstufungen bis hin zur pathologischen Skopophilie rückt in den Mittelpunkt des Interesses. Powell hält dem Publikum, aber auch sich selbst als Filmemacher einen Spiegel vor, der in seiner selbstreflexiven Radikalität seiner Zeit weit voraus war. Nicht nur Mark Lewis ist ein ›Peeping Tom‹, ein englischer Ausdruck für Voyeur, sondern auch der Kinozuschauer. Marks zwanghafter Voyeurismus geht auf ein ausgeprägtes Kindheitstrauma zurück, das von seinem verstorbenen Vater A. N. Lewis, einem berühmten Wissenschaftler, verursacht wurde. Er benutzte den kleinen Sohn als Probanden für seine Versuche über die Reaktionen des Nervensystems auf Angst und dokumentierte dessen Verhalten bis hin zur totalen Überwachung mit Kamera und Tonband. Dem zugleich verhassten wie geliebten väterlichen Vorbild strebt Mark nach, wenn er mit der Kamera selbst Studien der Todesangst betreibt: Mit einem anstelle eines Stativfußes angebrachten Messer spießt er während der Filmaufnahmen Frauen auf, um ihren Ausdruck im Augenblick des Sterbens festzuhalten. Am Schluss ist es sein eigenes Ende, das er auf Zelluloid bannt.

Das zeitgenössische Skandalon von *Peeping Tom* lag nicht nur in seiner radikalen Thematik, sondern vor allem in seiner kompromisslosen, schockierenden Ästhetik. Das

Publikum wird von Anfang zur Identifikation mit Mark
und seinem mörderischen Tun aufgefordert – der Blick
des Zuschauers wird zu dem des Täters: Es ist Nacht. Eine
Prostituierte steht vor einem Schaufenster. Mark tritt aus
dem Dunkel in den Bildvordergrund, schaltet seine Kamera, die er unter seinem Mantel versteckt hat, ein und geht
auf die Frau zu. Nun existiert nur noch die Perspektive
von Marks Kamera, die Läufe hat wie ein Gewehr und das
Opfer mit einem Fadenkreuz ins Visier nimmt. Wir nähern uns der Prostituierten, folgen ihr in ein Apartment,
sie zieht sich aus. Wir hören, wie ein Gegenstand einrastet.
Die Frau sieht erstaunt auf, begreift und beginnt zu
schreien. Während der erste Teil der Sequenz mit der
35-mm-Kamera des Kameramannes Otto Heller gefilmt
ist, guckt man im zweiten Teil durch den Sucher der
16-mm-Kamera, mit der Mark innerhalb des Films dreht.
Mit dieser kühn gesetzten Mörderidentifikation geht
Powell ungleich weiter als der nur zwei Monate später
uraufgeführte, wesentlich erfolgreichere *Psycho* (1960, Alfred Hitchcock), der ungeachtet der beeindruckenden
Dusch-Sequenz auf eine klassische Whodunit-Dramatur-
gie setzt, aber letztlich mehr Einfluss auf das Genre hatte.
Mark hingegen erdolcht Frauen, während er sie filmt, um
ihr vor Angst verzerrtes Gesicht auf Zelluloid zu bannen,
wie seinen eigenen Tod am Schluss des Films.

Powell versetzt den Zuschauer jedoch nicht nur in die
Perspektive des Mörders, sondern auch in die Position der
Opfer. Denn Mark filmt nicht nur deren Ermordung, er
lässt sie ihren Tod auch mittels einer wahrlich diabolischen Konstruktion mitansehen: Auf dem Schaft des Mes-
sers hat er einen Parabolspiegel befestigt. Das Publikum
betrachtet aus der Perspektive des Täters den Blick des
Opfers, das ebenfalls in sein eigenes, von Todesangst verzerrtes Gesicht schaut. In diesem Sich-Bewusst-Werden
liegt die eigentliche Perfidie von Marks kinematographi-
scher Tötungsmaschine, die erst am Ende des Films ent-

hüllt wird. Die Erkenntnis lässt den Zuschauer erschauern, identifiziert er sich doch rückblickend mit dem Opfer und erfasst dessen Gefühle der Verstörung, des Terrors und der Ohnmacht.

Der Mörder Mark ist aber auch zugleich selbst Opfer, nämlich das der Experimente seines Vaters. Als erstem Menschen überhaupt führt er seiner netten jungen Nachbarin Helen Stephens die Qualen seiner Kindheit vor. In diesem Film-im-Film spielt niemand Geringeres als Powell selbst den despotischen Vater, während sein Sohn Columba den kleinen Mark darstellt. Die filmimmanente Dokumentation zeigt alle wesentlichen Stationen der ödipalen Geschichte – von der Wahl des Liebesobjekts über den Zugang zur Genitalität bis zur Auswirkung auf die Strukturierung der Persönlichkeit – und endet damit, dass A. N. Lewis Mark eine Kamera schenkt. Dieser Akt verweist noch einmal metonymisch auf die dargestellten Schlüsselmomente der ödipalen Krise. Dabei betonen die einzelnen Episoden immer wieder die Unzulänglichkeit des Sohnes und die Bestrafungsgewalt des Vaters. Selbst als A. N. Lewis sein väterliches Erbe in Form der Kamera an seinen Sohn weitergibt, findet die phallische Übertragung nur scheinbar statt, bleibt doch die Kamera des Vaters während der Übergabe des Geschenks weiterhin auf den Sohn gerichtet. Somit verkehrt sich der Versuch der phallischen Übertragung zur symbolischen Kastration.

Da der traumatisierte Mark den toten Vater für dessen Taten nicht mehr zur Verantwortung ziehen kann, sucht er einen Weg, der ihm die symbolische Rache an seinem Peiniger ermöglicht. Er identifiziert sich mit ihm und wird selbst zum Regisseur eines eigenen Dokumentarfilms, wie er seinen Kollegen erzählt, der in gesteigerter Form die Reaktionen des Nervensystems auf Angst illustriert. Dabei transformiert er die Skopophilie und den indirekten Kindesmissbrauch des Vaters in Voyeurismus und Mord. Er tötet, um die Schuld seines Vaters zu wiederholen und

sich schließlich selbst für dessen und für seine eigenen
Vergehen zu bestrafen. Sein Selbstmord ist letztendlich die
logische Konsequenz, um den Vater in sich zu töten.

Als Mark Helen den väterlichen Film zeigt, bemerkt er
ihr außergewöhnliches Interesse an der Dokumentation.
In ihrer Schaulust spiegelt sich seine eigene, folglich versucht er ihren bzw. seinen Voyeurismus filmisch festzuhalten. Doch Helen hindert ihn daran, weil sie ihre privi-
legierte Position, die es ihr erlaubt zu beobachten, ohne
dabei selbst beobachtet zu werden, nicht aufgeben will.
Powell setzt sie mit dem Publikum gleich, das ja ebenfalls
einem Schauspiel zusieht, ohne gesehen zu werden. Doch
als der kleine Mark in Lewis' Dokumentation seine Kamera auf Helen und damit zugleich auf den Zuschauer
richtet, ist es mit dieser Sicherheit vorbei. Helen und mit
ihr das Publikum fühlt sich des Voyeurismus überführt,
der Blick des Beobachters wird von der Leinwand umgekehrt und richtet sich gegen ihn. Hier überschreitet *Peeping Tom* die Grenze zwischen Realität und filmischer
Wirklichkeit.

Nur Helens blinde Mutter nimmt wahr, was den sehen-
den Figuren verborgen bleibt. Ihre Blindheit macht sie zur
Vertreterin einer intuitiven Wahrnehmung, womit sie dem
positivistisch-wissenschaftlichen A. N. Lewis diametral
entgegengesetzt ist. Und so erkennt sie als Einzige die
Bürde des Verlangens und der Schuld, die Mark sein mör-
derisches Spiel immer weiter vorantreiben lässt, und versucht, ihn zur Umkehr zu bewegen: »Instinct is a wonder-
ful thing, isn't it, Mark? A pity it can't be photographed.
[...] So I am listening to my instinct. And it says all this
filming isn't healthy.«
                                                Ingrun Müller

Literatur: Elliot Stein: »A very tender film, a very nice one.« In:
Film Comment. 15 (1979) Nr. 5. – Makoto Ozaki: *Peeping Tom.*
Berlin 1989. – Michael Powell: Million Dollar Movie. The Second
Volume of His Life in Movies. An Autobiography. London 1992.

Psycho

USA 1960   s/w 110 min

R: Alfred Hitchcock
B: Robert Bloch, Joseph Stefano
K: John L. Russell
M: Bernard Herrmann
D: Anthony Perkins (Norman Bates), Janet Leigh (Marion
   Crane), Vera Miles (Lila Crane), John Gavin (Sam Loomis),
   Martin Balsam (Detektiv Arbogast)

Alfred Hitchcocks *Psycho* wurde für Generationen von
Kinogängern zum Synonym für Angst und Schrecken. Bis
heute hat er sich als der wirkmächtigste Horrorfilm aller
Zeiten erwiesen, der die Genreentwicklung hin zu Werken
wie *Halloween* (*Halloween – Die Nacht des Grauens*,
1978; John Carpenter) und *Friday the 13th* (*Freitag der
13.*, 1980; Sean S. Cunningham) maßgeblich prägte. Auch
Bernard Herrmanns grandiose, nervenzerfetzende Strei-
chermusik mit ihrem peitschenden Charakter und der raffinierten Kombination aus Vogelschreien beim Auftritt
des Mörders wurde seither unendlich oft zitiert, aber in
ihrem akustischen Thrill nicht übertroffen. Fast gleichzeitig mit dem ungleich erfolgloseren *Peeping Tom* (1960,
Michael Powell) verlegte *Psycho* den Ursprung des Schreckens in die menschliche Psyche und ließ den Horror in
alltägliche, private Situationen wie der berühmten Duschszene schockartig einbrechen. Mit der Figur des Norman
Bates machte Hitchcock den Typus des psychopathischen
Mörders mit frühkindlichen Problemen populär und verschaffte dem bis dahin wenig bekannten Anthony Perkins
die Rolle seines Lebens, von der dieser nicht loskommen
sollte. Perkins' Physiognomie ist nicht die eines typischen
Film-Übeltäters, doch gerade die Tatsache, dass der
schlaksige und freundlich wirkende junge Mann sich als
Ungeheuer entpuppt und der Zuschauer unbemerkt An-

teil an seiner ›kranken‹ Perspektive hat, verstärkt den
Horror. Denn der Regisseur verweigert seinem Publikum
einen überlegenen Standpunkt, es weiß nicht mehr als die
Figuren – so widerspricht Hitchcocks populärster Film
mit Erfolg seiner eigenen Suspense-Theorie, dass die Zuschauer von vorneherein eingeweiht werden sollten.

Von Beginn an nimmt *Psycho* eine voyeuristische Perspektive ein: Die Sekretärin Marion Crane kann sich nur
in den Mittagspausen in billigen Hotels mit ihrem Freund
Sam Loomis zum Beischlaf treffen. Dem Liebespaar fehlt
es an Geld für eine gemeinsame Zukunft. Als sie 40 000
Dollar für einen Kunden ihres Chefs zur Bank bringen
soll, ergreift Marion die Gelegenheit und verschwindet
mit dem Geld. Auf der Flucht macht sie Halt beim Bates
Motel; es wird von dem jungen, schüchternen Norman
Bates geleitet, der seine herrische, kranke Mutter in einem
an das Hotel grenzenden Herrenhaus pflegt. Beim Duschen wird Marion von einer weiblich aussehenden Person bestialisch erstochen. Panisch beseitigt Norman die
Spuren und versenkt Marions Leiche samt ihrem Wagen
im Moor. Der Detektiv Arbogast, der wegen des verun-
treuten Geldes auf der Suche nach Marion ist, durchsucht
in Normans Abwesenheit das düstere Herrenhaus, wird
aber von einer weiblich aussehenden Person erstochen.
Sam und Marions Schwester Lila wollen der Sache auf den
Grund gehen, nachdem sie erfahren haben, dass Normans
Mutter bereits seit acht Jahren tot ist. Im Keller des Herrenhauses entdeckt Lila die Mutter: eine einbalsamierte
Leiche. Mit einem Messer bewaffnet, bedroht die weiblich
aussehende Person nun Lila und wird in letzter Sekunde
von Sam aufgehalten: Der Angreifer ist Norman in Frau-
enkleidern. In der vielfach kritisierten Schlusssequenz erklärt ein Psychiater die Hintergründe der Mordserie:
Norman litt darunter, dass seine Mutter einst einen Liebhaber hatte und er aus der ›ersten‹ Position verdrängt
wurde – er brachte sie um. Aus dem Schuldgefühl des

Muttermordes entstand seine schizophrene Identifikation mit der Mutter.

Psycho zeichnet sich durch ruckartige, kompromisslose Wendungen und radikale Tabubrüche auf verschiedenen Ebenen aus, die – wie etwa das Zeigen einer Toilettenspülung – teilweise heute nicht mehr in ihrer damaligen Wirkung nachvollziehbar sind. Wie so oft bei Hitchcock ist die Mutterfigur tyrannisch und monströs. Das Interieur des Herrenhauses belegt eine puritanische Sexualerziehung. Diese psychologische Umkehrung der Mutterfigur von der fürsorglichen Behüterin der Familie zur zerstörerischen Despotin widerspricht der westlichen Familienideologie und ist daher immer noch aufwühlend und verstörend.

Für die Zuschauer völlig unerwartet fällt nach der Hälfte des Films sein Star Janet Leigh einem sinnlosen, weil scheinbar motivlosen Mord zum Opfer – genau dann, als Marion das unterschlagene Geld zurückbringen will. Die unglaubliche Brutalität der Duschszene ist zugleich subtiler Natur: Die Montage benötigte Material von sieben Drehtagen und über siebzig Schnitte, bis Hitchcock sich zufrieden zeigte, und vermischt geschickt Zeitlupen mit in normaler Geschwindigkeit gedrehten Einstellungen. Explizite Gewaltdarstellung jedoch fehlt – das Messer berührt die Duschende nie. Auch der arglos freundliche Detektiv erleidet dasselbe tödliche Schicksal: Figuren also, deren Ableben man in üblichen Filmerzählungen nicht erwartet. Wenn Arbogast in das obere Stockwerk des Herrenhauses steigt, ist das ein Tabubruch der besonderen Art, gilt dieses doch in angelsächsischen Wohngebäuden als unzugängliche private Zone. Überhaupt fallen immer wieder Einbrüche in die Privatsphäre, in der man besonders verletzt ist, und indiskrete, verbotene Blicke auf: Zu Anfang des Films ist man selbst Voyeur, der das halb bekleidete Paar Marion und Sam unmittelbar nach dem Sex beobachtet – die Kamera schleicht förmlich unter der

Jalousie in das abgedunkelte Zimmer hinein. Später wird Marion von einem Highway-Polizisten schlafend im Auto überrascht und bei ihren weiteren Handlungen misstrauisch beobachtet. Sein Gesicht ist unheimlich, da die Augen hinter einer großen nachtschwarzen Sonnenbrille verborgen bleiben. Beim Mord an Marion kulminieren Voyeurismus und Zerstörung des Privaten: Norman beobachtet die schöne Frau beim Ausziehen durch ein Loch in der Wand, als seine Mutter verkleidet überrascht er sie in der denkbar ungeschütztesten Situation, nackt, entspannt durch das heiße Wasser, in einer symbolischen Reinigung von ihrem Diebstahl, entschlossen zur Umkehr.

Nahaufnahmen von Gesichtern interessieren Hitchcock hier besonders: Marions Verzweiflung im Auto und ihr Entsetzen unter der Dusche, Normans scheues Lächeln im Zwiegespräch mit ihr. Arbogasts Fall auf der Treppe des Herrenhauses wird durch eine Rückprojektion subjektiv und zeitlich gedehnt, Überraschung, Panik, Todesangst lassen sich überdeutlich auf seinem Gesicht ablesen. Hitchcock präsentiert in *Psycho* großformatig Emotionalität, ohne dass einer der Charaktere wirklich Identifikationsfigur wäre. Dennoch gelingt es ihm, den Zuschauer um die Figuren bangen zu lassen, obwohl sie Unrecht tun: So hofft man zu Anfang, dass Marion mit dem Geld entkommt, so wünscht man sich später, dass Norman es schafft, Leichen und Spuren der Morde zu beseitigen.

Über zwei Dekaden nach seiner Erstaufführung vermarkteten drei Sequels und ein Remake den Nimbus von Hitchcocks Meisterwerk. *Psycho II* (1982, Richard Franklin) gehorcht den Konventionen des zeitgenössischen Genrefilms bis hin zu Splatter-Motiven und drastischen Gewaltbildern, fesselt aber durch die mit Respekt vor dem Original weiterentwickelte Geschichte. Es ist Normans stete Angst, seine psychische Gesundheit wieder zu verlieren, und die damit verbundenen Selbstzweifel, die hier Motor der Geschichte sind. Nach über zwanzig Jahren

Zu Beginn der sechziger Jahre wurde der Horror mit *Psycho* und dem ungleich erfolgloseren *Peeping Tom* psycho-sexuell und brach schockartig wie in der berühmten Duschszene in alltägliche, private Situationen ein. Der Mensch selbst ist das Monster, seine Sexualität, seine erotischen Verdrängungen und geschlechtlichen Fehlentwicklungen gerieten in den Fokus. Zwanghaft mordet Norman Bates in Gestalt seiner von ihm getöteten Mutter, deren mumifizierte Leiche Lila Crane (Vera Miles) zu ihrem Schock im Keller des unheimlichen Herrenhauses entdeckt. *Psycho* wurde für Generationen von Kinogängern zum Synonym für Angst und Schrecken. Dieser wirkmächtigste Horrorfilm prägte die Genreentwicklung maßgeblich, auch wenn der ›Master of Suspense‹ damit seiner eigenen Suspense-Theorie widersprach.

wird er, wieder von Perkins gespielt, freigelassen, zum Entsetzen von Lila. Zusammen mit ihrer Tochter Mary verfolgt sie das Ziel, ihn wieder in den Wahnsinn zu treiben, um ihn so für immer in die Irrenanstalt zu bringen, während ein anonymer Mörder sein Unwesen treibt. Dieser entpuppt sich als Normans leibliche Mutter, die ihn

darüber aufklärt, dass die von ihm getötete Mrs. Bates nur
seine Pflegemutter gewesen sei. Norman tötet auch diese
Mutter – auf dass er sich wieder in die Schizophrenie
flüchten kann. Die handwerklich solide Inszenierung, die
die Identität des Mörders stets im Unklaren lässt, sowie
eine Vielzahl von logisch nachvollziehbaren Wendungen
geben dieser Fortsetzung Eigenständigkeit. *Psycho III*
(1985), bei dem Perkins auch Regie führte, ist dagegen nur
noch ein typischer Trash-Horrorfilm der achtziger Jahre
vom Fließband, mit episodischer, abstruser Handlung
ohne nennenswerte Höhen und mit billigen Soft-Sex-Ein-
lagen. Hier wird Norman Bates endgültig zur reinen Seri-
enfigur degradiert, behaftet mit allen Klischees seriell ver-
brauchter Figuren wie Michael Myers (*Halloween*). Im
dritten Sequel *Psycho IV: The Beginning* (1990, Mick Gar-
ris) offenbart Norman Bates in einer Radiosendung zum
Thema »Muttermord« Details aus der Vergangenheit mit
seiner Mutter und seinem deutlich erotisch geprägten Verlangen nach ihr. Langatmig versucht der völlig spannungs-
freie Film, die psychologischen Abgründe näher zu erklären, verliert sich aber in klischeehaften Ansätzen. Überrascht stellt man fest, dass Norman inzwischen verheiratet
ist und gegen seinen Wunsch Vater wird. Dieses Kind will
er im alten Herrenhaus umbringen, um die Nachwelt vor
seinen schlechten Genen zu verschonen. Hier geschieht
nun das Unglaubliche: Norman lässt sich durch seine Frau
bekehren und setzt das ›Haunted House‹ in Brand. Diese
unglaubwürdige vollständige Rehabilitierung Normans
zum guten, liebenden Normalmenschen ist schlicht eine
Zumutung, aber vielleicht auch als Rehabilitierung des
Schauspielers Anthony Perkins gedacht, der sich von seinem erdrückenden Rollenklischee zu befreien versuchte.
Doch wer glaubte, die Bates'sche Schreckenssaga hätte damit endgültig ein Ende gefunden, wurde 1998 durch Gus
Van Sant und sein irrwitziges Vorhaben einer ›Rekreation‹
eines Besseren belehrt. Einstellung für Einstellung, Schnitt

für Schnitt drehte er *Psycho* nach, nur diesmal in Farbe.
Doch ohne einen eigenen Ansatz inszenierte er Hitchcocks Klassiker als filmhistorisches Denkmal. Das Original zeigt sich immer noch lebendiger als alle Fortsetzungen und Nachahmungen.   *Sascha Koebner*

Literatur: Psycho. Hrsg. von Richard J. Anobile. New York 1974.
(Filmprotokoll.) – *Psycho.* Hrsg. von Frank Schnelle. Stuttgart
1993.

Die Stunde, wenn Dracula kommt

La maschera del demonio

I 1960   s/w 85 min

R: Mario Bava
B: Mario Bava, Ennio de Concini
K: Ubaldo Terzano
M: Roberto Nicolosi
D: Barbara Steele (Prinzessin Asa / Prinzessin Katia), John Rich-
    ardson (Dr. Gorobec), Ivo Gerrani (Prinz Vaida), Andrea
    Checchi (Dr. Choma)

Moldawien im 17. Jahrhundert: Im ›dunklen Zeitalter‹
wird die Prinzessin Asa aus dem Hause Vaida mit einer
metallenen Dornenmaske, der im Original titelgebenden
»Maske Satans«, als Hexe gefoltert und verbrannt. Sie soll
zusammen mit ihrem Geliebten, der angeblich ein Vampir
ist, dem Teufel gedient haben. Der Großinquisitor ist niemand anderes als ihr eigener Bruder. Vor ihrem Tod verflucht Asa dessen Nachkommen und prophezeit ihre
Rückkehr. Im Jahre 1830 erkunden der Arzt Gorobec und
sein junger Assistent Choma auf dem Weg zu einem Kon-
gress in Moskau die verfallene Krypta, in der Asas Überreste ruhen, da sie auf die Reparatur ihrer Kutsche warten
müssen. Durch einen Blutstropfen Gorobecs wird Asa

versehentlich wiederbelebt und lässt mit übersinnlichen
Kräften auch ihren Geliebten auferstehen. Er saugt Gorobec das Blut aus und macht ihn für seine Pläne gefügig.
Um ihre Lebenskraft ganz zurückzugewinnen, braucht
Asa einen anderen Körper. Ihre Wahl fällt auf ihre Nachfahrin Katia, die ihr bis aufs Haar gleicht und in die Choma sich verliebt hat.

Mario Bavas bildgewaltiger Versuch, eine Essenz der
schwarzen Romantik zu visualisieren, wurde bei seiner
Uraufführung belächelt oder als geschmacklos abgetan,
hat sich aber im Lauf von vier Jahrzehnten als einflussreicher Kultfilm durchgesetzt. Kameraführung und Montage
geben sich betont elegant, wechselnde Perspektiven –
häufig auch Subjektiven wie Asas Sicht auf die bedrohlich
näher kommende Satansmaske mit ihren eisernen Spitzen –
schaffen ein für die damaligen Verhältnisse ungewöhnlich
intensives Klima der Verunsicherung und Bedrohung. Bavas Bereitschaft, in der Darstellung von Sexualität und
Gewalt effektbetont zu Werke zu gehen, ließ ihn eine alptraumhafte L'art-pour-l'art-Variante des Genres erschaffen, die in vielerlei Richtung Nachahmer fand, seien es die
pointierten Nachtmahre Dario Argentos, beispielsweise
in *Suspiria* (1976), oder die radikalen Studio-Geisterbah-
nen Roger Cormans etwa in *Masque of the Red Death*
(*Satanas – Das Schloss der blutigen Bestie*, 1964). Nie verleugnet Bava, dass er sich in einer Gothic-Kunstwelt, einem Märchenwald für Erwachsene bewegt, der von eigenen Gesetzen beherrscht wird. Barbara Steele brilliert in
einer Doppelrolle zwischen reiner Unschuld und irrer Besessenheit. Als Hexe Asa stilisiert Bava sie zu einer ›Belle
dame sans merci‹ im Sinne der romantischen Schauerliteratur und verhalf ihr so zum Status einer ›Scream Queen‹,
was die späteren Hammer-Filme mit ihr bewusst forcier-
ten. Durch ihre Zusammenarbeit mit Bava, aber auch Roger Corman, Riccardo Freda und Antonio Margheriti
wurde Steele eine der wenigen weiblichen Horror-Iko-

nen, deren Popularität sich mit männlichen Stars messen konnte. Mit weiteren Werken wie *Operazione Paura (Die toten Augen des Dr. Dracula*, 1966), die sich in ähnlich origineller Künstlichkeit gefielen, blieb Bava dem Genre bis in die siebziger Jahre treu und übertrug während der Dreharbeiten zu *Shock* (1975) seine Nachfolge – nicht jedoch sein Talent – seinem Sohn Lamberto. Dieser wagte sogar unter dem Titel *Maschera* ein Remake des väterlichen Erfolgsfilmes, scheiterte jedoch daran, unpassende Elemente der zeitgemäßen Teenie-Komödie integrieren zu wollen.

Ungeachtet des irreführenden deutschen Titels reiht sich Bavas in Englisch gedrehtes Hauptwerk weniger dem ausufernden Vampir-Subgenre ein, auch wenn Asas Geliebter als »Blutsauger« tituliert wird, sondern bildet – ausgehend von der Pretitle-Sequenz – einen der Grundsteine für eine zwischen 1968 und 1974 populäre Randerscheinung des Horrorgenres, den Inquisitions- oder Hexenjägerfilm. Dieser schöpft sein Grauen aus den Ereignissen der historischen Hexenverfolgung, zu der Bava sich völlig affirmativ verhält. Herausragend sind in diesem Zusammenhang Michael Reeves' düsteres Geschichtsdrama *The Witchfinder General (Der Hexenjäger*, 1968) und Ken Russells theatralisches Spektakel *The Devils (Die Teufel*, 1970), die sich sowohl auf historische (Torquemada, Matthew Hopkins, Urbain Grandier) als auch auf literarische Traditionen wie Aldous Huxley berufen. Beide Filme bieten anders als Bava auf bedrückend gelungene, wenn auch äußerst unterschiedliche Weise ein Porträt religiösen Eifers und sexuell motivierter Folterexzesse, die bei Reeves psychologisch und bei Russell kulturpolitisch konnotiert sind. Auf den Erfolg dieser Filme reagierte die europäische Exploitation-Filmindustrie mit einer Reihe epigonaler Produktionen von Handwerkern wie Jesús Franco (*Il trono di fuoco / Der Hexentöter von Blackmoor*, 1969) oder Michael Armstrong (*Mark of the Devil /*

Hexen bis aufs Blut gequält, 1969), die jedoch die Hexenverfolgung als Vorwand zur Inszenierung drastischer Gewaltszenen überreizten und sich bald tot gelaufen hatten.

Marcus Stiglegger

Literatur: William K. Everson: Klassiker des Horrorfilms. München 1982. – Rolf Giesen: Der phantastische Film. Ebersberg 1983.
– Peter Nicholls: The World of Fantastic Films. New York 1984. –
Peter Blumenstock: Operazione paura. In: Caligari. Nr. 1. Vreden
1991.

Das Schloss des Schreckens

The Innocents

GB 1961   s/w 100 min

R: Jack Clayton
B: William Archibald, Truman Capote, nach der Erzählung *The
Turn of the Screw* von Henry James
K: Freddie Francis
M: Georges Auric
D: Deborah Kerr (Miss Giddens), Michael Redgrave (Onkel),
Megs Jenkins (Mrs. Grose), Martin Stephens (Miles), Pamela
Franklin (Flora)

Aus dem Dunkel taucht das rätselhaft verzweifelte Gesicht einer Frau auf, die fast beschwörend und rechtferti-
gend – als stehe sie vor einem unsichtbaren Gericht – be-
teuert, sie habe die Kinder doch nur retten wollen. Erst
nach dieser beunruhigenden Eröffnung beginnt die Geschichte, die Ende des 19. Jahrhunderts spielt: Bei einem
Vorstellungsgespräch in London erfährt die nicht mehr
ganz junge Miss Giddens, Tochter eines Dorfpfarrers, dass
der elegante Gentleman sie als Gouvernante und zugleich
Mutter- wie Vater-Ersatz für die beiden Waisenkinder
Miles und Flora engagieren möchte, für die er, der wohl-

habende Onkel, zahlen, aber keinerlei Verantwortung übernehmen möchte. Mit der Kutsche kommt Miss Giddens im Park von Schloss Bly an: eine auf den ersten Blick traumhafte Idylle, wohlgeordnet, sommerlich, scheinbar geheimnislos. Als sie sich zu Fuß dem Hause nähert, überwältigt von der arkadischen Stille über Bäumen, Wiesen und Teichen, hört sie einen leisen Ruf: eine Stimme, die verhallend nach Flora verlangt. Im Rückblick weiß man, dass hier schon das ›Mysterium‹ von der Hauptfigur Besitz ergreift, denn es gibt niemand Lebendigen, der nach dem kleinen Mädchen rufen könnte.

Noch aber zweifelt der Zuschauer nicht an der Integrität seiner Heldin: Er gewöhnt sich mit der empfindsamen Gouvernante an ein heiles weiches Leben in dem Schloss, an die Gegenwart der mütterlich sorgenvollen und zugleich naiv arglosen Haushälterin Mrs. Grose, an die lebhafte fröhliche Flora, selbst an ein verwinkeltes großes Herrenhaus, das voller Schatten ist, wenn man mit Kerzenleuchtern durch die Gänge schreitet. Bald kommt Miles, etwas älter als seine Schwester, hinzu, die Schule hat ihn entlassen. Erst auf wiederholte Nachfragen erfährt Miss Giddens, dass er einen schlechten Einfluss auf seine Mitschüler gehabt haben soll. Dieser Vorbehalt ändert nichts an ihrem Entzücken über den weichen hübschen Jungen, diesen kleinen Gentleman und putzigen ›Little Lord Fauntleroy‹, Entzücken das eine stark erotische Komponente enthält, die puritanischer Moral durchaus nicht entspricht. Die Seelenwelt der Gouvernante gerät aus dem Gleichgewicht, ihre Visionen beginnen: Sie glaubt auf dem Schlossturm zwischen den auffliegenden Tauben eine Männergestalt zu entdecken. Ihre subjektive Sicht trügt sie nicht – in der Tat sorgt die Inszenierung dafür, dass auf der Zinne schattenhaft ein Mann erkennbar wird. Doch oben auf der Plattform findet sie nur Miles, der mit den Tauben spielt und jegliche Gesellschaft leugnet. Miss Giddens hält den Jungen für einen Lügner und mit ihr der

Zuschauer, haben beide doch den Mann gesehen. Das Ver-
wirrspiel steigert sich mehr und mehr: Mal sieht Miss
Giddens ein finster stolzes Männergesicht vor dem Fenster, das sich auflöst, als sie beherzt die Tür öffnet und ins
Dunkle geht, mal begegnet sie im Schulzimmer einer jungen Frau, die unleugbar eine Träne auf der Schreibtafel
hinterlässt.

Durch insistierendes Nachforschen bei Mrs. Grose erfährt sie die schaurige Vorgeschichte: Vor Jahren waren
der damalige Verwalter Quint und ihre Vorgängerin Miss
Jessel in großer Leidenschaft füreinander entbrannt und
hatten Miles und Flora in den Dunstkreis ihrer wilden Begierde mit einbezogen. Als Quint sich das Genick brach,
suchte Miss Jessel aus Verzweiflung den Freitod in einem
der Schlossteiche. Miss Giddens ist überzeugt, dass die
beiden Toten zurückgekehrt sind, um erneut Besitz von
den Kindern zu ergreifen. Sie sieht es als ihre Aufgabe, die
bösen Teufel auszutreiben und ihren Zöglingen eine Art
Unschuld zurückzugeben. Wie eine rabiate Psychoanaly-
tikerin beginnt sie, in ihre Schützlinge zu ›dringen‹ und
will deren Geständnis erzwingen, dass sie die Toten auch
sehen, glaubt sie doch, so den bösen Bann brechen zu
können. Bei Flora löst sie mit diesem übergroßen ›Thera-
pie‹-Druck einen schweren hysterischen Anfall aus, so
dass Mrs. Grose das völlig verstörte Kind aus dem Haus
bringt. Doch die barbarisch gutwillige Gouvernante ist
nicht entsetzt über das Ergebnis ihrer Reinigungsproze-
dur, kann sie sich doch jetzt ganz Miles zuwenden: Als bei
solcher Behandlung eines Nachts in einem Zirkel von Sta-
tuen – aus ihrer Sicht – wieder einmal der lebendige Quint
erscheint, wird die psychiatrische Folter zuviel für den
Jungen: Er erleidet einen Herztod.

Schon Henry James' literarische Vorlage, erst recht
Claytons Film sind Musterbeispiele für unzuverlässiges
Erzählen. Miss Giddens erscheint zunächst als sensible,
aber doch realitätstüchtige Frau, auf deren Sinneswahr-

Der Blick der Gouvernante Miss Giddens (Deborah Kerr) auf ihren Schützling Miles (Martin Stephens) zeugt davon, dass der hübsche kleine Gentleman ein Begehren in ihr geweckt hat, das nicht der puritanischen Moral Ende des 19. Jahrhunderts entspricht. Glaubt man zuerst ihren Sinneswahrnehmungen von Erscheinungen und Gespenstern, da sie der Zuschauer als genauso real wahrnimmt wie die Erzieherin, schleicht sich nach und nach der Verdacht ein, dass es sich um Wahngebilde handelt, die den verdrängten erotischen Sehnsüchten einer Frau jenseits der Blüte ihrer Jugend entspringen. Die einfühlsame Gouvernante wird zur rücksichtslos barbarischen Teufelsaustreiberin. Die kleine Flora (Pamela Franklin) erleidet unter der unbarmherzig-selbstgerechten Psychofolter einen Nervenzusammenbruch, ihr Bruder Miles schlimmer noch den Herztod. Das Unheimliche, der psychologische Horror liegt in Jack Claytons Film *Das Schloss des Schreckens* nach Henry James' Erzählung *The Turn of the Screw* primär in der Seelenwirrnis von Miss Giddens begründet und darin, dass der sich mit ihr identifizierende Zuschauer diese erst so spät merkt. Damit sind die literarische Vorlage, erst recht der Film Musterbeispiele für unzuverlässiges Erzählen.

nehmung man sich verlassen zu können glaubt, zumal mit
der Hauptfigur auch der Zuschauer den Mann auf der
Zinne sieht. Auch ihre Visionen von Verstorbenen, die
durch Schloss Bly geistern, erlebt der Betrachter in dieser
horrorphantastischen Geschichte als genauso real wie die
Erzieherin, so dass alle anderen als Lügner und Leugner
erscheinen. Erst nach und nach schleicht sich der Verdacht ein, dass es sich um Wahngebilde handelt, die den
verdrängten erotischen Sehnsüchten einer Frau jenseits
der Blüte ihrer Jugend entspringen, denn zweifellos ist es
eine Art von Begehren, das Miss Giddens dem kleinen
Miles gegenüber hegt. Aus der gutwilligen Gouvernante
wird eine rücksichtslose Exorzistin, die sich die eigentlichen Motive ihres Reinigungseifers nicht eingesteht: Eifersucht auf die leidenschaftliche Liebe von Miss Jessel
und Quint, zumal die verdrängte Leidenschaft für den
Jungen Miles.

Das Unheimliche in diesem Film des psychologischen
Horrors liegt primär in der Seelenwirrnis von Miss Giddens begründet und darin, dass der sich mit ihr identifizierende Zuschauer diese erst so spät merkt. Aber Clayton
spart auch nicht an genregemäßen Accessoires: Vorhänge
wehen im Nachtwind ins Zimmer hinein; der Dachboden
enthält phantastisches Gerümpel, alte Puppen wanken, geöffnete Spieldosen lassen eine kleine Ballerina tanzen und
geben die traurig schaurige Melodie »Oh Willow Waly«
zu Gehör, die von dem Verlangen nach Liebe und noch
mehr nach dem Tode geprägt ist. Stimmen und Schatten
erscheinen zur rechten Zeit und verschwinden wieder,
meistens spurlos: unheimliche und unerwartete Begegnun-
gen in einem raffiniert hell-dunkel ausgeleuchteten Haus.
Der Kameramann Freddie Francis, später berühmt für seine fotografische Arbeit etwa in David Leans *Lawrence of
Arabia* (*Lawrence von Arabien*, 1962) muss mit vielen
Lampen gearbeitet haben, um ein so subtil durchwirktes
Chiaroscuro als Atmosphäre zu schaffen.

Höhepunkte der Handlung sind sicherlich die beiden Kussszenen: Nachdem Miles einmal als böser Junge erscheinen wollte, küsst er zur Versöhnung Miss Giddens intensiv und lange auf den Mund – worauf sie aufs Tiefste entzückt erschauernd, zu rascher Abwehr nicht mehr fähig, wie unter einem Bann langsam zurückweicht. Auch der zweite Kuss, mit dem Miss Giddens den toten Miles an sich drückt, ist nicht mütterlich, sondern sinnlich und süchtig – wie man von einem dahingeschiedenen Geliebten Abschied nimmt.

Nicht nur die beiden kindlichen Darsteller spielen meisterlich auf der Grenze zwischen Harmlosigkeit und vertrackter Verschlossenheit – in der Tat kann man ihr Verhalten als ambivalent betrachten, ist der erwachsene Zuschauer manchmal geneigt, sie für kleine Schwindler zu halten. Miles, der Miss Giddens wiederholt als »My dear« anspricht, entwickelt sich in vielen Szenen zum einfühlsamen Gefährten, der in gleicher Weise wie Miss Giddens die Hände zum Kaminfeuer ausstreckt und so ein geheimes Einverständnis zu signalisieren scheint. Deborah Kerr selbst, eine vornehmlich durch die Darstellung diskreter Ladys in den fünfziger Jahren renommierte Schauspielerin, riskiert bei dieser Rolle viel: Das allmähliche Hinüberdriften ins Irresein artikuliert sie feinfühlig und fein abgestimmt, die Augen werden größer, förmlich aufgerissen: Zeichen einer inneren Verstörung und nicht mehr Reflex auf Außenreize. Ihre Stimme gewinnt neue Nuancen, diktatorische Schärfe, wenn sie die Bewohner des Hauses vertreibt, um mit ihrem Miles allein zu sein, innige Wärme, wenn sie mit Miles spricht, aber auch unbeirrbare und zugleich atemlose Intensität, wenn sie eine Wahrheit an den Tag bringen will, die nur für sie besteht, und Phantasmen beschwört, die nur für sie – und die Kamera – existieren. Dass diese Irreführung gelingt, hängt nicht zuletzt mit Kerrs sonst so integrem Image zusammen. Beispielsweise sind ihre Erzieherin in dem Musical *The King and I*

(*Der König und ich*, 1956; Walter Lang) oder die um Kinder und Mann kämpfende Heldin in dem Horrorfilm *Eye of the Devil* (*Die Schwarze 13*, 1967; J. Lee Thompson) regelrechte Gegenfiguren zu Miss Giddens. Clayton ist mit *The Innocents* – der englische Verleihtitel drängt ironisch die Frage auf, wie unschuldig die Unschuldigen seien, der deutsche Titel wählt plumpe und triviale Lockbegriffe – ein außerordentlich sicher erzählter Film über die Gratwanderung zwischen Wirklichkeit und Wahnwelt gelungen, bei dem beinahe in jedem Bild Anspielungen zu entdecken sind. Hier hält die Kinoversion der Literatur die Waage.   *Thomas Koebner*

Literatur: Georg Gaston: Jack Clayton. A Guide to References and Resources. Boston 1981. – Filmklassiker. Hrsg. von Thomas Koebner unter Mitarb. von Kerstin-Louise Neumann. Bd. 2. Stuttgart [4]2002.

Der schreckliche Dr. Orloff

Gritos en la noche / L'horrible Dr. Orlof

E/F 1961   s/w 96 min

R: Jesús Franco
B: Jesús Franco
K: Godofredo Pacheco
M: José Pagán, Antonio Ramírez Angel, Jesús Franco
D: Conrado San Martín (Inspektor Tanner), Diana Lorys (Wanda Bronsky), Howard Vernon (Dr. Orloff), Ricardo Valle (Morpho), Perla Cristal (Arne), María Silva (Dany)

Hartog in den zehner Jahren: Dr. Orloff lebt mit seiner Haushälterin und dem taubstummen und blinden Diener Morpho alleine in einem Schloss. Der Chirurg ist besessen davon, das durch einen Unfall entstellte Gesicht seiner

Tochter Melissa durch eine Transplantation wiederherzustellen. Deshalb zieht er schönen Sängerinnen und Prostituierten, die Morpho zuvor entführt hat, die Haut ab. Den Auftrag, das Verschwinden der Mädchen aufzuklären, erhält der junge Inspektor Tanner, dessen Verlobte Wanda Melissa seltsam ähnlich sieht. Um ihm zu helfen, ist sie bereit, den Lockvogel für Orloff zu spielen.

Jesús Franco, der bei seinen bis heute über 150 Produktionen zahlreiche Pseudonyme wie Jess Frank oder Clifford Brown benutzt, ist als Regisseur, Autor und Produzent eine lebende Legende des Horrorfilms. Kaum ein Genreregisseur polarisiert so wie dieser spanische Viel- und Schnellfilmer. Von den einen wird er wegen der für ihn typischen Mischung aus Angst, Gewalt, Sex als Trash-Ikone kultisch verehrt, von anderen genau deswegen geradezu verachtet. Mit *Gritos en la noche* schuf er den ersten wirklichen Horrorfilm des spanischen Kinos, denn wegen der seit 1939 bestehenden katholischen Militärdiktatur des Generals Francisco Franco hatte sich Horror im nationalen Film bis dahin nur in sehr indirekter oder parodistischer Form niederschlagen können. Zu Beginn der sechziger Jahre brachte die relative Öffnung des Regimes jedoch einen Wandel und ermöglichte, dass Horrorfilme entstehen konnten. Und so nutzte der damals 31-jährige Madrider Jesús Franco die günstige Gelegenheit voll von künstlerischem Enthusiasmus und überzeugtem Pioniergeist im günstigen Windschatten des weltweiten Erfolges des Gothic Horror, vom italienischen Horrorfilm über die Filme des englischen Hammer Studios bis zu den US-amerikanischen Edgar-Allan-Poe-Adaptionen Roger Cormans. Im wirtschaftlichen Sinn ist *Gritos en la noche* eine Koproduktion mit Frankreich, obwohl sie jenseits der Pyrenäen nicht als solche gesehen wird, da die künstlerische Identität eindeutig spanisch ist und in den Händen Jesús Francos lag, der auch für das Drehbuch und Teile des Soundtracks verantwortlich zeichnete. Für die beiden

Produzenten, den gebürtigen Paraguayer Sergio Newman und den Franzosen Marius Lesœur, war es – nach dem interessanten musikalischen Diptychon *La reina del Tabarín / Mariquita, la belle du Tabarin* (1960) und *Vampiresas 1930 / Certains les préfèrent noirs* (1961) – die dritte und letzte Zusammenarbeit mit Jesús Franco. Der Film entstand in vier Wochen im Madrider Ballesteros-Studio und an Schauplätzen in der Umgegend, vor allem auf der Burg San Martín de Valdeiglesias, die dadurch zu einer der beliebtesten Locations des spanischen Horrorfilms wurde. Franco hatte dort schon einen Teil seines Debüts *Tenemos 18 años* (1959) gedreht, in dem der Komiker Antonio Ozores eine Mischung aus Dracula, dem Phantom der Oper, Jack the Ripper und Edgar Allan Poes Frederick Usher darstellt. Diese gewagte Kombination antizipierte auf humoristische Weise die Charakteristika von Francos späteren Filmen, angefangen mit *Gritos en la noche*. Neben dem in den fünfziger Jahren in Spanien populären Conrado San Martín, der auch als Koproduzent fungierte, bleibt vor allem die Darstellung des gebürtigen Schweizers Howard Vernon in der Titelrolle in Erinnerung. Vernon spielte seitdem nicht nur mehrfach den Dr. Orloff, sondern wurde zu einem Aushängeschild für die Filme Francos, mit der er ungeachtet von Höhen und Tiefen bis 1988 zusammenarbeitete. In jenem Jahr verkörperte er zum letzten Mal für Franco den Orloff in einer kurzen und nostalgischen Szene in *Los depredadores de la noche / Les prédateurs de la nuit* (1988).

Die Figur des Dr. Orloff ist Jesús Francos wichtigster Beitrag zum Horrorkino und neben Amando de Ossorios untoten Templern (*La noche del terror ciego / Die Nacht der reitenden Leichen*, 1971) und Paul Naschys Wolfsmensch (*La marca del hombre lobo / Die Vampire des Dr. Dracula*, 1968; Enrique L. Eguiluz) einer der drei Genremythen, die der spanische Film beisteuerte. Den wohlklingenden Namen übernahm Franco aus dem Edgar-

Wallace-Film *Dark Eyes of London* (*Der Würger*, 1940; Walter Summers) von der von Bela Lugosi dargestellten Figur. Die filmhistorische Bedeutung von *Gritos en la noche* liegt darüber hinaus in seiner cinephilen Perspektive. Denn er präsentiert nicht nur Kino, sondern ist in seinem Innersten Kino über das Kino. Damit machte Franco diese selbstreflexive Brechung, die sich im europäischen Arthouse-Kino auszubreiten begann, auch für Genrefilme fruchtbar und integrierte eine große Bandbreite von Motiven und Bezügen: den Topos des ›Mad Doctor‹ aus den amerikanischen Universal-Produktionen der dreißiger und vierziger Jahre sowie den deutschen *Caligari*-Mythos, Filme wie *The Vampire Bat* (1932, Frank Strayer), den bereits erwähnten *Dark Eyes of London* und sein deutsches Remake (*Die toten Augen von London*, 1960; Alfred Vohrer), *The Corpse Vanishes* (1942, Wallace Fox), *The Lodger* (*Scotland Yard greift ein*, 1944; John Brahm) und sein Semi-Remake *Jack the Ripper* (*Eine Stadt sucht einen Mörder*, 1959; Robert S. Baker, Monty Berman), Robert Siodmaks Klassiker *The Spiral Staircase* (*Die Wendeltreppe*, 1946), die Hammer-Produktion *The Curse of Frankenstein* (*Frankensteins Fluch*, 1957; Terence Fisher), *Die Nackte und der Satan* (1959, Victor Trivas), *Il mulino delle donne di pietra* (*Die Mühle der versteinerten Frauen*, 1960; Giorgio Ferroni). Der wichtigste Einfluss ist jedoch Georges Franjus herausragendem *Les yeux sans visage* (*Das Schreckenshaus des Dr. Rasanoff / Augen ohne Gesicht*, 1960) zuzuschreiben, der nach dem gleichnamigen und nicht minder gelungenen Roman von Jean Redon den Höhepunkt des französischen Horrorfilms darstellt.

Die Vielzahl dieser Bezüge bedeutet aber nicht, dass sich *Gritos en la noche* in einer formal gelungenen und inhaltlich überraschenden Kombination von Zitaten und Verweisen erschöpfte, die letztlich ebenso beschränkt wie oberflächlich wäre. Die eigentliche Stärke des Films liegt im Gegenteil in Francos Blick auf sein so verschiedenartiges Material. Dieser Blick ist wiederum so eigen und einzigartig, dass sich darin die Geburt eines wirklichen Filmautors manifestiert, auch wenn Francos vier vorhergehende Filme auf ihre Weise bereits ungewöhnlich für das spanische Kino der fünfziger Jahre waren. Dem Regisseur gelingt es, die Unterschiedlichkeit der Quellen und Einflüsse, verschiedene Archetypen und Paradigmen des Genres mit seiner eigenen künstlerischen Vision zu einem innovativen Horrorstil à la Jesús Franco zu überformen. Im Mittelpunkt stehen bei ihm eine krankhafte Wertschätzung des Erotischen, ein zwischen grotesk und parodistisch schillernder Humor, der ebenso dramatische wie melodiöse Einsatz von Jazzmusik sowie bestimmte Charakteristika des Melodrams bis hin zum Sensationsroman. Auch die Schwarzweiß-Fotografie des Films prägte Francos weitere Horrorfilme, darunter vor allem die im Vergleich zu *Gritos en la noche* weniger gelungenen *El secreto del Dr. Orlof* (*Die Geliebten des Dr. Jekyll*, 1964) und *Miss Muerte* (*Das Geheimnis des Dr. Z*, 1965). In Letzterem ist der ›Mad Doctor‹-Typ Frankenstein eine Frau mit einer ambivalenten lesbischen Persönlichkeit, das Monster wird ersetzt durch eine schöne Stripperin, hypnotisch und fetischistisch zugleich. Mit diesem Film begann sich die ursprüngliche Konzeption des Erotischen in Francos Filmen zu verändern: Sie entwickelte sich zu dem, was man eine masochistische Panik nennen könnte und die aus einer besonderen Spannung zwischen psychologischer Angst und masturbatorischem Genuss in Bezug auf das weibliche Geschlecht resultiert. In Francos Filmen gehen Sexualität und Horror eine sehr persönliche, ebenso auffällige wie einflussreiche Verbindung ein, die so singuläre und faszinierende Filme hervorbrachte wie *Necronomicon* (*Necronomicon – Geträumte Sünden*, 1967), seine erste Produktion außerhalb Spaniens, *Venus in Furs / Paroxismus* (*Venus im Pelz*, 1969), die Francos angstbesetzte

erotische Obsessionen mit einer symbolischen Hommage
an den genialen Jazzmusiker Chet Baker verband, oder
Eugenie (*Die Jungfrau und die Peitsche*, 1969), die vielleicht gelungenste filmische Umsetzung de Sades mit einer
aufregenden Marie Liljedahl. Eine besondere Erwähnung
verdient ohne Zweifel *Las vampiras* (*Vampyros Lesbos:
Die Erbin des Dracula*, 1970), denn die schöne andalusi-
sche Schauspielerin Soledad Miranda, die in den nicht zen-
sierten ausländischen Versionen als Susan Korda firmiert,
ist als Gräfin Nadine die perfekte Personifizierung von Jesús Francos erotischen Forderungen. Dank ihrer intuitiven Mischung aus Schamhaftigkeit und Exhibitionismus
verkörpert sie vollkommen die männliche Phantasie von
der Jungfrau und Hure. Auch wenn *Gritos en la noche*
Francos bedeutendster Film ist, so ist *Las vampiras* zweifellos sein Kultfilm. Mit ihm hatte der galizische Regisseur
den Zenit seines Schaffens überschritten, ab 1972 war der
fortschreitende Niedergang dieses bis heute ebenso unermüdlichen wie unterschätzten Autors nicht aufzuhalten,
während seine Filme internationaler und zugleich ökono-
misch erfolgreich wurden.   *Carlos Aguilar*

Literatur: Jesus Franco. Francotirador del cine español. In: De
Zine (1991) Nr. 4. – Alain Petit: Manacoa Files. Avignon 1994. –
Andreas Bethmann: Jess Franco Chronicles. Hille 1999. – Carlos
Aguilar: Jesús Franco. El sexo del horror. Florenz 1999. – Antolo-
gía del cine fantástico español. In: Quatermass. Nr. 4–5. San Sebastián 2002. – Gritos en la noche. In: Cultish Shocking Horrors. Florenz 2002.

Tanz der Vampire

Dance of the Vampires / The Fearless Vampire Killers, or:
Pardon Me, But Your Teeth Are in My Neck!

USA/GB 1967 f 108 min

R: Roman Polanski
B: Roman Polanski, Gérard Brach
K: Douglas Slocombe
M: Krzysztof Komeda
D: Jack MacGowran (Prof. Abronsius), Roman Polanski (Alfred),
   Ferdy Mayne (Graf von Krolock), Sharon Tate (Sarah), Alfie
   Bass (Shagal), Iain Quarrier (Herbert)

Dance of the Vampires ist als Genreparodie im Bereich des
Horrorfilms noch immer unübertroffen und feiert mittlerweile auch als Musical mit der Musik von John Steinman
weltweit Erfolge auf der Bühne. Anders als beispielsweise
Mel Brooks' Filmpossen wie *Dracula: Dead and Loving
It* (*Dracula – Tot, aber glücklich*, 1996), die sich auf reinen
Klamauk beschränken, schafft es Regisseur Roman Polanski, das Vampirgenre aufs Korn zu nehmen und zum
amüsanten Slapstick werden zu lassen, es zugleich aber
ernst zu nehmen und so Persiflage und Schrecken zu vereinen. Bei aller Parodie und allem Humor, der immer
dann bemüht oder sogar deplatziert wirkt, wenn er mit
dem Holzhammer (bzw. einer übergroßen Salami) daherkommt, erzeugt der Film genuinen Schrecken und lässt
die Zuschauer um die Helden bangen. Vor allem das überraschende Anti-Happy-End konterkariert den leichten
Ton, ist es doch unerwartet bedrohlich, nicht zuletzt, weil
es die Handlung in die Imagination des Zuschauers verlängert. Auf Grund dieser außerordentlichen Qualität
kann man Polanskis Film, der in der US-amerikanischen
Fassung gravierende Kürzungen und Änderungen hinneh-
men musste, durchaus als Beginn einer Linie im Horrorfilm sehen, die Anfang der neunziger Jahre zu Wes Cra-

vens *Scream* (*Scream – Schrei!*, 1996) führte, für den jedoch die selbstreferentiellen Anspielungen auf Regeln und Motive des Horrorgenres lediglich als Alibi für immer drastischere Metzeleien dienten.

Mit seinem treuen Assistenten Alfred erreicht Professor Abronsius einen Gasthof in Transsylvanien. Hier hofft der Fledermausforscher seine Theorien über die Existenz von Vampiren zu beweisen, wegen deren ihn seine Kollegen an der Universität zu Königsberg als Spinner verspotten. Die Zeichen stehen gut: Von der Decke des Schankraums hängt bündelweise Knoblauch, und auf seine Fragen reagieren der Wirt Shagal und seine Gäste überaus ängstlich und verschlossen. Unterdessen zeigt sich Alfred höchst angetan von Shagals schöner Tochter Sarah, die unter chronischem Waschzwang leidet. Nur zu gern überlässt er ihr seinen Waschzuber, um einen Blick durch das Schlüsselloch zu riskieren. Entsetzt wird er Zeuge, wie Sarah von dem Vampir Graf von Krolock gebissen und entführt wird. Außer sich vor Wut und Sorge um seine Tochter stellt Shagal dem Blutsauger nach, wird dabei jedoch ebenfalls gebissen. Er flieht zum Schloss des Grafen, die beiden Vampirjäger folgen ihm heimlich. Abronsius und Alfred lernen Graf von Krolock als kultivierten Aristokraten und vollendeten Gastgeber kennen, während sein offensichtlich schwuler Sohn Herbert Alfred mit unmissverständlicher Absicht nachstellt. Bei Tagesanbruch versuchen Meister und Schüler, die in ihrer Familiengruft ruhenden Krolocks nach alter Sitte zu pfählen, scheitern aber an sich selbst. Für die Nacht hat der Graf Vampire von nah und fern zu einem großen Ball geladen, auf dem er Sarah präsentieren will. Verkleidet als Ballgäste, können Abronsius und Alfred die junge Frau befreien und mit ihr fliehen. Kaum hat sich Alfred über die niedrige Körpertemperatur seiner Angebeteten gewundert, bohren sich auch schon Sarahs Fangzähne in seinen Hals, während Abronsius ahnungslos den Schlitten lenkt. Ein Erzähler

Der schwule Vampir Herbert (Iain Quarrier, l.) nähert sich mit eindeutigen Absichten dem tollpatschigen Alfred (gespielt von Regisseur Roman Polanski, r.), der dem Vampirjäger Professor Abronsius treu dient. In seiner noch immer unübertroffenen Genreparodie *Tanz der Vampire* bringt Polanski den erotischen und homoerotischen Subtext, der stets nur unterschwellig in literarischen und filmischen Vampirgeschichten präsent war, an die Oberfläche. Das Subgenre wird bei ihm zum amüsanten Slapstick, der aber auch seinen Schrecken kennt. Es gelingt Polanski, Persiflage und Hommage zu vereinen.

lässt aus dem Off verlauten, der Professor habe das Böse, statt es zu vernichten, damit über die ganze Welt verbreitet.

Vieles an *Dance of the Vampires* ist erinnerungswürdig, insbesondere zwei Sequenzen von fast lyrischer Eleganz. Da ist zum einen die Badewannenszene mit ihrem poetischen Schrecken: Während sie frohgestimmt das warme Wasser genießt, bemerkt Sarah plötzlich, dass Schneeflocken auf sie herabfallen, ehe der Graf durch das Dachfenster heruntergleitet und sie entführt. Nur ein Blutfleck bleibt auf dem Badeschaum zurück als Zeichen ihrer verlorenen Unschuld. Zum anderen ist die opulente Ballsequenz zu nennen, in der die Tanzenden schließlich vor einem riesigen Spiegel stehen, in dem allerdings nur der Professor, sein Adlatus und Sarah reflektiert werden. Für diese Szenen wandte Polanski den Filmtrick an, den Saal spiegelbildlich nachzubauen und Doubles sich synchron zu den drei Darstellern bewegen zu lassen. Diese Ballsequenz illustriert auch Polanskis Strategie, mit bekannten Topoi des Vampirmythos zu spielen und sie zum Teil neu zu kodieren. So setzt er beim Publikum das Wissen um Vampir-Spezifika wie fehlende Spiegelbilder oder die abschreckende Wirkung von Kruzifixen und Knoblauch voraus, nur um sie sogleich ihrer Bedeutung zu berauben. Denn Graf Krolock, dessen Name wiederum auf Friedrich Wilhelm Murnaus Graf Orlok alias *Nosferatu* (1922) anspielt, dringt trotz Unmengen von Knoblauch mühelos in den Gasthof ein, das Kreuz wirkt nicht bei dem Neu-Vampir Shagal, ist er doch orthodoxer Jude. Auch die herrschenden Klassenschranken setzt ein Biss nicht außer Kraft, denn Shagal wird aus der Gruft der feinen Herren vertrieben und muss seinen einfachen Sarg im Pferdestall aufstellen. Nur dass die gleich zu Beginn von Krolock vampirisierte Sarah beim Tanzfest doch noch ein Spiegelbild besitzt, muss man als logischen – indes dramaturgisch motivierten – Fehler des Films werten.

Das große Verdienst Polanskis ist es, den erotischen und homoerotischen Subtext, der seit Polidori, LeFanu oder Stoker einerseits und Browning andererseits stets nur unterschwellig in literarischen und filmischen Vampirgeschichten präsent war, an die Oberfläche zu bringen. Dieser Subtext manifestiert sich in der Figur des schwulen Vampirs Herbert, der ein eindeutiges Interesse an dem vom Regisseur selbst dargestellten Alfred hat. Visuell orientiert sich Polanski deutlich an den erfolgreichen *Dracula*-Filmen der Hammer Studios mit ihren satten Technicolorfarben und üppigen Dekors, die er zum Teil selbst nach seinen Erinnerungen an das galizische Ostjudentum entwarf, aus dem er stammt. Doch auch die Reverenz an die Hammer-Filme bricht er ironisch, nicht zuletzt indem er auf ihre charakteristischen Gräuelszenen fast vollständig verzichtet. Darüber hinaus sind Abronsius und Alfred das genaue Gegenteil der Hammer'schen Protagonisten. Zweimal – während der Reise nach Transsylvanien und beim Versuch, in die Gruft einzusteigen – muss der dürre Professor aufgetaut werden, weil er eingefroren ist. Diese Erstarrung ist nicht nur ein Running Gag, sondern auch symbolisch gemeint: Die beiden Vampirjäger sind zu allem bereit, aber zu nichts fähig. Abronsius ist der Prototyp eines zerstreuten Professors, ein reiner Kopfmensch, der das Handeln fatalerweise an seinen übereifrigen Assistenten delegiert. Das Zuviel an Emotionalität, das Alfred scheitern lässt, korrespondiert mit der Gefühlskälte seines Meisters. Als Abronsius von Sarahs Entführung erfährt, ist er hellauf begeistert, weil er damit endlich seine Theorien bewiesen glaubt. Sein wissenschaftliches Erkenntnisinteresse steht über jedem Mitgefühl für die Opfer und seine Familie. Selbst Alfred ist für ihn lediglich ein nützliches Instrument zur Verfolgung seiner Ziele. Dies unterscheidet ihn gravierend von der Figur des Abraham van Helsing in Bram Stokers Roman *Dracula* und seinen diversen Verfilmungen. Angesichts ihrer Realitätsferne und ihres Dilettantismus ist das Scheitern von Polanskis Antihelden, die im Original mit starkem deutschen Akzent sprechen, unausweichlich. Das lässt sich, wie die auffallende Ähnlichkeit Abronsius' mit Albert Einstein nahelegt, auch als Wissenschaftskritik verstehen, da sie ihrer Verantwortung als Intellektuelle nicht gerecht geworden sind und die Welt deshalb in die Katastrophe führen.

Ein Happy End blieb Roman Polanski und der Sarah-Darstellerin Sharon Tate nicht nur im Film versagt: Beide hatten sich während der Dreharbeiten ineinander verliebt und heirateten 1968. Ein Jahr später jedoch wurde die hochschwangere Schauspielerin von Charles Manson und seinen Anhängern brutal ermordet.   *Andreas Friedrich*

Literatur: Paul Werner: Roman Polanski. Frankfurt a. M. 1981. – Barbara Leaming: Polanski: His Life and Films. London 1982. – Ronald M. Hahn / Volker Jansen: Kultfilme. Von *Metropolis* bis *Rocky Horror Picture Show.* München 1985. – Karsten Visarius: *Dance of the Vampires.* In: Roman Polanski. München/Wien 1986. (Reihe Film. 35.) – Dennis Fischer: Horror Film Directors 1931–1990. Jefferson/London 1991.

Die Nacht der lebenden Toten

Night of the Living Dead

USA 1968   s/w 96 min

R: George A. Romero
B: George A. Romero, John A. Russo
K: George A. Romero
D: Duane Jones (Ben), Judith O'Dea (Barbara), Karl Hardman (Harry Cooper), Marylin Eastman (Helen Cooper)

Der Topos des seelen- und willenlosen Zombies ist beinahe so alt wie das Horrorkino selbst. Der somnambule Mörder aus Robert Wienes Klassiker *Das Cabinet des Dr. Caligari* (1919) stellt bereits eine Stummfilm-Variante dar. Die berühmtesten frühen Werke über diese lebenden Toten sind gleichwohl Victor Halperins *White Zombie* (1932) und Jacques Tourneurs *I Walked with a Zombie* (*Ich folgte einem Zombie*, 1943). In beiden Filmen geht das Phänomen auf den haitianischen Voodoo-Kult zurück,

mit dessen Hilfe tote Menschen ins Leben zurückgeholt
und zu willfährigen Sklaven gemacht werden. Das Bild
des Zombies, das diese Filme etablierten, prägte über Jahrzehnte hinweg die Charakterisierung der torkelnden
Schauergestalten: Fast immer dienten sie als Verkörperung
des exotischen Anderen, des Fremden und letztlich Unzi-
vilisierten, dem der christliche und aufgeklärte Mensch
nur mit Schrecken begegnen kann. Wenngleich das rationale Weltbild der weißen Helden bis zu einem gewissen
Grad in Frage gestellt wurde, ging es in letzter Konsequenz doch immer darum, sich der eigenen Überlegenheit
zu vergewissern.

Dann, im Jahr 1968, änderte sich alles durch George A.
Romeros Kinodebüt *Night of the Living Dead*: Der Film
wurde mit einem minimalen Budget über einen Zeitraum
von mehreren Monaten gedreht; alle Beteiligten waren
Studienfreunde des Regisseurs, die Darsteller größtenteils
Laien. Inspiriert von Richard Mathesons Endzeitroman *I
Am Legend*, verlagerte Romero die Handlung in die westliche Zivilisation nach Pittsburgh mitten hinein ins US-
amerikanische ›Heartland‹ und machte ganz Amerika zum
›Zombieland‹. Die Geschichte ist simpel: Eine dreiköpfige
Familie, ein Liebespaar, ein schwarzer Einzelgänger und
eine apathische junge Frau flüchten vor umherstreifenden
Zombies in ein abgelegenes Farmhaus. Sämtliche Ret-
tungsversuche scheitern, die Gruppe wird immer weiter
dezimiert, im Lauf der Nacht eskalieren zudem die Konflikte zwischen den Eingeschlossenen. Was in der Beschreibung nach einem recht banalen Horror-B-Movie
klingt, wirkte auf das damalige amerikanische Publikum
wie ein Schock. Das Entsetzen speiste sich zu einem
großen Teil aus der Tatsache, dass Romero auf explizite
Schockeffekte setzte, wie sie bis dahin im Mainstream-
Horrorfilm nicht zu sehen gewesen waren: abgetrennte
und verkohlte Gliedmaßen, dampfende menschliche Innereien, Menschen, die – wenn auch als Zombies – ihre Art-

genossen auffressen, Kinder, die ihre Eltern abschlachten. Einen Großteil seiner beklemmenden Wirkung bezieht *Night of the Living Dead* darüber hinaus aus einer damals revolutionären Dramaturgie, die herkömmliche Konventionen und Erwartungen radikal unterläuft. Anders etwa als in vergleichbaren Filmsituationen herrscht kein großer Gemeinschaftssinn innerhalb der eingeschlossenen Gruppe, ganz im Gegenteil. Sämtliche Charaktere, die als Identifikationsfiguren angeboten werden, sterben im Lauf des Geschehens. Sogar der Afroamerikaner Ben, der Held des Films, wird am Ende als letzter Überlebender tragischerweise von einer weißen Bürgerwehr für einen Zombie gehalten und erschossen – ein pessimistischeres Ende ist kaum vorstellbar. Auch die Kernfamilie – ebenfalls einer der klassischen Hoffnungsträger des US-amerikanischen Kinos – erfährt bei Romero ihre komplette Auflösung, wenn die kleine zombifizierte Tochter ihre ewig streitenden Eltern verschlingt. Diese Dramaturgie, die dem Zuschauer nach und nach jeden emotionalen Fixpunkt raubt, ist nicht zuletzt Alfred Hitchcock geschuldet, der bei *Psycho* (1960) ganz ähnlich verfuhr, als er seine vermeintliche Heldin in der ersten Hälfte des Films ermorden ließ. Auf Hitchcocks Werk nimmt Romero ohnehin in mehrfacher Hinsicht Bezug: Die Grundsituation von *Night of the Living Dead* wirkt wie eine Variation von *The Birds* (*Die Vögel*, 1963), während die Inszenierung des Muttermordes sowie eine surreal anmutende Montage ausgestopfter Tierköpfe ganz direkt auf *Psycho* verweisen.

Die verunsichernde Wirkung von Romeros Dramaturgie wird verstärkt durch die Ästhetik des Films, die wie bei fast all seinen Filmen streckenweise dokumentarisch anmutet. Romero, der neben Buch und Regie auch für Kamera und Schnitt verantwortlich zeichnet, verbindet inhaltliche Fantasy mit formaler Lakonie und gibt dem irrealen Geschehen dadurch eine verstörende Unmittelbarkeit. Zu Beginn markiert er konkret den Übergang zwischen herkömmlicher Horrorästhetik und seiner eigenen Herangehensweise: Ein junger Mann spielt auf einem Friedhof das Monster, um seine Schwester zu erschrecken. Romero filmt dies in expressiven Einstellungen, untermalt von gleißenden Gewitterblitzen. Als jedoch ein Zombie naht und den Mann tötet, wechselt die Ästhetik zu jener Nüchternheit, die den Rest des Films dominieren wird: Schaut her, scheint der Regisseur zu sagen, was ab jetzt passiert, ist real. Gerade diese alltägliche Anmutung des im Grunde Unvorstellbaren macht *Night of the Living Dead* so beunruhigend.

Wurde Romeros Film wegen seiner drastischen Effekte und seines unerbittlichen Nihilismus zunächst von der Kritik als sadistisches Exploitation-Kino gegeißelt, mehrten sich schon bald jene Stimmen, die den Film als politische Metapher auf das krisengeschüttelte Amerika der späten sechziger Jahre begriffen. Es war die Zeit der Rassen- und Studentenunruhen, von Vietnam, exzessiver Polizeigewalt und der Ermordung Martin Luther Kings und Robert F. Kennedys. Tatsächlich wirkt die eingeschlossene Gruppe in *Night of the Living Dead* wie ein demographischer Querschnitt durch die amerikanische Gesellschaft, während draußen Horden schießwütiger Rednecks durchs Land ziehen und am Ende den schwarzen Helden Ben massakrieren. Bewusste gesellschaftspolitische Implikationen bestritt Romero damals zwar, besann sich aber später eines anderen: Der Film »war sehr zornig. Das war 1968 und reflektierte das, was ich zu der Zeit dachte, beziehungsweise das, was jene dachten, die wirklich *nachdachten*« (zit. nach Gaschler/Vollmar).

Seine Kritik an der modernen amerikanischen Wohlstandsgesellschaft verschärfte Romero in der Fortsetzung *Dawn of the Dead* (1977), die er nach einer Reihe kommerziell wenig erfolgreicher Filme, wie der unterschätzte Viren-Thriller *The Crazies* (*Crazies*, 1973) und die meisterliche Vampir-Paraphrase *Martin* (1977), in Szene setzte.

1968 machte George A. Romero in seinem Kinodebüt *Die Nacht
der lebenden Toten* ganz Amerika zum Zombieland. Bei ihm verkörpert der Zombie nicht mehr das exotische Andere und letztlich
Unzivilisierte, sondern ist einer aus dem amerikanischen ›Heartland‹, der Ehemann, die Tochter, der Bruder. Die torkelnden Gestalten bedrohen eine Gruppe Überlebender, die sich in einem einsamen
Farmhaus verschanzen. Die Regeln und Tabus der Zivilisation existieren für diese lebenden Toten nicht mehr, die Gier nach Menschenfleisch treibt sie an. Romero zeigt in einer verstörenden, streckenweise dokumentarisch anmutenden Ästhetik explizite Schockeffekte, wie sie der Mainstream-Horrorfilm bis dahin nicht kannte.

Der Kultstatus dieses Sequels hat denjenigen von *Night of
the Living Dead* mittlerweile bei weitem übertroffen, ist
es doch das eigentliche Herzstück der *Living Dead*-Trilo-
gie, die 1985 mit *Day of the Dead* ihren Abschluss findet.
Mit seiner überaus bunten Farbpalette, den Unmengen an
Kunstblut sowie den expressiven Bildkadrierungen er-

weist sich *Dawn of the Dead* als stark von der Ästhetik der legendären E. C. Comics mit ihren bunten, makaber-zynischen Horror-Welten geprägt, die Romero seit seiner Jugend liebt und denen er mit *Creepshow* (*Die unheimlich verrückte Geisterstunde*, 1982) huldigte. Auf Grund der exzessiven, gleichsam wie im Comic überspitzten Gewalt-szenen kam *Dawn of the Dead* in den USA ohne Freiga-be-Zertifikat der amerikanischen Filmbewertungsstelle in die Kinos – was dem Kassenerfolg keinen Abbruch tat. In Europa wurde eine in den Dialogen leicht gekürzte Versi-on herausgebracht, die jedoch mehr Splatter-Effekte ent-hielt. Nachdem die deutsche Kinofassung bereits um drei weitere Minuten geschnitten wurde, begann mit der Vi-deoauswertung eine Zensurgeschichte, die mittlerweile beinahe ebenso legendär ist wie der Film selbst. Mit dem Resultat, dass *Dawn of the Dead* hierzulande zurzeit nur in einer stark gekürzten Version erhältlich ist, die eine an-gemessene Rezeption unmöglich macht.

Der Film setzt da an, wo sein Vorgänger endet: In einer meisterlichen Montagesequenz etabliert Romero am An-fang die Grundstimmung von Chaos und totaler Anar-chie: Das Zombie-Problem ist außer Kontrolle geraten, jede Ordnung ist aufgehoben, die Gesellschaft zerfällt. Abermals macht Romero mit dem Nationalgardisten Peter einen Afroamerikaner zum Helden: Dieser flieht mit sei-nem Kollegen Stephen, dem Piloten Roger und der Fern-sehtechnikerin Francine in ein riesiges, verlassenes Ein-kaufszentrum. Als eine Bande marodierender Rocker in die Mall eindringt und mit ihnen zahllose Untote, kommt es zu einer Schlacht, die nur Peter und Francine überleben.

Schon der Hauptspielort macht deutlich, worum es in *Dawn of the Dead* geht: um die sich selbst verschlingende Konsumgesellschaft, deren Exklusivität in Romeros Welt-sicht geradezu faschistoide Züge anzunehmen droht. Die Zombies, erklärte er, seien für ihn »die Dritte Welt, die Obdachlosen, alle Habenichtse« (zit. nach Gaschler/Vollmar), die an die Türen unserer Wohlstandsgesellschaft klopfen. Dass die Sympathieträger des Films diese Besitzlosen mit brachialer Gewalt aus ›ihrem‹ Shopping-Paradies verbannen, ist ein unauflösbarer Widerspruch zu Romeros kritischer Aussage. Roger und Stephen werden jedoch genau dann zu Zombies, als sie ihre Warenwelt am vehementesten gegen die Eindringlinge verteidigen: Ihr gieriger Konsumrausch macht sie im Grunde schon dazu, bevor sie von den Untoten gebissen werden. Anders als in zahlreichen Vorgängerfilmen sind die Zombies bei Romero keine Wiederkehr des Unterdrückten, sondern führen warnend vor Augen, dass die Menschen zwanghaft ihrem übersteigerten, pervertierten Konsumverhalten erliegen. Mit ironischem Augenzwinkern präsentiert Romero die Zombies, die bei aller Bedrohlichkeit stärker noch als im ersten Teil wie bedauernswerte Gestalten wirken, als einen Querschnitt durch alle Gesellschaftsschichten: Es sind Handwerker, Anzugträger, Hausfrauen und Kinder, Krankenschwestern und sogar Nonnen, die nach Menschenfleisch gieren. Dieser moralische Tabubruch des Kannibalismus, der schon in *Night* die Entmenschlichung einer ganzen Gesellschaft symbolisierte, findet in *Dawn* eine Entsprechung auf Seiten der Menschen: Wissenschaftler fordern die entsetzte Bevölkerung auf, ihre verstorbenen Angehörigen nicht würdevoll zu bestatten, sondern auf die Straße zu zerren und zu enthaupten – ein Zusammenbruch letzter zivilisatorischer Werte nicht nur in westlichen Gesellschaften. Die instinktgesteuerten Zombies und die vermeintlich logisch argumentierenden Wissenschaftler samt ihren Handlangern, den Soldaten und Bürgerwehren, sind zwei Seiten einer Medaille, agieren beide doch gleichermaßen losgelöst von grundlegender herkömmlicher Ethik und sind damit verantwortlich für den Niedergang der Gemeinschaft, für Anarchie und Apokalypse. Nicht umsonst zeigt eine der beklemmendsten Szenen des Films keinen Zombieangriff, sondern die Erstürmung eines Wohnhauses durch die Nationalgarde. Gleichwohl kann man Romeros Weltuntergangsvision etwas Positives abgewinnen. »Dies ist vielleicht der erste Horrorfilm, der andeutet, dass man auch jenseits der Apokalypse überleben kann« (Wood). Der Afroamerikaner Peter und die schwangere Francince lassen die erdrückenden patriarchalischen, rassistischen und militaristischen Konventionen ihres bisherigen Lebens hinter sich und fliehen wie eine moderne ›heilige Familie‹ in ein anderes Leben jenseits des Konsums.

Trotz dieses Optimismus verbreitenden Endes steigert Romero das Endzeit-Szenario im dritten Teil der Reihe. In *Day of the Dead* (1985) haben die Zombies die gesamte Erde überrannt, die Menschen sind in der absoluten Minderzahl. In einem unterirdischen Militärlabor arbeitet der Wissenschaftler Dr. Logan mit seinen Kollegen Sarah und Dr. Fisher an der Frage, wie man der Lage wieder Herr werden kann. Logan verfolgt einen Ansatz, der bereits in *Dawn of the Dead* angesprochen wurde: Er versucht, die untoten Wesen zu zähmen und wieder zu zivilisieren. Gesichert wird das Labor von einer kleinen Einheit Soldaten unter Führung des despotischen Captain Rhodes, der das Zombie-Problem am liebsten mit Gewalt lösen würde. Außerdem mit an Bord dieses letzten Außenpostens der Menschheit im stetig wachsenden Zombiemeer sind der schwarze Hubschrauberpilot John und der Techniker McDermott. Als Rhodes schließlich herausfindet, dass Logan seine Zombies mit dem Fleisch verstorbener Soldaten füttert, eskaliert die von Anfang an angespannte Situation. Nur Sarah, McDermott und John gelingt die Flucht.

Wesentlich stärker als in den ersten beiden Filmen dient die Bedrohung durch die Zombies in *Day of the Dead* als Rahmen für die Konflikte innerhalb der eingeschlossenen Menschen. Über weite Strecken gibt es keinerlei Kämpfe mit Zombies, dafür umso mehr Wortgefechte zwischen den Figuren. Und wieder sind es gesellschaftliche Minderheiten, Unterdrückte und Außenseiter, die Romero als Helden wählt: den Afroamerikaner John, den Alkoholiker McDermott und die kämpferische Sarah, die sich gegen die sexistischen Ausfälle der Soldaten behaupten muss. Was in *Night* und *Dawn* vor allem in satirisch anmutenden Fernsehberichten am Rande des Geschehens thematisiert wird, rückt hier ins Zentrum: die perverse Mordlust des Militärs, die gepaart mit Dummheit, Machtgier und Ignoranz entscheidend zur Zerstörung des letzten Rests an Menschlichkeit und Gemeinschaftssinn beiträgt. Wenngleich auch die Helden Waffengewalt anwenden, um sich gegen die Zombies zu verteidigen, ist Romeros antimilitaristische, um nicht zu sagen pazifistische Haltung unübersehbar. Ließ sich der erste Teil als Metapher auf die Vietnam-Ära lesen, der zweite als Reflexion über das hedonistische Amerika unter Nixon, so ist der dritte eine Parabel auf das militaristische Reagan-Jahrzehnt.

Der größte Schrecken geht im dritten Teil nicht mehr von den Zombies aus, sondern von den letzten Überlebenden, die in dieser endzeitlichen Extremsituation all das frei ausleben, was seit jeher in ihnen schlummerte. Die Zombies wirken dagegen wie geschundene, bedauernswerte Kreaturen von geradezu kindlicher Unschuld. Mit dem überaus gelehrigen Probanden Bub macht Romero sogar einen Zombie zu einem der Sympathieträger des Films. Nicht ohne Hintersinn wird Bubs Entwicklungssprung zu menschlichem Verhalten ausgerechnet durch seine Fähigkeit markiert, eine Pistole durchladen und abfeuern zu können.

Für den pessimistischen Idealisten Romero gibt es aus diesem ewigen Kreislauf der Gewalt nur einen Ausweg: sämtliche Brücken abzubrechen und ein völlig neues Wertesystem zu etablieren: die Apokalypse als kathartische Notwendigkeit im alttestamentlichen Sinn der Arche Noah. So rät John Sarah, sie solle neu anfangen, Kinder bekommen, und ihnen nichts erzählen von den alten Büchern, Filmen, Platten, die für die Nachwelt archiviert wurden. Die blutigen, ironisch überspitzten Exzesse zum Finale von *Day* sind deshalb alles andere als voyeuristischer Selbstzweck, sondern Zeichen einer Reinigung, ohne die der Neubeginn nicht möglich ist, und damit integraler Bestandteil von Romeros ausgefeilter Dramaturgie. Dass die deutsche Zensur jegliche explizite Gewalt herausgekürzt hat, beraubt Romeros intellektuelle Gedankenspiele eines großen Teils ihrer Schlagkraft.

Viele Jahre ist es George A. Romero, einem der letzten wahren Independents, nicht gelungen, seine *Living Dead*-Saga fortzusetzen. Er musste das Feld den Epigonen überlassen: Der britische Regisseur Danny Boyle etwa hat für seinen Film *28 Days Later* (2003) zahllose Motive und Szenen aus den *Living Dead*-Filmen und *The Crazies* zu einem effektvollen, aber gänzlich unoriginellen Horror-Thriller verarbeitet, dessen soziopolitische Andeutungen nichts weiter als triviale Pose sind. Gleichzeitig führt *28 Days Later* zusammen mit *Resident Evil* (2001, Paul W. S. Anderson) und *Undead* (2002, Michael Spierig) eine Renaissance des Zombie-Films an, dessen vorläufiger Höhepunkt in einem Remake von *Dawn of the Dead* bestand – das allerdings ohne Beteiligung Romeros produziert wurde. Außer dem Titel hat die Neuauflage von 2004 aber ohnehin nicht mehr viel mit dem Original gemein. Dem Videoclip- und Werberegisseur Zack Snyder gelingen hier und da ein paar hübsche Anspielungen auf aktuelle Terror-Ängste, die Furcht vor dem fanatisch-mordlustigen ›Anderen‹ und amerikanische ›Realpolitik‹: »America always sorts its shit out«, kommentiert ein fieser Redneck die Fernsehbilder abgeschlachteter Untoter. Insgesamt aber ist die neue »Morgendämmerung der Toten« kaum mehr als ein effektiver Schocker, der in manchen Szenen gleichsam von genau jenem menschenverachtenden Zynismus geprägt ist, den Romero so scharf kritisierte. Das größte Verdienst des Films besteht zweifellos darin, dass sein Kassenerfolg es Romero ermöglichte, nun doch noch Finanziers für den lange geplanten vierten Teil seiner Zombie-Saga zu finden. In *Land of the Dead* sollen die Untoten den Platz urbaner Ghetto-Bewohner und Obdachloser einnehmen. Und da ihm weitgehende künstlerische Freiheit zugesagt wurde, darf man froher Hoffnung sein, dass es Romero gelingen wird, eine der »schönsten Trilogien in der Geschichte des Kinos« (Larcher) um ein bereicherndes Kapitel zu erweitern.   *Kai Mihm*

Literatur: Jim Hoberman / Jonathan Rosenbaum: Midnight Movies. New York 1983. – Robin Wood: Hollywood from Vietnam to Reagan. New York / Oxford 1986. – Thomas Gaschler / Eckhard Vollmar: Dark Stars – Zehn Regisseure im Gespräch. München 1992. – Jérôme Larcher: Romero, la peur vivante. In: Cahiers du Cinéma. Dezember 2001. – Frank Koenig: *Dawn of the Dead.* Anatomie einer Apokalypse – George A. Romero und seine Zombie-Trilogie. Hille 2002.

Die Nacht der reitenden Leichen

La noche del terror ciego

E/P 1971   f 90 min

R: Amando de Ossorio
B: Amando de Ossorio
K: Pablo Ripoll
M: Antón García Abril
D: Lone Fleming (Bette Turner), Cesar Burner (Roger), Helen Harp (Virginia White), José Thelmann (Pedro), María Silva (María)

Dem spanischen Film verdankt das internationale Horrorkino drei Protagonisten, die weltweite Berühmtheit erlangten: Paul Naschys Wolfsmensch Waldemar Daninsky

(z. B. in *La marca del hombre lobo / Die Vampire des Dr. Dracula*, 1968; Enrique L. Eguiluz) stellt eine Spielart früherer Werwölfe dar, die vor allem von Lon Chaney Jr. in verschiedenen Universal-Produktionen wie *The Wolf Man* (*Der Wolfsmensch*, 1941; George Waggner) verkörpert wurden. Jesús Francos Dr. Orloff (*Gritos en la noche / Der schreckliche Dr. Orloff*, 1961) ist dagegen eine Variante des Horror-Archetypus ›Mad Doctor‹, der ebenfalls in Universal-Filmen populär wurde. Der dritte Beitrag Spaniens zur internationalen Mythologie des Phantastischen speist sich hingegen ganz aus der eigenen Kultur. Es handelt sich um die reitenden Templer-Skelette, die Amando de Ossorio zu Beginn der siebziger Jahre, angeregt durch Erzählungen seines Landsmannes Gustavo Adolfo Bécquer, im Spannungsfeld von Historie, Vampirismus und Satanismus kreierte und in *La noche del terror ciego* in Szene setzte. Die früheren Arbeiten de Ossorios waren bis auf sein Debüt *Malenka – la sobrina del vampiro* (1969) auf keinen größeren Widerhall gestoßen, wohingegen heute *La noche del terror ciego* für viele Horrorfans der unterschiedlichsten Länder ein Kultfilm ist.

In Lissabon trifft die Touristin Bette Turner ihre Schulfreundin Virginia wieder, mit der sie früher ein lesbisches Erlebnis hatte, und fährt zusammen mit ihr und deren Freund Roger ein paar Tage weg. Da Roger sich mehr für Bette interessiert, als es Virginia lieb ist, springt sie aus dem fahrenden Zug und gelangt in eine verfallene Abtei, ohne zu wissen, dass dort einst Anhänger des Templerordens Jungfrauen sadistisch zu Tode quälten und ihr Blut tranken, um Unsterblichkeit zu erlangen. Während Virginia schläft, steigen in der Nacht die toten Templer aus ihren Gräbern, fallen über sie her und saugen ihr Blut aus. Die besorgte Bette und Roger machen sich auf die Suche nach der Verschollenen. Auch Roger fällt den Templern zum Opfer, während Bette sich in einen vorbeifahrenden Zug retten kann. Als dieser am nächsten Bahnhof hält, sind die Zugführer und alle Reisenden tot, nur Bette rennt schreiend davon.

Nach diesem international erfolgreichen Auftakt ließ Ossorio seine Templer in *El ataque de los muertos sin ojos* (*Die Rückkehr der reitenden Leichen*, 1972), *El buque maldito* (*Das Geisterschiff der schwimmenden Leichen*, 1973) und schließlich in *La noche de las gaviotas* (*Das Blutgericht der reitenden Leichen*, 1974) Jahr für Jahr erneut ihr Unwesen treiben. Obwohl sie auffallenderweise jeweils von einer anderen Produktionsfirma hergestellt wurden, kreisen alle vier Filme um die Templer-Leichen zu Pferde und verfolgen das gleiche ›Sexploitation‹-Konzept. Als wesentliche Änderung ließ Ossorio nach dem ersten Film die vampirhafte Wiederauferstehung der von den Templern Ausgesaugten weg.

Filmhistorisch verortet sich die Templer-Saga in einem Boom des spanischen Genrekinos und der B-Pictures zuerst mit Spaghetti-Western und dann mit Horrorfilmen zwischen 1968 und 1974. Ossorios Blick auf die Templer bleibt stilisiert im Folkloristischen und Unheimlichen verhaftet. Er unternimmt keinerlei Anstrengungen, die Realität dieses Ordens, der 1118 von französischen Rittern unter ihrem legendären Anführer Hugues de Payns gegründet wurde, zu erzählen. Zweihundert Jahre später beseitigte Papst Clemens V. die mächtige Vereinigung aus Furcht vor ihrer ökonomischen Macht und der gesellschaftlichen Stellung, die sie vor allem in Spanien und Deutschland erlangt hatte. So lautet zumindest die offizielle Version, denn Esoterik-Experten behaupten, dass der Templer-Orden die Verfolgung der Inquisition im Verborgenen überlebt hat und bis heute fortbesteht, mit Mitgliedern auf allen fünf Kontinenten.

Auch wenn aus heutiger Sicht die Schwächen der Filme offensichtlich sind, so basiert ihre Schreckenswirkung immer noch auf der Entscheidung, die Handlung zurückzustellen zugunsten der historischen Unwahrheit, zugunsten des Horrors, der entsteht aus der Wiederauferstehung der toten Templer, die wegen ihrer Menschenopfer und eines verirrten Puritanismus vernichtet worden sind. Die Tatsache, dass ihre Skelette einerseits Virginias schlechtes Gewissen auf Grund ihres lesbischen Schulmädchen-Sexes mit Bette symbolisieren, andererseits aber die Bedeutung einer irrationalen moralischen Strafe für Lust und Leidenschaft erlangen, war ein Skandal in links gesinnten Kritikerkreisen, die sich vor allem über die Gewalt- und Folterszenen gegen die beiden jungen und attraktiven Protagonistinnen aufregten. Diese Einstellungen, vor allem die Grausamkeit auf der steinernen Folterbank, einer der härtesten Augenblicke in *La noche del terror ciego*, und der unendliche Todeskampf der nur mit einem Bikini bekleideten Barbara Rey in *El buque maldito*, lassen sich ohne Zweifel als billiger Appell an den unterdrückten Sadismus eines Großteils des männlichen Publikums interpretieren. Es gab auch immer wieder Stimmen, die *La noche del terror ciego* als Parabel auf die repressiven Strukturen der Franco-Diktatur sehen wollten und in den Templern den Geist des reaktionären Spaniens, das seine moderne und westlich aufgeschlossene Jugend attackiert. Um Konflikte mit der spanischen Zensur und dem die Schönheit des Landes propagierenden mächtigen Innenminister Manuel Fraga Iribarne zu vermeiden, ließ Ossorio den Film in Portugal an der Grenze zu Spanien spielen und drehte ihn bis auf die Klosterszenen und Studiodrehs in Madrid auch dort.

Ohne Zweifel ist *La noche del terror ciego* der stärkste Film der Tetralogie. Auch *El buque maldito* ist streckenweise atmosphärisch sehr dicht und bedient sich bei der Legende vom Fliegenden Holländer. Darüber hinaus wartet er mit charismatischen Genreschauspielern wie dem Amerikaner Jack Taylor, fast unabdingbar für den spanischen Horrorfilm, und der leider nicht richtig eingesetzten Österreicherin Maria Perschy auf. Dagegen stellt *El ataque de los muertos sin ojos* nur einen uninspirierten und langweiligen Abklatsch von George A. Romeros Horrorklassiker *Night of the Living Dead* (*Die Nacht der lebenden Toten*, 1968) dar. Der vierte und letzte Film *La noche de las gaviotas* ist der mit Abstand schlechteste und versucht die Charakteristika der Templersaga mit Motiven des großen H. P. Lovecraft, vor allem aus seinen Erzählungen *The Ceremonial* und *The Shadow Over Innsmouth*, zu verbinden. Auch außerhalb des Œuvres von de Ossorio setzten die Templer ihr Unwesen fort: *La cruz del diablo* (1975) ist beispielsweise ein ambitionierter, aber gescheiterter Versuch des englischen Regisseurs John Gilling, die sehr persönliche und faszinierende Welt Bécquers ins Kino zu bringen. Jesús Franco nutzte die Templer hingegen in *La mansión de los muertos vivientes* (1982) nur als Episode für einen seiner charakteristischen und oberflächlichen Cocktails aus Horror und Sex.

Auch wenn de Ossorios reitende Leichen kein wirkliches Subgenre begründeten, so hat sich die Ikonographie ihrer skelettierten Gesichter, verborgen hinter übergroßen Kapuzen, der weiten Gewänder und ihrer mythischen Dimension dank ihres in Zeitlupe verlangsamten Rittes zu gregorianischen Gesängen doch in die Bildwelt des Genrekinos eingegraben. Nicht zuletzt beziehen diese besonderen Untoten ihren Reiz daraus, zugleich finster und traumhaft zu sein, schrecklich und legendär. Zu den Fans der Templerkadaver gehört auch Peter Jackson, der sich von ihnen für die reitenden Ringjäger in *The Lord of the Rings: The Fellowship of the Ring* (*Der Herr der Ringe: Die Gefährten*, 2001) bis in Details wie den Kapuzen und der Zeitlupe inspirieren ließ.   *Carlos Aguilar*

Literatur: Nigel J. Burrell: Knights of Terror. London 1996. – Carlos Aguilar (Hrsg.): Cine fantástico y de terror español 1900–1983. San Sebastián 1999. – Ignacio Benedetti / Rafael Calvo / Xosé Zapata: Amando de Ossorio. La Coruña 1999. – Carlos Aguilar: Fantaespaña. Triest 2002 – Guida al cinema fantastico spagnolo. In: Nocturno Cinema Dossier. Nr. 21. Mailand 2004.

Der Exorzist

The Exorcist

USA 1973   f 122 min

R: William Friedkin
B: William Peter Blatty, nach seinem gleichnamigen Roman
K: Billy Williams, Owen Roizman
M: Jack Nitzsche
D: Ellen Burstyn (Chris MacNeil), Linda Blair (Regan MacNeil),
Jason Miller (Pater Karras), Max von Sydow (Pater Merrin)

Die bekannte Schauspielerin Chris MacNeil wohnt zusammen mit ihrer zwölfjährigen Tochter Regan in Washington, wo sie im Universitätsviertel Georgetown einen
Film dreht. Eines Tages verändert sich Regans Verhalten
auf dramatische Weise: Der Teenager reagiert zunehmend
verstört und aggressiv auf seine Umwelt. Aufgesuchte
Ärzte sind ratlos und attestieren ein Nervenleiden. Regan
wird immer gewalttätiger und vollzieht eine erschrecken-
de Metamorphose: Ihr Körper wird bedeckt mit Ekze-
men, sie spuckt grünen Schleim und spricht mit verän-
der Stimme obszöne Worte. Schließlich schwebt sie sogar
in der Luft. Der Jesuitenpater Karras ist nach einer einge-
henden Untersuchung überzeugt, dass Regan vom Teufel
besessen ist. Mit Hilfe des alten Pater Merrin vollzieht er
das römische Exorzismusritual. Es wird ein Kampf auf
Leben und Tod gegen das Böse.

The Exorcist war einer der größten Kassenerfolge des
Horrorkinos der siebziger Jahre. Das lag nicht allein an
William Peter Blattys überaus populärer und erfolgreicher
Literaturvorlage, sondern auch an der werbewirksamen
Hysterie, die sich um den Film unmittelbar nach der Erst-
aufführung aufbaute: Es wurde von Ohnmachtsanfällen
im Kino berichtet, von Erbrechen, panikartiger Flucht,
Kreislaufzusammenbrüchen, Herzinfarkten, sogar von ei-
ner Fehlgeburt. Dabei lösten weniger die auch heute noch

überzeugenden Spezialeffekte diese Reaktionen aus als
vielmehr das perfekte Zusammenspiel des Plots und der
mit filmischen Mitteln erzeugten Atmosphäre. Friedkin
nimmt die Geschichte der besessenen Regan in jeder
Szene ernst und lässt zu keiner Zeit die Effekte zum
Selbstzweck verkommen. Sein Film war nie als typisches
Genrefutter oder als Unterhaltungsware für Horrorfans
konzipiert, sondern spiegelt wie der drei Jahre später entstandene *The Omen* (*Das Omen*, 1976; Richard Donner)
im Gefolge des Vietnam-Desasters und des Watergate-
Skandals die Destabilisierung der amerikanischen Nation
und die Renaissance von Satanismus und Hexenkult in
Sekten und Popkultur. Im Kern erzählt er mit differen-
zierter Figurenzeichnung eine moderne Familiengeschich-
te: Die Eltern sind geschieden, der Vater lebt in Europa
und kümmert sich nicht um die gemeinsame Tochter, die
Mutter streitet darüber lautstark mit ihm am Telefon, ist
aber selber durch ihre Schauspielerei sehr absorbiert und
hat zudem ein Verhältnis mit ihrem Regisseur. Regan ist
ein einsames Kind, das mitten in der schweren Zeit der
Pubertät oft sich selbst überlassen bleibt.

Aufschlussreich ist, dass der Teufel in Regan als Vertreterin der jungen Generation und in Pater Karras als einen
Protestler im Priestergewand hineinfährt. Der Polizist, der
den mysteriösen Tod von Chris' Regisseur untersucht, at-
testiert dem attraktiven Mann sogar Ähnlichkeit mit dem
prototypischen Jugendrebellen Marlon Brando. Der stu-
dierte Psychologe Karras, der zu Chris' Verwunderung
meist kein Priestergewand, sondern saloppe Kleidung
trägt, lebt in einer Art Kommunenhaus und schläft auf einer Matratze auf dem Boden. Er zweifelt an seinem Glauben und leidet unter extremen Schuldkomplexen, weil er
glaubt, seine sterbende Mutter im Stich gelassen zu haben.
Regan wiederum lehnt sich in ihrer Besessenheit gegen
jede Autorität von außen – Mutter, Ärzte, Priester – auf,
schockt die Erwachsenen mit ihrer Obszönität, ihren At-

tacken auf Institutionen und Grundfesten der gesellschaftlichen Ordnung und nicht zuletzt mit ihrer offen ausgelebten Sexualität, wenn sie beispielsweise sich mit einem
Kruzifix selbst entjungfert. Nach dem Exorzismus ist sie
wieder Mamis Liebling, das brave Mädchen mit sanfter
Stimme. Ihre Besessenheit ist als verschlüsselte Auflehnnung der Jugend gegen die Elterngeneration zu verstehen.
Dieser Subtext klingt bereits am Beginn bei Chris' Dreharbeiten zu einem Film über die Studentenproteste gegen
den Vietnamkrieg an, den sie selbst eine »Walt-Disney-
Version der Ho-Chi-Minh-Story« nennt. Bezeichnenderweise führt Friedkin jedoch den Teufel nicht als metaphysische Größe vor, sondern als real existent. Das schlechthin
Böse erfährt eine Externalisierung, es ist nicht grundlegender Teil des Menschen, sondern erfasst ihn und ist damit –
wenn auch nur mittels größter persönlicher Opfer – prinzipiell besiegbar. Indem *The Exorcist* vorführt, dass der
Dämon aus der Jugend ausgetrieben werden kann und Pater Karras sich bereitwillig dafür opfert, nimmt er eine reaktionäre Haltung zu den zeitgenössischen Revolten und
Protesten ein.

Die Leistung von *The Exorcist* besteht darin, dass er
nicht nur als metaphorisches Zeitporträt verstanden werden kann, sondern fernab dieser Ebene als Horrorfilm
perfekt funktioniert. Er wurde in einer Dekade realisiert,
in der das Genrekino ernst genommen wurde. Man versuchte, *den* Prototyp eines jeden Genres zu drehen, mit
Inhalt, guten Darstellern und für ein Publikum gedacht,
das sich auch intellektuell mit einem Film befassen will.
Renommierte Regisseure wandten sich Filmarten zu, die
zuvor (und auch danach) nur als billige Massenware für
ein anspruchsloses Massenpublikum oder als (oft gut gemachte) Independent-Produktionen für eine kleine Zielgruppe produziert wurden. Charakteristisch dafür ist
auch die Karriere von William Friedkin, der nie ein klassischer Horror-Regisseur war, er fühlt sich vielmehr allen

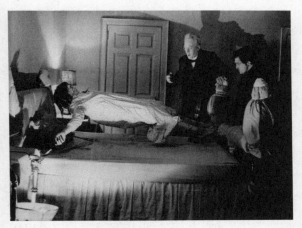

Die siebziger Jahre waren die Hochzeit des Teufelsfilms. In dem Subgenre spiegelten sich im Gefolge des Vietnam-Desasters und des Watergate-Skandals die Destabilisierung der US-amerikanischen Nation und die Renaissance von Satanismus und Hexenkult in Sekten und Popkultur. Das schlechthin Böse erfährt als Antithese zum Jekyll/Hyde-Stoff eine Externalisierung als nicht grundlegender Teil des Menschen und ist damit prinzipiell überwind- und besiegbar. Die Besessenheit des Teenagers Regan (Linda Blair, l.) ist als verschlüsselte Auflehnung der Jugend gegen Autoritäten wie Eltern und Kirche zu verstehen. Indem *Der Exorzist* vorführt, dass der Dämon der jungen Generation durch die Patres Merrin (Max von Sydow, M.) und Karras (Jason Miller, r.) ausgetrieben werden kann, nimmt er eine reaktionäre Haltung zu den zeitgenössischen Protesten ein.

Genres nahe. Sein Repertoire reicht von Action, z. B. *The Sorcerer* (*Atemlos vor* Angst, 1977) sowie *French Connection* (1971), der schon viel von der rauen Stimmung in *The Exorcist* erahnen ließ, über Thriller (*Live and Let Die in L. A. / Leben und Sterben in L. A.*, 1985; *Jade*, 1995) bis hin zu Horror. Neben *The Exorcist* drehte er den zu Un-

recht missachteten *The Guardian* (*Das Kindermädchen*,
1989) und für das Fernsehen die exzellente *Twilight Zone*-
Folge *Nightcrawlers* (1985). Mit einer bis in die letzte
Konsequenz ausgeklügelten Musik- und Geräuschkulisse
zielt er in *The Exorcist* auf das Bewusstsein des Publikums ab. Extreme Lautstärkenkontraste wechseln sich ab.
Oft sprechen die Schauspieler sehr leise, und die Geräuschkulisse wird auf das Nötigste beschränkt, nur um
eine Szene folgen zu lassen, die von Musik und Sound
Design beinahe überquillt. Zusammen mit der speziellen
Art der Montage ergibt sich ein perfektes Timing. *The
Exorcist* enthält Bilder, die so kurz zu sehen sind, dass der
Zuschauer sie oftmals gar nicht bewusst wahrnehmen
kann, die dafür aber auf sein Unterbewusstsein wirken
sollen, beispielsweise die nur für Bruchteile einer Sekunde
aufflackernde Teufelsfratze im Traum von Pater Karras.
Dagegen stehen epische Sequenzen, wie der überlange
Prolog im Irak mit Pater Merrins Fund einer Dämonen-
Figurine, der an die *Mumien*-Filme der Hammer Studios
erinnert.

Vier Jahre später setzte John Boorman, der wie Friedkin
sich auf kein bestimmtes Genre festlegt, die Fortsetzung
The Exorcist II: The Heretic (*Exorzist 2 – Der Ketzer*,
1977) in Szene. Regan, mittlerweile 17 Jahre alt, durchlebt
in Hypnose noch einmal ihre frühere Besessenheit, und
schon bald finden die Dämonen wieder Zugang zu ihr.
Ein Pater, der Merrins Tod bei Regans Exorzismus untersucht, tritt telepathisch mit ihr in Verbindung und erfährt
durch ihre Träume den Ursprung des Bösen. Obwohl der
Film eine Fortsetzung sein soll, gehört er doch eigentlich
in ein anderes Genre, das des phantastischen Gruselfilms
mit Abenteuereinschlag. Anstelle der düsteren Grundat-
mosphäre des ersten Teils werden verschiedene Mythen
unterschiedlicher Kulturen unreflektiert zusammenge-
mischt. Zwar versucht Boorman die wirre Geschichte
durch imposante Kamerabilder und suggestiven Schnitt

aufzuwerten, doch das Resultat ist eine unterdurchschnittliche Massenproduktion mit einer kaum nachvollziehbaren, manchmal unfreiwillig komischen Handlung. Nach diesem sowohl künstlerischen wie auch finanziellen Misserfolg verwunderte es sehr, dass dreizehn Jahre später eine zweite Fortsetzung mit dem Titel *The Exorcist III* (*Der Exorzist III*, 1990) auf der Leinwand erschien, geschrieben und inszeniert von William Peter Blatty, dem Autor der Original-Literaturvorlage und des Drehbuches von *The Exorcist*. Anders als Friedkins Film bietet dieses Sequel Unterhaltungskino in reinster Form, keine intellektuelle Auseinandersetzung mit Mythen und Glauben, kein existenzielles Familien- und Psychodrama. Die Story baut sich nach klassischen Regeln des Thrillers auf und scheut auch keine Schockeffekte. Durch den Verzicht auf übertriebene Effekte bekommt die Handlung einen Realismus, den selbst das Original nicht erreichen konnte. Hier zeigt sich der eigentliche Horror nicht im Dämon, sondern in den dunklen Gängen, in den knarrenden Türen, im Natürlichen. Die Bedrohung ist unsere reale Welt an sich, ohne dass dies konsequent beibehalten wird, während in *The Exorcist* das Böse in unsere heile Welt einbricht. Fast drei Jahrzehnte nach seiner Premiere kam *The Exorcist* in Friedkins zehn Minuten längerem Director's Cut wieder in die Kinos und bewies, dass er nicht nur besser ist als alle seine Fortsetzungen, sondern auch ein ungleich medienerfahreneres Publikum erreicht. Friedkin streut Andeutungen darauf, dass Reagans Besessenheit mit einem sexuellen Missbrauch in Zusammenhang steht, und lieferte somit ein weiteres Puzzlestück für den Zerfall familiärer Strukturen. Über die Vorgeschichte dieses Horrorklassikers geben anhand der ersten Begegnung des jungen Paters Merrin mit dem Teufel gleich zwei Filme Auskunft: Nachdem Paul Schrader seine Version abgedreht hatte, beauftragte die Produktionsfirma Morgan Creek Renny Harlin mit einem Nachdreh, der sich zu einer eigenen, drastischeren Fassung ausweitete. Während Harlins *Exorcist: The Beginning* Ende August 2004 in den USA erfolgreich anlief, soll Schraders Version nur auf DVD veröffentlicht werden.   *Christian Rzechak*

Literatur: Georg Seeßlen: *The Exorcist.* In: Norbert Stresau / Heinrich Wimmer (Hrsg.): Enzyklopädie des phantastischen Films. Meitingen 1986. 5. Erg.-Lfg. 1987. – Norbert Stresau: Der Horror-Film. München 1987. – Marcus Stiglegger: William Friedkin. In: Splatting Image. Nr. 31. Berlin 1997.

Wenn die Gondeln Trauer tragen

Don't Look Now

GB/I 1973   f 109 min

R: Nicolas Roeg
B: Allan Scott, Chris Bryant, nach einer Novelle von Daphne du Maurier
K: Anthony Richmond
M: Pino Donaggio (als Pino Donnagio)
D: Donald Sutherland (John Baxter), Julie Christie (Laura Baxter), Hilary Mason (Heather), Clelia Matania (Wendy)

Ein See im Gewitterregen, Donnergrollen liegt in der Luft. Ein dunkler Raum mit geschlossenen Fensterläden, durch die Sonnenlicht dringt. In den ersten Sekunden von *Don't Look Now* führt Nicholas Roeg die beiden wichtigsten Motive seines Filmes ein: Wasser als bedrohliches Element und (Fenster-)Glas, das einen Ausblick in eine andere Welt zulassen würde. Zumal das Glas verweist auf die Bedeutung des ›Sehens‹ in Roegs Film, die sich auch überdeutlich im Originaltitel ausdrückt. ›Sehen‹ als Akt alltäglicher Wahrnehmung und als übernatürliche Fähigkeit. »Nichts ist, was es scheint«, formuliert der Protagonist John Baxter zu Beginn der Handlung, ohne sich jemals wieder seines eigenen Menetekels zu entsinnen.

Gekleidet in ein rotes Lackmäntelchen, spielt ein blondes Mädchen im parkähnlichen Garten vor dem Haus der Eltern. In einer Senke liegt ein See. Das kleine Mädchen (Christine) wirft im Spiel seinen Ball auf die spiegelnde Wasseroberfläche. Im selben Moment im Inneren des Hauses: In einer friedvollen Nachmittagsstimmung wirft ein Mann seiner Frau eine Schachtel Zigaretten zu. Die Bewegung des Mädchens wird durch den Schnitt von außen nach innen weitergeführt. Durch den Matchcut wird ein Zusammenhang zwischen den beiden Orten und den handelnden Personen impliziert. Der Schein einer Gesamtidylle trügt. John Baxter, der Vater des kleinen Mädchens, das da draußen am See spielt, scheint irritiert zu sein: Auf einem Dia, fotografiert im Inneren einer venezianischen Kirche, hat er eine Gestalt im roten Kapuzenmantel entdeckt. Für sich genommen kein auffälliges Erlebnis, wäre da nicht die beunruhigende Korrelation von Innen und Außen, eine Form- und Farbanalogie von ›Dreieck‹ und ›Rot‹. Als der Ball des Kindes im Wasser landet, wirft John sein Glas um. Die Flüssigkeit läuft über das Dia und löst dort die rote Farbe aus dem Umhang der zusammengekauerten Figur. Ein Vorgang, der Schrecken birgt, weil er rational nicht erklärbar ist. Der Vater hebt den Kopf vom seltsam veränderten Lichtbild, als habe er einen Ruf vernommen. Von einer bösen Vorahnung getrieben, läuft er in den Garten. Die Zeitlupe, in der er über die Wiese in den See rennt, macht die Szene zu einer Alptraumsequenz. Er scheint nicht vom Fleck zu kommen, die Angst um das Kind raubt ihm Atem und Stimme, und schließlich ist er zu spät: Er birgt sein totes Kind. Im Inneren des Hauses verteilt sich die rote Farbe wie eine Blutlache mehr und mehr über das Dia. Die Umrisse des sich verteilenden Flecks erinnern an einen Embryo. Im Gegenschnitt gleichen Form und Farbe des

Flecks der Gestalt der leblosen Tochter, die der Vater emporhebt.

Wenn der Vater durch den Schnitt mehrfach in Slow Motion zu einem kehligen Schrei ansetzt, hat Roeg den Zuschauer bereits tief in Sprache und Stil seiner filmischen Narration eingebunden. Die Montage unterstützt eine Erzählabsicht, die auf Ahnungen, auf symbolhafte Verweise und latente Bedrohungen abzielt. Es ist eine assoziative Montage, die zwei Welten zu Tage fördert: eine reale und eine irreale Parallelwelt. Regelrecht ›geschult‹ durch die Schnittform der Eingangssequenz, glaubt der Zuschauer An- und Bedeutungen in den vielfachen Verweisen und Symbolen des Films zu erkennen. Schnell werden kausallogische Verbindungen geknüpft und Rückschlüsse auf einer Grundlage gezogen, die nicht mehr als einer Ahnung entspringt. Sprunghaft und überraschend wie die Bildmontage ist auch Roegs anaturalistische Tondramaturgie. Tongebende Objekte sind mitunter erst dann zu hören, wenn sie auch sichtbar werden. Taucht das Objekt ins filmische Off ab, ist auch das Geräusch schnell verschwunden – erneut ein deutlicher Hinweis auf die zentrale Bedeutung des Sehens.

Den Ort der schmerzhaften Erinnerung hinter sich lassend, reisen John und Laura Baxter nach Venedig. Das Ehepaar wirkt harmonisch, fast gelöst im Umgang miteinander – ein Hoffnungsschimmer, dem der von Roeg gewählte Schauplatz kontrastreich eine dumpfe und belastende Atmosphäre entgegensetzt: Die Lagunenstadt ist hier nicht als strahlend buntes Postkartenmotiv aufgenommen, sondern als eine dem Verfall überlassene, winterliche Stadt voll undurchdringlicher Schatten und geheimnisvoller Nebelschwaden. Roeg war – das zeigt das kompakte visuelle Konzept seines Films – einer der besten und erfahrensten Kameramänner Englands und entwickelte in der Zusammenarbeit mit Regisseuren wie Roger Corman, François Truffaut, John Schlesinger oder Richard Lester seine eigene Bildsprache.

In einem Restaurant werden die Eheleute auf zwei ältliche Schwestern aufmerksam. Die blinde Heather konfrontiert Laura mit einer Vision, die sie angesichts des Paares hatte: Die kleine Christine saß glücklich zwischen den Eltern. Überfordert von dieser Nachricht, verliert Laura die Besinnung. Spätestens der Auftritt der blinden Seherin, die über die Gabe des zweiten Gesichts verfügt, enthüllt, dass es Roeg um Parallelwelten geht. Immer wieder treffen die Baxters auf die beiden Schwestern, und zumal John scheint von ihnen verfolgt zu werden. Laura erzählt ihm von Heathers Warnungen, dass er die Stadt verlassen soll, um einem größeren Unglück aus dem Weg zu gehen. Er nimmt sogar die Zeichen seines nahenden Endes wahr, denn auch er hat, ohne es zu wissen, die ›Gabe‹. Und doch ist er bis zum Schluss unfähig, auf die übersinnliche Wahrheit zu reagieren.

Roeg streut Momente der Irritation in seine Filmerzählung ein. Er konfrontiert den Zuschauer mit visuellen Details, Versatzstücken, die er nie zu einem sinngebenden Ganzen zusammensetzen wird und die so als bedrohliche Andeutung verstanden werden: Natürliche und übernatürliche Sequenzen, sinngebende und sinnleere Bildeindrücke sind nicht mehr voneinander zu trennen. In seinen späteren Filmen wie *The Man Who Fell to Earth* (*Der Mann, der vom Himmel fiel, 1976*) oder *Castaway* (*Castaway – Die Insel, 1987*) wird Roeg immer wieder auf ähnlich subtile Momente des Horrors zurückgreifen.

Die Szene, in der John und Laura orientierungslos durch das nächtliche Venedig laufen, führt Roegs Horror-Vokabular exemplarisch vor Augen. Es ist eine Fuge nächtlicher Angst, deren Nachklang sich wie ein dunkles Gewebe über den Film legt. Die Ahnung, das Verirren und schließlich die Trennung der Eheleute sind der Auftakt zu einer Entwicklung, die auf ein katastrophales Ende zuläuft. Wie John reagieren wir verstört auf merkwürdige Geräusche, die zum Gefühl des Fremd- und Verloren-

seins, des Unheimlichen beitragen: Babygeschrei, plötzlich
aufkommendes Gelächter, Fußschritte von Menschen, die
niemals in Sichtweite geraten. Schließlich taucht auch hier
wieder schemenhaft das Rot und die Form des Kinder-
mäntelchens auf. Ist es ein Mörder, der in Venedig sein
Unwesen treibt? Ist es der Geist des toten Kindes, das den
Vater retten und ihm den Weg weisen will? Der Horror
entsteht im Kopf des Betrachters.

Laura verlässt die Stadt, weil der in England zur Schule
gehende Sohn einen Unfall hatte. John bleibt in Venedig,
wo ihm eine üppig geschmückte Trauergondel auffällt.
Das Gesicht der trauernden Witwe kommt ihm seltsam
bekannt vor: Es ist Laura, begleitet von den beiden
Schwestern. Eine Vision, die der Zukunft entspringt, eine
Warnung vor dem Tod. Es bedarf keiner großen Kombi-
nationsgabe, um zu bestimmen, um wen die Frauen trau-
ern. Doch John deutet das Bild fatalerweise als gegenwär-
tige Realität und begibt sich auf die Suche nach Laura, die
er noch in Venedig wähnt. Damit gerät er in einen Sog irritierender Ereignisse, der ihn schließlich an den Ort seines Todes führt: In einem dunklen Gebäude erklingt ein
Wimmern, wie von einem Kind. Eine kleine Gestalt im
roten Kapuzenmantel steht mit dem Rücken zu ihm. Was
verbirgt sich unter der Kapuze? Das fröhliche Gesicht seiner Tochter? Der finale Horrorschock ist auf den Punkt
inszeniert. Die Gestalt dreht sich um und offenbart die –
durch die angespannte Erwartung umso entsetzlichere –
Fratze einer uralten Frau, die sich für immer in das visuelle Gedächtnis des Rezipienten einbrennt: eine Zwergin,
eine Wahnsinnige. Sie beendet Johns Leben mit einem gezielten Schnitt durch seine Kehle. Mit dem austretenden
Blutstrom – es ist dasselbe Kardinalsrot, das den Zuschauer durch den Film hindurch begleitet hat – schließt sich
der Kreis zu dem roten Fleck auf dem Dia. Mit der Aus-
löschung von Johns Wahrnehmung entflechten sich die
Zeit- und Raumebenen wieder, nimmt seine Todesvision

die ›richtige‹ Stelle im raumzeitlichen Kontinuum ein: In der letzten Sequenz gleitet die Trauergondel mit Laura, den Schwestern und Johns Leichnam über den Canal Grande.   *Julia Gerdes*

Literatur: Tom Milne: *Don't Look Now*. In: Sight & Sound. Bd. 42. Herbst 1973. – Hans C. Blumenberg: Ein Film der leisen Fallen. In: Die Zeit. 6.9.1974. – Neil Sinyard: The Films of Nicolas Roeg. London 1991. – John Izod: The Films of Nicolas Roeg. Myth and Mind. London 1992. – Thomas Koebner: Der Animist in der Moderne – Das Kino des Nicolas Roeg. In: Marcus Stiglegger (Hrsg.): Splitter im Gewebe. Mainz 2000.

Die Wiege des Bösen

It's Alive

USA 1973   f 91 min

R: Larry Cohen
B: John Landis
K: Fenton Hamilton
M: Bernard Herrmann
D: John Ryan (Frank Davies), Sharon Farrell (Lenore Davies), Andrew Duggan (Dr. Perry), Guy Stockwell (Clayton)

Infolge der Einnahme eines schädlichen Medikaments bringt Lenore Davies ein mit Fangzähnen und Klauen bewehrtes Kind zur Welt, das das gesamte Ärzteteam samt Krankenschwestern massakriert und dann auf mysteriöse Weise verschwindet. Der zunächst schockierte Vater muss sich damit abfinden, dass sein jüngster Sohn ein Mutant ist, der mordend durch Los Angeles zieht. Das Elternpaar wird daraufhin von Sensationsjournalisten belagert, die mit allen möglichen Tricks, z. B. als Krankenschwester verkleidet, in ihre Privatsphäre eindringen wollen. Auch die Wissenschaft tritt auf den Plan. Der verantwortliche

Pharmakonzern allerdings trachtet danach, das Kind möglichst schnell zu beseitigen. Frank Davies selbst macht sich auf die Suche und findet seinen Sohn in den Abwasserkanälen der Stadt. Der Junge erkennt in ihm seinen Vater und scheint Schutz zu suchen. Davies bittet daraufhin um das Leben seines Kindes, die verängstigten Polizisten erschießen es jedoch.

Der amerikanische Independent-Regisseur Larry Cohen etablierte in den siebziger Jahren seinen Ruf als origineller, oft überraschend intelligenter Genrefilmer. Sein kommerzieller Erfolg basiert auf der *Alive*-Trilogie, deren erster Teil *It's Alive* ist. Dieser Film zeigt die bevorzugten Motive des unabhängigen *Auteurs* Cohen in prototypischer Weise. Als Protagonisten wählt er zumeist eher durchschnittliche amerikanische Männer, deren Leben unversehens durch eine existenzielle Krise in Gefahr gerät. In der Charakterzeichnung ist er also Alfred Hitchcocks unfreiwilligen Helden nahe, die diese Krise eher durch Improvisation, Anpassungsfähigkeit und emotionale Aufrichtigkeit als durch ihre vorgegebene Überlegenheit meistern können. Der geplagte Vater Frank Davies, eindringlich gespielt von John Ryan, der schließlich um jeden Preis sein ›Monsterbaby‹ retten will, entspricht diesem sehr menschlichen Charaktermodell. Das Unerklärliche bricht recht unvermittelt in Davies' Leben ein, seine eigentlichen Ängste sind die jedes Vaters vor der Geburt seines Kindes. Hier liegt auch das Potenzial des Films: Er steigert die natürliche Angst ins buchstäblich Monströse, wobei er weiter geht als Roman Polanski in *Rosemary's Baby* (*Rosemaries Baby*, 1967), der das Grauen noch im Ungewissen lässt. Cohens Figuren befinden sich im Rahmen der bedrohlichen Verstrickungen oft weniger im Kampf gegen das Monströse, dem der Regisseur immer eine eigenständige Existenz zugesteht, sondern gegen ein korruptes, gewalttätiges System. Der Film spekuliert letztlich darauf, dass es der Zuschauer als einen barbari-

schen Akt betrachtet, wenn das Baby von den Polizeiku-
geln zerfetzt wird.

In welchem Spannungsfeld sich der Film ebenso wie
seine Fortsetzungen bewegt, zeigt sich unmittelbar darauf,
wenn am Ende des ersten Teils die Geburt eines weiteren
›Killerbabys‹ bekannt gegeben wird. Auch im zweiten Teil
It Lives Again (*Die Wiege des Satans*, 1978) geht es zunächst um den Zwiespalt, ob das ungeborene Leben auch
bei deutlicher Missbildung zu schützen sei. Die folgenden
grauenvollen Ereignisse legen scheinbar eine negative Antwort nahe. Cohen sah sich hier einem ähnlichen Vorwurf
wie Tobe Hooper ausgesetzt, dessen Film *The Texas
Chainsaw Massacre* (*Blutgericht in Texas*, 1974) ebenfalls
die Dämonisierung körperlich und geistig behinderter
Menschen vorgehalten wurde. Immer wieder qualifizieren
sich jedoch Wissenschaft und Militär als die eigentlichen
Monster, so auch in dem abschließenden Teil *Island of the
Alive* (*Die Wiege des Schreckens*, 1987).

Formal arbeitet Cohen sehr geradlinig: Er wählt eine
gelegentlich unruhige Kamera, die sich fast dokumentarisch nah ans Geschehen heftet. Er tendiert selten zur
komplexen Verschachtelung verschiedener Handlungsstränge, vielmehr interessiert er sich für die überschaubare
Vermittlung des Geschehens aus zwei oder drei Perspektiven, wobei in den *Alive*-Filmen noch die ›Baby-Perspekti-
ve‹ hinzukommt. Vor einer direkten Schockästhetik, wie
sie in den siebziger Jahren äußerst beliebt war, scheut er
eher zurück. Lieber zeigt er die Morde geschickt ver-
schlüsselt und dennoch wirkungsvoll: Den gewaltsamen
Tod des Milchmannes z. B. symbolisiert er durch die aus-
laufende Milch, die sich langsam rot färbt. Das Baby
selbst ist ebenfalls nur sehr kurz und undeutlich zu sehen,
was sich als Vorteil gegenüber den expliziteren Fortsetzungen erweist. Besonders im dritten Teil wirkt die Präsenz des Monsterbabys mit seinen großen Ohren und langen Zähnen eher unfreiwillig komisch. Die Ursache für

die Missgeburten wird in Erinnerung an Pharma-Skandale der sechziger und siebziger Jahre (z. B. Contergan) in einem schädlichen Arzneimittel gesucht, ein Motiv, das vor allem der Kanadier David Cronenberg in seinen Körperhorror-Filmen weiterverfolgte (*Rabid / Rabid – Der brüllende Tod*, 1976, und *Scanners / Scanners – Ihre Gedanken können töten*, 1980).

Neben einigen schwarzen Gangsterfilmen, z. B. *The Godfather of Harlem* (*Der Pate von Harlem*, 1972), drehte Larry Cohen später noch weitere Filme im phantastischen Genre: In *God Told Me To* (1976) beschrieb er auf irritierende Weise das Verhältnis zwischen einem New Yorker Polizisten und einem androgynen Messias, der sich als Nachkomme eines Außerirdischen entpuppt; *Q – The Winged Serpent* (*American Monster*, 1982) ist oberflächlich gesehen ein Monsterfilm, in dem eine prähistorische Flugechse New York unsicher macht, tatsächlich löst er den Genre-Plot jedoch in einer Verflechtung zwischen einem neurotischen Juwelendieb und einem obsessiven Polizisten auf. Die monströse Kreatur wird wiederum zur gefährlichen Metapher der unberechenbaren Abgründe des Unterbewusstseins. Obwohl sich Larry Cohen vor allem im englischsprachigen Raum eines guten Rufs erfreut, blieb er in Deutschland bislang weitgehend unbemerkt.

Marcus Stiglegger

Literatur: Peter Nicholls: Larry Cohen. In: P. N.: The World of Fantastic Films. New York 1994.

Blutgericht in Texas / Das Kettensägenmassaker

The Texas Chainsaw Massacre

USA 1974 f 86 min

R: Tobe Hooper
B: Kim Henkel und Tobe Hooper
K: Daniel Pearl
M: Tobe Hooper und Wayne Bell
D: Marilyn Burns (Sally Hardesty), Paul A. Partain (Franklin
   Hardesty), Edwin Neal (Anhalter), Gunnar Hansen (Leather-
   face), William Vail (Kirk)

Auf einem Friedhof in einem abgelegenen Teil von Texas
werden geschändete Leichen entdeckt. Die junge Sally
Hardesty fährt zusammen mit ihrem auf den Rollstuhl an-
gewiesenen Bruder Franklin und den Freunden Jerry, Pam
und Kirk in einem Kleinbus dorthin, um zu prüfen, ob
auch ihre Familiengräber betroffen sind. Unterwegs nehmen sie einen Anhalter mit, der sich jedoch derart angst-
einflößend aufführt und Franklin mit einem Messer verletzt, dass ihn die Gruppe aus dem Wagen wirft. Als den
jungen Leute das Benzin ausgeht und selbst der örtliche
Tankwart keines mehr hat, machen sie Station auf dem alten Familienanwesen der Hardestys. Pam und Kirk entdecken ein altes Farmhaus, in dem sie von einem geistig
zurückgebliebenen, Kettensägen schwingenden Maniac
überwältigt und getötet werden. Dieser Leatherface, der
eine Maske aus lederiger Haut trägt, lebt in dem Haus mit
seinen zwei Brüdern, von denen sich einer als der verrückte Anhalter entpuppt. Franklin und Jerry fallen ihnen
ebenfalls zum Opfer. Sally kann als einzige Überlebende
vor Leatherface fliehen. Sie flüchtet sich zum Tankwart,
muss aber herausfinden, dass auch er zu der degenerierten
Familie gehört, und wird von ihm überwältigt. Die junge
Frau erlebt den blanken Horror, sie wird gefoltert und der
fast mumienhafte Grandpa wird unter lautem Geschrei er-

muntert, Sally mit einem Hammer zu töten, ist aber körperlich nicht dazu in der Lage. Die große Verwirrung
nutzt Sally, um zu fliehen, und kann sich in ein vorbeifah-
rendes Auto retten, doch Leatherface schwenkt ihr drohend die Kettensäge hinterher.

Dem ehemaligen Dokumentarfilmer Tobe Hooper gelang mit *The Texas Chainsaw Massacre* ein sensationelles
Spielfilmdebüt als kostengünstige Independent-Produktion auf 16 mm, dessen hohes Niveau er in seinen späteren
Filmen nur noch selten erreichte. Zusammen mit seinem
Koautor Kim Henkel nahm er sich eines legendären True-
Crime-Stoffes an: Der nekrophile Farmer Ed Gein wurde
mit einem lebenslangen Aufenthalt in einer Nervenklinik
für seine Taten bestraft, nachdem die Polizei eine ausge-
weidete Frauenleiche und eine große Anzahl menschlicher
Körperteile und -organe bei ihm fand, die ihm teilweise
als Innendekoration dienten. *The Texas Chainsaw Massacre* nimmt die Fakten des authentischen Falls nicht genau
und ist trotzdem wesentlich näher an der Wirklichkeit als
viele andere auf dem Stoff basierende Filme. Mithalten
kann da allenfalls Jeff Gillen mit *Deranged* (*Besessen*,
1974), die im selben Jahr und ebenfalls mit einem niedri-
gen Budget realisiert wurde. Wie Hoopers Meilenstein,
von seiner Fan-Gemeinde nach dem Originaltitel auch
gerne zu ›TCM‹ verkürzt, ist auch dieser Film eine Tour
de Force durch menschliche Abgründe, jedoch blutiger
und näher an den historischen Fakten. Hooper und Henkel verzichteten hingegen auf dokumentarische Treue, sie
machten aus der Person Geins eine (bis auf die mumienhafte Großmutter) frauenlose Familie und verlegten die
Handlung aus dem Wisconsin der fünfziger in das Texas
der siebziger Jahre. Wichtiger als geschichtliche Details
war den Machern der Spannungsbogen, der sich von Anfang an stetig aufbaut und der von subtilem Unbehagen
bis brachialem Psychoterror alle Facetten der Angst be-
rücksichtigt. Dabei werden die unheimlichen, bizarren

Leatherface (Gunnar Hansen), der seinen Spitznamen einer Maske aus ledriger Haut verdankt, gehört zu den seriellen Ikonen des modernen Horrorfilms. Nach dem Vorbild des berühmten Serienkillers und nekrophilen Farmers Ed Gein schuf Tobe Hooper in seiner legendären Independent-Produktion *The Texas Chainsaw Massacre* eine degenerierte Version von James Fenimore Coopers edlem Lederstrumpf, eine mit der Kettensäge mordende, aber auch bemitleidenswerte, geistig zurückgebliebene Kreatur. Denn aus seiner beschränkten Sicht setzt Leatherface mit seinem schrecklichen Tun nur fort, was er sein Leben lang im Schlachthof getan hat, bevor vermeintlich gnädigere Tötungsmethoden ihn arbeitslos gemacht haben: mit dem Hammer auf Schädel einhauen, das Fleisch zerlegen und essen – nur dass es sich nicht mehr um Tiere, sondern um Menschen handelt. *The Texas Chainsaw Massacre* steht in dem Ruf, besonders brutal und blutig zu sein, ist aber tatsächlich fast völlig blutleer. Denn Hooper gelang ein Meisterwerk filmischer Psycho-Gewalt, bei dem der Horror im Kopf des Zuschauers entsteht.

Momente des Films durch realistische Elemente verstärkt, keine Person, kein Gegenstand ist übernatürlich oder nicht von dieser Welt, obwohl die mumienartigen Großeltern der Mörderfamilie einen fast dämonischen und zombiehaften Eindruck machen. Das Augenmerk wird oft auf den Dekor gelenkt: schimmelige Räume voller aus Knochen und Schädeln konstruierter Möbel und Gegenstände.

Auch das ›Monster‹ Leatherface, eine degenerierte texanische Version von James Fenimore Coopers edlem Lederstrumpf, ist nur ein Dämon im psychischen Sinne; es handelt sich um einen realen, geistig zurückgebliebenen Menschen, der sich gar nicht bewusst ist, was er eigentlich anrichtet, eine mordende, aber auch bemitleidenswerte Kreatur, deren Charakter in dem ebenfalls von Hooper inszenierten Sequel noch vertieft wird. Letztlich setzen er und seine Brüder nur fort, was sie ihr Leben lang im örtlichen Schlachthof getan haben, bevor vermeintlich gnädigere Tötungsmethoden wie Bolzenschussgeräte sie arbeitslos gemacht haben: mit dem Hammer auf Schädel einhauen, das Fleisch zerlegen und essen – nur dass es sich nun nicht mehr um Rinder und Schweine, sondern um Menschen handelt.

Toneffekte, Musik, Kameraführung und Schnitt sind so suggestiv eingesetzt, dass dem Zuschauer oft Szenen und Filmeindrücke vorgetäuscht werden, die gar nicht vorkommen. Das hat auch zur Folge, dass Beurteiler der Bundesprüfstelle für jugendgefährdende Schriften *The Texas Chainsaw Massacre* zu einem ihrer Lieblingsbeispiele erkoren haben und bei der immer aktuellen Gewaltdebatte extrem blutige Szenen des Films als Beweis und Begründung ihrer Thesen angeben – nur kommen diese in keiner Fassung vor. Denn entgegen vieler Inhaltsbeschreibungen und Kritiken sowie dem Originaltitel, der sich als werbewirksamer Schachzug Hoopers entpuppte, ist *The Texas Chainsaw Massacre* überraschenderweise eher blutleer, ganz im Gegensatz zu den Fortsetzungen und ähnlichen

Verfilmungen dieses Themas. Gewalttaten passieren oft außerhalb der Leinwand, und die berüchtigte Kettensäge sieht der Zuschauer in keiner Szene durch einen Körper fahren. Hooper nahm sogar selbst die einzige blutige Szene, die gedreht worden war – den tödlichen Unfall des Anhalters –, bewusst nicht in den Film. Was *The Texas Chainsaw Massacre* in Wahrheit für einen Großteil des Publikums so unerträglich macht, ist die Spannung des scheinbar nicht enden wollenden und aussichtslosen Showdowns, in dem Sally einem extrem alptraumartigen Trip ausgesetzt wird. Aber auch hier sind die oft zitierten ›Blut-Szenen‹ so gut wie nicht vorhanden. Dennoch war der Film lange Zeit hierzulande verboten.

Über ein Jahrzehnt später drehte Hooper die sehr unterschätzte Fortsetzung *The Texas Chainsaw Massacre II* mit Dennis Hopper in einer der Hauptrollen. Auch dieser Film wurde kurioserweise bundesweit beschlagnahmt; er ist weitaus humorvoller und satirischer (allerdings auch blutiger) als das Original. Der zweite Nachschlag *Leatherface: Texas Chainsaw Massacre III* (*Leatherface*, 1989) des Thriller-Regisseurs Jeff Burr führt die Geschichte weniger fort, als dass er den Inhalt des ersten Teils schwach nacherzählt. Neues wird kaum hinzugefügt. Spätestens mit diesem dritten Teil erreichte die Figur Leatherface ähnlich hohe Beliebtheitswerte beim Publikum wie Jason Voorhees aus der *Friday the 13th*-Serie (*Freitag der 13.*, seit 1980) oder Freddy Krueger aus der *Nightmare*-Reihe (seit 1984) und avancierte zu einer Kultikone des Horrorfilms. Kim Henkel, der Koautor des Urfilms, drehte 1994 sein Remake *The Return of the Texas Chainsaw Massacre* (*Texas Chainsaw Massacre: Die Rückkehr*), doch auch diese dritte Variante ist ein überflüssiger Aufguss. 2003 folgte ein erneutes Remake unter der Regie von Marcus Nispel. Eine Übertragung auf bundesrepublikanische Verhältnisse als Stellungnahme zur Wiedervereinigung versuchte Christoph Schlingensief in seinem von Hooper inspirierten *Das deutsche Kettensägenmassaker* (1990): Er ließ eine Metzgersfamilie aus der ehemaligen DDR auf den Spuren von Leatherface wandeln.   *Christian Rzechak*

Literatur: John McCarty: The Modern Horror Film. New York 1990.

Picknick am Valentinstag

Picnic at Hanging Rock

AUS 1975   f 115 min

R: Peter Weir
B: Cliff Green, nach dem gleichnamigen Roman von Joan Lindsay
K: Russell Boyd
M: Bruce Smeaton
D: Rachel Roberts (Mrs. Appleyard), Margaret Nelson (Sara), Anne Lambert (Miranda), Karen Robson (Irma), Dominic Guard (Michael Fitzherbert), Helen Morse (Diane de Portiers), John Jarrett (Albert)

Ein Insert zu Beginn täuscht vor, die Ereignisse des Films hätten sich im australischen Bundesstaat Victoria tatsächlich zugetragen. Am 14. Februar des Jahres 1900 bricht eine Gruppe schwärmerischer junger Internatsschülerinnen samt zweier Lehrerinnen aus dem viktorianisch-strengen Appleyard College auf zu einem heiteren Picknick am Fuße des markanten Felsmassivs Hanging Rock. Vorgeblich wegen Gesteinsmessungen ersteigen die Mädchen Miranda, Irma und Marion den Berg. Die pummelige Edith geht ihnen nach, schläft aber vor Hitze und Anstrengung ein. Miranda und Marion sowie die Lehrerin Mrs. McCraw, die ihnen später gefolgt ist, bleiben trotz intensiver Suchaktionen für immer verschwunden, während Irma nach einer Woche von dem jungen englischen Aristokraten Michael und dem Stallburschen Albert gefunden wird,

sich aber an nichts erinnern kann. Das Rätsel bleibt unge-
löst, die Schule und ihre gestrenge Leiterin Mrs. Appleyard gehen nur anderthalb Monate später daran zugrunde.

Die Zugehörigkeit von *Picnic at Hanging Rock* zum
Horrorfilm drängt sich beim Betrachten nicht in den Vordergrund, handelt es sich doch um eines der subtilsten
und poetischsten Werke dieses Genres. Das liegt zum einen an der ungewöhnlichen Ästhetik dieser filmischen
Gothic Novel. Kameramann Russell Boyd fängt die weiß-
gewandeten Mädchen in prärafaelitisch anmutenden Bildern ein und liefert beeindruckend-mythische Naturauf-
nahmen vom Hanging Rock, der nicht zuletzt durch
wiederholte Bilder eines Felsen, der die Gestalt eines
menschlichen Kopfes hat, ins Unheimliche stilisiert wird.
Die markante Panflötenmusik Gheorghe Zamfirs, im Kulturkreis des australischen Outbacks eigentlich völlig deplatziert, ergänzt die romantisch-elegische Grundatmo-
sphäre kongenial. Zum anderen hat die einzigartige Er-
zähldramaturgie des Films auch fast dreißig Jahre nach
seiner Entstehung nichts von ihrer Beunruhigung und
Faszination verloren, was auch der 2004 veröffentlichte,
um sieben Minuten kürzere und noch mehr verdichtete
Director's Cut beweist. Durch das fingiert realistische
Eingangsinsert, das im Grunde einen Großteil der Geschichte vorwegnimmt, steigert Weir die Spannung, weckt
er doch geschickt beim Zuschauer die Erwartung, im Film
die Lösung der angerissenen mysteriösen Ereignisse geliefert zu bekommen. Er entzieht sich jedoch zwei Stunden
lang konsequent einer natürlichen oder übersinnlichen
Aufklärung und belässt seinen Figuren, aber auch seiner
Geschichte das Geheimnis, das bereits in dem von Miranda leitmotivisch deklamierten Zitat Edgar Allan Poes
»What we see and what we seem are but a dream, a dream
within a dream« anklingt. Damit verletzt der Regisseur
aus ›Down under‹ bewusst klassische dramaturgische
Muster nicht nur des Horrorgenres und versetzt sein Pu-

blikum in dieselbe verzweifelte Ungewissheit und Beunruhigung wie Michael, Mirandas Freundin Sara und Mrs.
Appleyard, die das Unerklärbare nicht loslässt: Warum
sind alle Uhren unvermittelt Punkt zwölf stehen geblieben? Was hat es mit der roten Wolke auf sich, die Edith zu
sehen glaubte? Und vor allem: wo sind die Mädchen oder
ihre Leichname geblieben? Die Tatsache, dass Irma gefunden werden konnte, macht das Mysterium nur noch größer. Obgleich der Zuschauer ein wenig mehr weiß als die
nach den Verschwundenen suchenden Figuren, begleitet
er doch die Mädchen ein Stück weit den Berg hinauf, ist er
letztlich der Lösung nicht näher und wie diese gänzlich
auf seine Phantasie angewiesen. Deutlich wird nur der
Wunsch der schwärmerischen jungen Frauen nach freier
Entfaltung. Durch das Millionen Jahre alte Lavagestein
des Hanging Rock kommen sie in Kontakt mit einer archaischen Kultur, die anders als ihre viktorianische Gegenwart frei ist von restriktiven gesellschaftlichen Nor-
men und Zivilisationskrankheiten. Hier können sie jenseits aller Schicklichkeit ihre einengende Kleidung gleich
einem Akt der Befreiung ablegen: Sie entledigen sich ihrer
Strümpfe und Schuhe und laufen wie Nymphen barfuß in
den steinigen Fels hinein, Mrs. McCraw wird ohne Über-
rock gesehen, Irma ohne Korsett aufgefunden und hat ungeachtet ihrer körperlichen Unversehrtheit, die ausdrück-
lich betont wird, die Grenze zur Frau überschritten. Inmitten der weiß gekleideten Mitschülerinnen taucht sie
zum Abschied als Dame ganz in Rot auf und löst eine
Massenhysterie aus, denn alle wollen von ihr nur eines
wissen, was auch die Zuschauer umtreibt: Was ist wirklich
am Hanging Rock geschehen? Ob Irma sich nicht erinnern kann oder bewusst schweigt, lässt Weir gezielt offen.

Die überirdisch schöne Miranda ist der Bezugspunkt aller Figuren, sie ist die erste und die einzige weibliche der
charismatischen Protagonisten, die typisch sind für Weirs
Filme. Die aparte Französischlehrerin Diane de Portiers

erkennt in ihr einen Botticelli-Engel, ihr Verehrer Michael einen weißen Schwan, die ihr über alle Maßen zugetane Sara baut sogar einen Gedenkaltar um ihre Fotografie. Diese natürliche Anführerin der Mädchen steigt in einer seltsam schwebenden Zeitlupe wie verzaubert in den Berg. Wenn sie sich in Doppelbelichtung mit dem Felsen um die eigene Achse dreht, scheint sie regelrecht mit ihm zu verschmelzen. Dieser blonde Traum ist nicht von dieser Welt, weiß Miranda doch mehr als andere. So verkündet sie gleich zu Beginn leitmotivisch, dass alles zur rechten Zeit und am rechten Ort beginne und ende. Sie bittet Sara unmittelbar vor dem Ausflug, dass diese auch andere Menschen außer ihr lieben lernen müsse, da sie selbst nicht länger da sein werde. Die Begegnung mit Miranda verändert den Lebensweg der anderen entscheidend: Michael und Sara läßt die Erinnerung an dieses überirdische Wesen nicht los, beide fliehen auf ihre Weise davor – er in einen anderen Teil des Landes, sie in den Tod, der sie bewusst in die wuchernden Pflanzen des Schultreibhauses führt, um in diesem Refugium der Natur inmitten der frostigen Internatsatmosphäre Miranda wieder nahe zu sein.

Picnic at Hanging Rock enthält für einen Horrorfilm ungewöhnlich scharfe Sozialkritik an der viktorianischen Klassengesellschaft und der Abhängigkeit Australiens vom britischen Mutterland. Weir erreicht dies durch den Bruch mit einem Paradigma des Horrorfilms: Das Naturhaft-Archaische als das schlechthin Andere ist bei ihm nicht das Böse, sondern ein positiver Gegenentwurf zu dem eigentlichen bekämpfenswerten Übel, der viktorianischen Zivilisation mit ihren rigiden Unterwerfungsmechanismen und Konformitätsdruck. Diese beiden diametral entgegengesetzten Kulturen werden mittels Symbolen und Chiffren wie dem Hanging Rock und einem Porträt Königin Viktorias anschaulich. Die Radikalität der unerklärlichen Ereignisse am Hanging Rock sprengt das untrennbar mit ihrem Namen verbundene Unterdrückungssystem und führt zum

Tod ihrer symbolischen Statthalterin Mrs. Appleyard. Die Thematik von *Picnic at Hanging Rock* griff Weir in seinem US-amerikanischen Erfolgsfilm *Dead Poets Society* (*Der Club der toten Dichter*) 1988 noch einmal auf, doch ohne dessen Kompromisslosigkeit zu erreichen. Denn der Englischlehrer John Keating optiert bloß für Verbesserungen innerhalb des repressiven Internatssystems, anstatt es wie Miranda und ihre Gefährtinnen im Verbund mit dem archaischen Anderen zu zerstören. *Ursula Vossen*

Literatur: Don Shiach: The Films of Peter Weir. Visions of Alternative Realities. London 1993. – Jonathan Rayner: The Films of Peter Weir. London / New York 1998.

Der weiße Hai

Jaws

USA 1975   f 124 min

R: Steven Spielberg
B: Peter Benchley, Carl Gottlieb, nach dem gleichnamigen Roman von Peter Benchley
K: Bill Butler
M: John Williams
D: Roy Scheider (Martin Brody), Robert Shaw (Captain Quint), Richard Dreyfuss (Matt Hooper), Lorraine Garry (Ellen Brody), Murray Hamilton (Bürgermeister Larry Vaughn)

Jaws war – zusammen mit *The Exorcist* (*Der Exorzist*, 1973; William Friedkin) und wenig später *The Omen* (*Das Omen*, 1976; Richard Donner) – in den siebziger Jahren ein Meilenstein auf dem Weg zur Massenakzeptanz des modernen Horrorfilms und verschaffte dem Genre mit Blick auf das große Publikum einen deutlichen Aufschwung. Als erster Film der Filmgeschichte überschritt er bei den Ein-

spielergebnissen die 100-Millionen-Dollar-Grenze und
läutete so die Ära der Blockbuster ein. Der zweite Kino-
film des damals jungen Autodidakten Steven Spielberg, inzwischen längst als Regisseur von Weltrang gefeiert, setzte
auch in ästhetischer Hinsicht neue Maßstäbe: Bis heute
steht *Jaws* nicht nur als beispielhafter Vertreter des Subgenres Tierhorror, sondern auch für aufwändige Spezialeffekte, für meisterhaft inszenierte Spannung, für subtilen,
überaus wirksamen Einsatz von Musik, für das konsequente Spiel mit Urängsten bei gleichzeitiger Typisierung der
Figuren, für eine nahezu lehrbuchhafte Anwendung filmischer Gestaltungsmittel. Dabei stand die Produktion vor
gewaltigen Herausforderungen: Alle Meeresszenen wurden real auf dem Ozean gedreht. Kameramann Bill Butler
entwickelte dafür extra eine Plattform und eine wasserfeste
Kamerabox. Einmal sank sogar das Boot mit den drei Stars
Scheider, Shaw und Dreyfuss an Bord.

Die Bedrohung, um die es in *Jaws* geht, ist zeitlos und
schürt die menschliche Urangst vor dem Mysterium der
Tiefe. Die kleine Urlaubsinsel Amity vor der US-amerikanischen Ostküste wird kurz vor der Hochsaison von
einem mörderischen Hai heimgesucht, und der örtliche
Sheriff Brody muss, bevor die Jagd auf das Tier beginnen
kann, sich erst gegen das wirtschaftliche Interesse des
skrupellosen Bürgermeisters durchsetzen, der die tödliche
Gefahr aus dem Ozean vor den Badegästen geheim halten
will. Gerade weil er auf alles Übernatürliche verzichtet,
hat sich *Jaws* tief in das Bewusstsein der Zuschauer eingegraben. Denn das böse, bedrohliche Prinzip ist kein phantastisches Monster, sondern erschreckt gerade durch seinen Realitätsgehalt: Weiße Haie existieren und greifen tatsächlich zuweilen Menschen an. Mit seinem Horrorfilm
machte Spielberg diesen Raubfisch zur Allegorie des Bösen und Unberechenbaren im Meer, so wie seit der Fernsehserie *Flipper* der Delfin das Gute und Menschen-
freundliche verkörpert. Biologische Studien widerlegen

stets aufs Neue das Bild des friedfertigen, freundlichen
Tümmlers wie auch das vom Menschen fressenden Hai.
Aber beide Produktionen haben sich fest in unser Konno-
tationssystem eingefügt und mythische Figuren erschaffen. Auch wenn einer der Väter dieses Schreckens, der
Roman- und Drehbuchautor Peter Benchley, selbst inzwischen bemüht ist, die Ängste wieder ins Verhältnis ihrer
Stimmigkeit zu rücken, wirkt doch die Botschaft des Meeresbiologen Hooper aus *Jaws* weit stärker nach: »Womit
wir es hier zu tun haben, ist ein perfekter Motor. Eine reine Fressmaschine. Sie ist ein wahres Wunder der Evolution. Alles, was diese Maschine tut, ist schwimmen und
fressen und immer neue Haie zeugen.« Insofern ist es nur
konsequent, dass der Hai im Ursprungsfilm wie auch in
sämtlichen Sequels den Flammentod sterben muss – den
Ketzer- und Hexentod, der in der christlichen Ikonographie dem Bösen zugeordnet ist.

Grundlegend für die nachhaltige Etablierung des Hais
als das mythische Böse ist, dass dieser geheimnisvolle Protagonist erst ab der Hälfte des Films überhaupt zu sehen
ist. Die Erwartung des Zuschauers spielt nämlich – wie
Spielberg von den Filmen des Suspense-Altmeisters
Hitchcock lernte – eine entscheidende Rolle. Nichts wird
dem Zufall überlassen, jeder Schreckensmoment ist sorgfältig vorbereitet und minutiös getimt. Und wie zur Hommage drückt Hitchcocks raffinierter Effekt aus *Vertigo*
(*Vertigo – Aus dem Reich der Toten*, 1958), die Vorwärts-
bewegung der Kamera mit einem gleichzeitigen Rück-
zoom zu verbinden, den schreckgeweiteten Blick des She-
riffs aus, wenn vor seinen Augen ein kleiner Junge vom
Hai gefressen wird. Der Filmtitel, das wiederkehrende
musikalische Hai-Thema (das dem Komponisten John
Williams einen Oscar einbrachte), die Unterwasserperspektive als Point of View des Hais immer unmittelbar bevor es zu einer neuen Attacke kommt, Sheriff Brodys
Wissen um die tödliche Gefahr für die Badegäste sind dem

Die tödliche Gefahr droht aus der Tiefe des Ozeans und schürt menschliche Urängste. Das böse Prinzip ist in *Der weiße Hai* kein phantastisches Monster mehr, sondern erschreckt gerade durch seinen Realitätsgehalt. Weiße Haie existieren und greifen Menschen an. Der junge Autodidakt Steven Spielberg machte den Raubfisch zur Allegorie des Bösen und Unberechenbaren. Dieser geheimnisvolle Protagonist wirkt umso bedrohlicher, als er erst ab der Hälfte des Films überhaupt zu sehen ist. Zuvor ist er nur durch seine Attacken und durch seine beängstigende Unterwasserperspektive präsent.

Zuschauer kein Geheimnis. Er rechnet zwar schon mit
dem nächsten Angriff, aber kennt den exakten Zeitpunkt
nicht. Er ahnt jedoch von Anfang an: Das Grauen muss
über diese Stadt kommen, die Idylle von Amityville ist
einfach zu perfekt. Die Häuser leuchten allzu weiß, die
Vorgärten blühen gar zu lieblich, die Stille ist einfach zu
still. Der Schrecken lauert gerade an solchen heimeligen
Orten – das galt bereits in Hitchcocks *The Birds* (*Die Vögel*, 1963), bevor David Lynch mit dem bonbonfarbenen
Beginn in *Blue Velvet* (1986) das Prinzip auf die Spitze
trieb. Auch die Profitgier, die der Bürgermeister so plaka-
tiv unsympathisch verkörpert, kann nicht ungeahndet
bleiben. Eine Sommerstadt, die Sommerdollars brauche,
nennt er Amityville und verleugnet in betont fröhlich
bunten Clown-Jacketts die tödliche Gefahr trotz der ersten Opfer. Die Natur rächt sich für die Missachtung und
kommerzielle Vereinnahmung durch den Menschen und
erobert sich ihr Territorium gewaltsam zurück.

Eine Dramaturgie konservativer Moral zeichnet sich
früh ab, wenn in der Eingangssequenz der erste Angriff wie
zur Bestrafung für sexuelle Freizügigkeit erfolgt. Spätere
Slasher-Filme wie *Halloween* (*Halloween – Die Nacht des
Grauens*, 1978; John Carpenter) und *Friday the 13th* (*Freitag der 13.*, 1980; Sean S. Cunningham) greifen dies auf und
machen es zum Genre-Topos. Die Untersicht auf ein
schwimmendes Mädchen, das mit seinem nackten Körper
einen betrunkenen Jungen ins Meer zu locken versucht,
führt die Perspektive des Hais ein. Die drohende Attacke
während dieser Pose der Verführung durch das Weibliche
wurde zum allegorischen Motiv auf den Werbeplakaten.

Bis heute fasziniert an *Jaws* der Facettenreichtum. Denn
er lässt sich nicht allein ökologisch oder freudianisch lesen, er ist nicht nur Horror-, sondern auch Abenteuerfilm, erzählt von Männerfreundschaft und Kriegsgeschich-
te und verbeugt sich wie nebenbei vor Hermann Melvilles
Moby Dick und dessen klassischer Verfilmung durch John

Huston (1956). Die triumphale Musik beim Aufbruch der drei ungleichen Männer – der wasserscheue bürgerliche Sheriff Brody aus der Großstadt, der wohlsituierte Wissenschaftler Hooper sowie der sauf- und rauflustige Misanthrop und Harpunierer Quint – markiert die Jagd auf den Hai als Abenteuer; und der Narbenvergleich seiner Verfolger suggeriert die gefahrvolle Fahrt als Initiations- und Kameradschaftsritual. Wie schon in *Moby Dick* wird das vorsätzliche Sich-der-Todesgefahr-Aussetzen mit gemeinsamem Trinken besiegelt. Wie Captain Ahab befiehlt Quint tyrannisch und von fanatischem Hass getrieben über sein Boot und führt einen Stellvertreterkrieg gegen das Böse an sich. Als Veteran der USS Indianapolis, die den Sprengsatz für die Hiroshima-Bombe nach Japan brachte, klammert er sich an die Idee des Bösen zur Schuldverdrängung. Der Tod beider Kapitäne wird prophezeit, beide sterben durch die Kreatur, der ihr Hass gilt. Dagegen erweisen sich die Gags von Brodys Wasserscheue und Hoopers Erfahrungsdefizit schließlich als Schlüssel zum Sieg über den Hai – und sich selbst. Es sind gerade die Fehlbarkeiten, die Einsicht in die eigene Ohnmacht, die die Männer über sich hinauswachsen und bestehen lassen. Nur wer sich zu seinen Ängsten bekennt und die Macht des natürlich Kreatürlichen anerkennt, ist in der Lage zu überleben.

Sprach *Jaws* nur mit einzelnen Sequenzen gezielt ein jugendliches Publikum an, wurde diese Ausrichtung in den Sequels bewusst gesteigert. Die Konflikte der heranwachsenden Protagonisten tragen die Fortsetzung *Jaws 2* (*Der weiße Hai II*, 1978; Jeannot Szwarc), die wieder weitgehend mit denselben Spannungselementen arbeitet und die moralische Dramaturgie konsequent durchhält. Nur die blonde Jungfrau Tina bleibt – offenbar kraft eines Gebets – verschont. *Jaws 3-D* (*Der weiße Hai III – 3-D*, 1982; Joe Alves) setzt ausschließlich auf den im Titel eigens betonten Projektionseffekt und vernachlässigt darüber die Handlung. *Jaws: The Revenge* (*Der weiße Hai – Die Ab-*

rechnung, 1987; Joseph Sargent) bringt erstmals Übersinnliches in die Handlung und verlegt den Schauplatz auf die
Bahamas, wo der Hai gezielt die letzten Überlebenden der
Familie Brody angreift. Aber wie so oft in der Filmgeschichte belegen auch in diesem Fall die vielen Sequels
und Nachahmer-Produktionen wie *Deep Blue Sea* (1999,
Renny Harlin) nur die Bedeutung des Originals und seinen thematischen Reichtum – und bleiben weit dahinter
zurück.   *Stefanie Weinsheimer*

Literatur: Carl Gottlieb: *Der weiße Hai*-Report. München 1975. –
Helmut Korte / Werner Faulstich (Hrsg.): Actionkino und Erzähl-
kunst. Die Filme von Steven Spielberg. Frankfurt a. M. 1987. –
Tony Crawley: Steven Spielberg. Eine Erfolgsstory. München
1993. – Knut Hickethier: *Der weiße Hai.* In: Filmklassiker. Hrsg.
von Thomas Koebner unter Mitarb. von Kerstin-Luise Neumann.
Bd. 3. Stuttgart 1998. – Peter Benchley: Haie. Die scheuen Räuber
der Meere. Hamburg 2003.

Carrie – Des Satans jüngste Tochter

Carrie

USA 1976   f 98 min

R: Brian de Palma
B: Lawrence D. Cohen, nach dem Roman *Carrie* von Stephen
     King
K: Mario Tosi
M: Pino Donaggio
D: Sissy Spacek (Carrie White), Piper Laurie (Mrs. White), Amy
     Irving (Sue Snell), William Katt (Tommy Ross), Nancy Allen
     (Chris Hargenson), John Travolta (Billy Nolan)

Im literarischen und filmischen Horror ist der Name Stephen King ein Synonym für Gänsehaut und zugleich ein
hervorragend funktionierendes Warenzeichen. Seine Ro-

mane, von denen er mindestens einen pro Jahr produziert, erreichen regelmäßig die vordersten Plätze der Bestsellerlisten. Bis heute sind über 80 seiner Bücher für das Kino und das Fernsehen verfilmt worden. Dazu zählen solche Klassiker des Horrorfilms wie *The Shining* (*Shining*, 1980; Stanley Kubrick), *The Dead Zone* (*Dead Zone*, 1983; David Cronenberg) oder *Christine* (1983, John Carpenter) und einige bemerkenswerte TV-Produktionen wie *It* (*Stephen Kings Es*, 1990; Tommy Lee Wallace). Ihren Erfolg verdanken sie nicht zuletzt der Vermarktung mit seinem Namen, der wichtiger ist als derjenige des Regisseurs oder der Hauptdarsteller. Kings Bücher und Filme erzählen von Welten, in denen Alltagsgegenstände oder Tote ein beseeltes Eigenleben beginnen oder übernatürliche Wesen aus uralten Vorzeiten erwachen. Charakteristisch sind der Einbruch des Schreckens ins Alltägliche und die damit verbundenen tiefen Ängste, was auch in seinen dramatischen Filmen wie *Stand By Me* (*Stand By Me – Das Geheimnis eines Sommers*, 1986; Rob Reiner), *Misery* (1990, Rob Reiner) oder *Apt Pupil* (*Der Musterschüler*, 1997; Bryan Singer) zum Ausdruck kommt. Interessanterweise benötigte diese einzigartige Erfolgsgeschichte kaum Anlaufzeit: Schon Kings erster veröffentlichter Roman *Carrie* (1973) wurde ein Welterfolg ebenso wie drei Jahre später die gleichnamige Kinoadaption von Brian de Palma.

Carrie White, in der High School eine Außenseiterin, leidet unter den grausamen Züchtigungen ihrer fanatisch religiösen Mutter, die nach einer ungewollten Schwangerschaft alles Geschlechtliche glühend hasst und den Teenager nie aufgeklärt hat. So erlebt Carrie ihre erste Menstruation völlig unvorbereitet als Schock – Anlass für ihre Klassenkameradinnen, sie furchtbar zu verspotten und zu demütigen. In dieser Extremsituation entwickelt Carrie telekinetische Fähigkeiten: Sie lässt eine Glühbirne zerplatzen oder einen Jungen, der sie als verrückt diffamiert,

vom Fahrrad fallen. Wegen der bösartigen Hänseleien ver-
donnert die Lehrerin Mrs. Collins Carries Mitschülerinnen zu zusätzlichem Sportunterricht; Chris, die uneinsich-
tigste, wird sogar vom Abschlussball ausgeschlossen und
sinnt auf Rache. Für Carrie geht hingegen ein Traum in
Erfüllung, als sie von dem umschwärmten Tommy zum
Ball begleitet wird, auch wenn sie nicht weiß, dass dessen
Freundin Sue ihn als Wiedergutmachungsversuch darum
gebeten hat. Gerade als Carrie zur Ballkönigin gekürt
werden soll, ergießt sich ein Eimer mit Schweineblut über
sie, den Chris heimlich mit ihrem Freund Billy über der
Bühne des Ballsaales installiert hat. Über alle Maßen er-
niedrigt, entfesselt Carrie ein Inferno, dem nur Sue entkommen kann. Mrs. White sieht in dem Unglück nur die
Bestätigung für die Sündhaftigkeit ihrer Tochter. Ein fina-
ler Todeskampf zwischen ihnen entbrennt, in dessen Verlauf das ganze Haus einstürzt.

Mit der Großaufnahme des Brausekopfs und dem Namen ›Bates High School‹ sind bereits Bedeutungsspuren
ausgelegt, die – typisch für Brian de Palma – auf sein großes Vorbild Alfred Hitchcock hinweisen, im konkreten
Fall auf dessen Klassiker *Psycho* (1960). Und wie in *Psycho*, wo in dem alten ›Bates Motel‹ das Grauen wie in einem Spukschloss residiert, gibt es auch in *Carrie* einen
solchen geheimnisumwitterten Ort: das düstere, nur von
Kerzen erleuchtete und von altertümlichen Bogenstellun-
gen durchzogene Haus der Familie White, ein seltsamer
Anachronismus in der rationalen, von modernen Lebens-
grundsätzen beherrschten Alltagswelt. Aber wie in *Psycho*
dient diese äußere Staffage nur als Tarnmanöver, um von
der eigentlichen Botschaft abzulenken: Denn nicht eine
übernatürliche Instanz, sondern die Kernfamilie ist die
Wurzel allen Übels. Handelt es sich bei Hitchcock um
eine fatale ödipale Konstellation, fokussiert de Palma eine
repressive Mutter-Tochter-Beziehung. Anders jedoch als
sein Lehrmeister begründet de Palma das Grauen nicht

Ein Eimer mit Schweineblut beendet die Träume der High-School-Außenseiterin Carrie White (Sissy Spacek), an der Seite ihres Schwarms William Katt (Tommy Ross) als Ballkönigin zu reüssieren. Der gedemütigte Teenager mit den telekinetischen Fähigkeiten beweist, wie zerstörerisch verletzte Weiblichkeit sein kann, und rächt sich mit einem Inferno, dem kaum jemand entkommt. Wie in *Psycho* ist bei dem Hitchcock-Verehrer Brian de Palma die Kernfamilie die Wurzel allen Übels. Carrie ist ein modernes Aschenbrödel, das sich sowohl gegen eine repressive, sexualfeindliche Mutter als auch gegen gemeine Mitschülerinnen zur Wehr setzen muss.

mit familiärer Degeneration, sondern nutzt diese, um von etwas viel Schrecklicherem und Archaischem zu erzählen: von der zerstörerischen Natur verletzter Weiblichkeit.

Bereits die erste Sequenz im Duschraum eröffnet diesen thematischen Strang: Als wäre es einer der in den siebziger Jahren populären Soft-Pornos von David Hamilton (z. B. *Bilitis*, 1976), tastet sich die Kamera in Zeitlupe an den entblößten Schülerinnen vorbei, die nymphengleich und sich ihrer Reize voll bewusst durcheinander schwirren, bis wir schließlich hinter wogenden Dampfwolken Carrie beim Duschen beobachten können. Doch die Versammlung liebreizender Geschöpfe zeigt bald ihr wahres Gesicht, wenn sie mit teuflischen Demütigungen über die sommersprossige Spätentwicklerin herfällt und sie mit Tampons und Binden bombardiert, weil diese – außer sich vor Schreck über das Blut zwischen ihren Beinen – panisch um Hilfe schreit. Carrie erwehrt sich mit ihrer telekinetischen Begabung und wird diese besondere Waffe einer Frau beherrschen und gezielt einsetzen lernen. Dass die Telekinesefähigkeit zeitgleich mit der Menarche auftritt, lässt sie zu einem spezifisch weiblichen Akt werden. Neben den biologischen Gaben wie der Gebärfähigkeit schreibt de Palma dem Weiblichen ein Geheimnis und eine Macht zu, die für Außenstehende unbegreifbar und – wichtiger noch – unkontrollierbar sind.

In dem pubertären Reigen der Weiblichkeit lässt de Palma zwei feindliche Lager aufeinander treffen: Auf der einen Seite steht, angeführt von Chris, die Mehrzahl der Mädchen, die voll und ganz das Prinzip körperlicher Attraktivität und sexueller Lust lebt und damit Männer steuert und kontrolliert. Beispielsweise lässt sich Billy von Chris mit einer kunstvollen Fellatio zur Mithilfe bei dem Schweineblut-Attentat überreden; und auch Tommy kann seiner Freundin Sue – dem einsichtigsten der Mädchen – nichts abschlagen. Carrie verkörpert demgegenüber einen Teenagertypus ohne Bewusstsein für Erotik und Sinnlichkeit, ohne Schminke und Styling. Die Analogien zur Märchenwelt sind unübersehbar: Sie ist ein modernes Aschenbrödel, das sich sowohl gegen eine böse Mutter (einer leiblichen anstatt einer angeheirateten) als auch gegen gemeine Mitschülerinnen (anstelle von Stiefschwestern) zur Wehr setzen muss, für das es jedoch kein Happy End gibt. De Palma bürstet seine Märchenversion gegen den Strich, wenn er Carrie zur Leidtragenden und Täterin in einer Person werden lässt: Regisseur und Romanautor brechen hierin mit dem Klischee weiblicher Opfer-Protagonisten im Horrorgenre, das Filme wie *The Texas Chainsaw Massacre* (*Blutgericht in Texas*, 1974; Tobe Hooper) zeitgleich zelebrierten. Trotzdem funktioniert die Empathie mit Carrie, was nicht zuletzt am eindringlichen Spiel Sissy Spaceks liegt.

Nach ihrer weiblichen und übersinnlichen Initiation holt Carrie ihren Rückstand unter der Anleitung von Mrs. Collins umso rascher auf und avanciert an der Seite ihres Traumprinzen Tommy zur Ballkönigin. Genau diesen Titel macht ihr die eigentliche Favoritin Chris streitig und entfesselt damit einen furchtbaren Königinnenstreit. Im Hintergrund dieses Zwistes walten mit der attraktiven Mrs. Collins und der stets in dunkle Gewänder verhüllten Mrs. White zwei erwachsene Frauen, die mit vergleichbarer Härte die ihnen anvertrauten Mädchen gemäß ihren eigenen Idealvorstellungen formen wollen. Zwingt Carries puritanische Mutter ihre Tochter zur seelischen Reinigung durch Gebete und Selbstkasteiung, verordnet die Lehrerin ihren Schutzbefohlenen nicht minder grausame Leibesertüchtigungen.

Den Höhepunkt seines Horrordramas, den Abschlussball, zelebriert de Palma unter Zuhilfenahme der Stilmittel, die fortan die Bildsprache seiner Filme bestimmen sollen: In schier endlosen Zeitlupen zerdehnt er jenen Moment, in dem Sue den vorbereiteten Anschlag auf Carrie entdeckt, dann aber von Mrs. Collins aus dem Saal gewiesen wird. In langen Einstellungen, in denen die krangeführte Kamera zwischen dem Gerüst über der Bühne und der Zuschauermenge auf- und niederfährt, in denen Sue allmählich den gemeinen Plan ihrer Mitschülerinnen erkennt und Carrie in glücklicher Trance den Beifall der Menge entgegennimmt, treibt er die Spannung auf die Spitze, um dann mit der furchtbaren Rache seiner Titelheldin den Knoten platzen zu lassen. Die Leinwand färbt sich rot und teilt sich, eine Seite zeigt die blutbesudelte Carrie, die mit eindringlichem Blick ihr Todeswerk dirigiert, die andere die furchtbaren Auswirkungen: Menschen versuchen in Panik zu fliehen, doch ein Wasserstrahl mäht sie nieder, andere verbrennen oder werden von herabfallenden Deckentrümmern erschlagen. Als sich das Hallentor endlich öffnet, schreitet Carrie wie eine Königin des Untergangs heraus. Und obwohl sie wenig später selbst samt Mutter und Haus in der Erde versinkt – als furchtbare Traumerscheinung wird sie die einzige Überlebende Sue ewig heimsuchen.   *Eckhard Pabst*

Literatur: Willy Loderhose: Das große Stephen King Film-Buch. Bergisch Gladbach 1993. – Shelley Stamp Lindsey: Horror, Femininity, and Carrie's Monstrous Puberty. In: Barry Keith Grant (Hrsg.): The Dread of Difference. Gender and the Horror Film. Austin 1996.

Das Omen

The Omen

USA 1976   f 111 min

R: Richard Donner
B: David Seltzer
K: Gilbert Taylor
M: Jerry Goldsmith
D: Gregory Peck (Robert Thorn), Lee Remick (Katharine Thorn), David Warner (Haber Jennings), Harvey Stephens (Damien Thorn)

Am sechsten Tag des sechsten Monats zur sechsten Stunde soll er geboren werden: der Antichrist, mit dessen Herrschaft die letzten Tage der Menschheit anbrechen. So zumindest steht es in der Offenbarung des Johannes, jenem Buch des Neuen Testaments, dessen hermetische Symbolsprache das Verständnis so schwierig macht. Biblisch gewandte Horrorfilme und Endzeitthriller rekurrieren gern auf diese apokalyptischen Prophezeiungen, weil ihre Bedeutung dunkel bleibt und sie eine Atmosphäre des Mysteriös-Bedrohlichen verbreiten. In *The Omen* (1976) und seinen Sequels *Damien: Omen II* (*Das Omen II*, 1978; Don Taylor) und *The Final Conflict* (*Barbaras Baby – Omen III*, 1981; Graham Baker) sowie dem Nachklapp *Omen IV: The Awakening* (*Omen IV: Das Erwachen*, 1990; Jorge Montesi, Dominique Othenin-Girard) fußt die ganze Konstruktion auf den kryptischen Weissagungen, deren Deutung im dritten Teil selbst dem mittlerweile erwachsenen Sohn des Satans Mühe macht. Auch in Richard Donners Original unternimmt ein dubioser katholischer Priester lange vergeblich den Versuch, dem US-amerikanischen Millionär Robert Thorn mit Hilfe der Offenbarung die Augen dafür zu öffnen, dass sein Adoptivsohn Damien kein Mensch, sondern eine Ausgeburt der Hölle ist. Thorns eigenes Kind war 1962 bei der Geburt in einem römischen Krankenhaus gestorben. Um seine Frau Cathy vor dem Schock dieser Nachricht zu bewahren, hatte er zugestimmt, ihr heimlich den Waisen Damien unterzuschieben. Fünf Jahre später, Thorn ist inzwischen Botschafter in London, häufen sich nach dem spektakulären Selbstmord des Kindermädchens bei Damiens Geburtstagsfeier die rätselhaften Ereignisse: Die sinistre Mrs. Baylock drängt sich als neue Erzieherin auf; beim Kirchgang bekommt der Junge einen Tobsuchtsanfall; im Freigehege des Zoos reagieren die Tiere ängstlich oder extrem aggressiv auf ihn. Trotzdem schlägt Thorn sämtliche Warnungen in den Wind, dass Damien seine Frau und auch ihn töten wolle, um mit Thorns Vermögen die Herrschaft über die Welt an sich zu reißen. Als der Priester auf mysteriöse Weise ums Leben kommt, die erneut schwangere Cathy von Damien schwer verletzt wird und der Fotograf Jennings ihm seltsame Aufnahmen vorlegt, beginnen Zweifel an ihm zu nagen, und er macht sich auf die Suche nach Dokumenten über Damiens Herkunft. Doch erst die sterblichen Überreste von dessen leiblicher Mutter auf einem italienischen Friedhof – die Gebeine eines Schakals – und die Ermordung Cathys überzeugen ihn, dass der verschlossene Junge wirklich ein Kind des Satans ist. Im Ausgrabungsareal von Meggido in Israel erhält er von den Exorzisten Bugenhagen sieben geweihte Dolche, mit denen er Damien erstechen soll – was die Polizei im letzten Augenblick verhindert, indem sie Thorn als vermeintlich Verrückten erschießt. Damien hat auf ganzer Linie gewonnen: Die letzte Einstellung zeigt ihn bei Thorns Beerdigung an der Hand des US-Präsidenten.

The Omen war einer der größten Kassenerfolge der siebziger Jahre und der Auftakt zur erfolgreichsten Teufelsfilm-Serie aller Zeiten, die dank des Produzenten Harvey Bernhard und des Komponisten Jerry Goldsmith über eine gewisse inhaltliche und formale Einheitlichkeit verfügt. In seinem Gefolge schwoll die Welle satanischer

Horrorfilme nochmals kräftig an. Wie Roman Polanskis
Rosemary's Baby (*Rosemaries Baby*, 1968) oder William
Friedkins *The Exorcist* (*Der Exorzist*, 1973) verstand es
der Film, die latente Empfänglichkeit der Zeit für Okkul-
tismus und Endzeit-Phantasien zu nutzen und der kollektiven Krisenstimmung der Angst und Ohnmacht gegenüber den Mächtigen filmischen Ausdruck zu geben. Vor
allem in den USA florierten im Gefolge des Watergate-
Skandals, des Vietnam-Desasters und von Nixons er-
zwungenem Rücktritt Thesen wie jene von Hal Lindsey
(*The Late Great Planet Earth*, 1970), der die biblische
Apokalypse anbrechen sah. Donner greift dies explizit
auf, beispielsweise wenn er Jennings die Apokalypse so
auslegen lässt, dass der Sohn des Teufels aus der Welt der
Politik geboren werde. Er verpasst dem Subgenre des Teufelsfilms eine aktualisierte Lesart als Verschwörung mit
dem Ziel der satanischen Welteroberung. Teil II setzt dies
konsequent fort, wenn Damien durch das Auslöschen der
Familie seines Onkels Richard Thorn zum Alleinherrscher
über den größten multinationalen Konzern der Welt wird.

Der besondere Reiz von *The Omen* liegt darin, dass er
die christliche Inkarnationsidee aufgreift und die Chris-
tus-Geschichte anhand eines kleinen Kindes, dessen Vorname sogleich den Dämon assoziieren lässt, unter umgekehrten Vorzeichen erzählt. Die Bezüge sind vielfach:
Christi Wunder, Heilungen und dem Erwecken von den
Toten stehen Damiens Mysterien, Verletzungen und Morde gegenüber; sein Besuch in der Kirche erinnert an Jesus'
Besuch im Tempel; schickt Gott seinen menschgeworde-
nen Sohn zur Erde, um die Menschen zu erlösen, eifert
Satan ihm nach, um die Welt zu unterwerfen. Dass auch
der Teufel als Mensch geboren werden muss, bildete in der
Omen-Nachfolge den Ausgangspunkt einer ganzen Reihe
dämonischer Thriller, die das Sujet um diverse Subgenres
erweiterten und auf plakative Szenen voller Spezialeffekte
setzten. Donner und sein Drehbuchautor David Seltzer

Der Schein trügt – der niedliche, unschuldige Damien (Harvey Stephens) ist der leibhaftige Sohn des Satans; das Teufelsmal auf seinem Kopf ist der eindeutige Beweis. Lange Zeit wehren sich Robert und Cathy Thorn gegen die Wahrheit, dass Satan in Gestalt ihres Adoptivsohnes angetreten ist, die Herrschaft über die Welt an sich zu reißen. Regisseur Richard Donner erzählte in *Das Omen* die Heilsgeschichte unter umgekehrten Vorzeichen und gab dem Subgenre des Teufelsfilms eine aktualisierte Lesart als Verschwörung mit dem Ziel der satanischen Welteroberung.

hingegen halten sich mit Schockmomenten auffällig zurück und vertrauen vielmehr auf genuin filmische Mittel zur Erzeugung des Schreckens. Oftmals registriert die Kamera von Gilbert Taylor das Geschehen abwartend aus der Halbdistanz, während es dem mit dem »Oscar«-prämierten Soundtrack von Jerry Goldsmith obliegt, durch oratoriumsartige Choral- und Sprechgesänge das düstere, ausgebleicht wirkende Setting ins Abgründige zu transzendieren. So wird der Selbstmord des Kindermädchens fast beiläufig inszeniert, nur die peitschenden Streicher und die harten Schuss-Gegenschuss-Blickmontagen zwischen Damien und dem schwarzen Rottweiler, der hier erstmals auftaucht und fortan nicht mehr von seiner Seite weicht, stechen aus der leicht unterkühlten Szenerie hervor. Die oft beschriebenen Todesszenen verdanken ihr spektakuläres Potenzial weit mehr der akzentuierten Montage als einer angeblich perfiden Phantasie, da der Schockmoment des Zuschauers durch eine lange Schlusseinstellung nach schneller Bilderfolge in verschiedenen Einstellungsgrößen und kombiniert mit Zeitlupe und subjektiver Kamera effektvoll verlängert wird: Die Zofe baumelt gespenstisch lautlos am Dachfirst des Palais, während die ganze Geburtstagsgesellschaft wie erstarrt den Blick nicht von ihr wenden kann; der von einem Blitzableiter wie von einem Speer durchbohrte Priester ist in der Zeitung abgebildet; der Tod des Fotografen Jennings, dem eine Glasscheibe den Kopf vom Rumpf trennt, wird in extremer Zeitlupe und mit subjektiver Kamera gefilmt. In diesen Szenen kumuliert, was atmosphärisch-untergründig ständig auf dem Geschehen lastet, was Thorn aber nicht wahrnehmen will: dass der pausbäckige, stille Knabe eine extreme Gefahr darstellt. Das in vielfachen Brechungen immer wiederkehrende Blick- und Augenmotiv unterstreicht den eigentlichen Tabubruch des Films, weil Thorn – und mit ihm das Publikum – lange braucht, um das Gesehene auch zu verstehen: Das unschuldig wirkende Kind Damien ist ein gefühlloses Monster, das gnadenlos und mörderisch sein Ziel, Einfluss und schließlich absolute Herrschaft zu erlangen, verfolgt.

Thorns langer Weg der ›Bekehrung‹, die Existenz des Teufels als real anzuerkennen, lässt wenig Raum für andere Motive, etwa die Ahnungen von Cathy Thorn, die – im Unwissen darüber, dass Damien nicht ihr eigenes Kind ist – an ihren Muttergefühlen für ihn zunehmend irre wird. Selbst das Spiel mit Ambivalenzen ist dem Film eher fremd: Damiens dämonische Natur steht außer Frage, das Teufelsmal, drei Mal die Zahl Sechs, auf seinem Kopf dient als eindeutiger Beweis. Von dem Moment an, da ihm die Augen aufgegangen sind, muss sich Thorn deshalb nicht mehr fragen, ob er nicht nur einem Wahngebilde aufsitzt. Die im historischen Kontext durchaus verständliche Konzentration auf die institutionelle Sphäre von Macht und Politik wird in *Omen II* noch verstärkt, auch wenn die viel sagende Schlusssequenz des ersten Teils nicht weiter verfolgt wurde. Statt beim amerikanischen Präsidentenehepaar wächst Damien bei Thorns Bruder Richard auf, was vielfach mit der realen Präsidentschaft Jimmy Carters (1977–81) erklärt wurde, dessen persönlicher Habitus sich mit der Aura des Bösen eher schlecht vertragen hätte. Der inzwischen 13-jährige wird in einer Kadettenanstalt der US-Army ausgebildet. Die Inszenierung von Don Taylor, der nach kreativen Differenzen Mike Hodges ersetzte, folgt den Spuren des Originals, wobei die biblischen Bezüge minimiert, die Tötungssequenzen hingegen akzentuiert werden. Jeder, der Damiens Geheimnis auf die Spur kommt, stirbt eines grausamen Todes. Allerdings räumt der Film auch einer gewissen pubertären Unsicherheit des Teufelssohnes Platz ein, der seine Rolle – teilweise sogar gegen seinen Willen – erst finden muss, wobei ihm sowohl beim Militär wie auch im Thorn-Konzern die richtigen Helfer zur Seite stehen. Eine gesellschaftsrelevante Lesart beider *Omen*-Teile legen auch die

Generationsbezüge nahe: Die glücklich verheirateten End-
fünfziger Richard und Robert Thorn sind von Ideen wie
Pflicht, Moral und Anständigkeit durchdrungen, während
die nachwachsenden Funktionsträger keinerlei Skrupel
mehr kennen und bezeichnenderweise ohne Frauen oder
Familie gezeigt werden. Erst der erwachsene Damien lässt
sich in *The Final Conflict* mit einer Reporterin ein, deren
Sohn kurz vor der Pubertät steht: Der ödipale Kreis ist
geschlossen, der Platz des Vaters an der Seite der Mutter
eingenommen – auch beruflich, denn Damien ist nun
ebenfalls Botschafter in London. Der konservative
Grundzug dieser ›satanisch‹ konnotierten Ablösung der
Vätergeneration ist auch in den zeitgenössischen Kritiken
nicht unbemerkt geblieben. Neu ist die Akzentverlage-
rung auf Damiens Perspektive und damit einhergehend
eine dezente inhaltliche wie auch psychologische Vertiefung seiner Figur. Die Herrschaft des Bösen charakterisiert er zwar als rein, aber auch als einsam und melancholisch: zugleich eine Beschreibung seines eigenen – hoch-
ambivalenten – Seelenzustandes. Mit dem attraktiven Sam
Neill in seiner ersten Hollywood-Rolle besetzt, wird dieser romantisch-elegische Damien zum Sinnbild des gefal-
lenen Engels.

Als 1984 *The Omen* in einer stark gekürzten Fassung
erstmals im deutschen Fernsehen ausgestrahlt wurde, gerieten der Film und mit ihm seine Sequels in den Ruf einer
oberflächlichen Dramaturgie, »die sich damit begnügte,
einfach nur die als Highlights eingesetzten sensations-
heischenden Effekte zu umkreisen – der ›Rest‹ wirkte
schließlich nur noch wie drumherum produziert« (Sieck).
Einem solchen Verdikt hält *The Omen* und mit Abstri-
chen auch der zweite Teil beim Wiedersehen mühelos
stand, auch wenn das biblische Endzeit-Sujet deutlich in
die Jahre gekommen ist. Durch den vielbeschworenen
Ausklang des Millenniums erlebte es indes mit Werken
wie *End of Days* (1999, Peter Hyams), *Lost Souls* (2000,

Janusz Kaminski) und als Splatter-Fun-Varianten in *El día de la bestia* (*Der Tag der Bestie*, 2001; Alex de la Iglesia) eine kurze Renaissance.   *Josef Lederle*

Literatur: Rolf Giesen: Der phantastische Film. München 1983. – Thomas Sieck: *The Omen.* In: Heinrich Wimmer / Norbert Stresau: Enzyklopädie des phantastischen Films. Meitingen 1986. – Peter Drexler: Hexen- und Teufelsfilme: *Das Omen* (1975). In: Werner Faulstich / Helmut Korte (Hrsg.): Fischer Filmgeschichte. Bd. 4. Frankfurt a. M. 1992.

Rabid – Der brüllende Tod

Rabid / Rage

CAN 1976   f 91 min

R: David Cronenberg
B: David Cronenberg
K: René Verzier
M: Ivan Reitman
D: Marilyn Chambers (Rose), Joe Silver (Murray Cypher), Frank Moore (Hart Read), Howard Ryshpan (Dr. Dan Keloid)

Rose wird bei einem Motorradunfall mit ihrem Freund Hart schwer verletzt und schwebt in Lebensgefahr. Um sie vor dem Tod zu bewahren, sieht Dr. Keloid in der Unfallchirurgie sich gezwungen, ihr seine noch nicht erprobte Erfindung zu implantieren: synthetisches Gewebe, dessen natürliche Programmierung neutralisiert wurde. Bald darauf bildet sich eine lippenartige Öffnung in Roses Achselhöhle, aus der ein phallusartiger Stachel hervorschnellt. Rose ist fortan von dem Trieb besessen, Menschen mit diesem Stachel zu penetrieren und ihr Blut auszusaugen. In der Klinik, im Whirlpool, im Pornokino, in ihrem eigenen Appartement, überall praktiziert sie wie ein Vampir die tödliche Umarmung. Ihre Opfer werden nach kurzer Inkubationszeit zu tollwütigen Zombies, die ihrerseits auf Beutezug gehen. Bald ist Montreal voll von ihnen. Rose will dem Schrecken ein Ende machen. Sie schließt sich mit ihrem letzten Opfer in ein Zimmer ein, wartet auf seine Zombifizierung und lässt sich von ihm töten. »I'm free! Free!«, sind ihre letzten Worte, bevor ihr Leichnam in einem Müllwagen entsorgt wird.

Der kanadische Regisseur David Cronenberg ist mit seinen außergewöhnlichen Mischungen aus Splatter-, Kunst- und Kommerzfilm in jeder Hinsicht ein Grenzgänger. Obwohl er Kompromisse bezüglich Kasse und Zensur durchaus eingeht, werden die Ergebnisse trotzdem zensiert, indiziert oder ganz verboten. Das vielleicht berühmteste Beispiel ist sein Film *Crash* (1996), der in vielen Ländern wegen vermeintlicher Pornographie auf dem Index steht. Aber auch in der Fan-Szene ist Cronenberg heftig umstritten, gelten seine Filme einigen doch als »die reaktionärsten unter den reaktionären Splatterfilmen, geprägt von einem überwältigenden Pessimismus, der darauf besteht, dass der Körper stets der Stärkere ist« (Stresau). In der Tat suggerieren Filme des ehemaligen Biochemie-Studenten Cronenberg eine panische Angst vor dem Organischen, präsentieren den Körper als Summe seiner (tödlichen) Fehlfunktionen. Aber es ist ein weit verbreiteter Irrtum, dass aus solch einem Biopessimismus zwangsläufig reaktionäre Politik entsteht. Um Cronenbergs Perspektive auf den *body horror* zu beschreiben, ist es hilfreich, ihn mit seinem englischen Kollegen Peter Greenaway zu vergleichen. Greenaway hatte den Kanadier Mitte der neunziger Jahre als neben David Lynch einzigen ernst zu nehmenden Konkurrenten bezeichnet, attackierte ihn aber auch als »hoffnungslosen Kopisten« (Greenaway), da er seine Idee von den männlichen Zwillingen aus *A Zed and Two Noughts* (*Ein Z und zwei Nullen*, 1985) in Cronenbergs *Dead Ringers* (*Die Unzertrennlichen*, 1988) plagiiert sah. Vergleicht man diese Filme, so erkennt man sofort, was beide Regisseure vereint und was sie unüberbrückbar trennt. In der Tat gibt es ein gemeinsames, fetischhaftes Interesse am Organisch-Körperlichen, der Verwesung, dem Sex und dem Tod. Während Greenaway als überzeugter Darwinist die Position eines souveränen Ästheten einnimmt, der den Horror distanziert mit kalter Neugier betrachtet, ist Cronenbergs Perspektive distanzlos ganz mit dem Erleiden identifiziert. Der Horror kommt bei ihm von innen; wo Schmerzen sind, ist für ihn keine Außenperspektive mehr möglich. Das macht seine Filme für viele so unerträglich. Er verdichtete seine Angst in einem eindringlichen Bild: »Der wirkliche Horror ist, in einen Spiegel zu schauen und festzustellen, dass das eigene treulose Fleisch an den Knochen fault, dass der Tod schon an der Arbeit ist« (zit. nach Schifferle). Diesem Grauen hat er vor allem in *The Fly* (*Die Fliege*, 1986) ein Denkmal gesetzt: Der Zerfall von Jeff Goldblums Körper, das Herunterbröckeln seines »treulosen Fleisches« wird über eine Stunde lang ausführlich zelebriert. Die Ängste vor dem Organischen korrespondieren in Cronenbergs Filmen mit der Furcht vor dem Geschlechtlichen. In *Rabid* wird die paulinische Metapher vom Geschlechtstrieb als »Stachel im Fleisch« in fast grotesker Weise wörtlich genommen. Mit einem phallischen Stachel penetriert und tötet Rose ihre Opfer. In vielerlei Hinsicht erinnert der Film an Cronenbergs *Shivers* (*Parasitenmörder*, 1974), in dem ein Chirurg seiner Freundin einen Parasiten implantiert. Dieser soll die Fu nktion versagender Organe übernehmen, verwandelt seine Trägerin jedoch in einen sexgierigen Zombie. Während des Geschlechtsakts überträgt sich der Parasit und zombifiziert auch den neuen Wirt. Bald darauf ist ein ganzer Hochhauskomplex voll mit sexbessenen Zombies. Die Differenzierung, die *Rabid* (deutsch: Tollwut) an diesem Thema vornimmt, wonach nur noch der Trieb der phallischen Rose primär sexuell ist, während ihre Opfer eher vom Blutrausch getrieben sind, ändert letztlich nichts. Beide Triebe, Sex wie Blutrausch, werden von Cronenberg als gleichermaßen Quälendes, nicht Beherrschbares dargestellt. Am eindrucksvollsten zeigt sich das in der U-Bahn-Sequenz: Eine zombifizierte Frau windet sich vor Blutgier. Sie verdreht die Augen, Schaum quillt ihr aus dem Mund. Als sie endlich zubeißt und Blut trinkt, lächelt sie freudig, wirkt sie wie erlöst, wie von einer unerträglichen Qual befreit. Die Täter sind hier selbst Opfer ihrer eigenen Biologie. Und um die unwiderstehliche Heftigkeit des Geschlechtstriebs zu zeigen, erwies sich die Besetzung der Rose mit dem Pornostar Marilyn Chambers als werbewirksamer Geniestreich, obwohl Cronenberg ursprünglich die damals noch unbekannte Sissy Spacek haben wollte. Chambers' Spiel bei den tödlichen Umarmungen ist von beispielloser Intensität. Die triebhafte Ekstase scheint ihr bis in die letzte Nervenfaser zu gehen. Dass sie eines ihrer Opfer im Pornokino tötet, ist eine doppelbödige Anspielung Cronenbergs auf ihre eigentliche Karriere.

Der Preis dieser Übermacht der Triebsphäre ist verzweifelte Isolation. Der Film beginnt im unwirtlichen Spätherbst, die Bäume sind bereits kahl, das Tageslicht trübe und kalt, nirgendwo spiegelt sich emotionale Wärme. Und als Rose frisch infiziert ist, zeigt die Kamera sie als Silhouette einsam durch die Abenddämmerung spazierend, begleitet von der melancholischen Musik Ivan Reitmans, die den gesamten Film leitmotivisch durchzieht. Zwar wird in *Rabid* wie in dem meisten Filmen Cronenbergs die Katastrophe erst durch einen Menschen, konkret durch einen ›Mad Scientist‹, hervorgerufen, aber es ist charakteristisch, dass dieser damit keine böse Absicht verfolgt. Im Gegenteil. Er versucht eigentlich nur ein Leben voller Unfälle und Katastrophen in den Griff zu bekommen. Cronenberg: »Jeder ist ein Mad Scientist und das Leben das Labor. Wir versuchen einen Weg zu finden, wie wir leben und unsere Probleme lösen können, um dem Wahnsinn und dem Chaos zu entkommen.«

Es ist Cronenbergs bittere Ironie, dass die Versuche, menschliche Verletzungen wie die Unfallwunden von Rose zu heilen, nur die schrecklichsten Potenziale der Biosphäre und des Unbewussten freisetzen. Besonders auf Letzteres gibt es in *Rabid* eine ironische Anspielung: In der Klinik, in der Rose das fatale Implantat eingesetzt wird, liest eine Schwester die Sigmund-Freud-Biographie von Ernest Jones. Roses biologische Metamorphose reißt in *Rabid* auch die Abgründe des Unbewussten auf, und das keineswegs nur bei ihr. Der routinierte Chefarzt entdeckt nach seiner Verwandlung in einen Zombie plötzlich seine Blutgier während einer Operation. Die Zombifizierung bringt lange Verdrängtes plötzlich zum Ausbruch. In seinem späteren Film *The Brood* (*Die Brut*, 1979) geht Cronenberg sogar so weit, die destruktive Biosphäre als Ausdruck des destruktiven Unbewussten darzustellen: Ein Psychiater materialisiert darin die Neurose einer Frau. Das Ergebnis ist die Schaffung schrecklicher Killer-Monster.

In *Rabid* findet aus dem Neuen Testament nicht nur die Symbolik vom »Stachel im Fleisch« Verwendung, auch Roses Opfertod enthält eindeutige Anspielungen auf die paulinische Interpretation der Kreuzigung Christi. In beiden Fällen opfert sich jemand, um die Welt aus einer Misere zu erlösen, deren Verursacher er selber war. Cronenberg verdeutlicht diese Parallele noch, indem er das Finale in der Weihnachtszeit spielen lässt. Jedoch erfährt Roses Opfertod keinerlei Verklärung. Mit kältester Ironie zeigt die Schlusseinstellung, wie ihr Leichnam von der Straße aufgelesen und in einen Müllwagen geworfen wird. Erlösung ist im Cronenbergschen Universum nicht eingeplant.

Harald Harzheim

Literatur: Norbert Stresau: Der Horror-Film. Von Dracula zum Zombie-Schocker. München 1987. – Hans Schifferle: Die 100 besten Horrorfilme. München 1994. – Peter Greenaway: Tabus basieren auf Ignoranz. In: Stern. Nr. 43 (1996).

Suspiria

I 1976   f 98 min

R: Dario Argento
B: Dario Argento, Daria Nicolodi
K: Luciano Tovoli
M: Goblin, Dario Argento
D: Jessica Harper (Suzy Benyon), Stefania Casini (Sara), Alida
Valli (Miss Tanner), Joan Bennett (Madame Blanc), Rudolf
Schündler (Arzt), Udo Kier (Franco)

Die junge New Yorkerin Suzy Benyon will sich in Frei-
burg an einer renommierten Tanzakademie ausbilden lassen. Als sie nach ihrer Ankunft in strömendem Regen vor
dem Eingang steht, wird sie jedoch abgewiesen. Am
nächsten Morgen nimmt man sie freundlich auf, obwohl
alle unter Schock stehen, denn in der Nacht sind zwei
Tanzschülerinnen auf ebenso bizarre wie brutale Weise ermordet worden. Die Ballettschule erweist sich als mysteriöses Labyrinth voller seltsamer Gestalten – die autoritä-
re Ballettlehrerin Miss Tanner, ein blinder Pianist, der
missgestaltete rumänische Diener, die schweigsame mas-
kuline Haushälterin und nicht zuletzt die sagenumwobene
Besitzerin Elena Marcos, eine griechische Immigrantin,
die niemand je zu Gesicht bekommt. Suzy erfährt von
dem unerklärlichen Verschwinden einiger Mädchen und
dem seltsamen Tod des Pianisten, der von seinem Blindenhund getötet wurde. Als ihre Mitschülerin Sara, mit der
sie sich angefreundet hat, unter mysteriösen Umständen
spurlos verschwindet, beschließt Suzy, den Geheimnissen
auf den Grund zu gehen. Im Inneren des Gebäudes entdeckt sie die Besitzerin Elena Marcos, die sich als steinalte
Hexe entpuppt. Indem Suzy diese mächtige »schwarze
Königin« tötet, vernichtet sie auch deren getreue Anhänger und letztlich die gesamte Ballettschule.

In der Karriere des ehemaligen Filmkritikers Dario Ar-

gento bildet der in Englisch gedrehte *Suspiria* samt seiner
Fortsetzung *Inferno* (*Feuertanz – Horror Infernal*, 1980)
eine Ausnahme, begründet sich der Ruhm des selbster-
klärten Nachfolgers von Mario Bava doch auf harten *giallo*-Psychothrillern, die aus dem kommerziellen Kino im
Italien der sechziger und siebziger Jahre nicht wegzuden-
ken sind. So debütierte Argento nach anfänglichen Dreh-
bucharbeiten u. a. für Sergio Leones Western-Klassiker
C'era una volta il west (*Spiel mir das Lied vom Tod*, 1968)
1969 mit dem Thriller *Das Geheimnis der schwarzen
Handschuhe* nach Bryan Edgar Wallace, in dem viele seiner späterer Motive bereits entwickelt sind: der anonyme
Psychokiller, breit ausgespielte blutige Morde an schönen
jungen Frauen, die Fetischisierung von Stichwaffen und
schließlich die bedeutende Rolle von Skulpturen und Ge-
mälden.

In *Suspiria* setzt Argento diese Elemente mit einem hohen Stilisierungsgrad in Szene. Die Handlung ist nicht
mehr als ein bloßes dramaturgisches Gerippe, das Haupt-
augenmerk liegt auf den ausführlich präsentierten Morden, die von den diabolischen Klängen der pulsierenden
Progressive-Rockmusik von »Goblin« nahezu hysterisch
überhöht werden. Zudem scheut sich Argento nicht mehr
vor metaphysischen Elementen, die er bisher zugunsten
überstrapazierter logischer Erklärungen gemieden hatte.
Suspiria präsentiert hingegen eine durch und durch künstliche Welt voller Bedrohungen, die keiner Erklärung mehr
bedürfen, sei es die Mechanik der Automatiktür am Flug-
hafen, der Wind, der Suzy sogleich ins Gesicht weht, der
undurchdringliche Regen, der Blindenhund oder die unzähligen Drahtschlingen, in denen sich ihre Freundin Sara
verfängt. Die beiden deutschen Darsteller Udo Kier und
Rudolf Schündler als Wissenschaftler, die die okkulte
Sphäre der Hexen als Bestandteil moderner Psychologie
verstehen, wirken darin wie ein Fremdkörper. Ungeachtet
dieses erklärenden Intermezzos besteht Argentos Ver-

dienst darin, die Bedrohung des Okkulten sinnlich erfahrbar zu machen: Sein Begriff vom Grauen mündet in audiovisuellen Terror. Er erschafft mit genuin filmischen Mitteln ein alptraumhaftes, in sich geschlossenes Universum, dessen labyrinthhafte Architektur und Ausstattung die Zeichnungen M. C. Eschers zum Leben erwecken, worauf die Lage der Tanzakademie in der Escherstraße gleich zu Beginn überdeutlich hinweist. In den Momenten der Bedrohung und des Unheimlichen dominieren die drei Primärfarben Blau, Gelb und Rot, die dank einer speziellen Farbtrennungstechnik umso stärker wirken, als Argento eine scharfe Unterteilung des Bildes in reine Farbflächen erreicht. Als vierte Farbe spielt Weiß eine Rolle und ist der unschuldig-mädchenhaften Protagonistin Suzy zugeordnet. Alle vier Farben kommen symbolhaft in dem aus vier stilisierten Irisblüten bestehenden Wandschmuck zusammen, hinter dem sich der geheime Eingang zum Hexensabbat verbirgt.

Suzy wird zum Spielball in diesem Reich des Grauens, in das sie mehr und mehr eingesogen wird und aus dem sie sich nur durch eigene Grausamkeit befreien kann: zuerst an einer Fledermaus, von der die junge Frau à la Hitchcocks *The Birds* (*Die Vögel*, 1963) attackiert wird, bis sie das Tier unter einem Tuch erschlägt, dann an der übermächtigen Hexe Elena Marcos, auf deren Ablenkungsmanöver sie nicht hereinfällt. Inspiriert von den drei Müttern des Schreckens, die der englische Schriftsteller Thomas de Quincey als Gegenentwurf zu den drei Grazien anlegte, führt Argento sie als titelgebende infernale *Mater Suspiriorum* mit röchelndem Atem vor. Suzys tödliche Stiche auf diese ›Mutter der Seufzer‹ zerstören den Hexenkult, seine Anhänger und das Gebäude, in dem diese seit knapp einem Jahrhundert ungestört wirken konnten. Suzy rettet sich aus dieser Apokalypse des Bösen. Ihre panische Flucht wird begleitet von Zerstörung und Feuer sowie den Klagelauten der Sterbenden.

Suspiria präsentiert auf eindrucksvolle Weise den expressiven Stil des Horror-Regisseurs Argento und kann mit seiner pointierten Inszenierung als Prototyp des italienischen Horrorfilms der späten siebziger und frühen achtziger Jahre gelten. Während Argento sich nach der Fortsetzung *Inferno* erneut dem *giallo*-Thriller mit dem herausragenden *Opera* (*Terror in der Oper*, 1985) zuwandte, blieb *Suspiria* nicht ohne Einfluss auf die Werke epigonaler Genrefilmer, am gelungensten in Lucio Fulcis *L'aldilà* (*Die Geisterstadt der Zombies* / *Über dem Jenseits*, 1980), der einiges von der alptraumhaften Intensität des Vorbildes bewahren konnte. Argentos spezielle Farbtrennungstechnik beeinflusste darüber hinaus die Leopardenbaum-Träume in Paul Schraders Tourneur-Remake *Cat People* (*Katzenmenschen*, 1981) und den Stil von *La lune dans le caniveau* (*Der Mond in der Gosse*, 1982) des Franzosen Jean-Jacques Beineix. *Marcus Stiglegger*

Literatur: Peter Nicholls: The World of Fantastic Films. New York 1984. – John Martin: Directed by Dario Argento. Paris 1991. – Maitland McDonagh: Broken Mirrors – Broken Minds. New York 1992. – Luca M. Palmerini / Gaetano Mistretta: Spaghetti Nightmares. Key West 1996. – Chris Barber / Stephen Thrower: Fetishizing Fictions. In: Eyeball. Nr. 4. London 1997. – Chris Gallant (Hrsg.): Art of Darkness. The Cinema of Dario Argento. Guildford 2000.

Der Schrecken der Medusa

The Medusa Touch

GB/F 1977   f 105 min

R: Jack Gold
B: John Briley, Jack Gold, nach dem gleichnamigen Roman von
   Peter Van Greenaway
K: Arthur Ibbetson
M: Michael G. Lewis
D: Richard Burton (John Morlar), Lino Ventura (Kommissar
   Brunel), Lee Remick (Zonfield)

The Medusa Touch ist ein verschlungener, dramaturgisch
komplexer Horrorfilm, der von Verbitterung und Hass
gegen die Zivilisation handelt und auf phantasievolle Weise damit spielt. Dafür bedient er sich raffiniert verschiedener Elemente des Thrillers und Katastrophenfilms. Er ragt
aus dem Subgenre der ›Brain Killer‹-Filme, in denen wie
in Brian de Palmas *The Fury* (*Teufelskreis Alpha*, 1978)
oder David Cronenbergs *Scanners* (*Scanners – Ihre Gedanken können töten*, 1981) ein Mensch nur durch die
Kraft seines Willens zu töten vermag, heraus, präsentiert
er doch einen der ungewöhnlichsten Serien- und Massenmörder der Filmgeschichte, der sein Unwesen auch als klinisch Toter weiter treibt: Am Fernseher erlebt der intro-
vertierte Schriftsteller John Morlar die Meldung einer
Weltraumkatastrophe seltsam beglückt mit, als er brutal
mit einer Statue niedergeschlagen wird. Die Ärzte einer
Londoner Intensivstation stehen vor einem Rätsel, denn
trotz schwerster Verletzungen arbeitet Morlars Gehirn
unerklärlicherweise weiter. Für den französischen Aus-
tausch-Kommissar Brunel beginnt ein apokalyptisches
Puzzlespiel: Wer war dieser Morlar? Warum wurde er getötet? Morlars Psychotherapeutin Zonfield weiß dem
Kommissar einiges aus der Vergangenheit des radikalen
Misanthropen zu berichten. In einer Kette kunstvoll ver-

schachtelter, ereignisreicher Rückblenden nimmt die Geschichte eines Einzelgängers Gestalt an, der zeit seines Lebens zutiefst gedemütigt wurde. Von den strengen Eltern geschmäht, vom Lehrer als Bastard blamiert und von der Ehefrau rücksichtslos betrogen, erscheint Morlar als Opfer der Gesellschaft. Doch schon als Kind entdeckte er seine telekinetische ›Macht der Gedanken‹: Alle, die ihn tyrannisieren wollten, kamen auf mysteriöse Weise um. Mehr und mehr gefällt es dem Sonderling, Schicksal zu spielen, indem er verheerende Katastrophen verursacht, die er danach sorgsam katalogisiert. Seine Hybris steigert sich, bis er schließlich überzeugt ist, »Gott die Drecksarbeit abzunehmen«. Dennoch quält Morlar der Zwang seiner übersinnlichen Kräfte: »Was bin ich? Wieso bringt mein Wille den Tod?«, vertraut er sich Zonefield hilfesuchend an. Doch die Mitwisserin sieht in ihm einzig einen gefährlichen Mörder. Bevor sie sich resigniert umbringt, gesteht sie Brunel, dass sie den Mordanschlag auf ihren Patienten verübte, nachdem sie Zeugin eines von ihm verursachten Flugzeugunglückes geworden war. Trotz Warnungen kann Brunel die nächste Katastrophe nicht verhindern: Während einer von hohen Staatsmännern besuchten Messe stürzt die imposante Westminster Abbey ein. Brunel sieht nur einen Ausweg und versucht Morlar nun selbst zu töten, indem er sämtliche Schläuche und Kabel aus dessen Körper herausreißt. Endlich scheint der Massenmörder besiegt. Doch plötzlich beginnt sein Gehirn wieder zu arbeiten, seine Augen öffnen sich, seine Hand schreibt zitternd den Ort seines nächsten, ultimativen Anschlags auf: das Atomkraftwerk Windscale.

In der vielschichtigen und intensiven Montage, die eher Morlars innerer Erfahrungswelt als äußeren Geschehnissen gehorcht, gewinnt der ebenso mysteriöse wie charismatische Protagonist eine bedrohliche Allgegenwärtigkeit. Immer wieder lassen die unheilvollen Augen Richard Burtons im Blickfeld der Kamera den apokalyptischen Schrecken präsent werden. Ständig verbinden rätselhafte Abfassungen seines Tagebuches, die von ihm gesprochen oder gedacht im Off zu hören sind, unterschiedliche Räume und Zeiten. Die düstere Musik akzentuiert das Geschehen. Durch Überblendung taucht langsam das Gesicht Morlars mit starr blickenden Augen wie das des Teufels übergroß zwischen Brunel und Zonfield auf, um geschickt in eine Rückschau überzuleiten: Vergangenheit und Gegenwart durchdringen sich in diesem spannenden Film, der selbst Rückblenden innerhalb von Rückblenden einsetzt. In seinem Kinodebüt erschafft der Fernsehregisseur Jack Gold ein vielschichtiges erzählerisches Vexierspiel. Zunehmend weicht der ungeklärte Mordfall den geistigen Abgründen, die den psychopathischen Outlaw Morlar in seine erbarmungslosen Verbrechen gegen die verhasste Gesellschaft treiben. Seine episodenhaft nachgezeichnete Biographie vermag jedoch diese Besessenheit nicht wirklich zu erklären. In ihrer Härte übertrieben in Szene gesetzt, weisen Morlars Erfahrungen über den Einzelfall hinaus, bekommen dadurch eine überhöhte und absolute Bedeutung: In der heutigen Gesellschaft liegt das eigentlich Böse, an ihr wird der Mensch zwangsläufig wahnsinnig und rächt sich: »Wir sind alle Kinder des Teufels! Wir entdecken die Sonnenkraft und bauen Bomben daraus«, verkündet Morlar. In diesem Horrorfilm ist er als Einzelner der dämonische Verursacher moderner Katastrophen, in der Realität ist es der Mensch an sich. Der eigentliche Horror dieses übersinnlichen Films liegt in der gesellschaftlichen Akzeptanz ständiger Katastrophen, die dem so genannten Zivilisationsfortschritt selbstverständlich innezuwohnen scheinen. Morlars umfangreiche Sammlung von Katastrophenberichten führt dies erschreckend vor Augen. Er selbst ist Opfer und Täter zugleich, er ist eine moderne Medusa, ein »Ungeheuer, dazu erschaffen, mit den Göttern zu kämpfen«: ein Sinnbild, ein Sensorium für die Schieflagen unserer Zeit. Sein übersinnliches Wirken

wird durch wissenschaftliche Experimente in die Nähe des
Möglichen gerückt, ist letztlich selbst nur die überspitzt
gezeichnete Existenz des modernen Menschen. Eine vage
Kritik an real existierenden Missständen lässt Gold über
eingefügte Fernsehberichte von Umweltschützer-De-
monstrationen einfließen, die oftmals satirisch pointiert
und dadurch in den Bereich des Humors gehoben werden:
So führt ein widersinniger Streit um verseuchten Fisch
letztlich zu einem Selbstmord, dessen Ernsthaftigkeit
durch eingestreute Zeichentrickfilm-Sequenzen karikiert
wird. Als schlimmstes Übel attackiert Morlar die Schein-
heiligkeit der Kirche, die ignorant jeden Missstand leugnet. Als Bestrafung und Mahnung zugleich zerstört er eines ihrer prächtigsten Wahrzeichen. Durch kurze Einstellungen ironisiert Gold den religiösen Glauben: Geduldig
blicken der steinerne Jesus und die Wasserspeierskulptu-
ren der Westminster Abbey auf die Menschenmassen, die
in die tödliche Falle des Gotteshauses strömen. Während
die kleinen Unglücke leise, fast teilnahmslos inszeniert
sind, sich dadurch auf die ernüchternde Weltsicht des Ge-
peinigten einlassen, werden die großen Katastrophen ful-
minant visualisiert und ziehen den Betrachter in ihren
Bann, obwohl sie inzwischen tricktechnisch merklich veraltet sind.

The Medusa Touch ist eine filmische Parabel, die zuneh-
mender Furcht vor rasantem Fortschritt, Skepsis gegenüber Wissenschaft und Forschung sowie der Bewusstwer-
dung der Umweltzerstörung erzählerischen Ausdruck
verleiht: Einem radikalen Abwehrversuch gleich, verleibt
sich ein labiler Außenseiter der Gesellschaft übersinnliche
Kräfte ein. Sein unheimliches Vorhaben verspricht keine
Erschaffung einer besseren Welt, es dient einzig der Anar-
chie, der Destruktion dieses unaufhörlichen Schreckens
namens zivilisatorischer Fortschritt. Ungeachtet des offenen Endes steht der Fortgang der Erzählhandlung fest:
Das Atomkraftwerk Windscale, Ausdruck unserer pro-

gressiven Welt, wird den Menschen als Nächstes ihren schrecklichen Irrweg beweisen, neun Jahre vor dem realen Super-Gau in Tschernobyl.   *Bernd Hantke*

Literatur: Rolf-Ruediger Hamacher: *Der Schrecken der Medusa.* In: film-dienst. Nr. 22 (1980).

Halloween – Die Nacht des Grauens

Halloween

USA 1978   f 87 min

R: John Carpenter
B: John Carpenter, Debra Hill
K: Dean Cunday
M: John Carpenter
D: Donald Pleasance (Sam Loomis), Jamie Lee Curtis (Laurie), Nancy Loomis (Annie), P. J. Soles (Lynda)

Der 21-jährige Michael Myers ist ein geisteskranker Psychopath, der vor fünfzehn Jahren als kleiner Junge seine Schwester Judith an Halloween ermordete. Er bricht aus der Irrenanstalt aus und kehrt in sein idyllisches Heimatstädtchen Haddonfield zurück, um dort erneut an einem 31. Oktober sein grausames Morden fortzusetzen. Sein langjähriger Psychiater Sam Loomis ahnt dies und folgt ihm. Acht Jahre lang hat er versucht, sich Michael zu nähern, um resigniert festzustellen, dass dieser »nicht das elementarste Differenzierungsvermögen zwischen Leben und Tod, zwischen Gut und Böse, Recht oder Unrecht« kennt. Aber nicht Loomis, der im Laufe der Nacht immer nervöser in Haddonfield nach Michael sucht, ist dessen Gegenspieler, sondern der Teenager Laurie: Sie ist attraktiv, fleißig und eine zuverlässige Babysitterin. Sie ist anders als ihre Freundinnen Annie und Linda nicht darauf versessen, das Halloween-Fest für weitere sexuelle Erfahrungen zu nutzen. Während die beiden nur mit sich beschäftigt sind, nimmt Laurie Michael bereits frühzeitig wahr, mal durch das Fenster im Klassenzimmer, mal auf dem Nachhauseweg oder in ihrem Garten. Noch streitet sie gegenüber ihrem kleinen Schützling Tommy ab, dass es den ›Schwarzen Mann‹ wirklich gibt, aber aus ihrer Verunsicherung wird allmählich Angst. Im Schutze der hereinbrechenden Nacht und der zu Halloween verkleideten Kinder beginnt der maskierte Michael sein grausames Spiel und bringt Annie, Linda und deren Freund Bob erbarmungslos und mit sadistischer Lust am Töten um. Laurie findet ihre Leichen und muss sich gegen Michael im atemberaubenden Showdown auf Leben und Tod zur Wehr setzen. Zweimal kann sie ihn niederstrecken, doch zweimal steht er wieder auf, als sei nichts geschehen, bis Loomis eingreift und ihn erschießt. Michaels Leiche landet im Vorgarten, doch als der Psychiater sie sucht, ist sie verschwunden.

Mit *Halloween* wollten John Carpenter und seine Koautorin Debra Hill eigentlich bloß eine ›Geisterhaus‹-Geschichte um ein leerstehendes Mordhaus erzählen und schufen das seitdem immer wieder kopierte Modell des Teenie-Slashers um eine sensible junge Frau und einen mordenden Psychopathen in einer idyllischen Kleinstadt. Handlungsort und -zeit sind ebenso klar umgrenzt wie die Hauptfiguren, die sich an dem klassischen dramaturgischen Schema Protagonist (Laurie), Antagonist (Michael) und Mentor (Loomis) orientieren. Sean S. Cunninghams *Friday the 13th (Freitag der 13.*, 1980) und Wes Cravens *A Nightmare on Elm Street (Nightmare – Mörderische Träume*, 1984) verdanken diesem Pionierfilm und seiner Popularisierung des ›Stalk-'n'-Slash‹-Themas viel. Ersterer kopiert sogar auffällig dessen Eröffnungssequenz. In *Scream (Scream – Schrei!*, 1996) persifliert Craven nicht nur die von Carpenter geschaffenen Regeln des Subgenres, die er aber zugleich bedient und variiert, sondern erweist dem

Wegbereiter die Reverenz, wenn er seine Protagonisten *Halloween* schauen lässt.

Der Film besticht durch eine ebenso durchdachte wie effektive Spannungsdramaturgie: Ausgedehnte Plansequenzen mit einer beobachtenden Kamera geben der Bedrohung durch Michael Ausdruck, während seine Angriffe in schnelle Schnittfolgen aufgelöst sind. Carpenter »variiert ständig zwischen Suspense und Schocks, zwischen langsam sich steigernder Spannung und plötzlich hervorbrechender Gewalt. Den Zuschauer versetzt er fortwährend in die Rolle des Mitwissers, der sieht, was die Figuren nicht sehen, der ahnt, was kommen wird. Wie die Dinge dann kommen, darin bestehen die Überraschungsmomente des Films. Dass sie kommen werden, steht immer außer Zweifel. [...] *Halloween* ist Kino des Terrors« (Schnelle). Besonders die als Plansequenz und komplett mit subjektiver Kamera gedrehte vierminütige Exposition stimmt konsequent auf die Atmosphäre des Schreckens ein und gibt die grundlegenden filmischen Mittel vor: Ein schmuckes Einfamilienhaus wird von einem anonymen Beobachter von außen observiert, er fixiert ein knutschendes Teenager-Pärchen, das sich zum Sex in das obere Stockwerk verzieht. Der Unbekannte holt sich in der Küche ein langes Fleischmesser, folgt ihnen, findet auf dem Boden eine Halloween-Maske und zieht sie sich übers Gesicht, wodurch sich der Kameraausschnitt konsequent auf zwei kleine Sehschlitze verengt. Er steht vor dem nackten jungen Mädchen, das ängstlich den Namen Michael ruft, und sticht wild auf sie ein. Durch den eingeengten Blickbereich sieht man vor allem das immer wieder hocherhoben aufblitzende Messer. Nach der Tat beginnt der Mörder unter seiner Maske zu schnaufen. Dieses Atemproblem, das George Lucas schon effektvoll in *Star Wars* (*Krieg der Sterne*, 1977) bei dem Bösewicht Darth Vader zu nutzen wusste, verstärkt das Unheimliche der Figur und wird zu ihrem Markenzeichen. Der Mörder stürzt nach draußen und wird von den heimkehrenden Eltern enttarnt, denen sich ein Anblick bietet, der grotesker nicht sein könnte: Vor ihnen steht ihr sechsjähriger Sohn Michael im Harlekin-Kostüm mit hocherhobenem Messer, während die Kamera sich in eine Totale aus der Vogelperspektive zurückzieht. Der Tabubruch des Killer-Kindes in einem Mainstream-Film ist ein nachhaltiger Schock, nicht zuletzt weil seine Tat motivlos und damit abgrundtief böse erscheint.

Die bestimmenden Subjektiven aus der Perspektive des mordenden Psychopathen, das aufblitzende Fleischmesser, das zusammen mit der Maske Michael Myers' Ikonographie ausmachen wird, lassen keinen Zweifel daran, wie stark Carpenter und *Halloween* von Alfred Hitchcock und insbesondere von dessen Meisterwerk *Psycho* (1960) beeinflusst sind. Auch der Spannungsaufbau orientiert sich stark an der filmischen Strategie des britischen ›Master of Suspense‹, weiß doch der Zuschauer durch die Information über Michaels Flucht mehr als die Protagonistin Laurie und wird so regelrecht gezwungen, um sie und ihre Freunde zu bangen.

In seinen Gewaltdarstellungen geht der Horror- und Science-Fiction-Spezialist allerdings über Hitchcock hinaus, was sicherlich auch mit einer niedrigeren zeitgenössischen Gewaltschwelle zu tun hat: Bei ihm dringt beispielsweise das Messer in den Körper, anders als in Hitchcocks berühmter Duschszene, die jeden Detailrealismus vermeidet, aber mit ihrer eruptiven unerwarteten Gewalt nachhaltigen Einfluss auf Carpenters Vorliebe für plötzliche Schocks hatte.

Die wohlkalkulierte Einführung verstört den Zuschauer so sehr, dass Carpenter vierzig Minuten bis zum nächsten Mord verstreichen lassen kann. Dieser Tempowechsel gibt ihm Raum, Lauries Charakter und ihre Situation einfühlsam einzuführen und die ein wenig melancholisch erscheinende Jugendliche zur Identifikationsfigur aufzubauen.

Dadurch erlebt der Zuschauer Lauries existenzielle Bedrohung noch intensiver. Dass die Spannungskurve dabei auf einem permanent hohen Level bleibt, ist der exzessiv eingesetzten subjektiven Kamera aus Michaels Perspektive zu verdanken, die den Betrachter aktiv in das Geschehen hineinzieht und ständig das Gefühl vermittelt, jederzeit könne Entsetzliches passieren. Gleichzeitig rekurriert Carpenter auf tief und universell verwurzelte Grundängste und präsentiert seine Hauptfigur als den personifizierten ›Schwarzen Mann‹, der ironischerweise eine weiße Maske trägt. Im Gegensatz zu den ihr anvertrauten Kindern glaubt Laurie nicht mehr an ihn, um schließlich eines Besseren belehrt zu werden. Wiederholt wurde dem Regisseur puritanische Angstmacherei vorgeworfen, fallen doch die vorehelich sexuell aktiven Pärchen einem gesichtslosen Mörder zum Opfer, während die jungfräuliche Laurie überlebt.

Carpenter erweist sich nicht zuletzt als Meister des Timings. Zum einen verbindet er auf der Makroebene seine Slasher-Geschichte perfekt mit dem mittlerweile auch in Deutschland populären US-amerikanischen und britischen Halloween, das auf das keltisch-angelsächsische Winteranfangsfest Samhain zurückgeht. Doch bei Carpenter werden keine Dämonen vertrieben, sondern in der Gestalt Michael Myers' tritt ein leibhaftiger in Erscheinung. Die oft frivolen Halloween-Scherze werden blutiger Ernst, die Entspannung durch eigentlich komische Einlagen verkehrt sich im Kontext des Grauens in das genaue Gegenteil. Beispielsweise verkleidet sich Michael, nachdem er Bob aufgespießt hat, mit einem Bettlaken als Gespenst und klemmt sich dessen markante Hornbrille vor die Sehschlitze. Derart verkleidet geht er zu Linda ins Schlafzimmer, die diesen Auftritt für einen Halloween-Scherz hält. Auf der Mikroebene beweist Carpenter wiederum sein Gespür fürs Timing durch das genaue Platzieren der insgesamt zehn Attacken und der fünf Morde. Beispielsweise bringt er Annie wiederholt in klassische

Gefahrensituationen wie in einer einsamen Waschküche.
Jederzeit glaubt man, dass der Psychopath zuschlagen
wird, aber der Regisseur zögert den Moment immer wie-
der hinaus. Erst wenn der Zuschauer glaubt, die bedrohte
Person sei wieder in Sicherheit, schlägt Michael zu. Ein
Stilmittel, das in den späteren Teenie-Slashern, vor allem in
A Nightmare on Elm Street, und sämtlichen *Halloween*-
Sequels bis zur Verschleißgrenze eingesetzt wird. Carpen-
ters Talent beruht eben gerade darauf, seine Stilmittel
nicht überzustrapazieren. Durch die Parallelmontage, die
Ortswechsel, z. B. zum suchenden Loomis, verschafft er
dem Zuschauer immer wieder Atempausen.

Auch als Komponist und Soundeffect-Designer hat
Carpenter *Halloween*, aber ebenso seine anderen Horrorfilme *Assault on Precinct 13* (*Assault – Anschlag bei Nacht*,
1976) und *The Fog* (*The Fog – Nebel des Grauens*, 1980)
entscheidend geprägt. Seine Sechston-Musik ist von Bernard Herrmanns *Psycho*-Soundtrack (die wilden Staccato-
Geigen sind heute allerdings öfter als ironisches Zitat zu
hören) inspiriert und suggestiv mit dem Montagerhyth-
mus verknüpft. Es sind vor allem »die konträr gespielten
Höhe/Tiefe-Bereiche, die immer wieder auf den Schock
vorbereiten, die Themen, die im Verlauf des Films wieder-
erkannt werden können und somit immer vorankündigen,
dass etwas passieren könnte« (Schnelle).

Der internationale Mega-Erfolg des nur 300 000 Dollar
teuren Films machte mittlerweile sieben Sequels unver-
meidlich. Damit gehorcht auch die *Halloween*-Serie neben
den *Nightmare*- und *Friday the 13th*-Reihen um die Killer
Freddy Krueger und Jason Voorhees dem Marktgesetz,
mit dem einmal etablierten Psychopathen immer wieder
dieselbe irrationale Angstlust zu provozieren und sie aufs
Neue mit einem Sequel zu befriedigen. Dabei liegt der
Reiz nicht in der bereits bekannten Geschichte, sondern in
den Abänderungen etablierter Handlungsmuster, in denen
der Schrecken trotz aller Verstörung durch das Bild ge-

bannt wird. Die Variationen lassen bei der *Halloween*-Serie zu wünschen übrig, denn bis auf *Halloween III (Halloween III – Season of the Witch*, 1982; Tommy Lee Wallace) erzählen alle Fortsetzungen immer und immer wieder von Michael Myers' Rückkehr nach Haddonfield und kombinieren alle bereits vorhandenen Motive, ohne jedoch substanziell Neues hinzuzuerfinden oder an Carpenters raffinierte Spannungsdramaturgie heranzureichen. *Halloween II (Halloween II – Das Grauen kehrt zurück*, 1981; Rick Rosenthal) schreibt den ersten Teil nach einem Drehbuch von Carpenter und Hill unmittelbar fort und spielt in derselben Nacht in dem Krankenhaus, in das Laurie nach Michael Myers' Attacken gebracht wurde. Das Sequel zeichnet sich vor allem dadurch aus, dass Michaels Mordfrequenz erheblich höher ist, was auch in den anderen Fortsetzungen außer Teil III beibehalten wurde. Nach diesen beiden Sequels über den zum Kultstar avancierten Killer-Helden reicht allein *Halloween IV – The Return of Michael Myers (Halloween IV – Michael Myers kehrt zurück*, 1988; Dwight H. Little) im Plot und der Spannungsdramaturgie an den ersten Teil heran und schafft durch eine vorzüglich suggestive Kameraarbeit die Atmosphäre einer mittlerweile fast permanenten Bedrohung, die ähnlich intensiv und gnadenlos wie bei Carpenter erlebt wird. Mit dem sechsten Teil um eine undurchsichtige Verschwörungsorganisation überschreitet die Slasher-Saga die Grenze zum Splattermovie. Gleichzeitig halten ironische Selbstzitate und autoreferentielle Versatzstücke verstärkt Einzug: Im Fernsehen läuft *Halloween*, und die Teenager verkleiden sich, wie bereits im fünften Teil, als Michael Myers. Mit diesem Trend zur Genre-Persiflage versuchten die *Halloween*-Serie und ihre beiden großen Konkurrenten um die untoten Killer Freddy Krueger und Jason Voorhees dem drohenden Overkill zu entfliehen, der Ansatz entbehrt allerdings der logischen Stringenz. Anstatt diesen Weg wie Wes Craven bei *Scream* konsequent weiterzugehen, besann man sich zum zwanzigjährigen Jubiläum auf das Altbewährte und konfrontierte die erwachsene Laurie in *Halloween H20: Twenty Years Later* (*Halloween H20*, 1998; Steve Miner) erneut mit ihrem Erzfeind. Dafür kehrte auch Jamie Lee Curtis in die Rolle, die sie berühmt gemacht hatte, zurück, um sich selbst als gestandene Internatsleiterin und ledige Mutter nach einem Rendezvous mit einem Kollegen der Bestrafung durch Michaels Messerstiche ausgesetzt zu sehen. Dass sie ihn am Ende köpft, hinderte ihren ewigen Peiniger nicht daran, in dem bislang letzten Teil mit dem vielsagenden Titel *Halloween: Resurrection* (2002, Rick Rosenthal) die Teilnehmer eines live aus seinem Geburtshaus ins Internet übertragenen Horror-Happenings niederzumetzeln.   *Ivo Wittich*

Literatur: Willy Loderhose: John Carpenter. Bergisch Gladbach 1990. – Frank Schnelle: Suspense, Schock, Terror. John Carpenter und seine Filme. Stuttgart 1991.

The Fog – Nebel des Grauens / Nebel des Grauens

The Fog

USA 1980   f 91 min

R: John Carpenter
B: John Carpenter, Debra Hill
K: Dean Cundey
M: John Carpenter
D: Adrienne Barbeau (Stevie Wayne), Janet Leigh (Kathy Williams), Jamie Lee Curtis (Elisabeth Solley), Hal Holbrook (Father Malone), Tom Atkins (Nick Castle)

The Fog orientiert sich an der traditionellen Geistergeschichte, und obgleich Carpenters maritime Gespenster den ätherischen Erscheinungen der literarischen Tradition wie Heinrich von Kleists *Bettelweib von Locarno* kaum ähneln, sind sie doch eindeutig den Untoten zugehörig. Umgeben von einem überaus hellen Nebel, nähern sie sich als Besatzung eines Segelschiffs der Bucht von San Antonio und versetzen die Bewohner der kleinen Küstenstadt am Pazifischen Ozean durch blutige Morde in Angst und Schrecken. Eine Sense blitzt auf, Stofffetzen hängen von den schwarzen Silhouetten herunter, Arme münden in Knochenhände mit wenigen Hautlappen oder Haken. Der Blick der rotglühenden Augen ist starr, ihre Gesichter gleichen Totenschädeln, in denen Würmer sich kleiner Fleischreste bemächtigen. Diese Sensenmänner bringen ebenso wie die überlieferte metaphorische Gestalt den Tod. Ihre furchterregende Physis provoziert Ekel und appelliert an allgemeine Ängste vor körperlichem Verfall. Durch ihren Zustand der Verwesung erreicht Carpenter eine Steigerung bis zum Entsetzen, denn gerade in der prototypischen amerikanischen Kleinstadt San Antonio ist Sauberkeit und Ordnung ebenso wichtig wie ein junger, dynamischer Körper; dessen Versehrtheit und spürbare Auflösung jagt zutiefst Furcht ein und stellt das eigene Dasein existenziell in Frage.

Carpenter vermeidet eine eindimensionale Schwarzweiß-Zeichnung zwischen Tätern und Opfern und macht es dem Zuschauer denkbar schwer, eindeutig Partei gegen die Bedroher der Stadt zu ergreifen. Schon im Prolog, in dem ein alter Seebär den Kindern des Ortes die tragische Geschichte des Schiffes ›Elisabeth Dane‹ und seiner Besatzung als Gruselmärchen am Lagerfeuer erzählt, wird deutlich, dass die Untoten aus Vergeltung für ein Unrecht morden. Wenn in der Mitte der Handlung die Hintergründe enthüllt werden, evoziert der Film sogar einen kurzen Moment identifikatorischer Nähe zu den untoten Rächern. Sechs Verschwörer, darunter der Großvater Malones, hatten 1880 ein Schiff voll Leprakranker absichtlich im Nebel durch ein Lagerfeuer auf ein Riff geleitet, um die Erkrankten zu hindern, unweit von Antonio Bay eine Kolonie zu gründen. Die gesamte Besatzung ertrank, der Priester Malone barg ihr Gold und ließ daraus ein Kreuz gießen. Sein schlechtes Gewissen trieb ihn dazu, die Mordtat in seinem Tagebuch festzuhalten, das sein Enkel und Nachfolger im Priesteramt in der Kirche findet.

Im Gewand des Horrorfilms ist Carpenter ein Werk mit erstaunlich philosophischem Tiefgang gelungen, das durch seine strategische Struktur auch über zwanzig Jahre nach Entstehen ein Sehvergnügen voller Gruselspannung ist. Die Vorstellung, die eigene Verwesung hundert Jahre lang erleiden zu müssen, ist eine »schockierende Abweichung vom Vernünftigen, Schönen und Guten« (Brittnacher). Ungeniert behauptet Carpenter das Wirken übernatürlicher Kräfte, welche die Naturgesetze außer Kraft setzen und die von der Aufklärung definierte klare Trennungslinie zwischen Leben und Tod aufheben. Er stellt die rationale Beweisbarkeit menschlicher Existenz zugunsten einer »provisorischen Wesensbestimmung« (Brittnacher) in Frage, die jedem Versuch einer Definition menschlichen Seins ausweicht. Damit geht er davon aus, dass der Mensch eher »an dem von Aufklärung und Idealismus so gerühmten Bewusstsein leidet [...], als dass es ihm Quelle von Einsicht oder gar Selbstvergewisserung wäre« (Brittnacher).

Die filmische Umsetzung dieser Attacken auf bürgerliche Maximen realisiert Carpenter in einer Mischung aus Suspense und Schockmontage, die heute nicht zuletzt dank seiner Filme zum erzählerischen Standard des Genres gehört. In kurzen, plakativen Einführungen, die parallel geschnitten sind, klassifiziert er die verschiedenen Bewohner der idyllischen Kleinstadt eher durch ihre Schwächen als ihre Stärken. Die Figuren durchlaufen keine psychologische Entwicklung, sondern erscheinen vielmehr in einem Zustand existenzieller Angst. Die Verschachtelung der verschiedenen Erzählstränge reißt viele Geschichten an und unterbindet so eine nachhaltige Identifikation mit einem oder einer Gruppe von Protagonisten, die mit ihrer Achtziger-Jahre-Sprache und -Mode sowie ihrem Benehmen typische Kinder ihrer Zeit sind: Der alkoholabhängige Father Malone sitzt trinkend in seiner dunklen Sakristei und verkündet die Verfluchung des Ortes. Die ebenso steife wie elegante Kathy Williams organisiert mit ihrer ruppigen, aber effektiven Assistentin Cindy die Jubiläumsfeier zum hundertjährigen Bestehen von San Antonio. Beide repräsentieren den bürgerlichen Kern der Stadt und ignorieren bewusst die Wahrheit über deren Gründung, die sie durch Father Malone erfahren, weil dies ihr Selbstverständnis in den Grundfesten erschüttern würde. Als Moderatorin und Leiterin ihrer eigenen Radiostation informiert Stevie Wayne laufend über die neusten Ereignisse und Wetterprognosen. Ihr Sitz in einem alten Leuchtturm verschafft ihr einen herausragenden geographischen Überblick und eine Außenseiterposition, die sie als Alleinerziehende auch in sozialer Hinsicht bekleidet. Der Fernfahrer Nick hört ihren Sender im Auto, als er auf dem Weg zurück nach San Antonio die Tramperin Elisabeth mitnimmt. Die beiden Roadmovie-Figuren von außen versuchen, dem Grauen auf den Grund zu gehen, und entgehen ihm mehrfach nur um Haaresbreite.

Die andauernde Orientierungslosigkeit der Bewohner von Antonio Bay findet für den Zuschauer eine Entsprechung in der konsequenten visuellen Verzerrung der Räume durch ungewöhnliche Perspektiven. Vom Leuchtturm gibt es nur Panoramashots über die Weite des Ozeans, eine Übersicht über die Stadt aber wird nicht gewährt. Der Zuschauer bleibt in den Straßen und unter ihren Einwohnern gefangen, während der aus heutiger Sicht unecht wirkende Nebel den ganzen Ort einhüllt und langsam auch den Hügel zur Kirche hinaufkriecht. In den Innenräumen bleibt die Kamera stets so dicht bei den Figuren, dass keine orientierende Distanz möglich ist. Auch die dicksten Mauern bieten keinen Schutz, denn der Nebel als

Symbol der alten kollektiven Schuld und mit ihm die Untoten dringen in Häuser und selbst die Kirche ein. Die Dingwelt bietet ebenfalls keine Sicherheit mehr: Scheiben zerbersten, Tankstellen und Autos lassen ihre Lichter angehen, Hupen und Radios durchbrechen plötzlich die nächtliche Stille, und vor Malones Augen schießt ein Stein aus der Wand und gibt so das Versteck des Tagebuchs preis. Im Verlauf des Films verleihen zahlreiche Detailaufnahmen den Gegenständen eine ebenso überdeutliche wie unheimliche Präsenz, als lauere dahinter eine verborgene Nachricht, wie z. B. auf dem angespülten Namensschild des untergegangenen Schiffes ›Elisabeth Dane‹, das plötzlich angibt: »6 must die«.

Obgleich der Zuschauer den Wettlauf mit der Zeit von vornherein verloren weiß, bleibt die Frage, wer den Rächern zum Opfer fallen wird, offen bis zuletzt. Auf der Suche nach Schutz retten sich die Protagonisten in die Kirche, die auf einer Anhöhe aus einer bedrohlichen Untersicht erscheint. Nur Stevie muss allein in ihrem Leuchtturm um ihr Leben kämpfen. Im Augenblick der Auswegslosigkeit geht die Sonne als ›Last Minute Rescue‹ wie im Vampirfilm auf und die Geister verschwinden. In einem Epilog fragt sich Father Malone, warum Blake, der Anführer der Rächer, ihn verschont habe, woraufhin dieser allein zurückkehrt und ihn in das Reich der Toten mitnimmt. Sechs – erstaunlich wahllos getötete – Nachfahren haben im alttestamentlichen Gerechtigkeitssinn für die sechs Verschwörer sterben müssen. Die Konsequenz aus diesem Racheakt jedoch bleibt ungewiss. Die Geschichte erlangt eine allenfalls assoziative Logik und bringt weder für die Vergangenheit noch die Zukunft Klarheit.

Vor dem Hintergrund der Jubiläumsfeier in San Antonio erscheint die Crew der gespenstischen Fregatte als Zerrbild der Besatzung der Mayflower, die den Bewohnern der Küstenstadt die Verlogenheit ihres Gründungsmythos und die Aussichtslosigkeit des ›Pursuit of Happi-

ness‹, ihres Strebens nach Glück, Chancengleichheit und
Freiheit vor Augen hält. Weder diese Eckpfeiler des US-
amerikanischen Selbstverständnisses, festgelegt von den
Pilgervätern im Mayflower Compact 1620, noch die auf
einer christlichen Ethik fußende bürgerliche Gesellschaftsordnung schützen vor Grausamkeit und Egoismus
der eigenen Spezies, so suggeriert der Film in einer für den
Horrorfilm überraschenden nationalen Selbstkritik. Seinem Genre entsprechend, stellt er Realisierbarkeit und
historische Provenienz eines rationalen Weltbilds in Frage,
da die Vergeltung nicht logisch, sondern nur mittelbar in
Zusammenhang mit einer hundert Jahre zurückliegenden
Tat steht.   *Tina Brüggemann*

Literatur: Ulrich Franz: *Der Nebel des Grauens.* In: film-dienst.
Nr. 16 (1980). – Frank Schnelle: Suspense, Schock, Terror. John
Carpenter und seine Filme. Stuttgart 1991. – Hans Richard Brittna-
cher: Ästhetik des Horrors. Frankfurt a. M. 1994. – Gerhard Hross:
Escape to Fear. Der Horror des John Carpenter. München 2000.

Freitag der 13.

Friday the 13th

USA 1980   f 95 min

R: Sean S. Cunningham
B: Victor Miller
K: Barry Abrams
M: Harry Manfredini
D: Adrienne King (Alice), Betsy Palmer (Mrs. Voorhees), Kevin
Bacon (Jack), Ari Lehman (Jason Voorhees)

Zwei Teenager werden 1958 im abgelegenen Feriencamp
Crystal Lake von einem Unbekannten beim Liebesspiel
beobachtet und massakriert. Zwanzig Jahre später beginnt
eine Gruppe junger Leute um den Campleiter Steve er-

neut, den verruchten Ort für die Sommersaison herzurichten. Sie schlagen alle Warnungen in den Wind und begeben
sich somit geradewegs ins Verderben: Einer nach dem anderen fällt dem Killer zum Opfer. Die letzte Überlebende
Alice findet nur noch ihre verstümmelten Leichen. Von
Panik getrieben, will sie dem unheimlichen Ort in den
Wäldern der amerikanischen Provinz entfliehen und trifft
im strömenden Regen auf Mrs. Voorhees, die sich als alte
Bekannte Steves ausgibt. Die frühere Mitarbeiterin des
Camps beruhigt Alice, dass alles in Ordnung sei, doch wie
besessen beginnt sie mit Kinderstimme immer wieder denselben Satz zu wiederholen: »Töte sie, Mami, töte sie.«
Mrs. Voorhees entpuppt sich als wahnsinnige Mörderin,
die Rache für ihren toten Sohn Jason nehmen will, der vor
über zwanzig Jahren im Crystal Lake ertrank, weil ihn seine Aufseher nicht im Auge behalten hatten. In einem
Kampf auf Leben und Tod gelingt es Alice, Mrs. Voorhees
zu enthaupten. Sie flüchtet sich in ein Kanu und erwacht
am nächsten Morgen mitten auf dem See. Plötzlich taucht
der untote Jason neben dem Boot auf und versucht, sie in
das Wasser zu ziehen. Im letzten Moment kann die Polizei
Alice retten. In seinem nassen Grab wartet der stumme
Killer Jason auf weitere Urlauber, um in den bislang neun
Sequels zur eigentlichen Hauptfigur der Serie zu werden
und Kultstatus bei ihren Fans zu erlangen.

Ungeachtet seines berüchtigten Status als Auslöser der
bisher ausdauerndsten und kommerziellsten Slasher-Serie
handelt es sich bei *Friday the 13th* um ein solide inszeniertes B-Picture. Regisseur Cunningham fügt Standard-Situationen und Genre-Zitate nicht ohne Einfallsreichtum zu
einem auf die wesentlichen Bausteine der Spannungserzeugung reduzierten Horrorthriller zusammen. Diese Art
von Minimalismus mit seiner gezielten Effektdramaturgie
wurde zum Modell für zahlreiche Nachahmer. Cunningham selbst orientierte sich an Mario Bavas *Ecologia del
delitto* (*Im Blutrausch des Satans*, 1971) und dem grell

überzeichneten Stil der E. C. Comics, denen George A.
Romero und Stephen King mit dem Episodenfilm *Creepshow* (*Creepshow – Die unheimlich verrückte Geisterstunde*) 1982 ein Denkmal setzten. Am deutlichsten bedient
sich der Regisseur bei John Carpenters Überraschungserfolg *Halloween* (*Halloween – Die Nacht des Grauens*,
1978), der die Regeln des modernen Slasherkinos definierte. Cunningham übernimmt fast vollständig Carpenters
Eingangssequenz, die den Mord an einem Liebespärchen
aus der subjektiven Perspektive des Mörders zeigt. Doch
im Gegensatz zu *Halloween*, dessen maskierter Killer
Michael Myers in die sterile, scheinbar unschuldige Welt
der Suburbs eindringt, verbreitet sich in *Friday the 13th*
das Grauen ganz in der Tradition des Gothic Horror an
einem einsamen ›Haunted Place‹ mit düsterer Vergangenheit. Die psychopathische Rächerin Mrs. Voorhees ist eine
Umkehrung der Norman-Bates-Figur aus Alfred Hitchcocks *Psycho* (1960): Statt wie Bates von der toten Mutter,
ist sie von ihrem ertrunkenen Sohn besessen, dessen ima-
ginäre Stimme sie zu Mordtaten treibt.

Da der mit einem Budget von 700 000 US-Dollar äußerst
billig und schnell produzierte Film sich mit einem Ein-
spielergebnis von über 40 Millionen US-Dollar zum Überraschungserfolg entwickelte und man ohnehin das Ende
bewusst offen gelassen hatte, folgten bis 2003 neun Fortsetzungen mit wechselnden Regisseuren, deren Inszenierung von Folge zu Folge die Trash-Aspekte, die mittlerweile den Kultstatus der Serie bestimmen, stärker in den
Mittelpunkt rückten. Bis Teil 4 ähneln die Filme in vielen
Zügen der Struktur des ersten Teils und sind mehr Remakes und Variationen seines ›Stalk-'n'-Slash‹-Themas als
eigenständige Fortsetzungen. In der Zusammenschau erweist sich ihre Qualität in den achtziger und frühen neunziger Jahren als weitgehend gleich bleibende Popcorn-La-
gerfeuergeschichte, zu der ohne Rücksicht auf eine logische
Handlungsentwicklung je nach Ferien-Saison eine neue

Variante hinzugefügt wird. Im Verlauf der Reihe etablierte sich ein festes Inventar von typischen Standardsituationen und Inszenierungsweisen, die ähnlich dem Stil von Comicserien für einen Wiedererkennungswert sorgten und *Friday the 13th* zu einer Horror-Trademark machten. Beispielsweise nimmt die Kamera immer wieder die Perspektive eines distanzierten, unheimlichen Beobachters ein und der Soundtrack von Harry Manfredini, der Bernard Herrmanns *Psycho*-Thema aufgreift und eine elektronisch verzerrte Stimme unheimliche Zischlaute hauchen lässt, deutet das nahende Grauen im Dickicht des Waldes an. Ein weiteres Markenzeichen der Serie bildeten die Make-up-Spezialeffekte, die u. a. Tom Savini (*Dawn of the Dead / Zombie*, 1978; George A. Romero) verantwortete, und die obligatorische Eishockey-Maske, die Jason Voorhees jedoch erst ab Teil 3 (1982, Steve Miner) trägt und hinter der sich zumeist der Stuntman Kane Hodder verbirgt.

Obwohl die Serie nur in wenigen Momenten den surrealistischen, inhaltlichen und ästhetischen Einfallsreichtum der *Nightmare*-Filme oder den skurrilen Cartoon-Humor der *Evil Dead*-Serie (*Tanz der Teufel*-Serie) erreicht, bildet sie dennoch eine interessante Subgeschichte des Genres im Verlauf der achtziger und frühen neunziger Jahre, die in Deutschland wenig Beachtung findet. Während sie sich in den USA, von der Major-Firma Paramount vermarktet, als eine auf jugendliche Horrorfans zielende Dauerserie zu einem häufig zitierten und parodierten Trash-Bestandteil der Populärkultur entwickelte, sind in Deutschland Teil 3 und 4 bis heute verboten; dramatisch verstärkt durch den Prozess um eine angebliche Nachahmungstat, wurde die Serie 1996 zeitweise zu einem Präzedenzfall der Debatte über Medien und Gewalt. In der erneut entfachten Diskussion um die Wirkung eines Subgenres, das seine Hoch-Zeit bereits lange hinter sich hat, werden die Gewaltdarstellungen nur äußerst selten in ihrem filmischen Kontext betrachtet und zahlreiche Fehl-

Mit bislang zehn Filmen ist *Freitag der 13.* die bisher ausdauerndste und kommerziellste Slasher-Serie. Mitte der neunziger Jahre geriet sie durch ihre expliziten Gewaltdarstellungen und eine Nachahmungstat in den Mittelpunkt der Debatte über Medien und Gewalt. Ihr stummer untoter Killer Jason Voorhees samt seiner obligatorischen Eishockey-Maske genießt zusammen mit anderen seriellen Serientätern wie Michael Myers (*Halloween*) und Freddy Krueger (*Nightmare*) Kultstatus. Im Auftaktfilm ist es jedoch Jasons Mutter, die den Tod ihres ertrunkenen Sohnes blutig an Teenagern in einem abgelegenen Feriencamp rächt. Dieser feine Unterschied kostet Casey Becker aus *Scream* beim postmodernen Horrorfilm-Quiz das Leben. Dank des ›Stalk-'n'-Slash‹-Themas, seines Minimalismus, der gezielten Effektdramaturgie und der Aufsehen erregenden Make-up-Spezialeffekte wurde Sean S. Cunninghams Film zur Horror-Trademark und fand zahlreiche Nachahmer, die sich ebenso freimütig bei ihm bedienten wie er selbst sich bei John Carpenters *Halloween – Die Nacht des Grauens*.

informationen als gesicherte Fakten behandelt. Die Tatsachen, dass die meisten Folgen der Serie ohnehin bereits vor ihrer Veröffentlichung umfangreich gekürzt wurden und bisher kein Teil der Serie im deutschen Fernsehen lief, finden meistens keine Beachtung.

Nachdem Jason sich gegen seinen gewitzten und vor allem intelligenteren Konkurrenten Freddy Krueger aus den *Nightmare*-Filmen und ab 1988 sogar wieder gegen sein Vorbild Michael Myers behaupten musste, der in neuen *Halloween*-Sequels auf die Leinwand zurückkehrte, reagierten die Produzenten mit einer noch stärkeren kommerziellen Ausrichtung auf ein jugendliches Publikum. Neben mainstreamtauglichen Popsongs, für die u. a. der Schock-Hardrocker Alice Cooper sorgte, hielten für den Teenagerfilm typische Außenseiter-Figuren und deren reichlich biedere ›Love Interests‹ Einzug. Nach der vorläufigen Einstellung der Serie kaufte die Independent-Firma New Line Cinema, die durch die *Nightmare*-Filme bekannt wurde, die Rechte auf, um Jason bislang zweimal – in *Jason Goes to Hell* (1993, Adam Marcus) und im Stil der selbstironischen und autoreferentiellen *Scream*-Trilogie (1996–2000, Wes Craven) in *Freddy vs. Jason* (2002, Ronny Yu) – auf Freddy Krueger treffen zu lassen. Diese beiden Crossover demonstrieren noch einmal nachhaltig, dass Jason Voorhees zusammen mit Krueger, Michael Myers und Leatherface aus *The Texas Chainsaw Massacre* (*Blutgericht in Texas*, 1974; Tobe Hooper) für die siebziger und achtziger Jahre eine ähnliche Bedeutung erlangten wie die bekannten Universal-Monster Frankenstein, Dracula und der Wolfsmensch in den Schwarzweiß-Klassikern der dreißiger und vierziger Jahre.   *Andreas Rauscher*

Literatur: Norbert Stresau: Der Horror-Film. München 1987. – Frank Trebbin: Die Angst sitzt neben dir. Eine Filmografie. Berlin 1990. – Detlev Klewer: Und immer wieder ist Freitag der 13. In: Moviestar. Nr. 18 und 20. Nürnberg 1996.

Shining

The Shining

GB 1980   f 119 min (US-Fassung: 146 min)

R: Stanley Kubrick
B: Stanley Kubrick, Diane Johnson, nach dem gleichnamigen Roman von Stephen King
K: John Alcott, Garrett Brown (Steadycam)
M: Stücke von Béla Bartók, Wendy Carlos, Rachel Elkind, Henry Hall, György Ligeti, Krysztof Penderecki
D: Jack Nicholson (Jack Torrance), Shelley Duvall (Wendy Torrance), Danny Lloyd (Danny Torrance), Scatman Crothers (Hallorann), Philip Stone (Hausmeister Grady), Joe Turkel (Barkeeper Lloyd)

Der wegen Alkoholproblemen entlassene Lehrer Jack Torrance kommt mit seiner Frau Wendy und ihrem fünfjährigen Sohn Danny in das Overlook Hotel, das einsam in den verschneiten Rocky Mountains liegt. Als Hausverwalter soll er sich um die über den Winter stillgelegte Anlage kümmern. Jack zieht sich mehr und mehr zurück, um an einem Roman zu arbeiten. Danny erkundet dagegen mit seinem Gokart das Hotel. Der Junge verfügt über das ›Shining‹, das zweite Gesicht, das ihn immer wieder blutige Visionen durchleben und zwei kleine Zwillingsmädchen sehen lässt. Seine Neugierde führt ihn in Zimmer 237, wo sich die dunklen Mächte des Hotels an ihm vergreifen. Als Jack später den Raum überprüft, findet er eine verführerisch nackte junge Frau, die in seinen Armen zu einer verfaulenden Greisin wird. Im Ballsaal des Hotels betritt er eine nur für ihn reale Zwischenwelt der goldenen Zwanziger, in der ihn der Kellner Grady, der einst seine Zwillinge tötete, subtil zum Mord an Wendy und Danny aufhetzt. Als Wendy entdeckt, dass Jack auf unzähligen Seiten immer wieder nur ein und denselben irrsinnigen Satz getippt hat, versucht er sie zu töten. Eine Vision führt den Küchenchef Halloran, der wie Danny die Gabe des ›Shining‹ hat, zurück zum Overlook Hotel, wo ihn Jack mit einer Axt erschlägt. Danny kann hinaus in ein verschneites Heckenlabyrinth fliehen und den Vater überlisten. In Halloranns Pistenraupe gelingt ihm mit seiner Mutter die Flucht, während Jack am Rande des Labyrinths erfriert. Noch einmal kehren wir ins Hotel zurück und finden eine alte Fotografie, auf der ein gutgelaunter Jack auf einer Hotelparty zu erkennen ist. Das Bild trägt das Datum 4. Juli 1921.

Kubricks *The Shining* unterscheidet sich grundsätzlich von genretypischen ›Haunted House‹-Vertretern wie *Amityville Horror* (1978, Stuart Rosenberg), *Poltergeist* (1982, Tobe Hooper) oder *The Evil Dead* (*Tanz der Teufel*, 1982; Sam Raimi). Sein Film präsentiert sich vielmehr als unaufhaltsames Kippen, als Verzerren des menschlichen Horizonts bis zur Unkenntlichkeit. Elegant und lautlos zelebriert dies schon das fliegende Kameraauge der Anfangssequenz hoch über einer Berglandschaft mit See, begleitet von irrlichternen, lautmalerischen Klagelauten und dem gregorianischen Totenhymnus *Dies Irae*. Mit weitem Winkel schöpft die Kamera die räumliche Unendlichkeit aus, gibt ihr etwas Unwirkliches und verzerrt schon hier den Rahmen des Sehens. Das Spiel mit der Angst wird angesichts von Jacks VW-Käfer, der sich wie eine Beute in der labyrinthhaften Berglandschaft hinaufwindet, sofort eindringlich. Vergleichbar ist der Zuschauer bei Dannys Gokart-Fahrten durch die Hotelkorridore, bei denen die Kamera stets hinter dem Jungen bleibt, einem Sog ausgeliefert, der Konfrontation erahnen lässt. Für diese grandiosen Travellings setzte Kubrick das damals noch neue Steadycam-System ein und verpflichtete niemand Geringeren als dessen Erfinder Garett Brown. Wie symphonisch fügen sich Fahrgeräusche und Bewegung zur fließenden Struktur, keine Schnitte lockern den Griff auf den Zuschauer, bis vor Dannys Augen starr die von Grady ermordeten Zwillingsschwestern auftauchen. Hellsehen erhält so in *The Shining* realitätskonstituierende Bedeutung durch Wahnbilder, an denen sich Gut und Böse scheiden: Dannys Visionen sind düstere Vorboten und Warnungen, wohingegen Jacks Erscheinungen seine Verlorenheit und Triebe kennen und diesen eine tödliche Richtung geben. Nicholsons Spiel ist wie das Wesen seiner Visionen: abgrundtief unergründlich und mit der expressiven Schönheit des Obskuren. Seine spontanen Ausbrüche, die den Mr. Hyde in diesem Dr. Jekyll zum Vorschein kommen lassen, kennzeichnen die schwindende Grenze zwischen inkubativer Scheinruhe und offener Schizophrenie. Er regrediert, flucht in seinen Zwanziger-Jahre-Visionen im Ballsaal mit kindlicher Eifersucht und Labilität wie ein aufbegehrendes Es gegenüber aller Restriktion. Er klingt wie ein auf ewig Gefallener, der dem Göttlichen den Dienst aufkündigt. Auch die Worte der ermordeten Zwillinge, die für »immer und immer« mit Danny spielen wollen, wiederholt er wie zum Zeugnis seiner Loyalität gegenüber einem höllischen Übervater. Seine Infantilisierung wird in der US-amerikanischen Fassung besonders in Jacks im Wahn seitenlang getipptem Satz »All work and no play makes Jack a dull boy« zum Sinnbild der sich feiernden Selbstherrlichkeit geschmähten, rachsüchtigen Macht, was dem Satz »Was du heute kannst besorgen, das verschiebe nicht auf morgen« in der deutschen Fassung abgeht. *The Shining* ist so auch der Horror vor dem Verlust von Bedeutung und der Ohnmacht der Worte. Das gegenseitige Totschweigen aller Ängste und Visionen erhöht hier noch den Eindruck der Vereinzelung. Keine Dunkelheit ist hierzu vonnöten; es reicht die trügerische Symmetrie der Hotelarchitektur, die Übersicht vortäuscht, und jene Überdimensionalität, die den Raum für die Expansion klaustrophobischer Gefühle und Paranoia bietet. Anders als z. B. in *Rosemary's Baby* (*Rosemaries Baby*, 1967; Roman Polanski) ist es das

Horrorfilme sind auch Filme über das Sehen und Nicht-Sehen, über Blicke und das Unzeigbare. In Stanley Kubricks *Shining* offenbart der geweitete Blick des Überwältigten den Schrecken, noch bevor der Zuschauer dessen Ursache sieht: Der Schrecken wird gleichermaßen projiziert wie rezipiert. Die scheue Wendy Torrance (Shelly Duvall) erfährt in der klaustrophobischen Abgeschlossenheit eines über den Winter stillgelegten Hotels in den verschneiten Rocky Mountains am eigenen Leib, dass ihr Mann Jack nicht der ist, für den sie ihn gehalten hat. In der Versuchsanordnung dieser Stephen-King-Verfilmung kommt das Unerklärlich-Unheimliche aus dem Inneren der Figuren, sei es Jacks Irrsinn, die »Shining« genannte hellseherische Fähigkeit ihres gemeinsamen Sohnes Danny oder die Wahnbilder, die sich schließlich auch für Wendy sichtbar manifestieren. Kubricks Horror ist psychisch und macht stumm vor der Unvorhersehbarkeit des Erlebbaren.

auf einem Indianerfriedhof erbaute Gebäude selbst, das entmenschlicht, nicht seine unheimlichen Bewohner. *The Shining* weist diesbezüglich Ähnlichkeiten auf zu einem stillen Schocker wie Dan Curtis' *Burnt Offerings* (*Landhaus der toten Seelen*, 1976), einem Psychogramm wie Robert Altmans *Images* (*Spiegelbilder*, 1972) oder dem Illusionsspiel von Ken Russels *Gothic* (1986). Der Regisseur ließ das Innere des so uramerikanisch wirkenden Hotels komplett in den Londoner Elstree Studios nachbauen. Er verdichtet Raum und Zeit so wider alle menschliche Logik, dass Vergangenes und Gegenwart sich beliebig durchdringen. Episodenhaften Zeitangaben durch Inserts nimmt Kubrick die Sinnhaftigkeit und reduziert sie zum Emblem für die längst widerlegte Gesetzmäßigkeit aus Vorher und Nachher. Nach der finalen Auseinandersetzung offenbart sich mit dem fast sechzig Jahre alten Foto von Jack eine neue Wendung im Zeitlabyrinth, die Gradys mysteriöse Worte, dieser sei immer schon der Hausverwalter gewesen, nachklingen lässt. So wird das Overlook Hotel in der filmischen Versuchsanordnung zu einem gewaltigen triebhaften Unterbewussten, das Urängste auszuleben beginnt. In *The Shining* kommt das Unerklärlich-Unheimliche aus dem Inneren der Figuren, sei es das Hellsehen, sei es jener Irrsinn, der sich als Anlage bei Jack herauskehrt, oder die Wahnbilder, die sich schließlich auch für Wendy sichtbar im Hotel manifestieren. Der Horror von *The Shining* ist psychisch, stoppt den Atem, anstatt ihn auszustoßen, macht stumm vor der Unvorhersehbarkeit des Erlebbaren. Immer wieder ist es deshalb der geweitete Blick des Überwältigten, der den Horror offenbart, bevor der Zuschauer dessen Ursache sieht, so als werde der Schrecken gleichermaßen projiziert wie rezipiert. Der Akt des Sehens und Bezeugens als Königsweg zur Sinnhaftigkeit wird zunehmend außer Kraft gesetzt. Schon zu Beginn wird beim Gespräch über den Kannibalismus einer eingeschneiten Siedlergrup-

pe das erkenntnishafte Sehen hinterfragt, als Danny
meint, er habe Derartiges schon im Fernsehen gesehen,
was Jack mit unterdrückter Aggression persifliert. Im
Hotel beobachtet Jack in einem Miniaturmodell des Hec-
kenlabyrinths, wie Wendy und Danny draußen ameisen-
haft darin umherlaufen. Dieses wiederkehrende Motiv des
Labyrinths wird zum Sinnbild von Jacks Psyche. Am
Ende wird er in diesem Labyrinth wie ein geschlagener
Minotaurus sterben. Ein konsequenter Tod, der wie die
sich summierenden Visionen dem Prinzip der Steigerung
gehorcht. Ein äußeres, inneres und visionäres Sehen sind
schließlich nicht mehr zu trennen, als hätte sich die Kon-
tamination des Hotelkörpers auf Jack ausgebreitet und
nun jede Zelle des kranken Körpers erfasst.

Spätestens seit Hitchcocks *Psycho* sind Baderäume Orte
unfreiwilligen Aderlasses, und auch in *The Shining* behalten sie ihre Sphäre trughafter Intimität und Spiegelhaftig-
keit. Das nach einem Vorbild von Frank Lloyd Wright
entworfene grüne Bad ist der Ort, wo sich Sehen und Erkennen verbinden: Umarmt von einer vermeintlichen
Schönen, erkennt Jack im Spiegel die Kehrseite dieser mittelalterlichen »Frau Welt«-Gestalt: Sie ist einzig Fäulnis
und Verwesung. Trotz Jacks Ekel ist die Umarmung Sinnbild seiner organischen Verschmelzung mit dem Tod, der
dem Hotel innewohnt. Neben dem Kannibalismus der
Siedlergruppe deutet auch die Tatsache, dass das Hotel auf
einem indianischen Friedhof errichtet wurde, in diese
Richtung.

Stephen King, den Kubrick als Koautor abgelehnt hatte,
verabscheute den Film und warf Kubrick das Fehlen jeglichen Verständnisses für das Genre vor, ohne dass seine
selbstgeschriebene und -produzierte dreiteilige TV-Mini-
serie *The Shining* (1997) auch nur annähernd an Kubricks
filmisches Artefakt des Horrors heranreichte.

Michael Gräper

Literatur: Peter W. Jansen / Wolfram Schütte (Hrsg.): Stanley Kubrick. München/Wien 1984. (Reihe Film. 18.) – Hans J. Wulff: Von Rätseln, Labyrinthen und traumatischen Dingen [...]. Kubricks *The Shining*. In: H. J. W. (Hrsg.): Filmbeschreibungen. Münster 1985. – Kay Kirchmann: Stanley Kubrick. Das Schweigen der Bilder. Marburg 1993. – Norman Kagan: The Cinema of Stanley Kubrick. New York ²1993. – Bernd Kiefer: *Shining*. In: Filmklassiker. Hrsg. von Thomas Koebner unter Mitarb. von Kerstin-Luise Neumann. Bd. 3. Stuttgart 1995. – Georg Seeßlen / Fernand Jung: Stanley Kubrick und seine Filme. Berlin 1999.

American Werewolf

An American Werewolf in London

GB 1981   f 97 min

R: John Landis
B: John Landis
K: Robert Paynter
M: Elmer Bernstein
D: David Naughton (David Kessler), Griffin Dunne (Jack Goodman), Jenny Agutter (Alex Brice), John Woodvine (Dr. Hirsch)

Die Europareise der unbescholtenen US-Studenten David und Jack findet in einer englischen Moorlandschaft ein blutiges Ende: Nachdem sie Warnungen, sich auf ihrer Wanderung vom Sumpf fernzuhalten, ignoriert haben, fallen die Freunde dem Angriff eines Werwolfs zum Opfer. Während Jack seinen Verletzungen erliegt, wird David in letzter Sekunde gerettet und in ein Londoner Krankenhaus eingeliefert. Seine Versuche, den Arzt und zwei Scotland Yard-Beamte von der Existenz des blutrünstigen Monsters zu überzeugen, werden als alptraumhafte Nachwehen der schrecklichen Ereignisse abgetan. Dank der fürsorglichen Zuwendung der Krankenschwester Alex kommt David bald wieder zu Kräften, jedoch plagen ihn explizite Visionen, in denen er ein Reh reißt oder eine Todesschwadron uniformierter Kreaturen über seine Familie herfällt. Als ihn der entsetzlich entstellte Jack als Zombie am Krankenbett heimsucht, werden Davids vage Vermutungen zur Gewissheit: Beim nächsten Vollmond wird er zum Werwolf mutieren. Unter konvulsivischen Zuckungen verwandelt er sich tatsächlich in einen zähnefletschenden Wolf und unternimmt tödliche Streifzüge durch die Großstadt. David kann sich an nichts erinnern, als er am nächsten Morgen nackt im Wolfsgehege des Londoner Zoos erwacht, aber die Zeitungen sind voll von seinen Untaten. Er will Selbstmord begehen, doch der Mond ist mächtiger. Davids zweite Verwandlung löst eine Massenpanik aus. Von einem Polizeiaufgebot gestellt, wird er in einem dreckigen Hinterhof erschossen.

John Landis hatte bereits in seinem Regiedebüt *Schlock* (*Schlock – Das Bananenmonster*, 1971) bekannte Filmmonster wie King Kong und Godzilla veralbert, bevor er sich mit *Kentucky Fried Movie* (1977), *National Lampoon's Animal House* (*Ich glaub', mich tritt ein Pferd*, 1978) und *Blues Brothers* (1980) endgültig als Spezialist für grelle Genre-Parodien empfahl. Auch *An American Werewolf in London* ist mit zahlreichen Gags gespickt, wobei diese weniger auf die Versatzstücke des Horrorkinos denn auf die Kuriositäten der britischen Gesellschaft zielen. Das Königreich hat in *An American Werewolf in London* längst vor den Monstern des Alltags kapituliert, die entweder als politische Elite das Fernsehen dominieren oder in Gestalt von Punks und Transvestiten die Straßen unsicher machen. Landis' überkorrekte Engländer wahren dementsprechend selbst dann noch Contenance, wenn sie nach dem tödlichen Bissen eines Werwolfs in einem Pornokino ihrem Mörder vorgestellt werden.

Die Absurdität britischer Manierismen steht bei Landis in deutlichem Kontrast zur detailfreudigen Verarbeitung der Werwolf-Thematik, die im Horrorkino trotz Filmen wie George Waggners *The Wolf Man* (*Der Wolfsmensch*, 1941) eher zweitrangig geblieben ist. Dem Lykanthropen (griechisch für ›Wolfsmensch‹) fehlt die erotische Ambivalenz, die Komplexität und die Faszination des Vampirs sowie letztlich die Einzigartigkeit, da er nur einen der verschiedenen Tiermenschen repräsentiert. Zudem ist er im Vergleich zu Dracula und Frankenstein eine durch und durch negative Figur, tötet er doch aus reiner Vernichtungswut und muss deshalb zwangsläufig sterben. Nur dem Teeniefilm *Teen Wolf* (1985, Rod Daniel) gelang bisher eine positive Wendung, indem er die Wolfsidentität einem mittelmäßigen Schüler zu Erfolg und Ansehen verhelfen lässt, während der Werwolf in *Wolf* (*Wolf – Das Tier im Manne*, 1994; Mike Nichols) zur Chiffre für den skrupellosen Machtmenschen und Managertypus der neunziger Jahre wird.

An American Werewolf in London, dessen Titel sich auf den Universal-Film *The Werewolf of London* (1935, Stuart Walker) bezieht, entwickelt zunächst einen genretypischen Spannungsbogen mit zahlreichen Hinweisen auf den kommenden Schrecken, beispielsweise wenn ein Schaftransporter die beiden Freunde zu Beginn des Films als prädestinierte Opferlämmer in eine archetypische Landschaft entlässt und mit mythischen Verweisen auf die Symbolik des Vollmondes oder die Schutzfunktion des Pentagramms nicht gespart wird. Die musikalische Untermalung dieses Szenarios durch Bobby Vintons Fünfziger-Jahre-Schnulze »Blue Moon« zeugt von Landis' Lust an sarkastischen Konnotationen: Die Kombination mit alten Popsongs gibt den Horrorsequenzen eine beinah tragikomische Dimension, wie auch Davids schmerzhafte Mutation zu der Ballade »Bad Moon Rising« von Creedence Clearwater Revival zeigt. Dies ist Bestandteil von Landis' beabsichtigtem Bruch mit tradierten Topoi des Horrorfilms, den er im Laufe von *An American Werewolf in Lon-*

don mehr und mehr forciert. Indem er überstilisierte Alpträume mit zweifachem Erwachen auflöst oder fast nebensächlich ein blutiges Verkehrschaos in Davids Suche nach neuen Opfern integriert, gelingt ihm die Durchmischung klassischer Schockmomente mit einer neuen, realitätsgetreuen Darstellung von Leid und Entsetzen. Landis wechselt dabei mit gekonnten Sprüngen zwischen Tradition und Moderne und lässt lakonische Romantik auf exaltierte Effekte treffen. Hierdurch erreicht er letztendlich eine nachhaltige Verunsicherung seines Publikums, das den Film mit einer stereotypen Erwartungshaltung zu fassen sucht. Wo in Waggners *Wolfsmensch* oder Terence Fishers *The Curse of the Werewolf* (*Fluch von Siniestro*, 1961) noch festgelegte Reglements das Schicksal des Untiers besiegelten, da bricht *An American Werewolf in London* mit diesen Konstanten, da treffen mit Werwolf und Zombie zwei völlig unterschiedliche Ikonen des Horrorfilms aufeinander, und der Horror der Vergangenheit nistet sich in modernen Zweizimmer-Absteigen ein, statt in geheimnisumwobenen Feudal-Landhäusern. Der moderne Werwolf David ist überdies mit einem Hintergrundwissen über seine filmischen Vorgänger ausgestattet, das ihn seine Handlungsmöglichkeiten durchspielen lässt. Sein altmodischer Wunsch, den klassischen Tod durch Silberkugeln oder Liebeserlösung zu finden, erfüllt sich jedoch nicht. Stattdessen wird er ganz banal im Rinnstein erschossen, umgeben von Dreck und Unrat – für den konservativen Romantiker ist lediglich der Platz in der Gosse reserviert. Diese pessimistische Sicht der Dinge spiegelt sich auch im Production Design der Großstadtsequenzen: Aus Davids Sicht präsentiert sich London als schmuddelig-graues Kuriositätenkabinett, bevölkert von weltfremden Spinnern, geprägt von Regenwetter und Thatcherismus. Dem europäischen Kulturschock, den David durchleiden muss, begegnet der Regisseur mit Mitteln des US-Horrorfilms, mit wenig dezenten, schnell geschnittenen Gewaltszenen und

Maskentricks. Einen wichtigen Anteil an der kompromisslosen Machart des Films haben nicht zuletzt Rick Bakers Spezialeffekte, die Davids Verwandlung in allen qualvollen Stadien vorführen und mit einem ›Academy Award‹ für das beste Make-up ausgezeichnet wurden. 1997 setzte Anthony Waller die Werwolf-Story mit deutlich geringerem Erfolg in *An American Werewolf in Paris* in der französischen Hauptstadt fort.   *Daniel Remsperger*

Literatur: Frank Hofmann: *American Werewolf.* In: Moderne Horrorfilme. Rüsselsheim ²1994.

Poltergeist

Poltergeist

USA 1982   f 114 min

R: Tobe Hooper
B: Steven Spielberg, Michael Grais, Mark Victor
K: Matthew F. Leonetti
M: Jerry Goldsmith
D: JoBeth Williams (Diane Freeling), Craig T. Nelson (Steve Freeling), Beatrice Straight (Dr. Lesh), Heather O'Rourke (Carol Anne Freeling)

Ende der siebziger Jahre entdeckte das US-amerikanische Kino die Suburbs als Handlungsort, die modernen Neubausiedlungen an den Rändern der urbanen Großräume, die in den verschiedensten Genres und Filmen wie *E. T. – The Extraterrestrial* (*E. T. – Der Außerirdische*, 1982; Steven Spielberg) auf ihre Tragfähigkeit hin befragt wurden. In diesem Setting erzählt *Poltergeist* eine Gespenster- und Geisterhausgeschichte, wobei das Gebäude nicht alt und morsch ist, sondern ein funktionaler Neubau. Denn Cuesta Verde ist eine dieser weitläufigen, am Reißbrett entworfenen

Wohngegenden, die jungen Mittelstandsfamilien wie den Freelings ein komfortables Zuhause inklusive Swimmingpool bieten. Steve arbeitet als Verkaufsrepräsentant der Siedlungsgesellschaft vor Ort, seine Frau Diane kümmert sich um Haus, Hund und die drei Kinder Dana, Robbie und Carol Anne. Bis auf kleine Geplänkel mit der Nachbarschaft scheint das Leben der Familie sorgenfrei und unbeschwert zu sein, doch die Idylle trügt: Die fünfjährige Carol Anne fühlt sich von dem flimmernden Fernseher angezogen, dem für Momente eine nebulöse grünliche Gestalt entweicht. »Sie sind hier«, behauptet das kleine Mädchen, ohne Gehör zu finden. Doch als am Abend bei einem schweren Unwetter im Kinderzimmer eine Tür aufspringt, aus der gleißendes Licht flutet, wird Carol Anne mit der gesamten Einrichtung in die offene Kammer gesogen. Hernach fehlt jede Spur von dem Kind – bis seine seltsam verzerrte Stimme aus dem Fernseher klingt. Ein Parapsychologen-Team um Dr. Lesh kann trotz modernster Technik nur die Existenz von Geistern konstatieren und empfiehlt das zwergwüchsige Medium Tangina, das Carol Anne in einem Zwischenreich zwischen Lebenden und Toten lokalisiert. Das Mädchen kann nur gerettet werden, wenn ihm jemand in dieses Zwischenreich folgt. An einem Seil wagt Diane sich dorthin und holt ihre Tochter aus den Klauen eines furchtbaren Wesens zurück. Obwohl Tangina das Haus nach dieser Wiedergeburtsszene für ›gereinigt‹ erklärt, wollen die Freelings nicht länger dort wohnen bleiben. In der Nacht vor ihrer Abreise beginnt der Spuk jedoch von neuem – und deutlich heftiger. Nur mit Mühe entkommt die Familie. Als sie am nächsten Abend in einem Motel übernachtet, schiebt Steve den Fernseher vor die Tür; nach dem Abspann hört man wispernde und lachende Kinderstimmen aus dessen Innerem, die erst langsam verklingen.

Natürlich bietet *Poltergeist* immanent eine Erklärung für die paranormalen Phänomene, wie er überhaupt mit dialogischen Erläuterungen nicht geizt; der Unterschied zwischen Poltergeistern und Gespenstern besteht demnach beispielsweise darin, dass Erstere vorübergehend auf einzelne Personen fixiert sind, während Letztere dauerhaft in Räumen oder Gebäuden hausen. Die so friedlich wirkende Siedlung ist auf einem alten indianischen Friedhof errichtet, dessen Gräber angeblich umgesiedelt worden sind. Die Särge, die beim Showdown aus dem Boden schießen, legen jedoch offen, dass damals nur die Grabsteine, nicht aber die Gebeine der Toten entfernt wurden. Das Thema der gestörten Totenruhe klingt bereits in der Exposition an, wenn Carol Anne ihre Mutter hindert, einen toten Kanarienvogel in die Toilette zu werfen. Stattdessen wird er in einer Schachtel im Garten beerdigt, wenig später aber mit dem Aushub für den Swimmingpool achtlos beiseite geworfen. Trotz dieser motivischen Verklammerung deutet die unterschiedliche Art und vor allem die stark differierende Gestaltung des Grauens auf eine nicht unproblematische Entstehungsgeschichte hin, die mit den Namen des Regisseurs Tobe Hooper und des Koproduzenten, Koautors und Ideengebers Steven Spielberg verbunden ist. Hooper, berühmt durch sein *The Texas Chainsaw Massacre* (*Blutgericht in Texas*, 1974), ist eindeutig für die dunkleren Splatter- und Gore-Elemente verantwortlich – beispielsweise eine halluzinatorische Sequenz, in der sich einer der Parapsychologen das Fleisch vom Gesicht reißt –, Spielberg dagegen für die von George Lucas' Firma ›Industrial Light and Magic‹ herausragend gestalteten Spezialeffekte, die beispielsweise mit der Visualisierung des Wesens aus dem Zwischenreich dem Fantasy- und Horrorgenre neue Dimensionen eröffneten. Hooper hat den enormen Einfluss von Spielberg zwar immer abgestritten, doch allein die zahllosen Parallelen von *Poltergeist* zu Spielbergs gleichzeitig entstandenem *E. T.* beweisen das Gegenteil, lassen sie beide Filme doch streckenweise wie ungleiche Zwillinge erscheinen. Ohne die tricktechnische Perfektion, für die Hoopers

Film zusammen mit der Musik von Jerry Goldsmith und dem Soundschnitt für einen ›Oscar‹ nominiert war, wäre sein Erfolg an der Kinokasse kaum zu verstehen, der sich auch in zwei Sequels – *Poltergeist II: The Other Side* (*Poltergeist II – Die andere Seite*, 1986; Brian Gibson) und *Poltergeist III* (1988, Gary Sherman) – niederschlug. Oneliner wie »Geh nicht ins Licht« konnten nur deshalb zu geflügelten Worten avancieren, weil die schockierenden, um Verwesung und Fäulnis gruppierten Momente des Films von der mit Licht, Rauch und Geräuschen operierenden Geistergeschichte weitgehend neutralisiert wurden. Was jenseits der erfahrbaren Wirklichkeit liegt, geht primär aus langen Monologen der Parapsychologin oder des Mediums hervor; nur einmal schnellt der überdimensionale Totenschädel der Bestie aus dem Jenseits durch die Tür; und am Ende droht sein glühend-roter Schlund Carol Anne und ihren Bruder zu verschlingen.

Weniger greifbar, dafür aber abgründiger als der relativ konventionelle Plot um das Geisterhaus ist der familiäre Subtext, der auf unterschiedlichen Ebenen das ahistorische Modell der Kleinfamilie hinterfragt. In Cuesta Verde ist alles neu, selbst seine Bewohner, unter denen es offenbar keine Alten oder Alteingesessenen gibt. Passiert etwa Außergewöhnliches oder werden Fragen nach einem Jenseits (des Alltags und des Lebens) gestellt, sind die sympathisch gezeichneten Freelings überfordert – und auf Experten angewiesen, weil keine generationsübergreifenden Erfahrungen mehr tradiert werden. Umfassende Zusammenhänge sind primär medial konstruiert – im Kinderzimmer über Verweise auf Filme wie *Star Wars* (*Krieg der Sterne*, 1977; George Lucas) oder *Alien* (*Alien – Das unheimliche Wesen aus einer fremden Welt*, 1979; Ridley Scott) in der Erwachsenensphäre durch omnipräsente Fernsehprogramme, die von früh bis spät das Geschehen kommentieren. Die ›Suburb Community‹ wird jedoch auch von innen heraus durch das Heranwachsen ihre Kinder bedroht,

weshalb die pubertierende Dana den ganzen Film über bei
Freunden verschwunden ist und erst in den letzten Szenen
wieder auftaucht. Die Implosion des Hauses, das in sich
zusammenfällt und wie vom Erdboden verschwunden ist,
wird zum enigmatischen Bild der Kritik an einem bereits
im Schwinden begriffenen Familien- und Gesellschafts-
modell: Abends raucht das Ehepaar zwar noch gemeinsam
einen Joint, doch während Diana sich dabei weiter in
Jungianische Psycho-Lektüre vertieft, greift Steve nach
Hendrick Smith' Reagan-Biographie. Was in den blauen
Stroboskop-Gewittern von *Poltergeist* verabschiedet wird,
ist nicht weniger als die Illusion einer ganzen Protestgene-
ration, die sich ihrer Väter entledigen wollte – um in der
Fortsetzung *Poltergeist II* wie auch in der realen Wirklichkeit umso sicherer in der Hand ultrakonservativer
Kräfte zu landen.   *Josef Lederle*

Literatur: Harald Pusch: *Poltergeist.* In: Heinrich Wimmer / Norbert Stresau: Enzyklopädie des phantastischen Films. Meitingen
1986. – Norbert Stresau: Der Horror-Film. München 1987.

Tanz der Teufel

The Evil Dead

USA 1982   f 86 min

R: Sam Raimi
B: Sam Raimi
K: Tim Philo
M: Joseph Lo Duca
D: Bruce Campbell (Ash), Ellen Sandweiss (Cheryl), Betsy Baker
   (Linda), Hal Dietrich (Scott)

Fünf junge Leute, zwei Pärchen und ein Mädchen, wollen ein ruhiges und romantisches Wochenende in einer
Waldhütte in Tennessee verbringen. Nach Einbruch der

Dunkelheit finden sie in der Hütte ein altes, unheimlich
wirkendes Buch, in welchem sich zahlreiche Zaubersprüche und Illustrationen von Dämonen und untoten Wesen
befinden. Außerdem entdecken sie ein Tonband, auf das
ein Wissenschaftler und frühere Bewohner der Hütte ta-
gebuchähnliche Aufzeichnungen über seine Erforschung
des Totenbuchs *Necronomicon* aufgezeichnet hat. Nach
dem Abspielen mysteriöser Beschwörungsformeln werden die Dämonen des Waldes zum Leben erweckt und
töten einen nach dem anderen auf grauenhafte Weise.
Ihre Leichen werden als Zombies wiedererweckt. Der
letzte Überlebende Ash sieht sich schließlich mit einer
Übermacht an Geistern, Dämonen und Zombies konfrontiert.

Sam Raimis *The Evil Dead* wurde schnell zum Kult-
klassiker des modernen Horrorgenres, nicht zuletzt dank
einer euphorischen Würdigung durch Stephen King.
Doch warum? Inhaltlich hatte dieser Film 1982 nichts
Neues zu bieten, seine Vorbilder wie *The Texas Chainsaw
Massacre* (*Blutgericht in Texas*, 1974; Tobe Hooper) oder
Halloween (*Halloween – Die Nacht des Grauens*, 1978;
John Carpenter) sind unverkennbar, auch die Handlung
ist nicht sehr originell ausgeschmückt. Doch was in Raimis Film Anfang der achtziger Jahre geboten wurde, war
bis dahin in dieser Form noch nicht auf der Leinwand zu
sehen gewesen, denn er machte die Technik zum Hauptdarsteller: Die subjektive Kamera rast und ist ständig in
Bewegung, die raffinierte Musik- und Geräuschkulisse
geht durch Mark und Bein, ein explizit blutiger Make-up-
Effekt reiht sich an den nächsten. »The ultimate experi-
ence in grueling horror«, heißt es treffend im Abspann,
denn der Film konzentriert sich ganz auf Oberflächenreize und ist letztendlich eine auf 80 Minuten ausgeweitete
Nummernrevue aus lauter mitunter ekligen Effekt-Sze-
nen. Für Sam Raimi, damals Anfang zwanzig, war dies ein
No-Budget-Experiment, das er mit seinen gleichaltrigen

Studienfreunden, darunter Scott Spiegel (*Intruder* / *Bloodnight*, 1988) und Josh Becker (*Thou shalt not kill – except ...* / *Du sollst nicht töten – außer ...*, 1985), und der Erfahrung einiger Kurzfilme wie *Within the Woods* (1978) realisierte. Der Film wirkt an vielen Stellen wie eine Reflexion früherer furchteinflößender (Horror-)Filmsequenzen, geradezu ein Best-of von Angstmomenten des Kinos. Vor der ersten Attacke der Dämonen wirkt *The Evil Dead* hingegen wie ein Übungsfilm von Filmstudenten: eine mit Laiendarstellern, auf 16 mm gedrehte (und später auf 35 mm aufgeblasene) Aneinanderreihung von Spannungs- und Gruselmomenten. Viel ereignet sich nicht, in ein paar Sätzen erfährt der Zuschauer von den Figuren selbst, wer mit wem liiert ist, mehr Information wäre für den weiteren Verlauf auch nicht nötig. Denn wenn sich die Pforte der Hölle öffnet, zieht Raimi alle Register des modernen Horrorfilms, verdoppelt das für die damalige Zeit ohnehin schon hohe Tempo und setzt damit neue Maßstäbe. Die Rasanz der Kamera und die hohe Schnittfrequenz, die bunten, teilweise sehr unprofessionellen, aber wirkungsvollen Zombiemasken und die blutigen Splattereffekte sind so überdreht, dass der Film im letzten Drittel wie ein vom Teufel besessener, real inszenierter Cartoon wirkt. Zwar nimmt Raimi seinen Inhalt nie ernst, die Umsetzung aber umso mehr. Vergleichbare Comic-Exzesse finden sich in all seinen späteren Filme, von der Krimikomödie *Crimewave* (*Die Killer-Akademie*, 1985) über das Actiondrama *Dark Man* (*Darkman – Der Mann mit der Gesichtsmaske*, 1989) bis hin zum inhaltlich seriösen *The Quick and the Dead* (*Schneller als der Tod*, 1995), dessen Schnelligkeit der Kamera immer wieder *Evil Dead*-Assoziationen weckt.

Mit Ausnahme von Bruce Campell können die jungen Laienschauspieler mit der formalen Virtuosität von *The Evil Dead* nicht mithalten. Sein Ash sticht als einziger Charakter hervor, da er sich als am widerstandsfähigsten

Ash und seine Freunde hatten sich das Wochenende in einer einsamen Waldhütte ganz anders vorgestellt, doch dann finden sie ein Tonband und ein altes Buch voller Zaubersprüche und Illustrationen von Geistern. Unbeabsichtigt erwecken sie die Dämonen des Waldes zum Leben. Einer nach dem anderen fällt ihnen zum Opfer, kehrt als Zombie wieder und attackiert nun selbst die Überlebenden. Der junge Filmstudent Sam Raimi zog Anfang der achtziger Jahre alle Register des modernen Horrorfilms, machte die Technik zum Hauptdarsteller und inszenierte *Tanz der Teufel* wie einen vom Satan besessenen, real inszenierten Cartoon, der sich ganz auf Oberflächenreize konzentriert. Die subjektive Kamera rast und ist ständig in Bewegung, die Schnittfrequenz suchte damals ihresgleichen, die raffinierte Musik- und Geräuschkulisse geht durch Mark und Bein, blutige Splatter- und Make-up-Effekte reihen sich an den nächsten. Seinen Inhalt nimmt Raimi keine Sekunde ernst, die formale Umsetzung dafür umso mehr.

erweist, aber zugleich der Junge von nebenan mit sensi-
blen Zügen ist. Raimi macht ihn zu der vielleicht einzigen
männlichen ›Scream Queen‹ und kehrt damit ein klassi-
sches Horrorklischee um, ohne es jedoch seiner Wirkkraft
zu berauben. Spätestens mit der Fortsetzung *The Evil
Dead 2 – Dead by Dawn* (*Tanz der Teufel II – Jetzt wird
noch mehr getanzt*, 1987) avancierte Ash zur Kultfigur,
was im Horrorgenre sonst eigentlich nur den Filmbösen
und Monstren wie Jason Voorhees (aus *Friday the 13th /
Freitag der 13.*, 1980; Sean S. Cunningham) oder Michael
Myers (aus *Halloween*) vorbehalten ist. Nach *The Evil
Dead* fiel es schwer, Campell in anderen Rollen zu akzeptieren, obwohl oder gerade weil sie auch immer etwas von
Ash hatten, wie z. B. sein Brisco County Jr. in der Fernsehserie *The Adventures of Brisco County Jr.* (*Die Abenteuer des Brisco County Jr.*, 1993).

Fünf Jahre nach *The Evil Dead* drehte Raimi den zweiten Teil, bei dem es sich genau genommen weniger um
eine Fortsetzung als um ein Remake handelt, größer, teu-
rer, aufwändiger, aber nicht unbedingt besser. War die Figur Ash 1982 noch ein mit seinen Freunden gleichwertiger
Charakter, so ist er nun die Identifikationsfigur, die uns
durch den Film begleitet, was sich mittlerweile auch zwei
Evil Dead-Videospiele zunutze machen. Ansonsten bleibt
alles beim Alten: die Waldhütte, das magische Buch, das
Tonband mit den Beschwörungsformeln, die mörderischen Dämonen und Zombies, die schon obligatorischen
rasanten Kamerafahrten durch den Wald. Alles ist immer
noch äußerst unterhaltsam, hat aber den unschuldigen, ex-
perimentellen Charakter verloren und ist letztendlich aus
purer kommerzieller Berechnung entstanden. Fragte das
Publikum sich beim ersten Teil, wie weit Raimi gehen
würde, so rechnete es beim Sequel angesichts der gleichen
Handlung mit immer noch etwas mehr, und nicht wenige
waren enttäuscht, als diese Erwartungen sich nicht erfüll-
ten. Der Grusel hat abgenommen, derartige Spannung wie

im ersten Teil sucht man vergeblich, nicht zuletzt auch, weil die Slapstick-Elemente in den Vordergrund gerückt werden. Bruce Campbell scheint die Stummfilm-Komiker genau studiert zu haben und überspielt mit seinem Mimenspiel und gestischen Verrenkungen viele Schwachstellen, beispielsweise wenn er gegen seine eigene, ihn attackierende Hand kämpft.

An das offene Ende des zweiten Teils fügt sich *Army of Darkness* (*Armee der Finsternis*, 1992) nahtlos an. Interessanterweise wurde dieses Sequel weniger als eine weitere *Evil Dead*-Folge beworben, sondern als eigenständiges Werk, da Raimi in diesem dritten Teil gänzlich neue Handlungsorte und -stränge entwickelt und sich in Brutalitäten stark zurückhält. Der Film erinnert letztlich mehr an alte Fantasy-Abenteuerstreifen als an seine beiden Vorgänger, enthält er doch viele Referenzen an die Stop-Motion-Kunst des Trickspezialisten Ray Harryhausen (*The Beast from 20 000 Fathoms / Panik in New York*, 1953; *The Seventh Voyage of Simbad / Sinbads siebte Reise*, 1958). *Christian Rzechak*

Literatur: Hans D. Baumann: Horror – Die Lust am Grauen. Weinheim/Basel 1989.

Begierde

The Hunger

GB 1983   f 98 min

R: Tony Scott
B: Ivan Davis, Michael Thomas, nach dem Roman *The Hunger*
   von Whitney Striebers
K: Stephen Goldblatt
M: Michel Rubin, Denny Jaeger
D: Catherine Deneuve (Miriam Blalock), David Bowie (John Bla-
   lock), Susan Sarandon (Dr. Sarah Roberts), Cliff de Young
   (Tom)

Die Eröffnungssequenz sucht in ihrer Brutalität im Rest
des Films ihresgleichen: Zu einem Auftritt der Goth-
Rockgruppe Bauhaus werden sich zerfleischende Affen in
einem Laboratorium und der blutige Beutezug eines Vam-
pirpaares parallel geschnitten. Es handelt sich um die alt-
ägyptische Vampirin Miriam und den englischen Aristokraten John, den sie im 18. Jahrhundert zu ihrem Gefährten erkoren hat. In den achtziger Jahren der Gegenwart
genießen sie ein abgeschiedenes und kunstsinniges Leben
in einem feudalen New Yorker Haus und versorgen sich
bei gemeinsamen Ausgängen mit frischem Menschenblut.
Doch mit einem Male altert John rapide um dreihundert
Jahre (eine Meisterleistung des Maskenbildners Dick
Smith), obwohl ihm Miriam einst ewiges Leben verspro-
chen hat. In seiner Verzweiflung sucht er Hilfe bei der
Gerontologie-Forscherin Sarah Roberts, die anhand von
Studien mit den Affen des Beginns den Alterungsprozess
untersucht, doch sie nimmt seine Geschichte nicht ernst.
Miriam wendet sich nun Sarah zu, die ihr schnell verfällt.
In einer sanft-erotischen Liebesszene macht sie die Wis-
senschaftlerin zu ihrer neuen Gefährtin. Nachdem Sarah
begriffen hat, was mit ihr geschehen ist, versucht sie, sich
selbst zu zerstören. Miriam trägt ihren Körper auf den

Dachboden, wo sie von ihren zahlreichen früheren Liebhabern bedrängt wird. Sie stürzt über das Treppengeländer und verfällt qualvoll binnen weniger Sekunden. Während John und ihre anderen untoten Gefährten von einst endlich Frieden finden können, nimmt Sarah die Stelle von Miriam ein.

Mit seinem Spielfilmdebüt schuf der ehemalige Werbefilmer Tony Scott den ersten Vampirfilm der MTV-Generation. Die stilisierten kühlen Bilder und die rasante Schnittfolge beispielsweise in der furiosen Eingangssequenz sind unmittelbar von der Videoclip- und Werbe-Ästhetik beeinflusst. Auch die Besetzung der männlichen Hauptrolle mit dem Popstar David Bowie erhält damit einen tieferen Sinn. Diese Anfang der achtziger Jahre für das Horrorgenre ungewöhnliche Mischung wurde dem Film immer wieder vorgeworfen, erweist sich in der Rückschau aber als seine Stärke, da Scott ganz im Sinne des Zeitgeists dem Genre ein ästhetisiertes assoziatives Erschrecken abgewinnt. *The Hunger* markiert den Abschied von den klassischen Horrorfilmen der Universal Studios und deren mythisch-beängstigender Stimmung. Der Gothic-Song, den die Kultband Bauhaus zu Beginn spielt, muss programmatisch verstanden werden: »Bela Lugosi's dead«. Während Miriams Dachboden die Negation der klassischen Vampirgruft ist, sind die Vampire selbst supergestylte Partygänger, die weder Kruzifix noch Knoblauch scheuen. Es ist ihnen ein Leichtes, unerkannt in dieser seelenlosen Gesellschaft zu wandeln, denn sie haben nicht mehr die Handicaps, die von jeher Literatur und Film Vampiren zugeschrieben haben: Sie besitzen keinerlei Fangzähne, sondern töten ihre Opfer mit einem Anch-Zeichen, dem Symbol für das ewige Leben, können im Tageslicht existieren und haben ein Spiegelbild. Diese Form der Assimilation macht sie unbesiegbar; ihr Verderben finden sie allein aus sich selbst heraus, als Opfer ihres eigenen Wesens.

Vom *Dracula*-Mythos beibehalten hat der Brite Scott die Konfrontation zwischen der modernen hektischen Welt Amerikas und der europäischen Tradition in Kunst, Musik und harmonischer Zweisamkeit. Miriam und John heben sich nicht nur durch die Besetzung mit einer Französin und einem Briten deutlich von der Neuen Welt ab, sondern sprechen im Gegensatz zu den anderen Protagonisten auch Oxford-Englisch.

In der Figurenkonstellation von *The Hunger* übernimmt Catherine Deneuve als Miriam die Rolle Graf Draculas: In diesem Film, der die klassischen Geschlechterrollen vertauscht, ist sie die Herrin über die Zeit, über Leben und Tod. Die seit jeher weiblich konnotierten Vampir-Eigenschaften wie musisches Interesse, Einfühlungsvermögen und Eleganz bringt Scott mit dem Geschlecht seiner Protagonistin in Einklang. Zugleich opponiert er gegen die Opferrolle von Frauen in den klassischen amerikanischen Vampirfilmen, in denen sie dem fremdländischen Wesen des Blutsaugers verfielen und eigentlich gar nicht gerettet werden wollten. Dagegen setzt er Miriam als Synthese der Geschlechter: lockende Femme fatale und machtbewusste Rädelsführerin, sinnlich und zerstörerisch, feminin und maskulin zugleich.

Scott distanziert sich von den Gore-Orgien vieler zeitgenössischer Horrorfilme und setzt Schockmomente äußerst sparsam ein. Bis auf die Anfangssequenz, Johns rapiden Verfall und Miriams grausames Ende, das die makellose kalte Schönheit Catherine Deneuves gnadenlos zerstört, zeugt nur das Wehen der schleierhaften Gaze-Vorhänge im Hause Blalock als Überbleibsel vergangener Zeiten von der Anwesenheit der Untoten. Ansonsten ist das Haus hell und freundlich, geradezu ein »Paradies innerhalb New Yorks« im Gegensatz zur Welt außerhalb, die in Dunkelheit und Lichtblitzen elektrischer Lampen jegliche Form verliert und Orientierung unmöglich macht. Denn es geht Scott um einen Diskurs über Schönheit und Zeitlosigkeit, über Alter und Tod. Als Vampire haben Miriam und John bereits erreicht, was viele Menschen ersehnen, aber selbst für sie hat der Traum von ewiger Jugend ein äußerst brutales Ende. Damit ist dieser Horrorfilm nicht zuletzt ein Memento mori.

Ungewöhnlich ist auch die provokante Erotik des Films: Sie kommt einerseits als bloße Gier zum Tragen, wenn Miriam und John ihre Opfer in einer Disco aufreißen und ihre Sexspiele nahtlos in Blutrausch übergehen. Andererseits manifestiert sie sich in den zärtlich-liebevollen Szenen zwischen den beiden Vampiren, beispielsweise wenn sie ihren Liebesschwur »forever and ever« erneuern, oder in dem berühmt gewordenen lesbischen Liebesspiel zwischen Miriam und Sarah. Miriam bringt Sarahs Blut zum Fließen und ist somit die sexuelle Initiatorin par excellence. Da Miriam sowohl Männer als auch Frauen begehrt, wird sie zur doppelten Bedrohung, bricht sie doch die tabuisierten Regeln der Sexualität und das noch stärkere Inzest-Tabu. Denn für Sarah ist sie auch eine archaische Mutter, die sich um sie sorgt und sie wie ein Kind mit ihrem eigenen Blut in der Initiationsszene nährt. Die aus ihrer kalten heterosexuellen Beziehung befreite Sarah scheint zuerst dem Klischee vieler Horrorfilme entsprechend das Opfer der machtvollen Miriam zu sein, doch schnell übertrumpft sie ihre Meisterin.

Vera Milena Rothenhäusler

Literatur: John L. Flynn (Hrsg.): Cinematic Vampires. Jefferson (N. C.) 1992. – Margit Dorn: Vampirfilme und ihre sozialen Funktionen. Ein Beitrag zur Genregeschichte. Frankfurt a. M. 1994. – Barbara Creed: The Monstrous Feminine. Film, Feminism, Psychoanalysis. London 1994.

Nightmare – Mörderische Träume

A Nightmare on Elm Street

USA 1984   f 87 min

R: Wes Craven
B: Wes Craven
K: Jacques Haitkin
M: Charles Bernstein
D: Heather Langenkamp (Nancy), John Saxon (Lt. Thompson),
Robert Englund (Freddy Krueger), Ronnee Blakley (Marge
Thompson), Johnny Depp (Glen)

Eine dämonische Gestalt mit einem durch Brandwunden
entstellten Gesicht und bewaffnet mit einem Klingenhandschuh sucht die Kleinstadt-Teenager Tina, Nancy,
Glen und Rod in immer wiederkehrenden Alpträumen
heim. Ihre Eltern nehmen diese Nachtmahre nicht ernst,
während die Jugendlichen panische Angst vor dem Ein-
schlafen haben. Das Schreckgespenst im grün-rot gestreif-
ten Pullover dringt aus den Träumen in die Realität ein
und tötet Tina und Ron. Nancy weiß, dass sie es nur im
Traum bekämpfen kann. Als ihr Schlaf in einer Klinik
wissenschaftlich überwacht wird, gelingt es ihr, den Hut
des Dämons mit den Initialen F. K. als Beweis für dessen
Existenz in die Wirklichkeit mitzubringen. Bei ihrer
Rückkehr nach Hause muss Nancy feststellen, dass ihre
Mutter Marge inzwischen das Eigenheim mit Gitterstäben
in eine Festung verwandelt hat, denn der Traummörder ist
ihr kein Unbekannter: Es handelt sich um den Psychopathen Freddy Krueger, der vor Jahren zahlreiche Kinder
aus ihrem Wohnviertel getötet hat. Nachdem er gefasst,
aber wegen eines Justizfehlers freigesprochen worden war,
verübten die Bewohner der Elm Street Selbstjustiz und
verbrannten Krueger bei lebendigem Leib. Der ruhelose
Triebtäter nimmt nun an den Kindern seiner Mörder Rache. Nancy beschließt, Krueger mit Glens Hilfe für immer

unschädlich zu machen, indem sie ihn aus der Traumwelt
in die Realität holt, um ihn in tödliche Fallen, die sie über
das gesamte Haus verteilt hat, zu locken. Doch Glen
schläft ein und Nancy muss in ihrem Traum hilflos mit
ansehen, wie Krueger ihn mit seinen Klingen zerfetzt. Sie
stellt sich dem tödlichen Dämon schließlich im Allein-
gang, kann aber nicht verhindern, dass ihre Mutter ihm
zum Opfer fällt. Im entscheidenden Kampf besiegt sie
Krueger in aussichtsloser Situation, indem sie die Lehre
eines Naturvolks beherzigt und seine Existenz einfach ne-
giert. Als hätte es Freddy Krueger und seine Morde nie
gegeben, erwacht Nancy am nächsten Morgen in einer
traumhaften Vorstadt-Idylle und trifft auf ihre Freunde
und ihre Mutter. Doch die Harmonie trügt: Hinter Nan-
cys Rücken greift erneut der Klingenhandschuh nach
Marge.

Mit der Figur des Freddy Krueger schuf Regisseur Wes
Craven den satirischen Superstar des neueren Horrorfilms
und den populärsten Traumdämon der Filmgeschichte. In
mehreren Sequels entwickelte sich der Nachtalp im Rin-
gelpullover vom gefährlichen Schreckgespenst, das sich
meistens im Schatten bewegt und einen schier endlosen,
düsteren Heizungskeller zu seinem Gothic-inspirierten
Höllen-Traumreich macht, zu einer Kultfigur und schließlich sogar zu einem Sympathieträger mit den Qualitäten
eines Stand-up-Comedian. Bereits mit seiner aggressiven,
brutalen Satire *The Last House on the Left* (*Mondo Brutale*, 1972) und der bissigen, von dem historischen Fall der
kannibalistischen Sawney-Bean-Familie inspirierten, apokalyptischen Splatter-Phantasie *The Hills Have Eyes* (*Hügel der blutigen Augen*, 1977) bewies Craven sein Gespür
dafür, gekonnt vertraute Konstellationen aufzugreifen und
sie auf originelle Weise mit neuen Aspekten zu kombinieren. Deshalb begnügte er sich nicht damit, dem mit Leatherface aus *The Texas Chainsaw Massacre* (*Blutgericht in
Texas*, 1974), Michael Myers aus *Halloween* (1978) und

Jason Voorhees aus *Friday the 13th* (*Freitag der 13.*, 1980) bereits reichlich prominent besetzten Kinomythos des serialisierten Serienmörders eine weitere Ikone hinzuzufügen, sondern ging einen Schritt weiter und löste aus dem Geist des Surrealismus die Grenzen zwischen Traum und Wirklichkeit auf. Wie in Goyas düsteren Radierungen gebiert der Schlaf Monstren; wie seit Freuds Traumdeutung bekannt, gibt der Traum Angst und Schuld Ausdruck. Doch bei Craven wird das Geträumte sogar wahr, die Traumgestalt erhält Wirklichkeit und kann doch durch einen reinen Willensakt – scheinbar – gebannt werden.

Diese spannungsreiche Konstellation gibt Craven, der als seine Vorbilder Luis Buñuel, Jean Cocteau und Federico Fellini nennt, reichlich Gelegenheit, surrealistische, klaustrophobische Alptraum-Szenarios zu entwerfen. Er attackiert seine Protagonisten dort, wo sie am verletzlichsten und zugleich am unschuldigsten sind: im Schlaf. Vertraute Orte, an denen man besonders schutzlos ist, wie das bequeme Bett oder die Badewanne, werden bei ihm zu Stätten des Grauens, alltägliche Gegenstände wie der Telefonhörer zu Mitteln des Schreckens. Craven verstärkt die permanente Anspannung des Zuschauers durch das Spiel mit genrespezifischen Erwartungen; beispielsweise greift Nancy in höchster Not zum Kreuz, das in traditionellen Vampirfilmen gegen das Böse hilft, doch gegen den Traumdämon Freddy bleibt es machtlos. Ähnlich wie in John Carpenters *The Fog* (*The Fog – Nebel des Grauens*, 1979), in dem ertrunkene Seeleute, mit deren unrechtmäßig erbeutetem Gold eine idyllische kalifornische Hafenstadt gegründet wurde, sich an den Nachkommen ihrer Mörder rächen, so erwächst in *Nightmare* das Grauen aus der dunklen Seite der kleinbürgerlichen Familiengeschichten und der Schuld der Eltern. Die klassischen psychologischen Erklärungsmuster für die Leiden der Teenager wie verdrängte Sexualität oder Hyperaktivität schlagen fehl. »Der Dämon mit dem Charlie-Brown-Pullover, dem Hut

und den Stahlklingen an den Händen ist all das, was verdrängt und vernichtet worden war, um dieses scheinbare
Paradies der Vorstadt zu errichten, und er ist all das, was
dabei schiefgelaufen war« (Seeßlen). Freddy Krueger bildet, im Gegensatz zu Jason Voorhees und dessen einfa-
cher, wortloser Brutalität, besonders in den Fortsetzungen
einen sarkastischen Gegenpol zu diesem idyllischen Sub-
urbia und seiner konservativen Ideologie. Die Effektivität
des Horrors von *Nightmare* wird zusätzlich durch das
Spiel der jungen Hauptdarsteller, vor allem Heather Langenkamp als Nancy, verstärkt. Ihre Charaktere wirken, im
Gegensatz zu den meist schablonenhaft gezeichneten
Teenagern zahlreicher Slasher-Streifen, ebenso glaubwürdig wie emotional überzeugend und laden nicht zuletzt in
ihrem problematischen Verhältnis zu den Eltern zur Identifikation ein.

Nachdem sich der mit einem Budget von 2,5 Millionen
US-Dollar vergleichsweise günstig von der damaligen Independent-Firma New Line Cinema produzierte Film als
internationaler Überraschungserfolg erwies, verabschiede-
te sich Craven aus der von Anfang an als Reihe angelegten
Serie und kehrte erst 1987 als Drehbuchautor und 1994
schließlich auch als Regisseur zurück. 1996 gelang ihm,
nach dem Misserfolg der Vampir-Komödie *A Vampire in
Brooklyn* (*Ein Vampir in Brooklyn*, 1995), mit dem ironischen Horror-Thriller *Scream* (*Scream – Schrei!*, 1996)
und dessen beiden Fortsetzungen ein aufsehenerregendes
Comeback. Craven ließ es sich nicht nehmen, in dem
postmodernen Zitatenspiel des Films selbst in einem Ca-
meo als Hausmeister mit Freddy Kruegers markantem
Pullover aufzutreten.

Die Ausgestaltung der *Nightmare*-Serie durch verschiedene Regisseure verfolgte einerseits die bereits von Craven
etablierten Elemente in einfallsreichen Variationen weiter,
fügte jedoch auch neue Aspekte hinzu. Nachdem Routi-
nier Jack Sholder die Schreckgestalt in *A Nightmare on*

Elm Street II – Freddy's Revenge (*Nightmare II – Die Rache*, 1985) zum austauschbaren Serien-Bösewicht verkommen ließ, hätte die Reihe wahrscheinlich das Schicksal anderer kommerzieller Endlosserien ereilt, wenn Regisseur Chuck Russel und Craven als Autor in *A Nightmare on Elm Street III – Dream Warriors* (*Nightmare III – Freddy Krueger lebt*, 1987) Krueger nicht seine unheimliche Aura zurückgegeben und die deutlich surrealistisch angelegten Traumwelten einfallsreich ausgebaut hätten. Erweitert um selbstironische Komponenten und eine ›Gothic‹-Ursprungsgeschichte mit einer vergewaltigten Nonne als Mutter, die nach ihrem Tod keine Ruhe findet, gelang eine eigenständige Fortführung der Geschichte. Zudem kehrte Heather Langenkamp als Nancy zurück und half als erwachsene Ärztin den in einer psychiatrischen Anstalt gefangenen Kindern der Elm Street gegen Freddy Krueger, fiel ihm auf Grund ihres unausgesprochenen Wunsches nach Versöhnung mit dem Vater aber doch noch zum Opfer. In *A Nightmare on Elm Street IV: The Dream Master* (1988, Renny Harlin) und *A Nightmare on Elm Street V: The Dream Child* (*Nightmare 5 – Das Trauma*, 1989; Stephen Hopkins) avancierte Freddy Krueger endgültig zur Kultfigur, die alle Ängste und Obsessionen der amerikanischen Mittelklasse vom Fitness-Wahn bis zur chronischen Angst vor Übergewicht in originellen Traumwelten voller Zitate und Anspielungen aufgreift. In dem bisher ambitioniertesten Teil der Serie, *Wes Craven's New Nightmare* (*Freddy's New Nightmare*, 1994), löste Craven sogar die Grenze zwischen Realität und Leinwand auf und wandte dabei bereits die wesentlichen Merkmale seiner späteren Erfolgstrilogie *Scream* an: Nach der Einstellung der Serie beginnt der real existente und bisher durch die Filme gebannte Dämon Freddy Krueger die ehemalige Hauptdarstellerin Heather Langenkamp zu jagen. Mit Hilfe von Wes Craven, dem Produzenten Robert Shaye und dem Krueger-Mimen Robert

Englund gelingt es der Schauspielerin, ihren Sohn aus den Klauen des Ungeheuers zu befreien und die Geschichte auf der ›realen‹ Ebene zu beenden.   *Andreas Rauscher*

Literatur: Frank Hofmann: Moderne Horrorfilme. Rüsselsheim 1992. – William Schoell / James Spencer: The Nightmare Never Ends. New York 1992. – Georg Seeßlen: Ein sehr familiäres Gesicht des Schreckens. In: Heaven Sent. Nr. 6. Frankfurt a. M. 1992.

Re-Animator

The Re-Animator

USA 1985   f 86 min

R: Stuart Gordon
B: Dennis Paoli, William J. Norris und Stuart Gordon, nach der Geschichte *Herbert West, Reanimator* von H. P. Lovecraft
K: Mac Ahlberg
M: Richard Band
D: Jeffrey Combs (Herbert West), Bruce Abbott (Dan Cain), Barbara Crampton (Meg), David Gale (Dr. Carl Hill)

Schauplatz Miskatonic University in Arkham, Massachusetts: Die beiden Medizinstudenten Dan Cain und Herbert West plagen Probleme, die so unterschiedlich sind wie sie selbst. Dan, aufgeschlossen und sympathisch, liebt Meg, die Tochter des Dekans Halsey, der davon alles andere als begeistert ist; Herbert, ernst und zynisch, attackiert vehement die wissenschaftlichen Theorien des Dozenten Dr. Carl Hill, nach der das menschliche Stammhirn maximal zwölf Minuten nach dem Eintritt des Todes weiterlebe. Denn Herbert weiß es besser: Mittels eines geheimnisvollen Elixiers aus seiner Züricher Studienzeit reanimiert er Leichen. Als er bei Dan als Untermieter einzieht, kann Meg nur tatenlos zusehen, wie Dan immer tie-

fer in Herberts Machenschaften hineingezogen wird. Ihr
Vater und auch Dr. Hill fallen Herberts Experimenten
zum Opfer und werden mit Hilfe des leuchtend grünen
Wundermittels wiederbelebt. Dass sein Kopf und Rumpf
voneinander getrennt sind, hindert Dr. Hill nicht daran,
sich der von ihm schon immer begehrten Meg zu bemächtigen und seinen beiden Kontrahenten in der Leichenhalle
der Universitätsklinik eine fürchterliche Falle zu stellen.

In seinem Regiedebüt griff Stuart Gordon den uralten
Horrortopos der lebenden Leiche auf und gab dem Genre
jenseits von Slasher-Stereotypen neue Impulse. Gordon,
der zuvor zahlreiche Theaterstücke inszeniert hatte und
Mitbegründer des Organic-Theatres in Chicago war, schuf
damit einen späten Meilenstein des Horrorfilms. Die Mischung aus Sex, viel Gewalt und durchgehend guter Laune
kam beim Publikum derart an, dass *Re-Animator* viele
Plagiate folgten, die jedoch fast alle den Scharfsinn seiner
Inszenierung vermissen ließen. Denn Gordon richtet nicht
nur Augenmerk auf die teilweise sehr blutigen und drastischen Szenen, sondern bettet sie in verzwickte, konflikt-
reiche Handlungsstränge ein, die von brillanten, bis dahin
fast unbekannten Darstellern getragen werden. Jeffrey
Combs spielt Herbert West voller Hingabe mit düsterem,
ernstem und in einigen Sequenzen schon beinahe melan-
cholischem Gesichtsausdruck auf der einen und mit von
Wutausbrüchen begleitetem fanatischen Pioniergeist auf
der anderen Seite. Seine Figur in der Tradition des ›Mad
Scientist‹ ist ein moderner Frankenstein, der gleichfalls
den Tod nicht als Ende allen Seins akzeptiert, sondern ihn
mit wissenschaftlichem Fortschritt zu überwinden glaubt.
Combs wurde zum Dauerdarsteller von Gordons Filmen
(z. B. *From Beyond / From Beyond – Aliens des Grauens*,
1986; *Fortress / Fortress – Die Festung*, 1993) und absol-
vierte auch Gastauftritte in Mainstream-Produktionen wie
Peter Jacksons *The Frighteners* (1996). Barbara Crampton
avancierte dank *Re-Animator* zu einer neuen ›Scream-

Queen‹. Die stärkste Wandlung macht Bruce Abbott als
Dan durch. Er gibt den sympathischen ›All-American
Boy‹, der strebsam sein Studium verfolgt und sich für Sti-
pendien bewirbt, dann aber der Faszination der dunklen
Seite der Medizin, die West mit seinem Elixier verkörpert,
erliegt. Dieser Zauberlehrling greift am Ende selbst zu
dem Mittel, das er nach den furchtbaren Erlebnissen mit
den reanimierten Dr. Hill und Dekan Halsey eigentlich
verabscheut, jedoch anders als West nicht aus Allmachts-
bestrebungen, sondern aus Liebe, um so seine Freundin
Meg wieder lebendig zu machen. Sinnigerweise setzt er ihr
die Spritze genau in dem Behandlungszimmer, in dem er
am Anfang bei einer Reanimation mit konventionellen
Methoden gescheitert war.

Gordons Film basiert auf der Geschichte *Herbert West,
Reanimator*, die der amerikanische Schriftsteller H.P.
Lovecraft bereits 1922 verfasste. Mit seinen über 65 Er-
zählungen und dem von ihm geschaffenen Mythos um die
Schreckens-Gottheit Cthulhu zählt Lovecraft neben Bram
Stoker, Mary Shelley und Edgar Allan Poe zu den Wegbe-
reitern des modernen Horrorgenres und wird von Genre-
Größen wie Stephen King und Wolfgang Holbein verehrt,
ohne jedoch eine Massenpopularität erreicht zu haben.
Auch die zahlreichen Verfilmungen seiner düsteren Ge-
schichten haben daran nichts Grundlegendes geändert.

Bei aller Verehrung für Lovecraft betreibt Gordon eine
konsequente Modernisierung des Stoffes: Neben der Veränderung von Handlungszeit und -ort in die US-amerikanische Gegenwart liegt der große Unterschied zur literarischen Vorlage in der expliziten Darstellung des Grauens.
Stilisierte Lovecraft die Geschehnisse zu einem Mysterium
und hielt sich stets bei der Beschreibung der unerklärlichen und unbegreiflichen Dinge zurück, bringt Gordon
filmisches Licht ins Dunkel. Und das bis zur letzten Konsequenz. Der Zuschauer kann nicht darauf hoffen, dass
ihm etwas erspart bleibt. Blut, Innereien und Zerstücke-

lungen werden plastisch und detailliert gezeigt. Doch *Re-Animator* hat mehr zu bieten als die bloße Darstellung der Zerstörung von Körpern. Wie auch schon *The Evil Dead* (*Tanz der Teufel*, 1982; Sam Raimi) gewinnt der Film seine Wirkung aus der Fusion von Komik und Gewalt, wobei hier der humoristische Aspekt weder als Slapstick daherkommt noch die Gewaltdarstellungen entschärfen will. Vielmehr zieht der Film aus den überspitzten Gewaltdarstellungen erst den Großteil seiner Komik, denn was hier an Blut und Organen geboten wird, ist derart comicgleich und überdreht, dass es schwer fällt, es ernst zu nehmen: Därme machen sich selbstständig und schießen durch den Raum, Hills kopfloser Körper rennt vor Wände, sein rumpfloses Haupt gibt Meg den lang ersehnten Kuss. Mit diesem Splatterhumor wurde Gordon zum Wegbereiter für Peter Jackson (*Braindead*, 1992) sowie Robert Rodriguez und Quentin Tarantino (*From Dusk till Dawn*, 1996). Bei Gordon wird der Spaß am Ekel jedoch nie zum Selbstzweck, immer stehen die vielschichtigen Charaktere im Vordergrund und treiben die Story über ernste Fragen nach dem Wesen des Todes voran.

Da man in den USA der Meinung war, der Film ließe sich in dieser krassen Form nicht vermarkten, fertigte Gordon zwei Fassungen an. Die von ihm bevorzugte zeigt das ganze Spektrum der Gewalt- und Sexszenen, die andere, vornehmlich für die amerikanische Kinoauswertung und den ausländischen Markt hergestellt, hält sich mit Gewalt zurück, umfasst allerdings viel mehr Handlungsszenen, die vom Regisseur als tempomindernd empfunden werden, die Charaktere jedoch mehr vertiefen und einige neue Erkenntnisse hervorbringen. So sieht man beispielsweise, dass Herbert West sich sein Elixier in kleinen Dosierungen selber spritzt. Die deutsche Fassung basiert auf dieser handlungserweiterten Bearbeitung.

Die Fortsetzung *Bride of Re-Animator* (1990) wurde von Brian Yuzna, dem Produzenten von *Re-Animator*, wieder mit Combs und Abbott inszeniert. Wie in James Whales *Frankenstein*-Sequel *The Bride of Frankenstein* (*Frankensteins Braut*, 1935) geht es um eine künstlich erschaffene Partnerin, der Megs Herz implantiert wird. Obwohl der Film, der in Deutschland nur in einer extrem gekürzten Fassung auf Video erschien, vor kuriosen Einfällen und Effekten strotzt, erreicht er nicht die Klasse des Originals. 2003 versuchte Yuzna im Zuge der Horror-Renaissance mit *Beyond Re-Animator* das Original noch einmal zu reanimieren. Stuart Gordon blieb hingegen den Horrorgeschichten aus der Feder H. P. Lovecrafts treu und verfilmte mit der Darsteller-Riege seines Erstlings weitere Stoffe unter den Titeln *From Beyond* und *Castle Freak* (1995).   *Christian Rzechak*

Literatur: John McCarty: The Modern Horror Film. New York 1990. – Frank Hofmann: Moderne Horrorfilme. Rüsselsheim 1992.

A Chinese Ghost Story /
Verführung aus dem Reich der Toten

Sin Nui Yau Wan

HK 1987   f 95 min

R: Ching Siu-Tung
B: Ruan Jizhi
K: Poon Hang-Seng, Sander Lee, Tom Lau, Wong Wing-Hang
M: Romeo Diaz, James Wong
D: Leslie Cheung Kwok-Wing (Ning Tsai-Shen), Wu Ma (Yen Che-Hsia), Joey Wong Cho Yin (Nieh Hsiao-Tsing)

Der unbeholfene junge Steuereintreiber Ning übernachtet in einem einsamen verfallenen Tempel, in dem es spuken soll. In der Nacht lernt Ning sowohl den grimmigen Geisterjäger Yen kennen als auch die bezaubernde Nieh. Er verliebt sich angesichts ihrer Schönheit und Rätselhaftigkeit sofort in die junge Frau, doch dass sie ein Geist ist, glaubt er erst, als sie es ihm selbst gesteht. Nach ihrem Tod verdammte ein böser Baumgeist Niehs Seele zum Sklavengehorsam. Sie muss für ihn vornehmlich männliche Opfer mit ihrer Schönheit und ihrer sirenenhaften Singstimme anlocken, so dass das Monster diese mit seiner unglaublich langen Zunge aussaugen kann. Darüber hinaus soll sie den Schwarzen Fürsten ehelichen. Nings Liebe zu Nieh erweist sich als so stark, dass er beschließt, sie zu retten. Mit Hilfe des erfahrenen Schwertkämpfers Yen gelingt es ihm, den Baumdämon zu besiegen. Doch der Schwarze Fürst gibt Niehs Seele nicht frei, und so müssen Yen und Ning in die Unterwelt hinabsteigen und sich einer Armee von dämonischen Kriegern und Monstren stellen. Nach einem dramatischen und scheinbar aussichtslosen Kampf wird der Schwarze Fürst mit Hilfe von vielen Zaubern vernichtet. Ning beerdigt Niehs Asche und befreit so ihre Seele.

Vor *Chinese Ghost Story* gab es viele asiatische Geisterfilme, danach noch mehr, jedoch gelangte dieser Film als Ausnahme auch auf deutsche Leinwände, wenn auch nur vereinzelt in Programmkinos. Auch dies verwundert schon, kommt er doch keineswegs ›westlicher‹ daher als andere Produktionen des Genres aus Hongkong wie die Meisterwerke *The Bride with White Hair* (1993, Ronny Yu Yan-Tai) oder *Mutant City* (*Wicked City*, 1992; Peter Mak Tai-Kit), die nur als schlecht synchronisierte Video-Erstveröffentlichungen Deutschland erreichten. Vielmehr ist *A Chinese Ghost Story* ein durch und durch chinesisches, speziell hongkong-chinesisches Werk: mit einer chinesischen Geschichte und einer sehr kantonesischen Erzählweise. So steht seine Mischung aus Humor und Drama, aus Gewalt und Poesie und der beliebten Darstellung der Geistererzählungen in Verbindung mit einer Liebesgeschichte in engem Zusammenhang mit dem Prinzip des Yin und Yang, dem System der Vereinigung von Gegensätzen, welches als Inbegriff für Einheit, Ordnung und Harmonie gesehen wird. Obwohl dieser Klassiker des modernen Hongkong-Films auf den ersten Blick nur eingeschränkt für ein nicht-asiatisches Publikum konsumierbar wirkt, kommt ihm das Verdienst zu, zusammen mit *A Better Tomorrow* (*City Wolf*, 1986; John Woo) die Aufmerksamkeit der westlichen Welt verstärkt auf das Kino der damaligen britischen Kronkolonie gelenkt zu haben.

Der im alten China spielende Film besticht durch seine Mischung von Poesie, Humor, Kampfsport-Szenen und Spezialeffekten, die sich in ihrer Qualität mit Horror- und Fantasyproduktionen aus Hollywood messen können und sie in ihrer Originalität sogar übertreffen. Für nicht-asiatische Gemüter gewöhnungsbedürftig ist der teils ausufernde Humor, der jedoch letztlich nicht störend wirkt, sondern den Film wie das Subgenre im Ganzen erst abrundet. Die Slapstickeinlagen kreisen um den meist überforderten Ning und bieten einen Gegenpol zu den brillant in Szene gesetzten, aufregenden Action- und Horrorelementen. Der taoistische Kämpfer Yen ist das starke Element des ungleichen Trios und muss Ning nicht selten aus gefährlichen Situationen befreien. Die Geisterfrau Nieh setzt die poetischen wie tragischen Akzente, denn ihre Liebe zu Ning kann sich nicht erfüllen. So wechselt der Film mit jedem Personenauftritt den Stimmungscharakter zwischen Slapstick, Action und Romanze, ohne in seine Einzelteile zu zerfallen, da der märchenhafte Grundtenor sowie der formale Stil der Inszenierung und speziell die unwirkliche Lichtgestaltung alle verschiedenen Stimmungselemente perfekt durchziehen und verbinden.

Formal glänzt *A Chinese Ghost Story* mit kinematographischen Mitteln, die das ungeübte westliche Auge oftmals zu überfordern drohen. Der Einsatz von Licht, ungewöhnliche Kameraeinstellungen und die schnelle Montage, die Darstellung von nicht näher erklärter Schwerelosigkeit der Personen, die ihren Nachhall in der *Matrix*-Trilogie (2000, 2003) der Brüder Wachowsky fand, und selbst Musical-Einlagen wie Yens Rap-Song sind mit keiner anderen nationalen Produktion zu vergleichen und konnten nur sehr begrenzt von Regisseuren wie John Woo in Hollywood eingeführt werden. Selbst andere asiatische Länder unterscheiden sich fundamental in der Weise, wie sie diese Mittel verwenden. Würde in Deutschland ein Film wie *A Chinese Ghost Story* als künstlerischer Akt höchster Vollendung gelten, so ist der Film in Hongkong eigentlich nur ein weiterer Beitrag zur Unterhaltung des chinesischen Publikums und als kommerzieller Erfolg programmiert. Dafür stehen nicht zuletzt der Produzent Tsui Hark (*A Better Tomorrow; The Magic Crane*, 1993) und Regisseur Ching Siu-Tung (*Witch From Nepal*, 1986; *The Terracotta Warrior / Der Krieger des Kaisers*, 1989), die beide über große Genre-Erfahrungen verfügen. In ihren Händen lagen auch der zweite und dritte Teil von *A Chinese Ghost Story* (1990 und 1991), die sich nicht viel in Form und Inhalt unterscheiden, allerdings den Charme und die Rasanz des Originals vermissen lassen. Dafür werden stärker politische Implikationen deutlich – beispielsweise entpuppt sich der Fürst der Finsternis, gegen den Ning ankämpft, als Berater des Kaisers und will das Reich der Mitte zerstören. Der größte Unterschied besteht allerdings darin, dass der romantische Charakter des ersten Teils zugunsten von Klamauk und Spezialeffekten zurückgedrängt wird. Leslie Cheung und Joey Wong bilden auch in dem ersten Nachschlag wieder ein Paar, jedoch schlägt sich Cheung meistens mit einem dämlich agierenden Dämon herum. Im dritten Teil wurde Cheung durch Tony Leung Chiu-Wai ersetzt, der hundert Jahre später sich wieder in ein vom Baumdämon beherrschtes Geisterfräulein verliebt. Obwohl der Zuschauer vieles bereits gesehen hat, besitzt die gekonnte Inszenierung doch noch so viel Kraft, dass auch die Fortsetzungen nicht langweilig werden. Der große Erfolg der Filmreihe zog viele Nachahmungen nach sich, darunter *Portrait of a Nymph* (1988) von Wu Ma, der wie schon in *A Chinese Ghost Story* den kämpferischen Mönch gibt und erneut auf Geisterfrau Joey Wong trifft. Hervorzuheben ist noch die mehr oder weniger originelle Sex-Variante *Erotic Ghost Story* (1990, Nam Lai-Choi), die auch zu einer erfolgreichen Kino-Serie mit Fortsetzungen wurde.   *Christian Rzechak*

Literatur: Werner Petermann: *Qian nü youhun.* In: Norbert Stresau / Heinrich Wimmer: Enzyklopädie des phantastischen Films. Meitingen 1986. 17. Erg.-Lfg. 1990.

Hellraiser – Das Tor zur Hölle

Hellraiser

GB 1987   f 98 min

R: Clive Barker
B: Clive Barker, nach seiner Erzählung *The Hellbound Heart*
K: Robin Vidgeon
M: Christopher Young
D: Andrew Robinson (Larry Cotton), Clare Higgins (Julia Cotton), Ashley Laurence (Kirsty Cotton), Sean Chapman (Frank Cotton)

Durch das machtbesessene Spiel mit einem mysteriösen Puzzle-Würfel gerät der machohafte Abenteurer Frank in die Gewalt von vier Cenobiten, dämonischen Hohepriestern des Sadomasochismus. Als sein Bruder Larry mit seiner zweiten Frau Julia, die einst Frank sexuell hörig war, und Tochter Kirsty aus erster Ehe in Franks leerstehendes Londoner Haus zieht, werden dessen fluchbeladene sterbliche Überreste auf dem Dachboden durch einige zufällige Blutstropfen von Larry neu belebt. Es gelingt dem Wiedergänger, abermals Macht über Julia zu erlangen und sie zu überreden, ihm zur Regeneration seines Körpers Männer als ›Blutspender‹ zuzuführen und zu töten. Inzwischen hat Kirsty, die durch eine schockartige Begegnung mit Frank in den Besitz des Würfels gelangt ist, eine beängstigende Begegnung mit den Cenobiten, denen sie nur entkommt, indem sie ihnen Franks Wiederauferstehung verrät. Julia tötet schließlich auch ihren Ehemann für Frank, der sich Larrys Haut zu eigen macht, bevor sie selbst von ihm erstochen wird. Doch die Cenobiten kann er durch sein neues Aussehen nicht täuschen und fällt dem von ihnen entfesselten Hölleninferno zum Opfer. Nur Kirsty und ihr Freund entkommen: Es gelingt ihr in letzter Sekunde, die Tore der Hölle wieder zu verschließen. Nicht für immer jedoch, denn der Puzzle-Würfel hat bereits einen neuen Interessenten gefunden.

Mitte der achtziger Jahre hatte sich der junge britische Autor Clive Barker als Virtuose der makabren Kurzgeschichte etabliert. Mit seinen sechs *Büchern des Blutes* führte er die Bestsellerlisten an und machte Stephen King Konkurrenz. Das ist insofern verwunderlich, als sich Barkers oft betont lyrisch formulierte Prosa immer wieder den Publikumserwartungen entzieht, dem Unheimlichen nicht mit stillem Grauen oder hysterischer Angst begegnet, sondern ihm eine dezidiert erotische Faszination abgewinnt. Nach George Pavlous maniert-schwachen Verfilmungsversuchen *Underworld* (1985) und *Rawhead Rex* (1986) nach Geschichten Barkers besann sich dieser seiner frühen Regieerfahrungen mit den meditativen Splatter-Phantasmagorien *Salome* und *The Forbidden* (1973–78) und inszenierte seine Erzählung *Hellraiser* ganz im eigenen Sinne. Die Stärken dieses erfolgreichen und für den britischen Horrorfilm äußerst einflussreichen Splatterdramas liegen somit in der unverhüllten Erotisierung der ge-

samten Vorgänge. Julia tötet vier Männer, nur um wieder
mit Frank schlafen zu können; die Cenobiten werden als
übersteigerte Varianten der ›Modern-Primitives‹-Bewe-
gung präsentiert: gekleidet in schwarze Lederkorsagen,
ausgestattet mit Fleischerhaken, Dolchen und Ketten, geschmückt mit Narben, offenen Wunden und rücksichtslos
gepiercten Körperteilen wie ihr charismatischer Anführer
Pinhead. Zum titelgebenden »Hellraiser«, der die Hölle
entfesselt, wird allerdings nur derjenige, der es sich auch
wünscht, den Neugier und Abenteuerlust dazu treiben.
Dass der unberechenbar-egoistische Frank in seinem ver-
heerenden Tun zu weit ging und nun reumütig in die reale
Welt zurückkehren möchte, ist eher ein Problem seiner
Selbstüberschätzung als des destruktiven Wirkens der
Kreaturen, die ihn verfolgen. Nur Kirsty gelingt es, sich
aus dem Bannkreis der Hölle zu befreien. Franks Trans-
formation isoliert hingegen die destruktiven Elemente seiner Persönlichkeit und lässt ihn so zur eigentlichen Bedrohung des Films werden, während die Cenobiten letztlich die Geister sind, die er rief. Sie fungieren als eine
nahezu moralische Instanz. Da Barker sich jedoch über
die Reizwirkung von Moral und Tabu sehr wohl bewusst
ist, steigert diese Position das Charisma der Schmerzens-
Priester zusätzlich. Die komplette Zerstörung von Körpern, die von Angelhaken und Ketten zerfetzt werden,
wird in diesem Kontext zur Vision der bedingungslosen
Hingabe, zum Tod in einem Akt religiöser Verzückung.
Gerade diese Verbindung exzessiver Splatterelemente mit
Dominanzlust und deutlichen sexuell-sadomasochisti-
schen Motiven bescherte dem Film als vermeintlicher Ge-
waltpornographie massive Zensurforderungen bei der
bundesdeutschen Auswertung. Auch in seinem Produkti-
onsland England mussten unterschiedliche Schnittfassun-
gen hergestellt werden.

Mit *Hellraiser* ist es dem Autor und Regisseur Barker
gelungen, eine ernste, ›erwachsene‹ Variante des kommer-

Ende der achtziger Jahre bereicherte der Autor und Regisseur Clive Barker das Horrorgenre mit *Hellraiser* um eine ernste, erwachsene Variante des kommerziellen Horrorfilms und um dämonische Hohepriester des Sadomasochismus, die Cenobiten. Diese Gestalten aus den Tiefen der Hölle werden als übersteigerte Varianten der ›Modern-Primitives‹-Bewegung präsentiert: gekleidet in schwarze Lederkorsagen, ausgestattet mit Fleischerhaken, Dolchen und Ketten, geschmückt mit Narben, offenen Wunden und rücksichtslos gepiercten Körperteilen. Als oberster Schmerzens-Priester wurde ihr charismatischer Anführer Pinhead (Doug Bradley) zur Ikone des Genres, das Gesicht voller Markierungslinien und Nadeln.

ziellen Horrorfilms durchzusetzen, die bis heute nichts an ihrem Reiz eingebüßt hat. Dabei unterstützen ihn die elegante Kameraführung von Robin Vidgeon und für das Genre ungewöhnlich renommierte Charakterdarsteller. Vor allem die stets in weiße Blusen gekleidete Clare Higgins als Julia gewinnt die Dimensionen einer tragisch zerrissenen Film-Noir-Heldin. Die ursprünglich der Industrial-Avantgarde-Formation Coil komponierte Musik

wurde aus kommerziellen Erwägungen leider durch einen
konventionelleren, aber dennoch effektiven symphonischen
Score ersetzt.

Bereits ein Jahr später schloss sich mit *Hellbound –
Hellraiser 2* unter der Regie des Spezialeffekte-Fachmanns
Tony Randel eine etwas aufwändigere Fortsetzung an, die
vor allem im visionären Finale viel von der Atmosphäre
des Originals bewahren konnte. Obwohl Barker auch
über die folgenden Fortsetzungen die kreative Kontrolle
als Produzent behalten sollte, gab es ab dem dritten Teil
eine deutliche Konzeptänderung: Pinhead verkam zum
Serial-Monster; nicht mehr nur diejenigen, die die Hölle
herausfordern, wurden zu Cenobiten, sondern schlicht
sämtliche Opfer. Clive Barker widmete sich mit dem wirren
Nightbreed (*Cabal – Die Brut der Nacht*, 1989) stärker
dem Fantasygenre und ließ David Cronenberg als
psychopathischen Psychiater morden. Anders als in *Hellraiser*
gelang es ihm jedoch nicht, den Figuren charakterliche
Qualitäten abzugewinnen. Erst mit *Lord of Illusions*
(1996) gelang Barker eine weitere adäquate Regiearbeit,
die sich dem religiösen Fanatismus in Amerika zuwandte.

Marcus Stiglegger

Literatur: Kim Newman: Nightmare Movies. New York 1988 ff. –
Clive Barker: Das Tor zur Hölle. Roman. München 1989. – Hans
D. Baumann: Horror – Die Lust am Grauen. München 1989. –
Sven Berndt [u. a.]: *Hellraiser 1–3*. Schnittbericht. In: Splatting
Image. Nr. 13. März 1993.

Near Dark – Die Nacht hat ihren Preis

Near Dark

USA 1987   f 92 min

R: Kathryn Bigelow
B: Kathryn Bigelow, Eric Red
K: Adam Greenberg
M: Tangerine Dream
D: Adrian Pasdar (Caleb), Jenny Wright (Mae), Lance Henriksen
(Jesse), Bill Paxton (Severen)

In den siebziger und frühen achtziger Jahren schien das Subgenre des Vampirfilms endgültig am Ausklingen. Es erschöpfte sich in *Dracula*-Variationen meist britischer oder italienisch-spanischer Provenienz mit hohem Trash-Faktor und in Parodien. Spätestens seit Roman Polanskis *The Dance of the Vampires* (*Tanz der Vampire*, 1967) wurden die Topoi des Vampirfilms zum Steinbruch. Gerade die Parodien bemühten sich um die Modernisierung des Genres, indem sie den Vampir etwa als eleganten Charmeur wie in *Love at First Bite* (*Liebe auf den ersten Biss*, 1979; Stan Dragoti) vorführten oder den transsylvanischen Fürsten mit den Abgründen des Großstadtlebens der siebziger Jahre wie in *Vampira* (1974, Clive Donner) konfrontierten. Doch die wirkliche Modernisierung des Vampir-Genres leiteten zwei Filme ein, die Ende der achtziger Jahre fast gleichzeitig in die Kinos kamen: *The Lost Boys* von Joel Schumacher und *Near Dark* von Kathryn Bigelow. Ohne sie ist die spätere Renaissance des Subgenres durch Werke wie Francis Ford Coppolas *Bram Stoker's Dracula* (1992) oder Neil Jordans melancholische Anne-Rice-Adaption *Interview with the Vampire* (*Interview mit einem Vampir*, 1994) nicht denkbar.

The Lost Boys und *Near Dark* nehmen ihre Figuren wieder ernst, beide spielen mit den Versatzstücken anderer Genres, und beide tragen den Hunger nach dem Blut ins

Herz des American Dream. Verläuft sich der – kommerziell erfolgreichere – Film *The Lost Boys* allerdings in den gestylten, schicken Bahnen des urbanen Teenie-Horrors, so unterzieht *Near Dark* das Subgenre einer radikalen Revision: Er nimmt den Vampiren jene Romantik, die sie in den klassischen *Dracula*-Filmen noch hatten, und ersetzt sie durch Blutdurst und Lust am Töten. Und verhandelt zugleich die Grundfesten der amerikanischen Gesellschaft, die Familie.

Das hat, in seinen besten Zeiten, auch der Western unternommen, und so beginnt, ganz folgerichtig, *Near Dark* in der mythischen Weite der amerikanischen Landschaft. Ein junger Mann mit Jeansjacke, Cowboystiefeln und -hut fährt mit seinem alten Pick-up irgendwo im Mittleren Westen in den Abend. In einem Städtchen trifft Caleb auf die mysteriöse Mae, die ihm von den Geheimnissen der Nacht erzählt, von deren Klang und den Sternen und dass sie auch in einer Million Jahren noch leben werde. Zwischen den beiden ist es Liebe auf den ersten Blick. Aber als die Dunkelheit sich ihrem Ende zuneigt, gerät Mae in Panik und lässt sich von Caleb zu ihren Freunden auf den Trailer-Parkplatz fahren – aber nicht ohne ihn vorher in den Hals zu beißen. Bei Sonnenaufgang geht es ihm schlecht, das Innere seines Körpers scheint sich zu verändern, und gerade noch rechtzeitig, bevor er zu brennen beginnt, zerren ihn Hände in ein abgedunkeltes Wohnmobil. Eine merkwürdige Familie hat sich da zusammengefunden: der Anführer Jesse, der noch im Bürgerkrieg kämpfte, seine Freundin Diamondback, der Rowdy Severin, Homer, der älteste von allen, jedoch gefangen im Körper eines zehnjährigen Kindes, Mae und nun auch Caleb. Weil Mae ihn nur gebissen und nicht getötet hat, ist Caleb nun selbst ein Untoter, den auch eine Schrotsalve nicht ums Leben bringen kann.

Die Vampire in ihrem abgedunkelten Bus mit Sehschlitzen, der sie auch am Tag fahren lässt, wirken wie Ausgestoßene, zusammengeschweißt durch ihren Blutdurst und zusammengehalten durch die nicht immer feinen Bande einer familienähnlichen Gemeinschaft, in der Caleb sich beweisen muss. Er soll lernen zu töten und aufhören, sich von Mae, die ihm von ihrem Blut zu trinken gibt, zu ernähren. Nie fällt in diesem Film das Wort Vampir: Wie Nomaden fahren die Untoten über das Land, bis an die Zähne bewaffnet, Jäger, die sich selbst jenseits aller menschlichen Gesetze stellen. Fortbewegung bedeutet nicht nur im Road Movie, sondern im amerikanischen Film überhaupt Freiheit, und die fahrende Truppe, die sich von Menschenblut nährt, treibt diesen Mythos auf die absurde Spitze. In einem Bus fuhren in den späten sechziger Jahren auch der Schriftsteller Ken Kesey und seine bedröhnten ›Merry Pranksters‹ über das Land, und an vielen Stellen wirkt *Near Dark* wie ein Abgesang auf die Gegenkultur der Biker und Outcasts. Waren Captain America und Billy in *Easy Rider* (1969, Dennis Hopper) noch die Opfer der amerikanischen Borniertheit, so führt *Near Dark* die Ausgestoßenen als Täter vor.

Aber Kathryn Bigelow, eine der wenigen Regisseurinnen Hollywoods und vielleicht die einzige, die wirklich dem Genre- und Horrorkino zugeneigt ist, belässt in ihrem Regiedebüt ihren Figuren immer die menschliche Dimension und zeichnet sie nicht nur als Monstren. Auch wenn sie den Vampirfilm vom Kopf auf die Füße stellt und auf eine Ebene bringt, in der die mythische Eleganz des Vampirs vollkommen vergessen ist und es einzig um das schmutzige Geschäft des Überlebens geht, haben ihre Untoten doch Tragik – und Gefühle. Sie sind einsame Gefangene ihrer Unsterblichkeit, immer auf der Suche nach Liebe. Oder zumindest Freundschaft, denn auf den erotischen Nimbus früherer Vampirgestalten hat Bigelow ebenfalls verzichtet. Jesse und Diamondback sind ein altes, vertrautes Paar, Homer hat Mae gebissen, um eine Gefährtin zu haben, und zwischen Mae und Caleb entwickelt

sich eine Liebesgeschichte ›bigger than life‹. Nur Severin
steht da beiseite, ein Killer, den der Blutdurst schon mal
zu einem perfekt inszenierten Massaker in einer Provinz-
bar verleitet.

Immer lässt *Near Dark* auch die Faszination dieses un-
gebundenen Lebens spüren. Er ist ein Film der Nacht,
wahrscheinlich der schwärzeste Vampirfilm überhaupt, in
den nur selten Tageslicht dringt. Aber jede Nacht sieht anders aus, hat ihre eigenen Geheimnisse. Verlockend tritt
Mae zu Beginn des Films in den Lichtkegel einer Straßen-
laterne, Schöpfungsblitzen gleich zuckt es am Himmel,
wenn Caleb von ihrem Blut trinkt. Zusammen mit dem
sphärischen Score von Tangerine Dream erzeugt die Fotografie Adam Greenbergs eine Suggestivkraft, die im Genre
ihresgleichen sucht.

Es ist Homer, die unglücklichste Figur des Films, die
die Wende bringt. Calebs Vater sucht seinen Sohn, zusammen mit seiner jungen Tochter, die Homer in einem Motel
trifft. Caleb wird vor die Entscheidung gestellt, zu welcher Familie er gehört: auch das ein Verweis auf das Wes-
terngenre, auf das Bigelow bis zum Schluss, bis zum
Showdown, nicht müde wird anzuspielen. Für die Regisseurin ist *Near Dark* eigentlich kein Vampirfilm, sondern
Bonanza für Blutsauger. So etwas wie Koexistenz zwischen den so unterschiedlichen Familien und Lebenswel-
ten kann es nicht geben, und Caleb entscheidet sich für
seine leiblichen Verwandten: Eine Transfusion mit dem
Blut seines Vaters heilt ihn und schließt zugleich erneut
den Bund. Als er sich aufmacht, um seine Schwester aus
der Hand der Untoten zu befreien, opfert sich Mae und
lässt sich mit dem Mädchen aus dem Wagen fallen. Zum
Schluss kann auch Bigelow nicht anders, als sich eines der
stärksten Topoi des Vampirfilms zu bedienen: Die Kraft
der Liebe bringt die Erlösung und den Sieg über die
Mächte der Finsternis. Aber waren sie wirklich so dunkel
und so böse?   *Rudolf Worschech*

Der Todesking

D 1990   f 74 min

R: Jörg Buttgereit
B: Jörg Buttgereit, Franz Rodenkirchen
K: Manfred O. Jelinski
M: The Angelus, Hermann Kopp, Daktari Lorenz, John Boy Walton
D: Heinrich Ebber (Videofan), Simone Spörl (Frau des Videofans), Mark Reeder (Soldat), Jörg Buttgereit (Folteropfer), Angelika Hoch (Mörderin)

Jörg Buttgereit ist seit den zwanziger Jahren des vorigen Jahrhunderts der erste deutschsprachige Regisseur, der dem Horrorfilm neue Impulse gab, den man ohne Vorbehalt neben internationale Genre-Größen wie Dario Argento oder George A. Romero stellen kann. Aus der Berliner Subkultur kommend, die er seit den frühen achtziger Jahren mit witzig-makabren 8-mm-Filmen bereichert hatte, gründete er 1987 zusammen mit Manfred O. Jelinski eine eigene Produktionsgesellschaft inklusive Kopierwerk plus Verleih und brachte bis 1994 insgesamt vier Langfilme heraus: *Nekromantik* (1987), *Der Todesking* (1990), *Nekromantik 2* (1992) und *Schramm* (1994). Sie alle greifen populäre Horror- und Splattermotive auf, von Nekrophilie bis Serienmord, um in ironisch-selbstreflexiver Form eschatologische Fragen nach dem Leben und dem Tod zu stellen. Vielleicht ist Buttgereit der letzte wirkliche Romantiker des deutschen Films. Trotzdem und obwohl seine vier Werke längst Kultstatus genießen, haftet ihnen der Ruf des Krankhaften an, werden sie immer wieder indiziert oder inquisitorischen Maßnahmen unterworfen. So ordnete ein deutsches Gericht beispielsweise die Vernichtung aller Kopien von *Nekromantik 2* einschließlich des Originalnegativs an. Auch die Fördergremien weigerten sich beharrlich, Buttgereits Arbeit zu unterstützen. Der Regisseur zog die Konsequenz aus diesem zermürbenden Kampf und

erteilte weiteren filmischen Beiträgen zur Subkultur eine
Absage, anstatt sich dem Mainstream anzupassen. So inszenierte er nach *Schramm* nur noch zwei Folgen für die kanadische Science-Fiction-Serie *Lexx – The Dark Zone* und
einige Videoclips. Stattdessen verfasst er jetzt Hörspiele,
arbeitet als Filmkritiker und veröffentlichte zwei Fanbü-
cher über die *Godzilla*-Filme. An dem Phänomen Buttgereit lässt sich das seit zwanzig Jahren andauernde Problem
des deutschen Films als durch künstlerische Ängstlichkeit
und ästhetische Feigheit verursacht verstehen.

Anders als deutsche Horrorfilmer wie Andreas Schnaas
(*Violent Shit I–III*, 1998–99; *Zombie 90 – Extreme Pesti-
lenz*, 1991) oder Olaf Ittenbach (*Premuthos – Der gefalle-
ne Engel*, 1997; *Legion of the Dead*, 2000) galt Buttgereits
Interesse stets dem Experiment, in formaler wie inhaltli-
cher Hinsicht. Die Differenziertheit seiner Filmsprache
sorgte beispielsweise dafür, dass sein Debüt *Nekromantik*
von Horrorfans in Deutschland als zu künstlerisch abgelehnt wurde. Erst durch die positive Aufnahme des Films
in England fand er die verdiente Anerkennung auch im
Inland. Inhaltlich geht es Buttgereit vor allem um ein in-
tellektuelles Spiel mit den Genre-Klischees, mit dem Ziel,
sie zu überwinden. So verlegte der als Antwort auf *The
Silence of the Lambs* (*Das Schweigen der Lämmer*, 1993;
Jonathan Demme) intendierte *Schramm* den Schwerpunkt
von der narrativen Erzählstruktur hin zum visuellen Psychogramm, zur Bebilderung des Innenlebens eines Serienkillers. Und entlarvt mit diesem Perspektivenwechsel die
Eindimensionalität solcher Thriller.

Der Todesking, der zweite Film aus der J(elinski) +
B(uttgereit)-Produktion, ist formal Buttgereits eigenwil-
ligstes Werk. Danach war er gezwungen, mit *Nekromantik 2* wieder einen etwas kommerzielleren Film abzulie-
fern, um an den Szeneerfolg von *Nekromantik* anknüpfen
zu können. In Form eines für das Horrorgenre ungewöhnlichen Episodenfilms widmet sich *Der Todesking* ei-

nem gesellschaftlich brisanten Sujet und beleuchtet das Thema Selbstmord aus verschiedenen Perspektiven. Spielszenen und fingierte Dokumentation werden miteinander verschränkt. Zu Beginn ertönen parallel zur Eröffnungsmusik bizarre Schreie, ein nackter Mann im dunklen Raum dreht sich von der Seitenlage auf den Rücken: der Mensch in seiner bloßen Kreatürlichkeit, als animalisches, biologisches Wesen. Dieser Männerkörper bildet das Leitmotiv und schlägt zugleich die Brücke zu den beiden *Nekromantik*-Filmen: Zwischen den Episoden verwest er im Zeitraffer, rasen Bakterien, Maden und Würmer durch ihn hindurch, wie es Peter Greenaway in *A Zed and Two Noughts* (*Ein Z und zwei Nullen*, 1985) anhand von Tierkadavern vorgemacht hat.

Unmittelbar darauf wird ein Mädchen mit Malblock als zweites Leitmotiv eingeführt. Sie beginnt zu zeichnen. Zwischen diesen beiden Konstanten gibt es sieben Episoden zum Thema Selbstmord, eine für jeden Tag der Woche. Das dem Film vorangestellte Motto stammt von Lautréamont, der schon großen Einfluss auf die Surrealisten und Regisseure wie Luis Buñuel hatte: »Was mich umbringt, ist mein Geheimnis«. Das Mädchen mit dem Zeichenblock löst das Mysterium der Selbstmorde: Am Schluss hat es nämlich ein Skelett mit Krone gemalt: den Todesking. »Er macht, dass Menschen nicht mehr leben wollen.« Dieses scheinbar naive Symbol gibt den vorherigen Selbstmorden, deren Motivation unterschiedlich bis unerklärlich war, einen gemeinsamen mythologischen Nenner, ähnlich wie William Castle mit dem *Tingler* (*Schrei, wenn der Tingler kommt*, 1959) ein unsterbliches B-Movie-Symbol für den Tod durch Erschrecken fand. Und wie immer ist Buttgereit hinter seiner vordergründig-trashigen Ironie tiefsinniger als seine mythomanen Kollegen mit den todernsten Gesichtern. Den *Todesking* inszeniert er voll von überraschenden Wendungen, formal wie inhaltlich, ohne dass dies jemals zum Selbstzweck wird.

So demonstriert eine Episode auf verwirrende Art und Weise, wie wenig sich eine rationale Erklärung des Selbstmordes aus einer unglücklichen Biographie ableiten lässt. Die Episode dreht sich um den Kettenbrief einer düsteren Bruderschaft, die den »Selbstmord Gottes« am siebten Tage nach der Erschaffung der Welt postuliert. »Lasset uns sterben«, lautet ihre daraus abgeleitete Ethik des Suizids als metaphysisch-transzendentaler Akt. Die sarkastische Pointe besteht darin, dass eine einsame unglückliche Frau diesen Kettenbrief wegwirft, während das von ihr beneidete, glückliche Liebespaar aus der Nachbarschaft dem Aufruf Folge leistet.

Als Kontrapunkt dazu bietet eine junge Frau eine soziologische Erklärung an: Der Mensch habe im ausgehenden 20. Jahrhundert gelernt, nicht mehr alles zu ertragen. Er wehrt sich, versucht in Amoklauf und Freitod eine letzte verzweifelte Sinngebung seiner missglückten Existenz. Nach diesem Statement schnallt sie sich eine Kamera um, greift selbst zur Waffe und erschießt Bela B. (von der Fun-Punk-Band »Die Ärzte«) auf offener Bühne und hält ihre Tat gleichzeitig auf Film fest. Es ist ihre subjektive Perspektive, aus der heraus wir den Mord erleben, zugleich eine Hommage an *Peeping Tom* (1960, Michael Powell). Ohnehin spielt Buttgereit im *Todesking* wiederholt mit dem Mittel des Films-im-Film, nicht zuletzt auch, um filmhistorische Seitenhiebe zu verteilen: auf Gestapo-Exploitation-Movies bis hin zu dem von ihm gehassten *My Dinner with André* (*Mein Essen mit André*, 1981; Louis Malle), den er vor allem mit *Nekromantik 2* karikiert.

Manchmal scheint im *Todesking* die Handlung den Film zu sprengen, scheinen die Emotionen der Protagonisten das Zelluloid anzugreifen. Wenn ein Mann erklärt, dass er seine Frau getötet habe auf Grund ihrer ständigen genitalen Blutungen beim Geschlechtsakt, dann beginnt parallel zu seiner sich steigernden Wut das Bild zu wackeln, stehenzubleiben und der Ton sich dunkel zu verzerren: Film wie

Protagonist sind außer sich, knallen gleichzeitig durch. In der letzten Episode kehrt *Der Todesking* zurück zur nackten Biologie. Ein Selbstmörder verendet qualvoll-stöhnend in seiner Wohnung. Der Kreis des Verfalls schließt sich. Biologie, Anatomie und Verwesung sind die letzten Wahrheiten über den Menschen, ein Wissen, das Buttgereit in all seinen Filmen transportiert, von den Nekrophilieszenen der beiden *Nekromantik*-Teile bis zu seinem Dokumentarfilm über das pathologische Kuriositätenmuseum der Berliner Charité. Buttgereit dringt mit seiner Kamera in diese letzten Geheimnisse, um sich – wie er selbst sagt – die Angst vor dem Unbekannten zu nehmen. Vor diesem Hintergrund lässt sich die Nekrophilie der *Nekromantik*-Held(inn)en geradezu symbolhaft als neugierige, sogar zärtliche, konsequente wie mutige Annäherung an diese letzte Wahrheit verstehen. Und hierin liegt auch der eigentliche Skandal von Buttgereits Filmen. *Harald Harzheim*

Literatur: David Kerekes: Sex, Murder, Art – The Films of Jörg Buttgereit. Stockport (Cheshire) 1994.

Braindead

NZ 1991   f 100 min

R: Peter Jackson
B: Stephen Sinclair, Frances Walsh, Peter Jackson
K: Murray Milne
M: Peter Dasent
D: Timothy Balme (Lionel Cosgrove), Diana Peñalver (Paquita), Elizabeth Moody (Vera Cosgrove), Ian Watkin (Onkel Les)

Die Splatter-Filme des Neuseeländers Peter Jackson haben wenig mit Grusel, Spannung oder Suspense zu tun, es sind vielmehr pechschwarze Ekelkomödien mit hohem Gore-

Faktor. In ihnen wird das Destruieren von Körpern zur
wortwörtlich sau-komischen Matscherei, bei der die La-
cher keineswegs im Halse steckenbleiben. Sosehr *Braindead* (auf Video als *Dead Alive* bekannt) auch lustvoll die
Splatterkonventionen auf die Spitze treibt, so erzählt er
doch im Kern die ebenso allgemeingültige wie ernsthafte
antiödipale Geschichte eines schwachen Sohnes, der sich
von seiner übermächtigen Mutter emanzipiert.

Der tollpatschige Lionel Cosgrove ist hoffnungslos auf
seine tyrannische Mutter Vera fixiert, bei der der Mitt-
zwanziger immer noch wohnt. Als sie im Zoo von einem
mysteriösen Rattenaffen aus Sumatra gebissen wird, zerfällt ihr Körper von Tag zu Tag mehr in seine Bestandteile,
bis sich schließlich ein Zombie aus ihr herausschält. Mun-
ter beißt Vera Besucher und verwandelt diese dadurch
ebenfalls in Zombies. Lionel, immer noch das brave Mut-
tersöhnchen, richtet im Keller ein Pflegeheim für seine
zombifizierte Mutter und ihre Opfer ein. Doch sein be-
sitzgieriger Onkel wirft ihn aus dem Haus und feiert seinen Einzug mit einer riesigen Party – ein gefundenes Fressen für die hungrigen Zombies. Schließlich greift Lionel
ein und begeht mit einem umfunktionierten Rasenmäher
das wohl größte Zombiemassaker der Filmgeschichte. Er
befreit sich damit sowohl von der Zombieplage als auch
von seiner Mutterfixierung und darf am Ende wohlver-
dient in die Arme seiner heimlichen Liebe Paquita sinken.

Braindead treibt die Portion Komik, die dem Genre des
Splatter-Films ohnehin immanent ist, bis zum Äußersten.
Umgekehrt gilt auch, dass die großen Komiker der Filmgeschichte – allen voran ist hier Chaplin zu nennen – fast
immer ein Faible fürs Grausame haben, besteht ihr Witz
doch aus einer nicht enden wollenden Abfolge von Situationen der Bedrohung, des Scheiterns, der Blamage, kurz-
um aus den Katastrophen und Grausamkeiten des nerven-
den Alltags mit all seinen Plagen. Solche Situationen
durchsetzt Jackson in *Braindead* gekonnt mit Splatter-

Elementen. Die Sympathien des Zuschauers sind auf Lionels Seite: Diese hilflose Woody-Allen-Figur leidet unter gefährlichen, alltäglichen Quälgeistern, als da wären: Mütter, Pfarrer, Rocker, Pflegeschwestern und Säuglinge, die ihm als Zombies endgültig das Leben zur Hölle machen. Trotz vieler grausiger Taten wirkt das Zombie-Baby weder auf den Helden noch auf das Publikum in irgendeiner Weise bedrohlich, wie dies beispielsweise in Larry Cohens *It's Alive* (*Die Wiege des Bösen*, 1974) der Fall ist. Vielmehr lacht man über Lionels verzweifelte Versuche, das Baby und den Rest der Zombie-Meute von »Dummheiten« wie dem Töten anderer abzuhalten – notfalls durch ein Beruhigungsmittel oder zuletzt Gift, das er ihnen ins Essen mischt. Leider verwechselt der Pechvogel das tödliche Serum versehentlich mit einem Aufputschmittel, so dass ihm nur der Rasenmäher als letzter Ausweg bleibt!

Der wunderbare Unernst von Jacksons Filmen wird zusätzlich unterstrichen durch den Einsatz von Puppen. Waren es in *Bad Taste* (1987) die Masken der Außerirdischen, deren grotesk-komisches Aussehen kaum allein auf das geringe Budget zurückgeführt werden kann, und spielt *Meet the Feebles* (1990) ausschließlich im Muppet-Milieu, so ragen in *Braindead* das Zombie-Baby und der Rattenaffe, eine Anspielung auf *King Kong*, den Jackson neu verfilmt, heraus. Dem Rattenaffen, der zu Beginn von *Braindead* eingefangen und ins Neuseeland der fünfziger Jahre transportiert wird, gibt Jackson einen mythischen Ursprung: Seine Gattung entstand aus der Vergewaltigung von Affen durch riesige Ratten. Das ist typisch für Jackson, denn auch in *Meet the Feebles* zeichnet sich die Ratte durch Charakterlosigkeit aus und ist für sexuellen Missbrauch stets zu haben. Die Wesensverwandtschaft des Rattenaffen zu Lionels herrschsüchtiger Mutter entsteht nicht erst durch den Biss und der daraus folgenden Zombifikation, sondern Mrs. Cosgrove weist schon vorher extrem sadistische Züge auf – auch ihr Sauberkeitswahn deutet auf einen analsadistischen Charakter hin – und unterdrückt die Sexualität ihres Sohnes. Das Thema der übermächtigen Mutter greift Jackson in seinem ersten größeren Nicht-Splatter-Film *Heavenly Creatures* (1994) wieder auf. In ihm steht eine Mutter der pubertär-homosexuellen Phantasiewelt von zwei weiblichen Teenagern im Wege und wird zum Schluss von ihnen umgebracht. Während dieser – auf Tatsachen basierende – Film mit subtilen psychologischen Charakterzeichnungen arbeitet, hantiert Jackson in *Braindead* gewissermaßen als Karikaturist. Wie beim Rattenaffen resultiert der negative Charakter von Vera Cosgrove aus sexueller Verfehlung, wurde sie doch von ihrem Mann ständig betrogen. Lionel wurde schließlich Zeuge des unvermeidlichen Eifersuchtsmordes an seinem Vater, dessen Verdrängung verantwortlich für seine sklavische Mutterbindung ist. Wenn er sich zum Schluss daran erinnert, leitet dies zugleich seine Emanzipation von der Mutter ein. Dass hierbei mit parodistischen Verweisen, insbesondere auf Sam Raimis *The Evil Dead 2 – Dead by Dawn* (*Tanz der Teufel II – Jetzt wird noch mehr getanzt*, 1987) sowie Hitchcocks *Psycho* (1960) nicht gespart wird, ist selbstverständlich, vor allem *Psycho* ist enorm präsent: Lionel hat sowohl physisch als auch im Habitus unbestreitbare Ähnlichkeit mit Anthony Perkins' Norman Bates. Selbst die Fassade seines Hauses verweist auf diejenige des legendären Bates Motel. Nur: Endet Norman Bates als mörderischer Psychopath, weil er sich von seiner Mutter nicht befreien kann, so schickt Lionel die seinige in die verdiente Hölle und kann zuletzt in die psychische Freiheit und ins Happy End mit Paquita entlassen werden.

Der sumatrische Rattenaffe wurde von den Eingeborenen seines Herkunftslandes für schwarze Magie benutzt. Damit weist Jackson von Beginn an auf ein weiteres Thema seines Splatters hin, den Kampf zwischen schwarzer und weißer Magie. Wird die Schwarze Kunst repräsentiert

von Lionels Mutter, vertritt die Großmutter von Lionels
Freundin Paquita die weiße Magie. Sie erkennt via Karten-
legen frühzeitig die Gefahr, in der Paquitas Glücksritter
sich befindet, und gibt Lionel das spitze Amulett, mit dessen Hilfe er sich zuletzt aus dem Bauch seiner ins Riesen-
hafte mutierten Mutter schneidet, die ihn verschlungen
hat. Durch diesen selbst vollbrachten Kaiserschnitt erlebt
Lionel eine zweite Geburt, er erlangt endgültig Eigenständigkeit und seelische Freiheit. Lionels innere Befreiung
bricht sich Bahn in einer radikalen äußeren Säuberungsak-
tion: In einer berühmt gewordenen Sequenz schnallt er
sich einen Rasenmäher um und fährt damit quer durch die
Zombiehorde, so dass Blut, Köpfe, Arme und Beine nach
allen Seiten spritzen: Das Haus seiner analsadistischen
Mutter, einst mit strengsten Reinlichkeitsregeln beherrscht, wird im Finale zu einem Swimmingpool voll
Matsch, Blut und Brei: ein analregressiver Befreiungsakt,
der die darauf folgende ›zweite Geburt‹ einleitet. Dabei
wirkt Lionel wie eine moderne Allegorie des Todes, dessen Sense jetzt mit Motor betrieben wird. Vor allem diese
Szene wurde in der deutschen Synchronfassung, die insgesamt sechs Minuten kürzer ist als die englische Original-
version, drastisch beschnitten. Doch von einem klassischen Happy End ist dieser Schluss weit entfernt. Wie in
den anderen Filmen Jacksons ist er weder als falsche Beru-
higung noch als Möglichkeit des Aufatmens für die Zuschauer zu verstehen, sondern als konsequente Steigerung
des befreienden Spaßfaktors dieser Werke. *Braindead*
stellt zugleich den Höhepunkt und Abschied von Peter
Jacksons Splatter-Phase dar. Dieser Geschmackswechsel
hat ihm zwar mehrere Prestigeproduktionen – zuletzt den
gigantischen Dreiteiler *Lord of the Rings* (2001–03) nach
Tolkiens Kultroman – eingebracht, sein spezifischer,
schwarzhumoriger Esprit ist dabei aber weitgehend auf
der Strecke geblieben. Genau dieser war es jedoch, der seine frühen Filme einzigartig machte.   *Harald Harzheim*

From Dusk till Dawn

USA 1996   f 110 min

R: Robert Rodriguez
B: Quentin Tarantino, nach einer Story von Robert Kurtzman
K: Guillermo Navarro
M: Graeme Revell
D: George Clooney (Seth Gecko), Quentin Tarantino (Richard
Gecko), Harvey Keitel (Jacob Fuller), Juliette Lewis (Kate
Fuller), Salma Hayek (Santanico Pandemonium)

Der ehemalige Pastor Jacob Fuller, der nach dem Unfalltod seiner Frau den Glauben an Gott verloren hat, ist mit
seiner 19-jährigen Tochter Kate und seinem 16-jährigen
vietnamesischen Adoptivsohn Scott auf dem Weg nach
Mexiko. Kurz vor der Grenze werden sie von den beiden
schwerkriminellen Brüdern Seth und Richard Gecko gekidnappt, die nach Seth' Flucht aus dem Gefängnis und einem Bankraub mit mehreren Morden von der Polizei gesucht werden. In dem Wohnmobil der Fullers versteckt,
gelangen sie unbemerkt über die mexikanische Grenze.
Bei einem Zwischenstopp in der Trucker-Wüstenkneipe
»Titty Twister«, die, wie der Filmtitel sagt, von der
Abenddämmerung bis zum Morgengrauen geöffnet hat,
verwandeln sich die Tänzerinnen in Vampire. In einem erbarmungslosen Gemetzel um Leben und Tod setzt sich
die kleine Notgemeinschaft mit allen Mitteln gegen die
Übermacht der Höllenwesen zur Wehr.

Schon im Kurzinhalt sticht der Genrewechsel ins Auge,
der sich nach der Hälfte der Laufzeit vollzieht. Bis dahin
ein Tarantino-Krimi, wie man ihn von seinem erfolgreichen Regiedebüt *Reservoir Dogs* (*Reservoir Dogs – Wilde
Hunde*, 1992) kennt, mutiert die Independent-Produktion
schlagartig zum Splatter Movie, das Rodriguez' Handschrift trägt, und führt mit diesem Bruch dramaturgische
Gewohnheiten des Hollywood-Erzählkinos ad absurdum.

So oft diese Zäsur auch in allen Kritiken zum Film erwähnt wird, so wenig hat man sie für sein Gesamtverständnis fruchtbar gemacht. Dabei führt ihre genauere Betrachtung direkt zu dem zentralen Thema: zur Interpretation des Phänomens der Gewalt, das *From Dusk till Dawn* aus zwei völlig unterschiedlichen Perspektiven beleuchtet. In der ersten Hälfte ist das Verständnis präsent, das die westliche Welt vom sogenannten Bösen hat. Verkörpert wird es durch die Gecko-Brüder Richard, einen Psychopathen und Triebtäter, und Seth, einen kühl kalkulierenden Profigangster. Pathologischer Blutrausch beim Ersten, konsequent skrupelloses Geschäftsdenken, das notfalls Tote in Kauf nimmt, beim Zweiten. Die gesellschaftliche Verarbeitung dieses Phänomens findet in den Medien statt, vor allem im Fernsehen. Die TV-Nachrichten präsentieren die Bluttaten der Brüder, als wäre es eine Quizshow mit wachsendem Punktestand pro Leiche. Im zweiten Teil steht hingegen die mythologische Perspektive im Mittelpunkt. Diese Ebene ist weitgehend auf den Einfluss des Latinos Rodriguez zurückzuführen, denn Tarantinos Drehbuch beschrieb das »Titty Twister« einfach als mexikanische Bar, in der sich zufällig Vampire befinden. Der Regisseur macht aus diesem Amüsierbetrieb für Trucker durch Dekor, Requisiten und Kostüme einen getarnten aztekischen Opfertempel, hinter dessen modern anmutender Fassade das längst vergessen und verschwunden geglaubte Archaische fortlebt. Damit steht der Film ganz in der Tradition H. P. Lovecrafts, dessen Erzählungen immer wieder die Verlockungen irrationaler vergangener Kulte inmitten einer vermeintlich überrationalisierten Kultur thematisieren. Rodriguez verlagert den Vampirismus aus dem christlich-katholischen Kulturkreis in den archaischen Blutkult der Azteken und macht diesen in seiner Neuinterpretation des Vampirismus zum mythischen Background. So tritt denn auch die äußerst verführerische Tänzerin Santanico Pandemonium als aztekische Priesterin auf, gekennzeichnet durch Federschmuck und eine Schlange, das Symbol des Aztekengottes Quetzalcoatl. In Gestalt einer Femme fatale verkörpert sie das Böse schlechthin, worauf auch der Universalismus ihres Nachnamens, der übersetzt »alle Dämonen« bedeutet, anspielt. Der sprichwörtlich männermordende Vamp entpuppt sich als wortwörtlich Männer mordender Vampir. Nicht ohne Grund erinnert die Silhouette einer Vampirin, die gerade den abgerissenen Kopf ihres männlichen Opfers hochhält, an populäre Darstellungen der Salome. Auch der Psychopath Richard Gecko verwandelt sich durch Santanicos Biss in einen Vampir. Bereits sein Nachname deutet in diese Richtung, sind die Geckos doch nachtaktive Eidechsen und schlafen wie die Vampire während des Tages. Sein Tun bleibt das Gleiche: blutgieriges Töten. Was aber in der ersten Hälfte als pathologisch erscheint und nach psychiatrischer Analyse schreit, stellt sich aus der Perspektive des zweiten Parts als normal innerhalb seiner dämonischen Gattung dar. Das mythologische Potenzial seines Bruders Seth entfaltet sich ebenfalls erst gänzlich im »Titty Twister«. Sein Vorname verbindet ihn mit dem gleichnamigen ägyptischen Gott der Wüste und des Sturms. Wie dieser Outlaw unter den Göttern bringt Seth zuletzt seinen eigenen Bruder um.

In der pessimistischen Welt von *From Dusk till Dawn* bedarf es jener metaphysischen Dämonisierung des Bösen, weil nur so die Gottesfrage wieder gestellt und Gott zur Wiederauferstehung gebracht werden kann. Erst die existenzielle Konfrontation mit den »fucking vampires«, die für ihn geradewegs aus der Hölle kommen, restauriert den Glauben des Ex-Priesters Jacob, denn dem Gottesbeweis des Atheisten Seth kann er sich nicht entziehen: Wenn es das absolut Böse gibt, das sie gerade am eigenen Leib erfahren, muss es auch das absolut Gute geben. Aber das Gute bleibt hier nur eine abstrakte philosophische Ableitung und ist empirisch nicht erfahrbar, denn keiner der Figuren wird auch nur ein halbwegs dauerhaft glücklicher Moment gegönnt. Vor allem gilt dies für den Bereich der Erotik, die in *From Dusk till Dawn* nur in den frustrierendsten Formen existiert, primär bei dem von Tarantino selbst gespielten Maniac Richard. Das »Titty Twister« entpuppt sich letztlich als Ort einer unerträglichen erotischen Aggression, an dem die Unterworfenen zu Unterwerfern werden und umgekehrt. So präsentieren sich die Tänzerinnen verführerisch nackt ihren männlichen Zuschauern, um im nächsten Moment bacchantisch über sie herzufallen und sie zu zerfetzen. Diese Wendung geht eindeutig auf Tarantino zurück, dessen Figuren wie das junge Gangsterpaar in seinem von Oliver Stone verfilmten Drehbuch *Natural Born Killers* (1994) gemeinhin wesentlich besser mit ihren Bleispritzen als mit ihren Genitalien umgehen können.

Lediglich Seth steht außerhalb dieses Kreislaufes von Geschlecht und Gewalt, weil ihm zu Kates Leidwesen jedes sinnliche Interesse zu fehlen scheint. Als Santanico Pandemonium ihm erotische Sklaverei anbietet, kontert er kaltschnäuzig: »Danke, ich war schon mal verheiratet.« Seth eignet sich wunderbar als Kumpel und Kampfgefährte, ist aber unfähig, auf Kates erotische Wünsche einzugehen, und lässt sie schließlich nach getaner Rettungsarbeit allein in der Wüste zurück. Gleichberechtigte Kooperation zwischen den Geschlechtern und Erotik schließen sich in *From Dusk till Dawn* aus. Auch die Institution Familie überlebt das Gemetzel im »Titty Twister« nicht. Die als Einzige übrig gebliebenen Mitglieder der Familien Fuller und Gecko werden keine neue Familie gründen. Dennoch hat die behütete Pastorentochter Kate in dieser Nacht ihre Initiation zur Erwachsenen durchlebt. Im Schlussbild setzt sie, die bisher immer nur die Beifahrerin ihres Vaters war, sich selbst ans Steuer eines Autos und macht sich auf ihren Weg in Richtung Horizont.

Ungeachtet dieser ernsthaften Bezüge ist *From Dusk till*

Dawn im zweiten Teil ein äußerst amüsanter Film. Lediglich Peter Jacksons *Braindead* (1991) ist es bisher gelungen, sich dermaßen mit grotesk-komischen Situationen aufzuladen, ohne in die bloße Parodie oder Klamotte abzurutschen. So erinnert der Kampf gegen die Vampire nicht selten an Saloonprügeleien aus Western- und Actionfilmen. Auch die Tatsache, dass die zerfetzten Körper der Vampire nicht allzu viel mit der menschlichen Anatomie gemein haben und anstelle von rotem Blut grüne oder blaue Säfte aus ihnen fließen, verstärkt das Comic-Elemente der virtuosen Inszenierung. Unter Einwirkung des Tageslichts zerplatzen die Monster schließlich wie Wasserballons. Parallel zur klassischen Mythologie werden auch die genreeigenen Mythen der Film- und Unterhaltungsindustrie ausgiebig zitiert und als Handlungsanleitung benutzt: Beispielsweise verweist der Motorbiker Sex Machine bei der Frage, ob Vampire durch einen Pfahl ins Herz zu töten seien, darauf, dass Peter Cushing als van Helsing in den *Dracula*-Filmen des Hammer Studio dies zumindest so gemacht habe. Die Vampire erinnern an Romeros Zombies, wenn sie den Opfern nicht mehr zwei diskrete Löcher in den Hals bohren, sondern ihnen ganze Fleischstücke rausreißen. Für diese Drastik trägt nicht zuletzt Tom Savini die Verantwortung, der die blutigen Spezialeffekte für Sean S. Cunninghams *Friday the 13th* (*Freitag der 13.*, 1979) und viele Filme von George A. Romero arrangierte. Wie in Romeros *Dawn of the Dead* (1977) gestattet er sich quasi als lebende Legende des Genres einen Auftritt vor der Kamera mit dem selbstironischen Namen Sex Machine. Und lässt bei der Zerstörung seines Körpers fast schon masochistisch-genüsslich sein gesamtes Gore-Repertoire spielen.

Auf Grund des großen finanziellen Erfolges der 20 Millionen Dollar teuren Produktion ließen zwei Nachfolgefilme – Scott Spiegels *From Dusk till Dawn – Texas Blood Money* (1999) und P. J. Pesces *From Dusk till Dawn – The Hangman's Daughter* (2000), der als Prequel daher kommt – nicht lange auf sich warten. Sie wurden jedoch nur auf Video ausgewertet, Tarantino und Rodriguez fungierten ausschließlich als Produzenten. Anders als bei der *Scream*-Trilogie (1996–2000, Wes Craven) kämpfen diese beiden billig produzierten Filme vergeblich gegen das kaum erreichbare Original an, auch wenn sie gute Einfälle aufweisen. Mit diesen Fortsetzungen ist die Trilogie schließlich bewusst produktionstechnisch in der Welt der B-Pictures angekommen, aus der Tarantino und Rodriguez einen Großteil ihrer filmischen Inspiration schöpfen.

Harald Harzheim

Scream – Schrei!

Scream

USA 1996   f 111 min

R: Wes Craven
B: Kevin Williamson
K: Mark Irwin
M: Marco Beltrami
D: Neve Campbell (Sidney Prescott), David Arquette (Deputy Dwight »Dewey« Riley), Courteney Cox (Gale Weathers), Matthew Lillard (Stuart Macher), Rose McGowan (Tatum Riley), Skeet Ulrich (Billy Loomis)

Der Teen-Horrorfilm fristete lange Zeit ein Schattendasein in verstaubten Videotheksregalen. Bis die Independent-Produktion *Scream* im Jahre 1996 allein in den USA weit über 100 Millionen Dollar an den Kinokassen einspielte und das Subgenre, dessen Wurzeln sowohl im Horrorfilm als auch im Psychothriller liegen, mit neuem Leben erfüllte. Nachfolgeproduktionen wie *I Know What You Did Last Summer* (*Ich weiß, was du letzten Sommer getan hast*, 1997) samt Fortsetzung, *Disturbing Behaviour*

(*Dich kriegen wir auch noch*, 1998) oder *The Faculty*
(1998) legen davon eindrucksvoll Zeugnis ab, ohne die
Vielschichtigkeit von *Scream* zu erreichen. Sie alle wären
ohne den Box-Office-Erfolg von Wes Cravens Film nie
produziert worden.

Scream und seine beiden Fortsetzungen erzählen die
Geschichte von Sidney Prescott, einem auf den ersten
Blick ›All-American Girl‹ aus dem Provinzstädtchen
Woodsborough. Die kleine Stadt, die Gemeinde mit den
weiß gestrichenen Häusern und den gepflegten Vorgärten,
ist der typische Handlungsort des Teen-Horrorfilms,
symbolisiert sie doch die auf den ersten Blick heile Welt,
in der Schein und Sein aufeinandertreffen und durch das
Auftauchen des Killers entlarvt werden. Sidney wird im
ersten Teil von Traurigkeit zerfressen, seit ihre Mutter vor
einem Jahr von deren jungem Liebhaber Cotton Weary
ermordet wurde. Da ihr Vater oft auf Geschäftsreise unterwegs ist, gibt es für das sensible Mädchen nur einen
Menschen, der ihr Kraft und Liebe schenkt: ihr Freund
Billy.

Eines Morgens wird ihre High School von Polizei und
Presse belagert, denn ihre Mitschülerin Casey Becker und
deren Freund sind in der Nacht bestialisch ermordet worden. Unter Sidneys Freunden entsteht ein makabres Rate-
spiel: Wer mag der skrupellose Mörder sein? Und wer ist
sein nächstes Opfer? Einige Tage später überlebt Sidney in
ihrem eigenen Haus unverletzt einen Angriff, den der
Mörder unmittelbar zuvor telefonisch angekündigt hat.
Als kurz danach Billy unvermittelt in ihrem Haus erscheint, sieht Sidney auf seinem Handy-Display, dass er
sie erst vor ein paar Minuten angerufen hat. Billy wird
verhaftet, kommt jedoch, da ihm nichts nachgewiesen
werden kann, kurze Zeit später wieder frei.

Auf einer Party versöhnt sich Sidney mit Billy, zum ersten Mal seit dem Tod ihrer Mutter schlafen sie miteinander. Als Billy von dem Mörder mit der Maske attackiert

wird, versucht Sidney zu fliehen, doch niemand außer dem Videofreak Randy ist noch auf der Party, um ihr zu helfen. Da sie sich in Sicherheit wiegen, offenbaren sich die beiden Mörder: Billy, der den Angriff auf seine eigene Person nur inszeniert hat, und sein Freund Stuart, der als Motiv angibt, verrückt zu sein. Billy aber geht es um Rache an Sidney, deren Mutter er verantwortlich macht für die kaputte Ehe seiner Eltern. Und Sidney erfährt, dass Billy auch der Mörder ihrer Mutter ist, wofür der unschuldige Cotton Weary auf Grund von Sidneys Aussage im Gefängnis sitzt. Die neuen Morde will Billy diesmal Sidneys Vater anhängen. Bevor der teuflische Plan aufgeht, kann sich Sidney jedoch befreien und in einem Kampf auf Leben und Tod Billy und Stuart zur Strecke bringen.

Der Teen-Horrorfilm, auch (Teen-)Slasher genannt, ist ein Kind der späten siebziger Jahre. Neben Brian de Palmas *Carrie* (*Carrie – Des Satans jüngste Tochter*, 1976) gelang es vor allem John Carpenter mit seinem Meisterwerk *Halloween* (*Halloween – Die Nacht des Grauens*, 1978), auf die Ängste des jugendlichen Publikums einzugehen und sie im Horrorgenre zu spiegeln. Charakteristisch für den gelungenen Teen-Horrorfilm ist die Synthese aus Teenagerdrama und purem Horror: »Die Jugend ist eine bizarre Zeit, voller Hoffnungen – aber auch voller Ängste, die irgendwo kompensiert werden müssen. Horrorfilme reflektieren diese Eigenartigkeit in einem ungewöhnlichen und direkten Weg, denn in einem Horrorfilm geht es vor allem darum, Ängste zu erzeugen. Für die Jugendlichen wird der Horrorfilm zum Katalysator ihrer eigenen Ängste.« So erklärt Regisseur Wes Craven, warum diese Genre-Kombination so gut funktioniert.

In der weißen Maske des Killers findet diese Angst eindrucksvollen ikonographischen Ausdruck: Sie ist eindeutig den Gesichtszügen auf Edvard Munchs berühmtem expressionistischen Gemälde »Der Schrei« nachempfun-

Die High-School-Schönheit Casey Becker (Drew Barrymore) bangt um ihr Leben. Ein anonymer Anrufer belästigt sie mit einem anfangs lustig daherkommenden Horrorfilm-Quiz, um dann nach einer falschen Antwort blutigen Ernst zu machen. Ungleich schneller als Hitchcock in *Psycho* lässt Wes Craven in *Scream* seinen Star Barrymore nach wenigen Filmminuten meucheln, von einem maskierten Unbekannten, der seine Verkleidung Edvard Munchs berühmtem expressionistischen Gemälde »Der Schrei« nachempfunden hat. Lustvoll unterläuft der Horror-Altmeister die Klischees des Genres, spielt mit den Erwartungen der Zuschauer, um letztendlich alle zu brechen, und ergeht sich in einer zumeist spielerischen, aber auch ernsten Selbstreferentialität.

den, auf das auch der Titel anspielt. Hat bei Munch die dargestellte Figur Angst, verbreitet bei Craven die maskierte Figur den Schrecken.

Für den Zuschauer entsteht Angst in einem Film nicht nur über den Einsatz einer Maske oder von Schockeffekten, vielmehr bedarf es einer positiven Hauptfigur, mit der sich das Publikum identifizieren kann. In der *Scream*-Trilogie ist es die sympathische Sidney Prescott, die mit großer Sensibilität von der kanadischen Schauspielerin Neve Campbell verkörpert wird. Ihr gelang es mit *Scream*, ein Star zu werden und sich gleichzeitig aus dem Genre des Teen-Horrorfilms zu befreien – im Gegensatz zu ihrer berühmten Vorgängerin Jamie Lee Curtis, die nach ihrer Hauptrolle in *Halloween* viele Jahre auf den Part der ›Scream Queen‹ festgelegt war. Von Beginn an wird Sidney als äußerst verletzlicher Charakter präsentiert, der unter schweren familiären Bedingungen auf sich selbst gestellt ist und in einer extremen Situation sämtliche Entscheidungen völlig allein treffen muss. So bedeutet ihr Sieg über ihre Peiniger letztendlich etwas ungemein Heroisches und ist doch voller Tragik: heroisch, da sie alleine gekämpft und dennoch überlebt hat, tragisch, da sich ihre Beziehung zu Billy als eine grausame Karikatur wahrer Liebe entpuppt und sie ihren einzigen Vertrauten verliert.

Mit Sidney Prescott schuf Craven, in dessen Filmen stets starke Frauen im Mittelpunkt stehen, erneut eine Kämpferin, die wenig mit männlichen Comicphantasien von einer kriegerischen Amazone gemeinsam hat. Sie verkörpert wahres Heldentum, dem es nicht um die Zerstörung des Gegners geht und für das Gewalt die letztmögliche aller Optionen ist. So setzt Sidney Gewalt erst in dem Moment ein, in dem ihr Billy und Stuart keine andere Wahl mehr lassen. Im Gegensatz dazu muss der Mann seinen Gegner zerstören, um nicht nur körperlich, sondern auch geistig überleben zu können. Eine Flucht scheidet für ihn aus. Billy, der sich mit seinen Taten im Recht glaubt, kann nur weiter existieren, wenn Sidney, sein Feind, vernichtet und seine Rache vollzogen ist.

Indem Craven sie am Ende Billy erschießen lässt, verstößt der Altmeister gegen eine der vielen Regeln des Teen-Horrorfilms, die er selbst mit etabliert hat und die er in *Scream* immer und immer wieder zitiert: Der Mörder kehrt stets zurück und verbreitet erneut seinen Schrecken, ob es nun Michael Myers aus *Halloween*, Jason Voorhees aus *Friday the 13th* oder Freddy Krueger aus Cravens eigenem *A Nightmare on Elm Street* (*Nightmare – Mörderische Träume*, 1984) ist, in dessen Maske er in *Scream* übrigens als Hausmeister der High School schlüpft. Damit wird er zum lebenden Hinweis darauf, dass *Scream* nicht zuletzt ein kongeniales Kino der Genrezitate ist. Filmfreak Randy bringt es auf den Punkt: »Es gibt gewisse Regeln, die man beachten muss, um [...] in einem Horrorfilm zu überleben. Nummer eins: Enthalte dich jeder Form von Sex. [...] Sex ist gleich Tod! Nummer zwei: Nicht trinken und keine Drogen. Das alles fällt unter Sünde. Sünde ist die Erweiterung von Nummer eins. Und Nummer drei: Du darfst nie, niemals, unter keinen Umständen sagen: ›Ich komm gleich wieder.‹ Denn du kommst nicht wieder. [...] Jeden, der gegen die Gesetze verstößt, erwartet der Tod.«

Mit diesen Erwartungen spielt Craven, um letztendlich alle zu brechen. Sex zum Beispiel tötet in seinem Film keinen Teenager, sondern mit Sidneys untreuer Mutter eine Erwachsene. Alkohol wird gerade am Ende von den Jugendlichen in Massen konsumiert, ohne tödliche Folgen. Und der Einzige, der in *Scream* tatsächlich einmal sagt: »Ich komme gleich wieder«, ist Stuart – einer der beiden Mörder. Craven vertraut darauf, dass sein jugendliches Kinopublikum wie der Horrorfan Randy mit den Funktionsmechanismen und Topoi von Slasher- und Teen-Horrorfilmen wie *Nightmare* oder *Halloween*, aus dem sogar ein Ausschnitt gezeigt wird, bestens vertraut ist. Langwierige Erklärungen für das Verhalten der Protagonisten werden so überflüssig. Zu verdanken ist die Konsequenz, mit der sich Craven Begründungen verschließt, dem ehemaligen Schauspieler Kevin Williamson, der mit *Scream* sein Drehbuch-Debüt gab und mit *Ich weiß, was du letzten Sommer getan hast* gleich einen

zweiten 100-Millionen-Dollar-Erfolg nachschieben konnte, was ihn zu einem der wenigen Autoren-Stars Hollywoods hat werden lassen. Williamson weiß, dass sein fast
gleichaltriges Publikum äußerst medienbewusst ist, und
ergeht sich im gekonnten Zitieren berühmter Vorgänger,
was er in seinem Drehbuch zu *The Faculty*, seiner Version
des berühmten *Body-Snatcher*-Themas von Jack Finney,
noch einmal steigert. So verhindern die Jugendlichen die
Invasion der Außerirdischen, indem sie Handlungsmuster
aus Klassikern wie *Invasion of the Body Snatchers* (*Die
Körperfresser kommen*, 1977) kopieren. In diesem Spiel ist
auch Platz für medienkritische Töne, für die wieder Randy, ein verstecktes Selbstporträt Williamsons, als Sprach-
rohr dient. Dank seines hohen Videokonsums wird ihm
schnell klar, dass sich der Killer bei den Morden von
Teen-Horrorfilmen inspirieren lässt. Er wirft die Frage
auf, wo die Realität endet, der Film beginnt und welche
Auswirkungen Horrorfilme auf ihr Publikum ausüben,
beantwortet sie aber auch eindeutig zugunsten des Kinos.

Die zumeist spielerische, aber auch mal ernste Selbstreferentialität von *Scream* ist sicherlich ein wesentlicher Bestandteil seines Erfolgs. Entscheidend ist jedoch, dass Craven zwar lustvoll die Klischees unterläuft, zugleich aber
das Genre perfekt bedient, wie die Prolog-Sequenz mit
dem Mord an Sidneys Schulkameradin Casey Becker beispielhaft demonstriert. Geradezu paradigmatisch lässt sie
die Genrezitate in Form eines lustig daherkommenden
Horrorfilm-Quiz unbarmherzig und beängstigend blutigen Ernst werden und gibt so den Grundton für die weitere Filmhandlung um Sidney vor.

Bei aller Lust am Bruch mit Genrekonventionen, an
eine Regel des Teen-Slashers hat sich Craven gehalten: Ist
ein Film einmal ein Hit, folgt die Fortsetzung. Im Gegensatz zu anderen Teen-Horrorfilmen war *Scream* jedoch
von Anfang an als Trilogie konzipiert. Da Craven sie
komplett inszenierte, Williamson für die ersten beiden

Teile das Drehbuch schrieb – beim Teil 3 übernahm dies
Ehren Kruger nach einer Idee von ihm – und mit Neve
Campbell als Sidney Prescott, Jamie Kennedy als Randy
Meeks sowie David Arquette als Deputy Dewey Riley
und Courteney Cox als Gale Weathers dieselben Darstel-
ler die überlebenden Figuren verkörpern, erreicht sie nicht
nur eine für das Genre einzigartige Geschlossenheit.
Schließlich konnten die beiden Sequels das Niveau des
ersten Teils halten, wenn sie auch wahrlich nicht dessen
Innovationskraft besitzen. *Scream 2* (1997) treibt das Spiel
weiter und thematisiert sich selbst als Fortsetzung, die laut
Horrorexperte Randy stets blutiger ausfällt als der erste
Teil. Und keine Frage: Der ›Body Count‹ von *Scream 2*
liegt ungleich höher als der des ersten Teils, um vom dritten Teil noch überboten zu werden.

Das Sequel, in dem ein Killer diesmal an einem College
Sidneys Mitstudenten dezimiert, darunter auch ihren neu-
en Freund, ist inszenatorisch dichter als der erste Teil,
doch bei weitem nicht so überraschend. So wundert sich
am Ende dieses Teils niemand darüber, dass erneut zwei
Täter für das Massaker verantwortlich sind: Billys Mutter,
die Rache für ihren Sohn nehmen will (was nicht wirklich
originell ist), und ein Student mit einem weitaus interes-
santeren Motiv: Er will gefasst werden, um dann in einem
Prozess zu behaupten, Film und Fernsehen hätten ihn, einen an sich harmlosen, intelligenten jungen Mann, zu diesem Monster werden lassen. Craven reflektiert in Teil 2
das heikle Thema Gewalt im Film weitaus ausführlicher
als im ersten Teil und stellt die Frage, ob es zwischen Film
und Realität eine Wechselbeziehung gibt. Seine Antwort
ist eindeutig, wenn auch sicher diskussionswürdig: Jeder
Mensch ist für seine Taten selbst verantwortlich. Alles andere sind Ausflüchte, mit denen von den wahren Ursachen dafür, warum ein Mensch das geworden ist, was er
ist, abgelenkt werden soll.

Mit *Scream 3* (2000) schließt Craven schließlich den

Kreis zum ersten Teil und seinem selbstreflexiven Spiel der Zitate und lässt ihn am Set einer B-Filmproduktion, der die Ereignisse von Woodsborough als Aufhänger dienen, spielen. Dieser Ortswechsel ist legitim, denn für einen dritten Teil einer Slasherfilm-Reihe gibt es keine Regeln. Wir erleben als Zuschauer, wie sich ein wenig talentierter Filmemacher der Geschichte von *Scream* nähert: mit viel Blut, kreischenden Hauptfiguren und Sex. Der Killer – diesmal ist es wirklich nur einer – beginnt, einen Darsteller nach dem anderen zu ermorden, um etwas zu beenden, was seiner Ansicht nach in Woodsborough nicht beendet worden ist. Sein finales Opfer soll schließlich Sidney sein. Geht der Killer zunächst nach einem offenbar fertigen Drehbuch vor, pervertiert er seine Taten dadurch, dass er eines Tages beginnt, das Drehbuch einfach umzuschreiben. Am Ende stellt sich heraus, dass der Regisseur der Mörder und Sidneys Halbbruder ist, von der Mutter verstoßen, als diese kaum 20-jährig für kurze Zeit ihr Glück in Hollywood versuchte. Er entpuppt sich als Fadenzieher hinter allem und hat bereits Billy angestiftet, Sidney zu töten. Sidney wird gezwungen, das letzte Familienmitglied, das ihr geblieben ist, selbst zu töten, lässt ihren Halbbruder aber in ihren Armen sterben. Und überschreitet damit endgültig die Schwelle zum Erwachsenwerden.

Christian Lukas

Literatur: Jonathan Bernstein: Pretty in Pink – The Golden Age of Teenager Movies. New York 1997. – Carol J. Clover: Men, Women, and Chain Saws – Gender in the Modern Horror Film. London 1992. – Jonathan Lake Crane: Terror and Everyday Life. London / Neu Delhi / Thousand Oaks 1994. – Sascha Westphal / Christian Lukas: Die *Scream*-Trilogie und die Geschichte des Teen-Horrorfilms. München 2000.

Ringu

The Ring

JAP 1997   f 95 min

R: Hideo Nakata
B: Hiroshi Takahashi nach dem Roman von Koji Suzuki
K: Junichiro Hayashi
M: Kenji Kawai
D: Nanako Matsushima (Reiko Asakawa), Hiroyuki Sanada
(Ryuji Takayama), Rikiya Otaka (Yoichi), Yoichi Numata (Sa-
dakos Vater)

Von den vielen Horrorfilmen Japans avancierte *Ringu*
zum Horror-Mythos des zu Ende gehenden Jahrtausends;
dem breiten westlichen Publikum wurde er durch Gore
Verbinskis US-amerikanisches Remake *The Ring* (2002)
bekannt. Ähnlich wie *Sin Nui Yau Wan* (*A Chinese Ghost
Story*, 1987; Ching Siu-Tung) für das Hongkong-Kino der
achtziger Jahre, lenkte dieses Meisterwerk des japanischen
Horrorkinos das Interesse der abendländischen Filmwelt
auf die Genreproduktionen aus Nippon. *Ringu* läutete im
ewig stoffhungrigen Hollywood den Trend ein, erfolgreiche Horrorfilme aus Fernost wie *Kuya* (*Cure*, 1997; Kiyoshi Kurosawa) oder *Pulse* (*Kairo*, 2001; Kiyoshi Kurosawa) auf ihre Remake-Tauglichkeit zu überprüfen und
rasch für die USA zu adaptieren, wie es zuvor beispielsweise mit europäischen Erfolgsproduktionen, z. B. *Nikita*
(1989, Luc Besson), geschehen war. Gleichzeitig machte
der enigmatische Film überdeutlich, wie wenig der Okzi-
dent – von Spezialisten abgesehen – über das moderne japanische Horrorkino der letzten Dekade und seine Riege
junger spezialisierter Regisseure wie Kiyoshi Kurosawa,
Sogo Ishii, Shinya Tsukamoto, Akio Jissoji, Kazuya Ko-
naka und Shusuke Kaneko weiß.

Bei aller Unterschiedlichkeit der zeitgenössischen japanischen Horrorfilme fällt die gezielte Aneignung westli-

cher Paradigmen ins Auge, vor allem von Gore und New
Flesh bzw. der Apocalypse Culture sowie des dominanten
›saiko horaa‹, des Psychohorrors. Hinzu kommen punktuelle Versuche, eigene Stile früherer Zeiten wiederzubele-
ben, vor allem die übernatürlichen Geschichten der ›kai-
dan eiga‹, die im japanischen Pendant zum europäischen
Mittelalter angesiedelt sind. Am prägendsten für das Horrorgenre waren jedoch zwei Massenphänomene, die nicht
nur filmischer, sondern auch soziologischer Natur sind: In
der mit übernatürlichen Kräften ausgestatteten Figur Misa
Kuroi verschmolz erstens die typischste erotische Phantasie der japanischen Kultur der letzten zwanzig Jahre mit
dem Horrorkino. Die aus einem Manga-Comic stammende Schülerin in Marineuniform und weißer Wäsche hat bis
heute vier Kinofilme inspiriert sowie einen Film für den
Direct-to-Video-Markt. Zweitens nahm 1997 eben das
Kultphänomen *Ringu* seinen Anfang. Grundlage war der
Erfolgsroman des Autors Koji Suzuki, den man den japanischen Stephen King nennt: Im heutigen Tokio sterben
vier befreundete Jugendliche genau sieben Tage, nachdem
sie ein mysteriöses Video gesehen haben. Es gibt keine
Anzeichen für ein Fremdeinwirken. Die Journalistin Reiko macht sich zusammen mit ihrem Ex-Mann Ryuji auf,
die mysteriösen Vorfälle zu klären, um ihren kleinen Sohn
Yoichi zu retten, der zufällig das Video angeschaut hat.
Die Recherchen führen sie auf die Spur der Gedankenlese-
rin Shizuko Yamamura, die vor vierzig Jahren Selbstmord
beging, und ihrer verschwundenen Tochter Sadako. Im
Film wurden aus den zwei männlichen High-School-
Freunden der Vorlage die junge Mutter Reiko und ihr Ex-
Mann, deren spürbare Beziehungsverletzungen den Figuren mehr Tiefe verleihen; zudem sprach diese Änderung
verstärkt ein weibliches Publikum an.

Der überragende Erfolg von *Ringu* ist jedoch nicht zuletzt der strategischen Entscheidung zu verdanken, die
alte Tradition der Double-Feature-Vorführung für Hor-

rorfilme wieder aufleben zu lassen. Diese Präsentations-
form hatte kurz zuvor durch die beiden Filme *Yaneura no
sanposha* (1993, Akio Jissoji) und *Oshie to tabi suru otoko*
(1993, Toru Kawashima) nach Werken des Horrorautors
Rampo Edogawa eine Renaissance erlebt, um dessen 100.
Geburtstag gebührend zu feiern. Das Beispiel machte
Schule und wurde für das Werk Koji Suzukis aufgegriffen,
so dass 1997 die beiden Adaptionen *Rasen* von Joji Iida
und *Ringu* von Hideo Nakata zusammen in die japanischen Kinos gelangten. Sie wurden zu einem einzigartigen
Erfolg des nationalen Kinos jenseits aller Genres und
Epochen.

Obwohl *Rasen* ein sehr beachtlicher Film ist, konzen-
trierte sich die Aufmerksamkeit auf *Ringu*. Dies lag zum
einen an den hohen Erwartungen, da es sich um die Verfilmung von Suzukis bekanntestem und erfolgreichstem Roman handelt, der mehr als 600 000 Mal verkauft wurde.
Zum anderen vermochte Hideo Nakata der literarischen
Welt Suzukis eine sichtbar reichere filmische Form zu verleihen als Joji Iida in *Rasen*.

Wie zu erwarten, folgte die Fortsetzung *Ringu 2* (1998)
auf dem Fuße und wiederholte mit Regisseur, dem Drehbuchautor Hiroshi Takahashi, einem Teil der Schauspieler
und dem Double Feature, diesmal zusammen mit *Shikoku*
(1998, Shunichi Nagasaki), das Erfolgsrezept des Vorgängers. Obwohl *Ringu 2* schwächer ist als das Original, hat
er viele Stärken und konnte an dessen Kassenerfolg heran-
reichen. Mit dem Ziel, den überragenden Erfolg von *Ringu* und *Ringu 2* auf ganz Asien auszuweiten, folgte 1998
ein koreanisches Remake unter dem Titel *The Ring Virus*
von Kim Dongbin sowie das Prequel *Ringu 0* (1999).
Dieser Teil der *Ringu*-Saga beruht wieder auf einer Vorlage Hiroshi Takahashis, wurde jedoch von Norio Tsuruta,
spezialisiert auf TV-Horrorfilme, inszeniert. Erneut setzte
man bei der Vermarktung auf das Double Feature und
startete *Ringu 0* gemeinsam mit dem Film *Isola* (1999,

Toshiyuki Mizutani). Den bisherigen Abschluss bildet Verbinskis US-amerikanisches Remake *The Ring*, das im Gegensatz zum Original auch bei uns in die Kinos gelangte.

Angesichts dieses neuen Horror-Mythos stellt sich die Frage, was die Ursachen des großen internationalen Interesses und des Beifalls sowohl seitens der Kritik als auch des Publikums sind. Grundsätzlich liegt das Erfolgsgeheimnis des Films in der Intelligenz und dem Geschick, mit denen Nakata westliche Handlungscharakteristika mit uralten japanischen Obsessionen verbindet, die die Grundstruktur, die Atmosphäre und den ruhigen Erzählrhythmus betreffen. Was die westliche Seite angeht, kommt das Erzählprinzip der ›Urban Legend‹ zum Tragen sowie Nachhalle von Stephen King und punktuelle Bezüge zu den Horrorfilmen *Night of the Demon* (1956, Jacques Tourneur), *The Changelling* (1979, Peter Medak) und *Videodrome* (1982, David Cronenberg). Auf der japanischen Seite zitiert Nakata seinen vorhergehenden Film *Joyurei* (1996), der von einem Gespenst handelt, das in dem Film des Protagonisten, eines Regisseurs, erscheint, und erweist dem nationalen Horrorkino Reverenz, indem er den Vater der schrecklichen Sadako von Yoichi Numata, einem japanischen Horrorstar der fünfziger und sechziger Jahre, darstellen lässt. Vor allem aber präsentiert *Ringu* – mit bewundernswertem Gleichgewicht – sämtliche Elemente, die typisch sind für den nationalen Horrorfilm: die Macht der Natur, die Allgegenwart des Todes, die antizipierte Niederlage, die übernatürliche Panik, das unausweichliche Leiden, die besondere, ambivalente Rolle der Frau, die Ernsthaftigkeit der Inszenierung und den intensiven psychologisch-emotionalen Sog des Erzählten. Zentral ist die Darstellung gesellschaftlicher Paranoia, bestätigt Reiko doch, dass die Leute unter Angst leiden. *Ringu* gelingt es, die Panik zugleich individuell und kollektiv, konkret und abstrakt, uralt und gegenwärtig sein zu lassen, sie ist ebenso das Resultat unseres Tuns wie unseres Seins und kommt zugleich von außen wie von innen. Als Konsequenz dieser Allmacht und -gegenwart zeichnet *Ringu* die Angst als unüberwindbar.

Nakatas anschließende Adaption eines Suzuki-Buches, *Honogurai mizu no soko kara* (*Dark Water*, 2001), die ebenfalls in den USA neu verfilmt wird, konnte *Ringu* weder übertreffen noch mit ihm mithalten, obwohl sie mit fast genau denselben Elementen spielt. Denn wie so viele Meisterwerke des Horrorfilms besitzt auch *Ringu* eine letzte unbewusste Dimension, die selbst von den Machern nicht gezielt reproduziert werden kann. *Carlos Aguilar*

Literatur: Pier Maria Bocchi: Nero Japan in 42 titoli. In: Cineforum. Nr. 395. Bergamo 2000. – Stephen Cremin: Il »Saiko Horaa« giapponese e l'effetto Ring. In: Nickelodeon. Nr. 87–88. Udine 2000. – Carlos Aguilar / Daniel Aguilar / Toshiyuki Shigeta: Cine fantástico y de terror japonés (1899–2001). San Sebastián 2002.

Anatomie

D 1999   f 103 min

R: Stefan Ruzowitzky
B: Stefan Ruzowitzky
K: Peter von Haller
M: Marius Ruhland
D: Franka Potente (Paula), Benno Fürmann (Hein), Anna Loos (Gretchen), Sebastian Blomberg (Caspar), Traugott Buhre (Professor Grombek)

Der deutsche Film hat seit den sechziger Jahren ein eher schlechtes Verhältnis zum Genre-Kino. Das liegt zum einen an einem sehr deutschen Begriff von Autorenfilm, der sich mit dem Neuen Deutschen Film verfestigte, und zum anderen an dem Umstand, dass sich das bundesrepublika-

nische Genre-Kino der fünfziger Jahre mit seinen Heimat-
und Schlagerfilmen selbst diskreditiert hatte. Diese Abnei-
gung deutscher Regisseure gegenüber den klassischen
Filmgenres betrifft neben dem Krimi, einem heute im
Fernsehen prosperierenden Format, und der Science Fiction vor allem den Horrorfilm. Nur selten haben sich Filmemacher wie Hans W. Geißendörfer mit seinem spröden
Vampirfilm *Jonathan* (1970), Uli Lommel mit seiner blut-
saugerischen Nachkriegsfarce *Zärtlichkeit der Wölfe*
(1973) oder Altmeister Georg Tressler mit dem kruden
Dämonenfilm *Sukkubus* (1989) auf dieses Terrain gewagt
und wenn, dann immer ohne Erfolg. Erst der Österreicher
Stefan Ruzowitzky hauchte dem Horrorkino hierzulande
neues Leben ein. Er hatte mit seinem ungewöhnlichen,
fast brechtianisch anmutenden Heimatfilm *Die Siebtel-
bauern* (1998) bewiesen, dass er mit Genremustern umzu-
gehen versteht. *Anatomie* war erklärtermaßen der Versuch, sich Vorbildern des US-Mainstream-Kinos anzunä-
hern: den Teen-Horror- und Slasherfilmen wie *Scream*
(*Scream – Schrei!*, 1996; Wes Craven), *I Know What You
Did Last Summer* (*Ich weiß, was du letzten Sommer getan
hast*, 1997; Jim Gillespie) oder *Urban Legend* (*Düstere
Legenden*, 1998; Jamie Blank). Dass der Film seine
Geschichte ganz klassisch erzählte, ohne in postmoderne
Stilisierungen oder Selbstreflexion zu verfallen, dürfte
zum Erfolg an der Kasse beigetragen haben.

Die junge Medizinstudentin Paula Henning ist einen
Schritt auf ihrer erträumten Karriereleiter weiter: Während der Sommermonate darf sie, die Zweitbeste ihres
Jahrgangs, in Heidelberg an einem Elite-Anatomiekurs
des berühmten Professors Grombek teilnehmen. Heidelberg ist, nicht nur für auswärtige Touristen, der Inbegriff
des deutschen Idylls, und von Anfang an legt Ruzowitzky
Spuren aus, die darauf hindeuten, dass es unter dieser heimeligen Oberfläche brodelt. Da erwacht als Teaser ein
junger Mann auf dem Operationstisch und muss erken-

nen, dass er bei lebendigem Leib seziert wird. Als Paula
das erste Mal den Anatomie-Lehrsaal betritt, zuckt eine
Leiche – ein Schabernack, den die älteren Studenten mit
ihr und ihrer Kommilitonin Gretchen treiben. Der wirkliche Ernst beginnt jedoch erst, als Paula bemerkt, dass ihre
Zugbekanntschaft von der Fahrt nach Heidelberg als Leiche in der Anatomie gelandet ist. Der junge Mann litt
zwar an einer unheilbaren Herzkrankheit, aber die Umstände seines Todes bleiben rätselhaft. Als sie auf eigene
Faust Nachforschungen anstellt, stößt sie auf den verborgenen Bund der Anti-Hippokraten, einer Geheimloge, die
den hippokratischen Eid ablehnt, weil er die Forschung
behindere. Zu ihr gehören nicht nur Studenten, sondern
auch die Koryphäe Grombek. Lange lässt Ruzowitzky es
in der Schwebe, ob auch Paulas Verehrer Caspar dazuge-
hört.

Bleiben in den amerikanischen High-School-Horrorfil-
men die Jugendlichen meist unter sich, so bringt *Anatomie*, wenn auch nur am Rande, doch ein typisch deutsches
Element ins Spiel: den Generationenkonflikt. Die Wurzeln
der Anti-Hippokraten reichen zwar bis ins Mittelalter,
doch ihre große Zeit hatte diese menschenverachtend-dar-
winistische Gruppierung während des Dritten Reiches in
Heidelberg, wo auch Paulas Großvater lehrte und wo man
sein Andenken bewahrt. So wird die Enkelin mit der Ent-
hüllung konfrontiert, dass auch ihr mittlerweile sterbens-
kranker Opa Mitglied des Geheimbundes war. Es gibt in
Anatomie drei Generationsmodelle im Umgang mit der
Vergangenheit: der Großvater als Vertreter der Täter, Paula, die dem Geheimbund auf die Schliche kommt, und ihr
Vater, ein idealistischer Kinderarzt, der sich wiederum mit
seinem Vater zerstritten hat und nichts mehr von ihm wissen will. Es kommt nicht von ungefähr, dass diese Rolle
mit Rüdiger Vogler besetzt ist, der in den Filmen von
Wim Wenders (*Alice in den Städten*, 1973; *Falsche Bewegung*, 1974) oft sensible und zögerliche Charaktere darzu-

Ungeachtet der Bemühungen von Regisseuren wie Hans W. Geißendörfer, Uli Lommel und Georg Tressler oder der Szene-Erfolge
von Jörg Buttgereit konnte der deutsche Horrorfilm nie wirklich
Fuß fassen. Umso erstaunlicher, dass mit *Anatomie* ausgerechnet
ein Teen-Horror-Movie mit zwei Millionen Zuschauern zum erfolgreichsten deutschen Spielfilm des Jahres 2000 avancierte. Eine
Gruppe von Medizinstudenten, darunter die hochintelligente Bil-
derbuch-Blondine Gretchen (Anna Loos), wird während eines
Anatomiekurses im idyllischen Heidelberg mit dem Geheimbund
der Anti-Hippokraten konfrontiert, der für seine darwinistischen
Experimente über Leichen geht. Regisseur Stefan Ruzowitzky orientierte sich deutlich an Vorbildern des US-Mainstream-Kinos wie
Wes Cravens wirkmächtigem *Scream*, verzichtete jedoch auf postmoderne Stilisierungen oder selbstreflexive Elemente und fiel damit hinter den ›State of the Art‹ zurück.

stellen hatte. Es bleibt Paula vorbehalten, die Nazi-Ver-
strickungen des Großvaters aufzuklären, nicht zuletzt,
weil ihre Elterngeneration nichts davon wissen will.

Selbstverständlich funktioniert *Anatomie* auch als eine
lustvolle Demystifizierung der Götter in Weiß: Die zu-
künftigen Ärzte lieben schlechte Scherze, haben mit Ethik

nicht viel im Sinn (selbst am Ende räsonieren zwei von ihnen noch über die »ungehinderte Forschung«), und die Burschenschaftsherrlichkeit scheint noch lange nicht passé. Dass sich als serienmordender Psychopath ausgerechnet Hein erweist, der wie der Idealtyp eines Gesellschaftsarztes wirkt (sein Name freilich lässt es dennoch schon erahnen), gehört zum Kalkül des Films. Man kann es einerseits verstehen als eine ironische Replik auf den Arztfilm der fünfziger Jahre: Das typisch deutsche Genre rettete damals noch einmal im Kino jenen Glauben an die persönliche Autorität – und Führerfigur –, der sich durch die Zeit des Nationalsozialismus gehörig diskreditiert hatte. Andererseits funktioniert es auch als eine Anspielung auf die vielen heroischen Arzt- und Krankenhaus-Serien, die auch heute noch über die Mattscheibe geistern.

In Ruzowitzkys Film wird der Anatomiesaal zur Bühne und zur Schlachtbank. Ihn nutzen die Anti-Hippokraten für ihre Experimente: Sie spritzen ihren Opfern Formidal, ein Präparat, das Paulas Großvater entwickelt hatte, um dem lebendigen Körper Fett und Wasser zu entziehen, damit er als Schau-Modell Verwendung finden kann. Die Resultate sehen aus, als seien es Plastinate aus Gunther von Hagens' umstrittener »Körperwelten«-Ausstellung. Das optische Konzept des Films ergibt sich aus der Gegenüberstellung der klinisch reinen, mit viel Metall ausgestatteten und gleichmäßig ausgeleuchteten Oberwelt und dem Darunter, den katakombenartigen Gängen und dunklen Asservatenräumen, in denen Paula, das ›final girl‹, sich gegen Hein zur Wehr setzen muss. Dass das idyllische Heidelberg, von dem immer wieder gelbstichige Postkartenansichten eingeblendet sind, mit seinen spitzen Giebeln fast gotisch wirkt, verweist bewusst auf die Tradition des Gothic Horror, in dem das Verdrängte aus den Verliesen und Labors sich den Weg an die Oberfläche bahnt.

Rudolf Worschech

The Blair Witch Project

USA 1999   s/w f 87 min

R: Daniel Myrick, Eduardo Sanchez
B: Daniel Myrick, Eduardo Sanchez
K: Neal Fredericks
M: Tony Cora
D: Heather Donahue (Heather Donahue), Michael Williams (Michael), Joshua Leonard (Josh)

Der einzigartige Erfolg von *The Blair Witch Project* erklärt sich daraus, dass er als Film vollkommen gegen seine Zeit steht. Während Hollywood mit Produktionskosten in dreistelliger Millionenhöhe jonglierte, entstand er mit einem No-Budget-Budget. Versuchten zur gleichen Zeit entstandene Filme mit plötzlichen dramaturgischen Wendungen und Plotpoints Spannung zu erzeugen, verließ er sich ganz auf seine einfache grundlegende Idee. Und während gerade im Horrorfilm durch die digitalen Technologien das Prinzip des »Anything goes« regierte, setzte er wie einst Val Lewton in seinem legendären Horrorzyklus für RKO (u. a. *Cat People / Katzenmenschen*, 1942; *I Walked with a Zombie / Ich folgte einem Zombie*, 1943) darauf, dass das wirklich Unheimliche das ist, was wir eben nicht sehen und was sich nur in unserer Phantasie abspielt: *The Blair Witch Project* ist ein Film der radikalen Reduktion, der aber gleichzeitig so stark mit Urängsten spielt wie wenige Kinowerke vor ihm.

»Im Oktober 1994 verschwanden drei Filmstudenten im Wald nahe Burkittsville, Maryland, während sie einen Dokumentarfilm drehten. Ein Jahr später fand man das Filmmaterial«, informiert ein Insert zu Beginn über die vermeintliche Authentizität. Und der Zuschauer sieht das angeblich gefundene Filmmaterial auf der Leinwand, in dem die Regisseurin Heather Donahue, ihr Kameramann Josh und der Tonmann Michael von zu Hause aufbrechen

Drei Filmstudenten verirren sich bei ihren Nachforschungen über eine Hexe, die vor zweihundert Jahren gelebt haben soll, im Wald. Der Verlust zivilisatorischer Sicherheit, existenzielle Ängste, Panik machen sich breit. Die radikal subjektive Kamera in *The Blair Witch Project* zwingt dem Zuschauer die Sichtweise der Studenten auf und drückt deren sich steigernde Angst und Furcht unmittelbar aus: grobkörnige Bilder, aufgeregte Schwenks, verwackelte, angeschnittene Einstellungen. Die als Letzte übrig gebliebene Heather (Heather Donahue) spricht voller Verzweiflung direkt in die Kamera – der Horror wird authentisch und hautnah erfahrbar.

und in Burkittsville erste Interviews drehen. Es gibt nur ihr Material, nichts anderes: die Filme aus Joshs 16-mm-Kamera und die Bänder aus Heathers Hi-8-Kamera. In Burkittsville, das früher einmal Blair hieß, spüren die drei der Legende einer Hexe nach, die vor zweihundert Jahren gelebt haben soll. Jungen und Mädchen seien durch ihr Einwirken verschwunden, und sie habe deren Blut getrun-

ken, heißt es, und noch im 20. Jahrhundert spielte ihr
Fluch bei der rituellen Tötung von sieben Kindern eine
Rolle.

Das eigentliche Drama von *The Blair Witch Project* aber
beginnt im Wald. Heather, Josh und Michael verirren sich.
Nachts hören sie rund um ihr Zelt diffuse Geräusche,
Kinderstimmen. Von da an häufen sich seltsame Ereignisse: Merkwürdige Figuren hängen von den Bäumen, Stein-
haufen und Reisigbündel liegen morgens vor dem Zelt.
Ihre Unterkunft wird durchwühlt, sie finden Schleim auf
ihren Rucksäcken. Ihre Karte verschwindet, und die kleine Filmcrew läuft im Kreis. Die Nahrung wird knapp, die
Zigaretten sind schon alle. Die drei werden hysterisch,
schreien sich an. Josh verschwindet, Heather und Michael
finden ein Stück von seinem Hemd und darin eingewi-
ckelt ein undefinierbares blutiges Organ. Aber was immer
um sie herum ist: Der Zuschauer bekommt es nie zu sehen. Für alles könnte es wahrscheinlich eine rationale Erklärung geben, aber der Film liefert sie bewusst nicht.

In jedem Film zwingt die Kamera dem Zuschauer ihre
Perspektive auf, und aus diesem simplen filmischen
Axiom bezieht *The Blair Witch Project* seine stärksten
Wirkungen. Nicht nur, dass Heather manisch die Panik
ihrer Kollegen filmt, die Angst drückt sich auch direkt
durch die Kamera aus: in aufgeregten Schwenks, ange-
schnittenen Einstellungen, dem Dunkel, wenn die Kamera
läuft, aber nichts aufnehmen kann, weil die Studenten im
Zelt den Geräuschen draußen lauschen. Das ergibt eine eigentümliche Dialektik: Die Kamera zeigt dokumentarisch
genau alles – aber gleichzeitig nichts. Es gibt für den Zuschauer keinen beruhigenden objektiven Standpunkt, auf
den er sich zurückziehen kann (und den z. B. ein Suspense-
Thriller hat), sondern nur die Unmittelbarkeit der aus-
nahmslos subjektiven Kamera. Woran Filme wie die Ray-
mond-Chandler-Adaption *The Lady in the Lake* (*Die
Dame im See*, 1947; Robert Montgomery) scheiterten, das

gelingt *The Blair Witch Project*: die filmische Umsetzung der durchgängigen Ich-Perspektive.

Dabei ist die Unmittelbarkeit des Films rau, rauer als etwa bei irgendeinem ›Dogma‹-Opus, das auch auf künstliches Licht verzichtet und Originalton verwendet. Denn alles an dieser Ästhetik suggeriert Authentizität: das völlige Fehlen von Musik, der anfängliche Wechsel zwischen schwarzweißen 16-mm-Einstellungen auf Zelluloid und den Hi-8-Videobildern, die wacklige Handkamera, die grobkörnigen Bilder, das Filmen auch ohne genügend Licht. Auf dem Hi-8-Band erscheint die Umgebung fast wie ohne Farbe, und die im Herbst entlaubten Bäume wirken noch unheimlicher. Die Angst der drei führt zu einer Regression. Allein im Wald – das ist eine Urangst aus Kindheitstagen, wie im Märchen von »Hänsel und Gretel«. In ihrer Panik sprechen die Freunde von den Fernsehserien vergangener Zeiten oder Mutters Bratkartoffeln und singen einmal sogar die Nationalhymne: alles Versuche, die Zivilisation und das damit verbundene Gefühl von Sicherheit wieder zurückzuholen.

Schon vor *The Blair Witch Project* gab es gefälschte Dokumentarfilme, so genannte ›Mockumentarys‹. Peter Jackson etwa drehte mit *Forgotten Silver* (1995) ein augenzwinkerndes Porträt über einen neuseeländischen Filmpionier, und in den Dokumentarfilmen des Österreichers Ulrich Seidl spielen die Darsteller letztendlich Rollen. Von solchen ›fake documentaries‹ unterscheidet *The Blair Witch Project* aber, dass er letztlich wirklich dokumentarisch ist: Er wurde gedreht auf den Apparaten, die auch im Film vorkommen, und von den Personen, die auf der Leinwand zu sehen sind, ja, sie tragen im Film sogar ihre wirklichen Namen. Acht Tage hielten sich die drei sorgfältig gecasteten Schauspieler im Wald auf und filmten einander, versehen nur mit groben Regieanweisungen, die jeder für sich morgens auf Zetteln im Wald vorfand. Die beiden Regisseure Daniel Myrick und Eduardo Sanchez samt ih-

rem ›Director of Photography‹ Neal Fredericks blieben
während des Drehens unsichtbar. ›Method filmmaking‹
nennen sie diese Arbeitsweise ihres Kinodebüts.

In die Filmgeschichte ist *The Blair Witch Project* nicht
zuletzt als Multimedia-Event eingegangen: Er ist der erste
Film, an dessen kommerziellem Erfolg maßgeblich das Internet beteiligt war: Im Juni 1998 richteten die Filmemacher eine ebenfalls scheinbar dokumentarische Website
ein, mit Material über die Hexenlegende von Blair und das
Schicksal der verschollenen Filmcrew. Als der amerikanische Independent-Verleih Artisan den Film nach dem
Sundance Film Festival kaufte, baute er die Seite aus, zum
einen, weil kaum Geld für Marketing da war, zum anderen
weil er als Zielpublikum auf eher jüngere, internet-aktive
Zuschauer spekulierte. Auf der Website fanden sich Informationen, die der Film gar nicht liefert. Mit dieser Kombination verschwanden für User und Zuschauer immer
mehr die Grenzen dessen, was wahr und was gefälscht ist.
Das Kalkül ging auf: Wahrscheinlich ist *The Blair Witch
Project* der – bislang – profitabelste Film aller Zeiten:
35 000 Dollar hat er gekostet, und sein weltweites Ein-
spielergebnis liegt bei dem Hundertfachen. Myrick und
Sanchez schoben mit *Curse of the Blair Witch* (1999) einen
kurzen fingierten Dokumentarfilm über die Hexenlegende
und die verschwundenen Filmstudenten nach. Die Fortsetzung *Book of Shadows: Blair Witch 2* (*Blair Witch 2*,
2000; Joe Berlinger) versuchte an den Sensationserfolg anzuknüpfen, ohne jedoch die beklemmende Atmosphäre
und die formale Innovation des Originals zu erreichen.
Nachdem sie beim zweiten Teil als ausführende Produzenten firmierten, haben Myrick und Sanchez angekündigt, als Regisseure die Hexenjagd mit *Blair Witch 3: The
Curse* fortsetzen zu wollen.   *Rudolf Worschech*

Literatur: Frank Arnold: *The Blair Witch Project.* In: epd film. Nr.
12 (1999).

The Others

The Others / Los Otros

E/USA 2001   f 104 min

R: Alejandro Amenábar
B: Alejandro Amenábar
K: Javier Aguirresarobe
M: Alejandro Amenábar
D: Nicole Kidman (Grace Stewart), Alakina Mann (Anne), James Bentley (Nicholas), Christopher Eccleston (Charles Stewart), Fionnula Flanagan (Bertha Mills)

Im Horrorkino ist es in der Regel die Dunkelheit, die Schreie auslöst, während das helle Tag Rettung verspricht. Aber in der ersten Einstellung von Alejandro Amenábars drittem Spielfilm fährt die Heldin panisch auf, als frühes Morgenlicht in ihr Schlafzimmer fällt. Für Grace ist das Licht negativ besetzt und muss strengstens kontrolliert werden, denn ihre nicht einmal zehnjährigen Kinder Anne und Nicholas leiden unter einer schweren Fotosensitivität: Alles, was heller strahlt als eine Kerze, würde bei ihnen tödliche allergische Reaktionen auslösen. Die kleine Familie lebt in einem einsamen, weitläufigen Herrenhaus auf der britischen Kanalinsel Jersey. Man schreibt das Jahr 1945, Grace' Mann Charles gilt als im Zweiten Weltkrieg verschollen. So lastet die Verantwortung für die Kinder und das düstere Haus gänzlich auf der fragilen jungen Frau. Die bedrückende Situation, die bereits sämtliche Dienstboten in die Flucht geschlagen hat, versucht Grace mit Hilfe eines ausgefeilten Systems von Ver- und Geboten zu meistern. Dieselbe Härte, mit der sie praktische Notwendigkeiten – keine der fünfzig Türen im Haus darf beispielsweise geöffnet werden, bevor die vorhergehende verschlossen ist – durchsetzt, lässt sie auch in der Erziehung ihrer Kinder walten. Mit gut gemeinten Schikanen und einer alttestamentlichen Religiosität hat Grace der eigensinnigen Anne und dem liebenswürdigen Nicholas jede Freude am Leben ausgetrieben. Als sich auf eine Annonce, die seltsamerweise jedoch nie den Weg in die Zeitung gefunden hat, drei neue Angestellte melden, spitzt sich die Lage zu. Die patente Haushälterin Bertha Mills, der alte Gärtner und das stumme Dienstmädchen kennen das Haus von früher und wissen auch, was sich hinter den seltsamen Visionen der kleinen Anne verbirgt. Sie behauptet, der Landsitz werde von einer weiteren Familie bewohnt. Was das Mädchen und Mrs. Mills über die titelgebenden unsichtbaren Anderen mitzuteilen haben, will Grace indes nicht hören: Sie versucht, ihre eigene Ordnung einer vermeintlichen Vernunft aufrechtzuhalten, die tatsächlich immer schon an den Wahnsinn grenzte – und sich am Ende als nicht real entpuppt.

Die erste amerikanische Koproduktion des Spaniers Alejandro Amenábar hebt sich von seinen vorausgegangenen Arbeiten *Tesis* (1996) – über den Snuff-Mythos – und *Abre los ojos* (*Open Your Eyes*, 1997; 2001 als *Vanilla Sky* von Cameron Crowe neu verfilmt) deutlich ab. Der Film hat nichts Wildes, nichts Schräges, auf den ersten Blick vielleicht nicht einmal etwas besonders Neues. Erst mit dem Schluss enthüllt sich die raffinierte Dramaturgie und lässt die gesamte Geschichte in einem anderen Licht erscheinen: Grace, ihre Kinder und die drei Dienstboten werden selbst als die eigentlichen Anderen, als Verstorbene geoutet. Den Zuschauer erfasst ein Gruseln der besonderen Art, entdeckt er doch, dass er den Film komplett aus der Perspektive von Toten erlebt und sich mit ihnen identifiziert hat: eine selbst für das Horrorkino ungewöhnliche Perspektive. Nur wenige Einstellungen am Ende sind aus der Sicht der lebenden Bewohner gefilmt, die durch ein Medium versuchen, Kontakt zu den Toten aufzunehmen. Mit dieser überraschenden Schlusswendung erinnert *The Others* an M. Night Shyamalans zwei Jahre zuvor entstandenen Thriller *The Sixth Sense*. Beide bezie-

hen ihre beunruhigende Atmosphäre aus einer Technik
der Andeutung, die einen Bruch mit den dominanten
Genremustern des vergangenen Jahrzehnts markiert: mit
der postmodernen Selbstreflexivität und den exzessiven
visuellen Effekten.

The Others ist klassisch freilich nicht nur in der verhalte-
tenen Inszenierung, sondern auch in den motivischen Bezügen. Die perfekt exerzierte ›Haunted House‹-Geschich-
te lässt an *The Innocents* (*Das Schloss des Schreckens*, 1961;
Jack Clayton) denken, in dem Deborah Kerr als Erzieherin auf einem alten Landsitz um ein von dunklen Mächten
bedrohtes Geschwisterpaar kämpft. In dem charakteristischen Bild des Geisterhauses, das seine Bewohner gefangen hält und in dessen Mauern sich die Geschichte von
Generationen abgelagert hat, wirft der Horrorfilm Fragen
nach den psychologischen und normativen Grundlagen
der Institution Familie auf. Amenábar hat diesen Komplex
behutsam auf einen zeitgenössischen Stand gebracht. Unter dem Klirren der vielen Schlüssel, die Grace stets mit
sich herumträgt, hinter den Vorhängen, die nicht abgenommen werden dürfen und ein Eigenleben zu führen
scheinen, in den verschatteten Ecken der mit Memorabilia
vollgestellten Räume entfaltet sich das Drama einer allein-
erziehenden modernen Mutter. Die Anstrengung, die es
sie kostet, den Alltag zu organisieren, zeigt sich in jeder
ihrer Handlungen, dem hektischen Hantieren mit Haus-
haltsgegenständen, dem Auf- und Zuschlagen der Türen,
den Gängen durch die labyrinthischen Räume, der Neigung, beim kleinsten Geräusch zusammenzufahren. Die
seltene Lichtallergie, die Anne und Nicholas praktisch im-
mobil macht, ist als drastisches Bild für die Zwänge zu
verstehen, die Mutter und Kind in einer ausweglosen,
symbiotischen Beziehung zusammenschließen: So ist es
nur folgerichtig, dass die reale Gefährdung der Kinder
durch die lebensbedrohliche Krankheit nie vorgeführt,
sondern nur von der Mutter behauptet wird und genauso

gut ein raffinierter Kontrollmechanismus sein könnte. Und als Tote, so stellt sich schließlich heraus, sind die beiden sogar als ›kerngesund‹ anzusehen. Die Radikalität von Amenábars Film liegt in der Art, wie er das Neurotische der exklusiven Mutter-Kind-Beziehung vorführt. Er spricht von den Schattenseiten, die im öffentlichen Diskurs um Mutterschaft und Familie meist unterschlagen werden: von den Gefühlen der Enge, des Zukurzkommens, des Ungenügens, von der Angst, für die Außenwelt und besonders als Geliebte nicht mehr zu existieren – ein Aspekt, der schmerzhaft deutlich wird, als Grace' verstörter Mann für ein paar Stunden zurückkehrt. Und schließlich spricht der Film auch von jenem Hass, den nur Kinder in einer Mutter entfachen können, von dem Affekt, sie loszuwerden oder zum Schweigen zu bringen. »Stop breathing like that!«, befiehlt Grace, »stop breathing!«, als Anne während eines Streits zu hyperventilieren beginnt. Tatsächlich ist den Kindern das Atmen längst vergangen – seit dem Tag, an dem ihre Mutter durchdrehte und ihnen ein Kissen auf die Gesichter drückte.

Trotz ihrer Tat und ihres Geisteszustandes wird Grace vom Film nicht denunziert. So elegant und überlegt wie die Inszenierung, die ihre Struktur aus dem Wechsel von Licht und Dunkelheit, Stille und sparsam gesetzter Musik, für die Amenábar wie in allen seinen Filmen selbst verantwortlich zeichnet, gewinnt, ist auch die Schauspielerführung. Es sind vielleicht nicht zufällig die weiblichen Darstellerinnen, Alakina Mann als Anne, Fionnula Flanagan als Mrs. Mills und Nicole Kidman in der Hauptrolle, die besonders überzeugen. Kidman wirft sich im »Stil einer Hollywood-Diva der vierziger Jahre« (Turan) auf ihren Part und erinnert nicht von ungefähr an Ingrid Bergman in George Cukors *Gaslight* (*Das Haus der Lady Alquist*, 1943). Die Verletzlichkeit und emotionale Stärke, die sie zeigt, als ihr System totaler Kontrolle zusammenbricht, triumphieren schließlich über die hysterischen Züge einer typischen Horrorfilm-Mom. Wie der Film überhaupt darauf verzichtet, den zweifachen Kindsmord als Versagen der Mutter zu skandalisieren oder als Schuldproblem zu diskutieren. Am Ende ist daher eine Versöhnung möglich: Indem Grace akzeptiert, dass sie ihre Kinder ermordet und sich dann selbst erschossen hat, wird das unheimliche alte Herrenhaus zu einem wahren Zuhause. Einem, in dem endlich die Vorhänge geöffnet werden dürfen.

Sabine Horst

Literatur: Amy Taubin: The Shinings. In: Village Voice. 8.–14. 8. 2001. – Roger Ebert: *The Others.* In: Chicago Sun-Times. 10. 8. 2001. – Desson Howe: Otherworldly *Others.* In: Washington Post. 10. 8. 2001. – Rita Kempley: Things that Go Bump in the Day. In: Washington Post. 10. 8. 2001. – Kenneth Turan: Kidman Proves Haunting. In: Los Angeles Times. 10. 8. 2001.

Van Helsing

Van Helsing

USA 2004   f 131 min

R: Stephen Sommers
B: Stephen Sommers
K: Allen Daviau
M: Alan Silvestri
D: Hugh Jackman (Van Helsing), Kate Beckinsale (Anna Valerious), Richard Roxburgh (Graf Dracula), David Wenham (Carl)

Mit *Van Helsing* ist das Horrorgenre an einer Wegscheide angelangt, zeigt sich in diesem Crossover der Monster aus dem für das Genre wegweisenden Universal Studio doch eine deutliche Erschöpfung und Einfallslosigkeit, wenn man nicht sogar Anzeichen eines erneuten Niedergangs ausmachen möchte. Um die Wirkung und Attraktivität des Horrorkinos vermeintlich immer weiter zu erhöhen,

wird das olympische Prinzip der rein quantitativen Steige-
rungen zum Königsweg erhoben, werden immer mehr
Protagonisten, Monstren, Gegner und Effekte zum Event-
Movie gesampelt. So sollte das Slasher-Duell von *Freddy
vs. Jason* (2002, Ronny Yu) sowohl der *Friday 13th*- als
auch der *Nightmare on Elm Street*-Reihe neues Leben
einhauchen, während die Comic-Verfilmung *The League
of the Extraordinary Gentlemen* (*Die Liga der außergewöhnlichen Gentlemen*, 2003; Stephen Norrington) Dr.
Jekyll samt Mr. Hyde, die Vampirin Mina, die Witwe von
Bram Stokers Jonathan Harker, Allan Quatermain, Captain Nemo, H. G. Wells' unsichtbaren Mann sowie Dori-
an Gray und Tom Sawyer sich zwecks Weltrettung miteinander verbünden lässt. Auch *Hellboy* (2004, Guillermo
del Toro), eine weitere der populären Comic-Adaptatio-
nen, versammelt mehrere Gefährten und auch Gegner um
seinen titelgebenden gutherzigen Teufel. Ein Blick in die
Genregeschichte der vierziger sowie der späten sechziger
und siebziger Jahre mit ihrem teilweise genreübergreifen-
den Monster-Boom in Filmen wie *Frankenstein Meets the
Wolfman* (1944, George Waggner), *House of Frankenstein*
(1944, Erle C. Kenton) oder *Dracula vs. Frankenstein*
(*Draculas Bluthochzeit mit Frankenstein*, 1971; Al Adam-
son) und *Los monstruos del terror* (*Dracula jagt Frankenstein*, 1969; Tulio Demicheli) sollte Warnung vor solch
rein kommerziell ausgerichteten Kalkülen sein, die das
Horrorgenre aushöhlen und in sich selbst erstarren lassen.
Die Zeit wird zeigen, ob *Van Helsing* symptomatisch für
die weitere Entwicklung des Genres in diese unheilvolle
Richtung ist.

Dank seiner Kassenschlager *The Mummy* (*Die Mumie*,
1999) und *The Mummy Returns* (*Die Mumie kehrt zurück*, 2001) gilt Stephen Sommers bei Universal als Mann
für das kommerziell erfolgreiche Recycling der eigenen
legendären Studiohistorie. Für *Van Helsing* hat sich der
Regisseur und Drehbuchautor eine krude Geschichte mit

vielen Ungereimtheiten und unlogischen Momenten ein-
fallen lassen, die die Universal-Horrorikonen Dracula, den
Wolfsmenschen und Frankensteins Monster sowie Robert
Louis Stevensons gespaltenen Dr. Jekyll / Mr. Hyde in
einem synthetischen Blockbuster vereint. Der Titelheld
eilt im Auftrag des Vatikans nach Transsylvanien, um
Anna Valerious, der letzten Nachfahrin eines verdienst-
vollen Geschlechts, das sich im katholischen Kampf gegen
den Vampirismus seit Jahrhunderten besonders hervorge-
tan hat, beizustehen. Gelingt es dem Vampirjäger nicht,
Dracula zu vernichten, solange dieser letzte Valerious-
Spross noch unter den Lebenden weilt, bleibt neun Generationen der Familie die göttliche Erlösung versagt. Gemeinsam versuchen Van Helsing und Anna Draculas Plan,
seine mit drei Gefährtinnen gezeugte, indes totgeborene
Nachkommenschaft mit Hilfe von Frankensteins Schöp-
fungstechnik zum Leben zu erwecken, zu vereiteln. Der
Schlüssel zum Erfolg dieses Experiments, das Dracula
zum Begründer einer mächtigen Dynastie machen würde,
ist niemand anderes als Frankensteins Monster, das sich
nach dem Tod seines Schöpfers in einer Höhle versteckt
hat.

Sommers gibt der altbekannten Geschichte des Kampfes
zwischen Gut und Böse eine reizvolle Wendung, die
schon in *Blade* zu überzeugen wusste: Nicht mehr der
Vampir steht im Fokus als der interessantere Charakter
der beiden Erzfeinde, sondern sein ewiger Antagonist. Ist
Dr. Abraham van Helsing in Bram Stokers literarischer
Vorlage wie auch in seinen bekanntesten Darstellungen
durch Edward van Sloane und Peter Cushing ein alter
Wissenschaftler und Verkörperung einer erzkonservativen
viktorianischen Moral, so macht Sommers den Vampirjäger zu einem gut gebauten Actionhelden zwischen Indiana
Jones und James Bond, der im Auftrag eines katholischen
Geheimordens die Ungeheuer dieser Welt zur Strecke
bringt. Das Franchise-Potenzial dieses coolen Abenteuer-

Cowboys im Gothic-Look ist unübersehbar, so dass die Fortsetzung nicht lange auf sich warten lassen wird. Doch anders als bei seinen Vorbildern fehlt das selbstironische Augenzwinkern, nimmt sich der Film vielmehr unerbittlich ernst, bis hin zur unfreiwilligen Komik seiner gestelzten One-Liner-Dialoge oder der pathetisch frömmelnden Vision des toten Valerious-Clans, dessen nun erlöste, glückselige Gesichter am Himmel erscheinen, als Van Helsing Annas Leichnam in der Morgenröte auf einem Hügel am Meer verbrennt. Für das *comic relief* ist allein sein erfinderischer Adlatus Carl zuständig, quasi ein »Q« in Mönchskutte.

Der Pferdefuß dieses Gotteskämpfers ist sein Gedächtnisverlust. Van Helsing weiß nichts über seine Herkunft und seine Vergangenheit; als Baby wurde er auf den Stufen einer Kirche aufgefunden. Sommers gibt ihm nicht nur den neuen Vornamen Gabriel – ›Mann Gottes‹ –, sondern auch eine metaphysische Dimension, die sich aber seltsamerweise nur in Andeutungen entfaltet. Hinter dem mysteriösen Bekämpfer des Bösen verbirgt sich der Erzengel Gabriel, der in Sommers' Vision als linke Hand Gottes einst Dracula, den Sohn des Teufels, tötete. Der adlige Blutsauger ist für den Monsterjäger untötbar, doch ein Werwolfbiss verwandelt Van Helsing in das, was er am meisten hasst: in eine Ausgeburt der Hölle. In der Gestalt eines Werwolfes kann er Dracula für immer den Garaus machen, tötet dabei aber tragischerweise die geliebte Anna, bevor er sich dank Carls Hilfe wieder in einen Menschen zurückverwandelt.

Van Helsings ewigen Widersacher inszeniert Sommers als tuntig-manierierten Grafen im Blixa-Bargeld-Stil mit Dekadenz-Anwandlungen: »Ich habe kein Herz, ich fühle keine Liebe, keine Angst, keine Trauer. Ich bin leer«, jammert er. Dieser Dracula ist keine konsequente Fortsetzung der melancholisch-todessehnsüchtigen Interpretation des Blutsaugers, die sich mit Klaus Kinskis genialer Darstellung in Werner Herzogs *Nosferatu – Phantom der Nacht* (1979) im Genre verankerte, sondern eine larmoyante Persiflage. Dabei wäre gerade ein Nachzehrer als bedauernswerte depressive Kreatur in einer tiefen Identitäts- und Sinnkrise ein interessanter Gegenspieler zu einem unter Amnesie leidenden Van Helsing gewesen, hätte Sommers seine Protagonisten doch zwischen Horrortradition und Geschichtsverlust verorten können. Auch an Gefährlichkeit mangelt es diesem stets schicken Obervampir. Um dies auszugleichen, wird die Anzahl an Widersachern erhöht, und Dracula erhält drei ebenso attraktive wie aggressive Gespielinnen und zwei Werwölfe zur Seite gestellt, die für ihn Jagd auf Anna machen.

Van Helsing beweist erneut wie schon die *Mumien*-Filme, dass Sommers sich im Genrekino gut auskennt. Fleißig wird auf die Universal-Klassiker Bezug genommen, vor allem für *Frankenstein* (1931, James Whale) werden die ersten Filmminuten zu einer stimmungsvollen Hommage, aber auch aus Filmen wie *Alien* (1979), *Blade* (1998), *The Lord of the Rings* (*Der Herr der Ringe*, 2001–03), *Pearl Harbor* (2001) und *Dance of the Vampires* (*Tanz der Vampire*, 1967) wird rege zitiert und entlehnt. Dabei setzt Sommers ganz auf Effekte und äußere Wirkung. Die Figuren kommen dagegen als Stereotypen daher. So scheint die weibliche Hauptfigur Anna, mit wehenden Locken, in engem Push-up-Mieder und auf ewigen High Heels, in ihren besten Momenten wie einem Comic entsprungen, in ihren schlechtesten indes wie eine unfreiwillig komische Ausgeburt männlicher Phantasie.

Wie ein Blutsauger bedient sich Sommers des Horrorkinos, ohne dem Genre durch die Multiplizierung der klassischen Horrorprotagonisten neue Impulse zu verleihen. Stattdessen verschmilzt sein an das breite Publikum gerichtetes Event-Movie – wie schon die *Mumien*-Filme – das Horrorgenre mit dem Abenteuer- und Actionfilm inklusive Spaßeinlagen und verwickelt den Zuschauer in ein bombastisches Feuerwerk aus Kampfszenen, Actioneinlagen und digitalen Spezialeffekten. Doch gerade Letztere wirken für die 150 Millionen teure Produktion oft erstaunlich billig. So scheint die fast schon plump zu nennende Tricktechnik für Van Helsings Auftaktkampf gegen Mr. Hyde direkt aus dem gescheiterten *Hulk* (2003, Ang Lee) und der *League of the Extraordinary Gentlemen* übernommen. Der große Showdown zwischen Dracula in Gestalt einer riesigen Fledermaus und Van Helsing als Werwolf lässt den Betrachter regelrecht kalt, zu deutlich ist erkennbar, dass es sich um zwei rein digital generierte Monster handelt. Auch die Welt Transsylvaniens bleibt trotz aller Anstrengungen der Ausstattung seltsam blass, denn Sommers findet nicht zu einer eigenen Ästhetik, zu einer eigenen Welt für sein Gipfeltreffen der Monster. Weder erschafft er eine beängstigende Gothicwelt wie Tim Burton in *Batman* (1988) noch ein durch Realismus geprägtes Universum wie Peter Jackson mit Mittelerde in *The Lord of the Rings*.

Im besten Fall hätte *Van Helsing* eine Brücke zwischen den schwarzweißen Anfängen des Horrorfilms und dem modernen Blockbuster-Kino schlagen und die Klassiker, die selbstverständlich zum Filmstart als DVD-Box herausgegeben wurden, in neuem Gewand für das junge Publikum wieder attraktiv machen können. Diese Herausforderung für das Genre zu meistern bleibt nun Peter Jackson und seiner für 2005 angekündigten Neuverfilmung von *King Kong* (1933, Merian C. Cooper, Ernest B. Schoedsack) vorbehalten.   *Ursula Vossen*

Literatur: Jan Distelmeyer: *Van Helsing.* In: epd Film 6/2004. – René Classen: *Van Helsing.* In: film-dienst. Nr. 10 (Mai 2004).

Verzeichnis der Autorinnen und Autoren

Carlos Aguilar (*Die Nacht der reitenden Leichen, Ringu, Der schreckliche Dr. Orloff*)

Guido Bee (*Kleiner Laden voller Schrecken / The Little Shop of Horrors, Der Untergang des Hauses Usher*)

Tina Brüggemann (*The Fog – Nebel des Grauens*)

Andreas Friedrich (*Die Mumie, Tanz der Vampire*)

Julia Gerdes (*Wenn die Gondeln Trauer tragen*)

Michael Gräper (*Shining*)

Norbert Grob (*Ich folgte einem Zombie*)

Bernd Hantke (*Der Schrecken der Medusa*)

Harald Harzheim (*Braindead, Das Cabinet des Dr. Caligari, Freaks / Monstren, From Dusk till Dawn, Hexen, Rabid – Der brüllende Tod, Die schwarze Katze, Sieben Schritte zu Satan, Der Todesking, The White Zombie*)

Sabine Horst (*The Others*)

Sascha Koebner (*Psycho*)

Thomas Koebner (*Nosferatu – eine Symphonie des Grauens, Das Phantom der Oper, Das Schloss des Schreckens*)

Heike Kühn (*Dracula*)

Josef Lederle (*King Kong und die weiße Frau, Das Omen, Poltergeist*)

Christian Lukas (*Dr. Jekyll und Mr. Hyde, Scream – Schrei!*)

Kai Mihm (*Die Nacht der lebenden Toten*)

Ingrun Müller (*Peeping Tom / Augen der Angst*)

Eckhard Pabst (*Carrie – Des Satans jüngste Tochter, Traum ohne Ende*)

Andreas Rauscher (*Freitag der 13., Nightmare – Mörderische Träume*)

Daniel Remsperger (*American Werewolf*)

Vera Milena Rothenhäusler (*Begierde*)

Christian Rzechak (*A Chinese Ghost Story / Verführung aus dem Reich der Toten, Blutgericht in Texas / Das Kettensägenmassaker, Der Exorzist, Re-Animator, Tanz der Teufel*)

Marcus Stiglegger (*Hellraiser – Das Tor zur Hölle, Die Stunde, wenn Dracula kommt, Suspiria, Die Wiege des Bösen*)

Ursula Vossen (*Katzenmenschen, Picknick am Valentinstag, Der Schrecken vom Amazonas, Van Helsing*)

Stefanie Weinsheimer (*Frankenstein, Der weiße Hai*)
Ivo Wittich (*Halloween – Die Nacht des Grauens*)
Rudolf Worschech (*Anatomie, The Blair Witch Project, Near Dark – Die Nacht hat ihren Preis*)

Bildnachweis

Der Abdruck der Szenenfotos erfolgt mit Genehmigung des Film Museums Berlin / Stiftung Deutsche Kinemathek, Berlin

Register der Filmtitel

Film bei Reclam

Reclams Filmführer.
Von Dieter Krusche.
Mitarbeit: Jürgen Labenski und Josef Nagel.
828 Seiten. 211 Abbildungen.
Format 15 × 21,5 cm. Gebunden

Filmregisseure.
Herausgegeben von Thomas Koebner.
776 Seiten. 104 Abbildungen.
Format 15 × 21,5 cm. Paperback.

Filmklassiker.
Beschreibungen und Kommentare.
Herausgegeben von Thomas Koebner unter
Mitarbeit von Kerstin-Luise Neumann.
2389 Seiten. 229 Abbildungen.
4 Bände kartoniert in Kassette.

Texte zur Theorie des Films.
Herausgegeben von Franz-Josef Albersmeier.
504 Seiten. UB 9943.

Reclams Sachlexikon des Films.
Herausgegeben von Thomas Koebner
720 Seiten. 138 Abbildungen.
Format 15 × 21,5 cm. Gebunden.

Filmgenres: Abenteuerfilm.
Herausgegeben von Bodo Traber
und Hans J. Wulff.
413 Seiten. 27 Abbildungen. UB 18404.

Filmgenres: Fantasy- und Märchenfilm.
Herausgegeben von Andreas Friedrich.
255 Seiten. 30 Abbildungen. UB 18403.

Filmgenres: Horrorfilm.
Herausgegeben von Ursula Vossen.
471 Seiten. 26 Abbildungen. UB 18406.

Filmgenres: Science Fiction.
Herausgegeben von Thomas Koebner.
544 Seiten. 29 Abbildungen. UB 18401.

Filmgenres: Western.
Herausgegeben von Bernd Kiefer
und Norbert Grob
unter Mitarbeit von Marcus Stiglegger.
375 Seiten. 30 Abbildungen. UB 18402.

Philipp Reclam jun. Stuttgart

Filmklassiker

Beschreibungen und Kommentare

Herausgegeben von
Thomas Koebner unter Mitarbeit von
Kerstin-Luise Neumann.
2389 Seiten. Mit 229 Abbildungen.
4 Bände kartoniert in Kassette.
Vorgestellt werden rund 500
der schönsten und bedeutendsten
internationalen Filme aus 100 Jahren
Kinogeschichte.

Reclams Filmführer

Von Dieter Krusche, Mitarbeit Jürgen Labenski
12., neubearbeitete und erweiterte Auflage
828 Seiten. 211 Abbildungen. Format 15 x 21,5 cm. Geb.

Ein Nachschlagewerk, das in einem Band über die Geschichte des Films von seinen Anfängen bis zur Gegenwart in allen Filmländern der Erde berichtet, kritisch wertende Inhaltsangaben zu weit über 1000 Filmen liefert, ca. 100 der wichtigsten Regisseure der Filmgeschichte porträtiert und eine Vielzahl weiterer Informationen sowie eine sorgfältige Bilddokumentation enthält, gibt es sonst nicht auf dem deutschen Büchermarkt.

»Die Herausgabe dieser Publikation muß auf Grund ihrer Einmaligkeit als Verlagswerk in der BRD als Ereignis gewertet werden.«

Die Information des deutschen Instituts
für Filmkunde, Wiesbaden

Philipp Reclam jun. Stuttgart